Kohlhammer

Geschichte in Wissenschaft und Forschung

Frank Meier

Gewalt und Gefangenschaft im Mittelalter

Verlag W. Kohlhammer

Dieses Werk einschließlich aller seiner Teile ist urheberrechtlich geschützt. Jede Verwendung außerhalb der engen Grenzen des Urheberrechts ist ohne Zustimmung des Verlags unzulässig und strafbar. Das gilt insbesondere für Vervielfältigungen, Übersetzungen, Mikroverfilmungen und für die Einspeicherung und Verarbeitung in elektronischen Systemen.

Die Wiedergabe von Warenbezeichnungen, Handelsnamen und sonstigen Kennzeichen in diesem Buch berechtigt nicht zu der Annahme, dass diese von jedermann frei benutzt werden dürfen. Vielmehr kann es sich auch dann um eingetragene Warenzeichen oder sonstige geschützte Kennzeichen handeln, wenn sie nicht eigens als solche gekennzeichnet sind.

Es konnten nicht alle Rechtsinhaber von Abbildungen ermittelt werden. Sollte dem Verlag gegenüber der Nachweis der Rechtsinhaberschaft geführt werden, wird das branchenübliche Honorar nachträglich gezahlt.

Umschlagabbildung: Saint Léonard devant Clovis Ier. Martyre. Cote: Français 185, fol. 126. Vies de saints, Légende dorée, France, Paris, XIVe siècle, Richard de Montbaston et collaborateurs.

1. Auflage 2022

Alle Rechte vorbehalten
© W. Kohlhammer GmbH, Stuttgart
Gesamtherstellung: W. Kohlhammer GmbH, Stuttgart

Print:
ISBN 978-3-17-041710-6

E-Book-Formate:
pdf: ISBN 978-3-17-041711-3

Für den Inhalt abgedruckter oder verlinkter Websites ist ausschließlich der jeweilige Betreiber verantwortlich. Die W. Kohlhammer GmbH hat keinen Einfluss auf die verknüpften Seiten und übernimmt hierfür keinerlei Haftung.

Inhaltsverzeichnis

Vorwort 7

1 Religion:
  Christentum und militärische Gewalt 11
1.1 Von der Gewaltlosigkeit zur Gewaltanwendung 11
1.2 Die Lehre vom „gerechten Krieg" 13
1.3 „Gerechter Krieg" und Kreuzzuggedanke 21
1.4 Gewaltlose Traditionen und ihr Scheitern 28

2 Ideale und Rechte:
  Versuche zur Begrenzung der kriegerischen Gewalt ... 35
2.1 Ritterideale 35
2.2 Stammes- und Fehderechte 43
2.3 Gottes- und Landfrieden 50
2.4 Erste Kriegsordnungen 60

3 Realitäten:
  grenzenlose kriegerische Gewalt 67
3.1 Brutalität in „Freiheitskämpfen" 67
3.2 Ermordung von Nichtkombattanten 87
3.3 Zerstörung von Kultgegenständen 95
3.4 Einzeltäter und Schutzmaßnahmen 98

4 In der Hand des Siegers:
  Gewalt und Gefangenschaft 107
4.1 Massaker an Gefangenen 107
4.2 Kapitulation und Gefangenschaft 114
4.3 Wertvolle Gefangene und Geiseln 122

4.4	Einfache Gefangene und Geiseln	133
4.5	Freikauf von Gefangenen	138
4.6	Ausblick: Kriegsgefangene in der Frühen Neuzeit	146

5 Gefangene und Überläufer: Darstellungen und Selbstzeugnisse ... 151

5.1	Gefangenschaft als literarisches Thema	151
5.2	Jean de Joinville in ägyptischer Haft 1250	154
5.3	Die Entführung des Hieronymus Baumgartner	164
5.4	Johannes Schiltberger bei den Osmanen und Mongolen 1394–1427	174
5.5	Jörg von Nürnberg im Dienst Sultan Mehmets II. 1456–1480	181

Ergebnisse ... 185

Anhang ... 193

Schriftliche Quellen	193
Literatur	198
Bildnachweise	219
Personenregister	220
Orts- und Sachregister	224

Vorwort

Bewaffnete Konflikte und Kriege als „Elementarform der Gewalt"[1] durchziehen die Menschheitsgeschichte bis heute hin. Im Unterschied zum tierischen Töten bedarf das menschliche Töten, so Karl H. Metz, einer Rechtfertigung, die darin besteht, „dass Menschen die Götter anrufen, wenn sie ihresgleichen umbringen – oder wenn sie daran nicht mehr glauben, die Tugend, die Geschichte, die Rasse, die Zivilisation."[2]

Ob das Mittelalter als „finstere" oder „gewalttätige" Epoche gelten kann, wird seit mehreren Jahren in der soziologischen und historischen Forschung diskutiert.[3] Der deutsche Soziologe Norbert Elias entwickelte 1939 vor allem anhand französisch-höfischer Quellen[4] seine These von einem „Zivilisationsprozess", nach der es in der Geschichte eine zunehmende „Entprivatisierung" der Gewalt, verbunden mit der Akzeptanz des Gewaltmonopols eines bestimmten Standes oder eines Staates, gegeben habe, die von der spätmittelalterlichen *courtoisie* über die höfische *civilité* bis hin zur neuzeitlichen *civilisation* reiche.[5] Der Ethnologe Hans Peter Duerr hat in seinem fünfbändigen Hauptwerk mit dem Titel „Der Mythos vom Zivilisationsprozess" diese These von Elias empirisch zu widerlegen versucht.[6] Von Seiten der Geschichtswissenschaft setzten sich Gerd Schwerhoff, Manuel Braun und Cornelia Herberichs kritisch mit der Überzeugung von Elias auseinander.[7] Der niederländische Soziologe Benjo Maso konstatierte anders als Elias eine Zunahme der Betonung des ritterlichen Mutes bzw. der damit verbundenen kriegerischen Gewalt im Spätmittelalter, obwohl das Rittertum als Kriegerstand längst an Bedeutung eingebüßt hatte.[8]

Die Auswertung der hier herangezogenen normativen und chronikalischen Quellen aus dem Bereich der Alltagsgeschichte aus verschiedenen Jahrhunderten und Gegenden Europas wird erweisen, ob sich eine Entwicklung feststellen lässt, die im Laufe des langen Mittelalters einhergehend mit einer zunehmenden Verrechtlichung zu weniger Brutalität in kriegerischen Konflikten führte. Eine kritische Auseinandersetzung mit den eher „klischeehaften" Thesen von Elias

---

[1] Metz (2012), 32.
[2] Metz (2012), 30 f.
[3] Zur Frage der Gewalt im Mittelalter vgl.: Althoff (1997); Althoff (1998); Althoff (2005); Braun/Herberichs (2005).
[4] Zu den von Elias verwendeten Quellen vgl.: Braun/Herberichs (2005), 570.
[5] Elias (1939).
[6] Vgl. zur Kritik an Elias das fünfbändige Werk von: Duerr (1988–2002); zur Elias-Rezeption vgl. auch: Fletcher (1997).
[7] Schwerhoff (1998), 12 f. (mit weiterführender Literatur).
[8] Maso (1982).

zum Mittelalter (Schwerhoff)[9] ist damit nicht verbunden und bereits fundiert geleistet worden.

Konnten Religion und Kirche, Ritterideale, Gottes- und Landfrieden sowie frühe Kriegsrechte – also „zivilisierte" Regeln und normative Vorgaben – die kriegerische Gewalt überhaupt wirksam beschränken, und war das überhaupt beabsichtigt? Gab es gewisse Kontexte in kriegerischen Konflikten, in denen es eher zu exzessiven Gewaltausbrüchen kam? Wie ging man mit Gefangenen um? Diesen Fragen geht das Buch nach.

„Als sich die Zeit nähert, als die Sonne im Widder steht, hallt ebenso die Kriegsglocke (lat. *Guerriatrix campana*)", schreibt der Florentiner Ser Giovanni di Lemmo Armaleoni da Comugnori in sein Tagebuch (1299–1319).[10] Denn Kriege und Fehden waren im Mittelalter allgegenwärtig und wurden von Königen und Adligen zur Durchsetzung von Rechten, zur Eroberung von fremden Gebieten, zur Verteidigung der eigenen Herrschaft oder aus Gründen der verletzten Ehre und aus religiösen Motiven geführt. Daher war die mittelalterliche Feudalgesellschaft auf den Krieg ausgerichtet. Aufgrund dieser zentralen Bedeutung des Krieges ist eine wahre Flut von Veröffentlichungen in Form von Monographien, Sammelbänden und Aufsätzen zu diesem Thema erschienen.[11]

Auch die Begriffsgeschichte zeugt der Allgegenwärtigkeit und Vielschichtigkeit des Krieges Rechnung. Für das moderne Wort Krieg findet man in der lateinischen Urkundensprache das Wort *bellum*, in deutschen und italienischen Texten das Wort *guerra* oder in französischen Schriften das Wort *guerre*.[12] Der Landfrieden Kaiser Friedrichs I. von 1152 führt *guerra* im Zusammenhang mit einer Fehde von Ministerialen an.[13] Aufschlussreich sind auch die Kommentare der Glossatoren zu Krieg und Fehde. Odofredus (gest. 1265) verwendet die Begriffe *guerra* und *bellum* synonym, während Arcursius (gest. 1263) zwischen einem förmlich erklärten Krieg und einer Fehde unterscheidet. Um 1280 trennt der Franzose Jacques de Révigny im Anschluss an Thomas von Aquin zwischen dem „erlaubten Krieg" (*ius gentium*) und dem „unerlaubten Krieg" (*bella licita, bella illicita*). Erlaubt ist danach neben dem Verteidigungskrieg ein Angriffskrieg (*bellum aggrediendo*) nur dann, wenn dieser unter dem Befehl eines Fürsten geführt

---

[9] Schwerhoff (1998), 605.
[10] „cum appropinquaret tempus quo sol est in ariete, illa guerriatrix campana sonuit", Cronache dei secoli XIII e XIV, Annales Ptolemaei Lucensis Sanzanome iudicis Gesta Florentinorum, Diario di ser Giovanni di Lemmo da Comugnori, Diario d'anonimo fiorentino, Chronicon Tolosani canonici FaventiniErstausgabe, 149 (online).
[11] Aus der Fülle an Veröffentlichungen der letzten Jahre sei herausgegriffen: Vollrath (1991); Brunner (Hrsg.) (1999); Brunner (Hrsg.) (2002); Braun/Herberichs (2005); Prietzel (2006); Paravicini/Petrauskas/Vercamer (2012).
[12] Zur Begriffsgeschichte vgl.: Thorau (1991); Ziegler (1999), 59.
[13] Quellen zur deutschen Verfassungs-, Wirtschafts- und Sozialgeschichte bis 1250 (1977), 214–223; Ziegler (1999), 59.

wird (*auctoritate principis*).¹⁴ Für den Krieg gab es nach Klaus M. Schmidt in der mittelalterlichen deutschen Sprache gleich mehrere Begriffe: *batalje, kampf, kriec, strit, urliuge, vêhede, zwist*. Unter *kriec, zwist* oder *vêhede* lässt sich nach Schmidt ein organisierter bewaffneter Kampf, aber auch eine allgemeine, unbewaffnete Auseinandersetzung oder ein Streit verstehen. Dagegen könne *kampf* als eine gewalttätige bewaffnete Auseinandersetzung oder als Zweikampf übersetzt werden, während eine *batalje*, eine *hervart* oder ein *urliuge* ein organisierter bewaffneter Kampf bedeute.¹⁵ Das Wort Krieg selbst stammt vom altdeutschen Wort *chrey* für „Hartnäckigkeit" ab, woraus die mittelhochdeutschen Wörter *kiec* und *krieg* entstanden, die mit „Anstrengung", „Widerstand", „Kampf" und „Streit" bzw. „Wettstreit" übersetzt werden können.¹⁶ Nicht immer geht aus der Quellensprache die Art des kriegerischen Konfliktes hervor und sind moderne Assoziationen des Wortes fehl am Platze.

Trotz der guten Forschungslage zum Thema Krieg und Gewalt im Mittelalter ist die Frage der Gefangenschaft weniger gut untersucht.¹⁷ Gefangene konnten Schuldner, Geiseln oder Kriegsgefangene sein. Menschen wurden nach Ralph Hug im Mittelalter zur Durchsetzung des Sorgerechts, zur Bestrafung oder um Zwang auszuüben, inhaftiert.¹⁸ Einige Arbeiten widmeten sich der Gefangenschaft zur Zeit der Kreuzzüge, etwa die von Yvonne Friedman¹⁹ oder die von Philippe Goridis, der sich mit der „Verarbeitung und Bewältigung christlicher Gefangenschaft zur Zeit der Kreuzzüge" auseinandersetzte.²⁰ Giulio Cipollones untersuchte verschiedene Aspekte der Gefangenschaft von Christen in muslimischer Haft im 12. und 13. Jahrhundert sowie die Rolle des Ordens der Trinitarier im Zusammenhang mit dem Loskauf christlicher Gefangener.²¹ Guy Geltner analysierte Gefängnisse in italienischen Städten als Ort des Strafvollzugs und Zeichen bürgerlichen Identitätsbewusstseins.²² Die angelsächsische Forschung bezeichnet Gefangenschaft im weiteren Sinne mit dem Begriff *captivity* und im engeren Sinne mit dem Wort *imprisonment*.²³ Megan Cassidy-Welch erörterte verschiedene Bedeutungen der Gefangenschaft im Mittelalter in kulturgeschichtlicher Perspektive und zeigte die Übertragung des in der christlichen Tradition stehenden Spannungsverhältnisses zwischen erfahrener Endlichkeit und verheißener

---

14 Ziegler (1999), 60.
15 Schmidt (2018), 236
16 Dopsch/Neuper (2018), 146.
17 Vgl. die Zusammenfassung des Forschungsstandes bei: Dunbabin (2002), 3–11; Zug Tucci (2001); Bard (2006).
18 Pugh (1968), 1–47.
19 Friedman (1999); Friedman (2002).
20 Goridis (2014).
21 Cipollone (1992); Cipollone (1999 a); Cipollone (1999 b); Cipollone (2007).
22 Geltner (2008).
23 Dunbabin (2002).

Befreiung („confinement and the promise of freedom") im Hinblick auf die Darstellung von Gefangenschaft in mittelalterlichen Texten auf.[24] Der umfangreiche Sammelband „Réalités, images, écrituresdela prison au Moyen Âge" beschreibt Gefangenschaft in Form von Bildern und Schriften.[25] Zwei weitere von Cécile Bertrand-Dagenbach und A. Hauvot publizierte Werke thematisieren Fragen zum Gefängnis und zum Freiheitsentzug vom Römischen Reich bis in das Mittelalter hinein.[26]

Daher beleuchtet dieses Buch nach der Zusammenfassung der religiösen und rechtlichen Rahmenbedingungen der mittelalterlichen Kriegsführung und der Darstellung der Versuche zur Begrenzung der kriegerischen Gewalt und ihr Scheitern in der Realität die unterschiedlichen Facetten des Umgangs mit Kriegsgefangenen. Neben den chronikalischen Berichten aus verschiedenen Jahrhunderten sind selbst noch für die Frühe Neuzeit nur wenige Selbstzeugnisse von Gefangenen überliefert, die uns deren Gefühlswelt offenbaren.[27] Zwei dieser Selbstzeugnisse werden hier näher untersucht, die dem französischen König Ludwig IX. gewidmete berühmte Vita des Jean de Joinville über seine Gefangenschaft und die seines Herrschers 1250 in Ägypten nach einem gescheiterten Kreuzzug und der Bericht des von Albrecht von Rosenberg 1544/45 entführten Patriziers Hieronymus Baumgartner an den Nürnberger Stadtrat über seine traumatischen Erfahrungen während seiner Haft. Die ferner zitierten Berichte des Johannes Schiltberger über seine Zeit bei den Osmanen und Mongolen von 1394 bis 1427 und die des Geschützmeisters Jörg von Nürnberg am Hofe Sultan Mehmets II. von 1456 bis 1480 thematisieren Erfahrungen als Söldner in muslimischen Diensten bis hin zu ihrer Flucht.

Zeitlich spannt sich der Rahmen der Darstellung von der Spätantike bis in das ausgehende Mittelalter und die ersten Jahrzehnte der Frühen Neuzeit hinein, ohne aber den Dreißigjährigen Krieg zu berücksichtigen.

Die aus Originalquellen entlehnten Zitate wurden kursiv gesetzt, leicht auffindbare Quellen nur in Ausnahmefällen wiedergegeben und die Fußnoten aufgrund der besseren Lesbarkeit kurzgehalten. Die ausführlichen Angaben finden sich im Literaturverzeichnis.

Das Buch widme ich meinem Kollegen Prof. Dr. Gerhard Fritz (ehemals Pädagogische Hochschule Schwäbisch-Gmünd) in tief empfundener Dankbarkeit für eine stets anregende und reibungslose hochschulübergreifende Zusammenarbeit.

---

[24] Cassidy-Welch (2011).
[25] Menegaldo/Fritz (Hrsg.) (2012).
[26] Bertrand-Dagenbach/Hauvot (2004); Bertrand-Dagenbach/Hauvot (1999).
[27] Scheutz (2003), 189.

1 Religion: Christentum und militärische Gewalt

1.1 Von der Gewaltlosigkeit zur Gewaltanwendung

Die Herausbildung des Kriegsrechts in Europa wurde maßgeblich durch die auf dem Judentum wurzelnde christliche Religion geprägt. Daher sind zunächst die jüdischen Bestimmungen zur Frage der Anwendung von Gewalt Revue passieren zu lassen.

Grundsätzlich verbietet das Alte Testament das Töten von Menschen, wie aus einzelnen Passagen der fünf Bücher Mose (Genesis, Exodus, Levitikus, Numeri, Deuteronomium) hervorgeht. Der „Pentateuch" (dt. „Fünf-Rollen-Buch"), von den Juden „Tora" (dt. „Weisung") genannt, stellt die Geschichte des Volkes Israel von seinen Anfängen bis zur Befreiung aus der ägyptischen Knechtschaft dar. Das Vergießen von Menschenblut wird gleichgesetzt mit einem Angriff auf die göttliche Autorität (1. Mose 9,6). Das Buch Exodus belegt Totschlag und Mord mit der Todesstrafe (2. Mose 21,12). Die Bücher Exodus und Deuteronomium wiederholen das fünfte Gebot „Du sollst nicht morden!" (2. Mose 20,13; 5. Mose 5,17). Dennoch gibt es nach dem Alten Testament Einschränkungen und Ausnahmen von diesem strikten Gebot: Das Buch Deuteronomium regelt die Blutrache (5. Mose 19,11–13). Gegen Feinde wie die Amalekiter im Land Kanaan dürfen die Israeliten bis zu deren vollständigen Vernichtung Krieg führen (2. Mose 17,8–16; 2. Mose 7,20–21). Das zeigt auch das Beispiel der von den Israeliten geschlagenen Amoriter (Josua 10,13). Eine Passage des Alten Testaments legitimiert selbst das Abschlachten ganzer Völker (2. Mose 17,16). Die Ermordung feindlicher Kinder erscheint gar als göttliches Strafgericht (2. Mose 12,12). Vergewaltigungen von nichtjüdischen Frauen sind nach einigen Bibelstellen straffrei (2. Samuel 12,9–12; 5. Mose 21,11–14). Dasselbe gilt für den Mord an einer heidnischen Mutter (5. Mose 13,7–11). Nichtjüdische Sklaven konnten als Kriegsbeute behalten und sogar misshandelt werden (2. Mose 21,20–21).

Da das Alte Testament den Krieg gegen ihre Feinde gestattet, findet sich ebenso im Talmud ein sehr ausgefeiltes Kriegsrecht. So wurden Bestimmungen festgelegt, wie dieser zu führen sei. Das 5. Kapitel erlaubt nur die „von Gott gebotenen" Kriege gegen die „sieben Völker" Kanaans in Palästina (5.1). Das 6. Kapitel verpflichtet die jüdischen Könige zur Abgabe eines Friedensangebotes an ihre Feinde vor der Eröffnung der Kriegshandlungen (6.1). Selbst dem Feind gebührt nach dem Talmud Respekt, sobald die noachidischen Gebote anerkannt werden. Wenn der Feind aber nicht zum Frieden und zur Anerkennung der „sieben noachidischen" Gebote (1. Mose 9,1–13: Verbot von Mord, Diebstahl, Götzenanbetung, Inzest, Ehebruch, Verzehr des Fleisches noch lebender Tiere, Gotteslästerung) bereit ist, solle der Krieg weitergehen und sollen alle erwachsenen Männer getötet werden, wobei das Leben von Frauen und Kindern zu schonen sei (6,4). Zivilisten ist die Flucht aus einer von nur auf drei Seiten zu umzingelnden und belagerten Stadt zu erlauben und das Land des Feindes nicht grundlos, etwa durch das Fällen von Fruchtbäumen, zu verheeren (6,7). Das gelte aber nicht für die nichtfruchttragenden Bäume (6,9). Mutwilliges Zerstören von Gebäuden und Plünderei ist ebenfalls verboten (6,10). Selbst am Sabbat, an dem sonst alle Arbeiten ruhen, kann eine feindliche Stadt belagert werden (6,11). Die Freistellung vom allgemeinen Aufgebot im Kriegsfall ist nur in Ausnahmefällen erlaubt (7,4). Wer gerade erst ein Haus errichtet hatte, heiratete oder seinen Weinberg einweihte, muss nicht mit in den Krieg ziehen (7,10). Die Vergewaltigung einer Nichtjüdin ist im Krieg erlaubt (8,2). Dies gilt auch für jüdische Priester, die allerdings keine Proselytin (abgeleitet von gr. προσήλυτος; dt. „Hinzugekommene"), d. h. eine zum Judentum bekehrte Frau, heiraten dürfen (8,4). Keine Toleranz kennt der Talmud gegenüber Götzendienern (8,9).

Halten wir fest: Der Talmud erlaubt zwar ausdrücklich das Krieg führen und Töten im Krieg, macht aber zugleich strenge Auflagen, die den Schutz der Zivilbevölkerung und die Sicherung ihrer Ernährungsgrundlagen betreffen.

Mit der Emanzipation des Christentums aus dem Schatten des Judentums und dem Erscheinen des Neuen Testaments stellte sich die Frage der Legitimität der Gewaltausübung neu. Jesus verschärft in seiner von Matthäus überlieferten Bergpredigt die Frage der Tötung eines Menschen radikal in Richtung auf das Gebot der Wehrlosigkeit (Mt 5.9). Die Seligpreisung der Friedensstifter (gr. εἰρηνοποιοί) ist sicherlich eine der zentralen Aussagen des Neuen Testaments. Nach Matthäus legt Jesu das alttestamentliche Tötungsverbot neu aus. Wer tötet, soll vor Gericht gestellt werden (Mt 5,21). Es fordert das Gebot der absoluten Wehrlosigkeit selbst in einer Notwehrsituation (Mt 5,39) und verbietet anders als das Alte Testament selbst Soldaten das Töten im Krieg (Mt 26,52).

Diese rechtliche Verschärfung der Tötungsverbote in der Bibel gehen einher mit fundamentalen Änderungen in der Geschichte. Der römische Staat untersagte die alten Rechte der Blutrache, die sich noch im Alten Testament finden lassen (2. Mose 21,23–25). Zur Zeit Jesus herrschte die *Pax Romana* vor. Dieser „Römische Friede", auch *Pax Augusta* („Augusteischer Friede") genannt, gilt als über 200 Jahre lang anhaltende innere Friedenszeit im Römischen Reich,[1] die 27 v. Chr. mit der Herrschaft des römischen Kaisers Augustus begann und mit dem Tod Mark Aurels 180 n. Chr. Ihr Ende fand.[2] Die Bergpredigt mit ihrer radikalen Friedensethik ist historisch gesehen nur vor diesem Hintergrund zu verstehen. Palästina war seit 63 v. Chr. eine römische Provinz. Hätten die frühen Anhänger

---

[1] Waddy (1950); Wengst (1986) 1986.
[2] Kienast (2014), 78 f.

von Jesus die Zeloten, eine von Judas dem Galiläer und dem Priester Zadok (auch: Sadduk) im Jahre 6 n. Chr. gegründete paramilitärische Widerstandsbewegung der Juden, gegen die römische Besatzung unterstützt, wäre das ein offener Friedensbruch gewesen.[3] Der alttestamentarische Kriegsheld König David durfte kein Vorbild für die Juden mehr sein.

1.2   Die Lehre vom „gerechten Krieg"

Bereits der Historiker Thukydides lässt in seiner Geschichte des Peloponnesischen Krieges im Melierdialog die Athener sagen, „dass von Gerechtigkeit im Menschenmund nur dann die Rede ist, wenn man durch eine gleiche Gewalt im Zaum gehalten wird, und dass diejenigen, die die Macht haben, auflegen, so viel sie können, und die Schwachen ihnen gehorchen müssen".[4] Der Stärkere bestimmt somit, was als gerecht zu gelten hat, womit Thukydides den problematischen Zusammenhang von Recht und Macht erkannte.

Silent enim leges inter arma (sinngemäß: „Denn unter den Waffen schweigen die Gesetze") stellt der römische Staatsmann Marcus Tullius Cicero (106–43 v. Chr.) in seiner Verteidigungsrede für T. Annio Milone im Jahre 52 v. Chr. fest, um den Bruch kodifizierter Gesetze im Krieg zu rechtfertigen.[5] Cicero geht in zwei weiteren Schriften auf die Frage des „gerechten Krieges" ein.[6] Jeder Mensch solle nach Gerechtigkeit im privaten wie im öffentlichen Leben streben und diese zu bewahren suchen. Erst wenn die zivile Auseinandersetzung (*disceptatio*) gescheitert sei, dürften in einem Konflikt gewaltsame Mittel zum Einsatz kommen. Der Krieg sei nach dem heiligen Priesterrecht anzukündigen (*denuntiare*) und zu erklären (*indicere*). Als gerechte Kriegsgründe ließ Cicero die Bestrafung von Übeltätern bzw. die Rache für erlittenes Unrecht oder die Vertreibung von Feinden zur Selbstverteidigung oder zum Schutz anderer zu. Zur Kriegsführung selbst seien nur Soldaten (*miles*) berechtigt, die dem Grundsatz der Verhältnismäßigkeit der Mittel verpflichtet seien. Eide und Versprechungen gegenüber Feinden dürften anders als gegenüber Verbrechern nicht verletzt werden. Oberstes Ziel sei es, ohne Ungerechtigkeit in Frieden zu leben (*ut sine iniuria in pace vivatur*).[7] Cicero stellt fest, dass ein Krieg nur unter einigen wenigen Bedingungen gerecht ist:

---

[3] Shivti'el (2012).
[4] Thukydides, Melierdialog 5,89.
[5] Cicero, Pro T. Annio Milone 4,11.
[6] Cicero, De officiis I,34–38; Cicero, De re publica III,35.
[7] Rief (1981), 16 ff., 18 ff.

> „Darin findet man, dass kein Krieg rechtmäßig ist, der nicht entweder nach verlangter Genugtuung geführt wird oder zuvor angedroht und angekündigt wurde."[8]

Cicero setzt den Krieg mit dem vollstreckten Strafrecht (*executio iuris*) gleich, um die *Pax Romana* zu garantieren:[9]

> „Jene Kriege sind ungerecht, die ohne Grund unternommen wurden. Denn es kann kein gerechter Krieg geführt werden außer um sich zu rächen oder die Feinde abzuwehren. Kein Krieg wird für gerecht gehalten, wenn er nicht angekündigt, wenn er nicht formell erklärt worden ist und wenn er nicht aus Gründen der Wiedererlangung geführt wird. Unser Volk aber hat, dadurch, dass es Bundesgenossen verteidigte, sich bereits aller Länder bemächtigt."[10]

Die Kriegsparteien bekamen so die Rolle von Verbrechern und Richtern zugewiesen. Ciceros Überlegungen gelten als grundlegend für den von der mittelalterlichen Scholastik entwickelten Kriegsbegriff.[11]

Die frühchristlichen Kirchenväter des 3. und 4. Jahrhunderts legten die Bibel in einer sich veränderten Zeit aus, in der aus einer verfolgten Religion eine Staatsreligion wurde. Cyprianus (gest. 258; An Donatus, 6), Tertullian (gest. 230; Über den Götzendienst, 19) und Basilius (gest. 379; An Amphilochius über Kanones, 13), lehnen noch radikal den Kriegsdienst ab und empfehlen zum Teil, Soldaten die Kommunion zu verweigern. Der Theologe Origenes stellt sich im 3. Jahrhundert in seiner Auseinandersetzung mit dem heidnischen Philosophen Celsus auch dessen Argumenten für den Kriegsdienst, indem er betont, dass nach der Missionierung aller Barbaren das Christentum als allein übrigbleibende Religion den Frieden bringe (Contra Celsum VIII,68). Für Eusebius von Caesarea (um 260/64–339/40) dürfen Christen nur in einem *bellum iustum* kämpfen (Demonstratio Evangelica I.8,39). Dazu passt, dass die „Traditio Apostolica" (gr. Ἀποστολικὴ παράδοσις; dt. „Apostolische Überlieferung"), eine Kirchenordnung aus den Jahren 210–235, die Unvereinbarkeit von christlicher Taufe und Soldatendienst fordert (Traditio apostolica 16). Die „Canones Hippolyti", die erste Rechtssammlung der römischen Kirche aus der Zeit vor 235, listet in Kanon 15 die Berufe auf, die für Christen verboten sind. Nach dem 13. Kanon dürfen keine Bürger, dem die Gewalt verliehen wird zu töten – gemeint sind wohl byzantinische Richter –, in die christliche Gemeinschaft aufgenommen werden oder wären zu entlassen. Der 14. Kanon legt fest, dass zum Militärdienst gezwungene christliche Soldaten, zwar das Schwert führen, nicht aber Blutvergießen dürfen. Nach dem „Testamentum domini nostri" (dt. „Testament unseres Herrn"), einer syrischen Kirchenordnung aus der zweiten Hälfte des 5. Jahrhunderts, belehre man den Soldaten oder Beamten, dass sie niemanden unterdrücken, nicht töten,

---

[8] „Ex quo intellegi potest nullum bellum esse iustum, nisi quod aut rebus repetitis geratur aut denuntiatum ante sit et indictum.", Cicero, De officiis I,36,2, Egon Gottwein (online).
[9] Häring (1983), 36.
[10] Cicero, De re publica III,35 = Isidor von Sevilla, Etymologia 18,1.
[11] Huber/Reuter (1990), 51.

1.2 Die Lehre vom „gerechten Krieg"

nicht stehlen, sich nicht erzürnen und sich nicht gegen irgendeinen hinreißen lassen. Wenn sie aber danach verlangen, die Taufe im Namen des Herrn zu empfangen, dann sollen sie ihren Militärdienst oder ihre obrigkeitliche Stellung aufgeben. Wenn ein Taufbewerber oder ein Gläubiger Soldat werden will, so ändere er seinen Sinn oder man weise ihn zurück. Denn mit dieser Absicht hat er Gott beleidigt, den Weg des Geistes verlassen, an den Dingen des Fleisches sein Gefallen gefunden und den Glauben verhöhnt.[12]

Auch der lateinische Rhetoriklehrer und christliche Apologet Lucius Caecilius Firmianus (dt. Laktanz) plädiert noch am Anfang des 4. Jahrhunderts für die Unvereinbarkeit von Christentum und Militärdienst und ergänzt das christliche Tötungsverbot noch um das Verbot der Todesstrafe.[13] Laktanz wendet sich auch gegen den Zusammenhang zwischen Krieg und wirtschaftlichen Interessen.[14]

Solange freilich das Christentum im Römischen Reich eine verfolgte Religion blieb, war es nur konsequent, den Kriegsdienst abzulehnen.[15] Aber in der Zeit der Christenverfolgungen wurde die Frage der Anerkennung des neuen Kultes zu einer Überlebensfrage für jeden Einzelnen. Das schien erreicht, als Kaiser Galerius am 30. April 311 im Toleranzedikt von Nikomedia den Christen das Recht auf Zusammenkünfte gewährt, solange sie die staatliche Ordnung nicht in Frage stellten. Das Dekret erlaubt den Christen die Errichtung von Kirchen sowie gemeinsame Zusammenkünfte, sofern sie nicht die staatliche Ordnung stören. Das Christentum galt damit als *religio licita* (dt. „erlaubte Religion"), womit eine Befreiung von den Opfern für den Kaiser und die römischen Staatsgötter verbunden war. Damit konnten die Christen auch staatliche Ämter bekleiden. Mit dem Christusmonogramm auf ihren Schilden besiegten die Legionäre Kaiser Konstantins 312 in der berühmten Schlacht an der Milvischen Brücke das Heer des kaiserlichen Rivalen Maxentius. Über die Vision Konstantins am Vorabend der Schlacht an der Milvischen Brücke gibt es verschiedene Überlieferungen, die sich teilweise widersprechen: Die um 317 von Laktanz in seiner Schrift „De mortibus persecutorum" („Die Todesarten der Verfolger") verfassten Darstellung berichtet von einem Traum Konstantins, der diesen veranlasste, ein Abzeichen auf den Schilden anbringen zu lassen.[16] Die bekannteste Version gibt Eusebius von Caesarea in seiner „Vita Constantini" wieder: Auf einem Marsch irgendwann vor der Schlacht hätten Konstantin und sein Heer zu Mittag ein Kreuz aus Licht über der Sonne mit den Worten „In diesem [Zeichen] siege" (gr. Ἐν τούτῳ νίκα) gesehen.[17]

---

[12] Plisch (online).
[13] Lactantius, Divinae institutiones VI, 20,15–17.
[14] Lactantius, Divinae institutiones VI, 6,18–24.
[15] Zur Ablehnung des Kriegsdienstes im frühen Christentum vgl.: Brennecke (1997); Brennecke (2006).
[16] Laktanz, m. p. 44,1–9.
[17] Eusebius, v. C. 1,27–32.

Ein Jahr später erließen die Kaiser Konstantin I. und Licinius die berühmte Mailänder Konstitution, welche als Ergänzung des Toleranzediktes von Nikomedia gesehen werden kann. Laktanz überlieferte den lateinischen Text der beiden kaiserlichen Verlautbarungen. Eusebius von Caesarea listet in seiner Kirchengeschichte beide Konstitutionen in griechischer Übersetzung auf.[18] Der frühchristliche Theologe Theodoret von Cyrus (393–460) gilt als ein glühender Bewunderer des Imperators und machte aus Konstantin in seiner Kirchengeschichte einen Helden und stilisierte ihn zum ersten christlichen Kaiser. Tatsächlich ist es mehr als fraglich, ob sich Konstantin auf seinem Sterbebett hat taufen lassen, wie verschiedene Quellen berichten. Sein Nachfolger Julianus II. nahm jedoch die Christenverfolgungen wieder auf. Theodoret von Cyrus (gest. 466) kritisiert daher in seiner Kirchengeschichte den aus „Herrschsucht" begangenen Rückfall des Imperators in das „Heidentum".[19]

Doch die Zeichen der Zeit konnte auch Julianus nicht mehr aufhalten. Denn das Christentum hatte sich längst von einer jüdischen Sekte zu einer aufstrebenden Religionsgemeinschaft entfaltet, während die alten Kulte auf dem Rückzug waren. Im Jahr 380 erklärt Kaiser Theodosius I. in seinem Edikt „Cunctos populos" („An alle Völker") die aufstrebende katholische Richtung des Christentums zur Staatsreligion.[20] Damit stellte sich die Frage der Legitimität der Gewaltanwendung neu. In der Tat enthält das Neue Testament Passagen, mit denen die Ausübung von Gewalt legitimiert werden könnte, so im Matthäus-Evangelium (Mt 10,34–39) oder in der Apokalypse des Johannes (Offb 19,1–21). In der entsprechenden Passage aus dem Matthäus-Evangelium erscheint Jesus nicht als Friedensfürst, sondern als strafender Richter (Mt 10,34–39). In dem genannten Passus aus der Apokalypse des Johannes sitzt Jesus auf einem weißen Pferd mit dem Richtschwert in seinem Mund, der für die Gerechtigkeit kämpft und die Völker schlagen wird. Mit feurigen Augen und blutbeflecktem Gewand reitet er den berittenen himmlischen Heerscharen voran, so der Text der Offenbarung (Offb 11–16). Auf einer dazu passenden französischen Buchmalerei aus der Zeit um 1310–1325 führt Christus auf einem Schimmel selbst das Heer der mit roten Kreuzen gekennzeichneten und auf weißen Pferden sitzenden Kreuzritter an. Er hält ein Schwert in seinem Mund und die Bibel in seiner Hand. In der oberen linken Ecke sieht man den Heiligen Johannes, dessen Attribut das Buch ist.[21]

Die Bibel bot also für die spätantiken Theologen durchaus Möglichkeiten, die religiösen Vorschriften im Hinblick auf die Frage der Gewaltanwendung anzupassen. Augustinus (354–430), Bischof von Hippo Regius in Nordafrika, führt in seiner bahnbrechenden Schrift „Der Gottesstaat" mit seiner Unterscheidung zwischen „gerechten" und „ungerechten" Kriegen die Idee der Kriegsschuld in

---

[18] Eusebius von Caesarea, Kirchengeschichte, Buch 10, Kap. 5.
[19] Theodoret von Cyrus, Historia ecclesiastica, 3. Buch, 361–363.
[20] Barceló/Gottlieb (1993).
[21] Ms. Royal 19 B XV, fol. 37. London, British Library.

1.2 Die Lehre vom „gerechten Krieg"

die Geschichte ein. Er erlaubt den Soldaten als Krieger Gottes die Beteiligung an Kriegen gegen Ketzer zur Reinhaltung der Kirche im Inneren oder zur Verteidigung bzw. Wiedererlangung geraubten Gutes und unterschied zwischen dem *bellum iustum* (dt. „gerechter Krieg") und dem *bellum Deo auctore* (dt. „heiliger Krieg"). Christen dürfen sich aber nur an einem Krieg beteiligen, wenn ein „gerechter Grund" (lat. *causa iusta*) vorhanden ist, er von einer „legitimen Autorität" erklärt wird (lat. *auctoritas principis*) und die Absicht des Krieges richtig ist (lat. *intentio recta*).[22] Einzig durch „gerechte Kriege" über die Ungerechten könne das Reich wachsen, welches von Gutgesinnten nur als Notwendigkeit gesehen werde.[23] Selbst der „gerechte Krieg" ist für Augustinus stets von Elend erfüllt.[24] Ein Kriterium der *intentio recta* sei es, Kriege zu vermeiden, da es besser sei, Frieden durch friedliche Mittel anstatt durch Krieg zu erreichen.[25] Für Augustinus ändert die *intentio recta*, mit der jeder Krieg zu begründen ist, nichts an der *dispositio pacifica* (dt. „friedliche Haltung"). Auch in seinen Briefen an den byzantinischen General Bonifatius hat sich Augustinus immer wieder mit der Frage der staatlichen Gewaltausübung beschäftigt.[26] Augustinus weist dem Herrscher grundsätzlich die Verantwortung für die Verletzung des Kriegsrechts durch dessen Soldaten zu, es sei denn, diese könnten einen Befehl als Verstoß gegen die göttlichen Gebote erkennen.[27]

Augustinus deutet den Krieg in theologischer Hinsicht neu und gibt ihm gleichfalls eine religiöse Rechtfertigung. Damit entlastet er die Soldaten von dem fünften Gebot („Du sollst nicht töten"), indem er das Töten im Krieg mit dem Gehorsam gegenüber dem gerechten Staat verbindet, der von einer legitimen Autorität geführt wird, wie es bereits der Apostel Paulus fordert (Röm 13,1). Der Gegensatz zwischen den althergebrachten römischen Tugenden und Verpflichtungen gegenüber der *res publica* und der christlichen Religion und Ethik wurde somit aufgehoben. Eusebius von Caesarea[28] und Augustinus nahmen die notwendige Anpassung der christlichen Lehre an die gesellschaftliche Realität vor. Die frühchristlichen Forderungen nach absoluter Gewaltlosigkeit wurden auf den geistlichen Stand (*perfectio primaria*) beschränkt, während die christlichen Laien (*perfectio secundaria*) innerhalb des *bellum iustum* Gewalt ausüben durften.[29]

Der Mensch ist eben nicht von Natur aus gut, sondern zu den schlimmsten Verbrechen fähig, denen in Geschichte und Gegenwart leider oft genug nur

---

[22] Augustinus, Gottesstaat IV,15; XIX,7; XIX,28; I,21.
[23] Augustinus, Gottesstaat IV,15.
[24] Augustinus, Gottesstaat XIX,7.
[25] Augustinus, Ep. 229, 2.
[26] Augustinus, Brief an Bonifatius, 4,6).
[27] Hertz (2000), 21 f.
[28] Eusebius von Caesarea, Demonstratio Evangelica, 1,8.
[29] Hertz (2000), 19.

durch Gewalt begegnet werden konnte und kann.[30] Der große Kirchenlehrer erkannte als einer der ersten dieses grundlegende Problem der menschlichen Existenz. Kriege sind nach Augustinus immer dann gerechtfertigt, wenn damit großes Unrecht verhindert und der Frieden wiederhergestellt werden kann.

Neben Augustinus gilt der Bischof Isidor von Sevilla (um 560–636) als weiterer „Begründer der mittelalterlichen kriegsrechtlichen Theorie".[31] Isidor von Sevilla beruft sich in seinen „Etymologiae" auf ein Zitat aus Ciceros Werk „De re publica", wonach Marcus Tullius Cicero den gerechten Krieg an zwei Bedingungen knüpft:

> „Vier Arten aber von Kriegen gibt es, nämlich den gerechten, den ungerechten, den Bürgerkrieg und den über den Bürgerkrieg hinausgehenden. Ein gerechter Krieg ist einer, der nach einer Kriegserklärung geführt wird, um Besitz zurückzuerlangen oder um Feinde abzuwehren. Ein ungerechter Krieg ist es, der aus Raserei, nicht aus rechtlicher Begründung begonnen wird; darüber sagt Cicero in De re publica: ,Jene Kriege sind ungerecht, die ohne Grund begonnen wurden. Denn außerhalb des Motivs, sich zu rächen oder Feinde abzuwehren, kann kein gerechter Krieg geführt werden.' Und ebendieser Tullius fügt nach wenigen Ausführungen hinzu: ,Kein Krieg gilt als gerecht außer einem angekündigten, außer einem offiziell erklärten, außer einem um die Wiedergewinnung von Besitz.'"[32]

Cicero unterscheidet damit zwischen dem „gerechten, den ungerechten, den Bürgerkrieg und den über den Bürgerkrieg hinausgehenden". Ein Krieg bedarf einer Kriegserklärung, um als gerecht gelten zu können und kann nach Cicero für die Wiedergewinnung von geraubtem Besitz geführt werden. Die Formulierung „Feinde abzuwehren" (lat. *hostium propulsandorum causa*) schließt auch einen Präventivkrieg ein.

Der Dominikaner Thomas von Aquin (um 1225–1274) systematisierte die Lehre des „gerechten Krieges" von Augustinus. Er stellt die Frage, ob Kriege nicht per se sündhaft seien.[33] Dabei greift er in seiner „Summa Theologiae" eine Passage aus dem Lukas-Evangelium auf, wonach Christus einen Hauptmann als Vorbild im Glauben hinstellt (Lk 7,1–10). Auch nach Thomas von Aquin darf nur eine „legitime Obrigkeit", der Fürst (lat. *auctoritas principis*), den „gerechten Krieg"

---

[30] Das Problem der Lehre vom gerechten Krieg und den Risiken des 21. Jahrhunderts sowie der Frage militärischer humanitärer Intervention wurde etwa in der Dissertation von Gašparević (2010) behandelt.

[31] Cram (1995), 188.

[32] „[2] Quattuor autem sunt genera bellorum: id est iustum, iniustum civile, et plus quam civile. Iustum bellum est quod ex praedicto geritur de rebus repetitis aut propulsandorum hostium causa. Iniustum bellum est quod de furore, non de legitima ratione initur. De quo in Republica Cicero dicit (3,35): ,Illa iniusta bella sunt quae sunt sine causa suscepta. [3] Nam extra ulciscendi aut propulsandorum hostium causa bellum geri iustum nullum potest.' Et hoc idem Tullius parvis interiectis subdidit: ,Nullum bellum iustum habetur nisi denuntiatum, nisi dictum, nisi de repetitis rebus.'", Isidor von Sevilla, Etymologiae 18,1 = Cicero, De re publica 3,23,35; Bibliotheca Augustana (online).

[33] Hertz (2000), 22 f.

1.2 Die Lehre vom „gerechten Krieg"

erklären. Ferner muss ein „gerechter Grund" (lat. *causa iusta*), wie die Absicht, Gutes zu bewirken oder Schaden zu verhindern, also eine Schuld der Gegenseite, vorliegen. Die Sache an sich (lat. *intentio recta*) soll gerecht sein, etwa, wenn es um die Verteidigung der christlichen Religion geht. Gewalt darf für Thomas erst dann zum Zuge kommen, wenn alle friedlichen Möglichkeiten ausgeschöpft sind.[34] Nach Thomas diene die natürliche weltliche Ordnung dem Gemeinwohl, wonach er den Schutz der Gläubigen und der zum Christentum zu bekehrenden Menschen vor äußeren Feinden verstand, damit alle die christliche Erlösung als höchstes Gut erlangen könnten. Der Theologe führt daher den Krieg in seiner „Summa theologica" unter den Lastern auf, die der christlichen Liebe (lat. *caritas*) entgegengesetzt sind:

> „Jeder Krieg ist sündhaft. Denn: I. Strafe wird vom Herrn nur für Sünden angedroht. Matth. 26. aber heißt es: ‚Wer zum Schwerte greift, wird durch das Schwert umkommen.' II. Der Krieg ist gegen das göttliche Gesetz. Denn Matth. 5. heißt es: ‚Ich aber sage euch, nicht dem Bösen Widerstand zu leisten;' und Röm. 13.: ‚Verteidigt euch nicht, Geliebteste, lasset den Zorn austoben.' III. Der Krieg ist dem Frieden entgegengesetzt, d. h. einem Tugendakte. IV. Die Übung in erlaubten Sachen ist erlaubt. Die Übungen für den Krieg aber, wie Turniere, Zweikämpfe etc. sind verboten; und die darin sterben, werden nicht kirchlich begraben. Auf der anderen Seite sagt Augustin (de puero Centur. sermo): ‚Wenn die christliche Religion die Kriege überhaupt für sündhaft hielte, so würde das Evangelium eher den heilsamen Rat geben, die Waffen abzulegen und dem Kriegsdienste durchaus zu entsagen. Das thut es aber nicht; sondern es ward da gesagt: Plündert nicht; seid zufrieden mit euerem Solde. Denen ist also nicht verboten, Kriegsdienste zu leisten, welchen erlaubt wird, Sold anzunehmen.'"[35]

Anders als die üblichen Sünden wäre der Krieg dann eine, wenn die Absichten falsch wären. Im Gegensatz zum Aufstand ist der „gerechte Krieg" für Thomas ein „gegenseitiges Kämpfen im Vollzug" (*mutua impugnatio in actu*), der zur Wiederherstellung der gerechten Ordnung dient, um die Heilsgewissheit der Menschen garantieren zu können. Daher stehe das Gemeinwesen auch über dem Wohl des Einzelnen. Diese dürften sich mit Ausnahme der Kleriker auch an kirchlichen Feiertagen an einem „gerechten Krieg" beteiligen, was Thomas aus der durch Jesus am Schabbat vollzogenen Heilung ableitet (Joh 7,23). Nach einer von Thomas aufgegriffenen Passage aus dem „Decretum Gratiani" würde einer, wenn er für die Wahrheit des Glaubens oder für die Rettung des Vaterlandes und zur Verteidigung der Christenheit sein Leben ließe, von Gott himmlischen Lohn erlangen. Im Anschluss an Augustinus nennt Thomas drei Bedingungen für das *ius ad bellum* (dt. „Recht zum Krieg"): Erstens das Mandat (lat. *mandatum*) eines Fürsten (lat. *princeps*) zur Erklärung eines Krieges, zweitens das Vorhandensein

---

[34] Hertz (2000), 24-27; Hehl (1980), 327-329; Schmidtchen (1999), 26-29; Dopsch/Neuper (2018), 155.
[35] Thomas von Aquin (1225-1274), Summa Theologiae/Summe der Theologie. II/II, q. 40 a; Bibliothek der Kirchenväter (online).

eines gerechten Grundes (lat. *causa iusta*) und drittens die rechte Absicht (lat. *recta intentio*) der Kriegsführenden. Lediglich Angriffe, die die gesamte Rechts- und Heilsordnung in ihren Grundzügen bedrohten, dürfen für Thomas mittels militärischer Mittel durch die Fürsten im Interesse aller abgewehrt werden. Die Kriegsführenden haben sich von Habgier, Hass, Rache oder Ehrgeiz fernzuhalten und dürfen Feinde nur in Notwehr töten. Thomas untersagt eine Kriegsführung gegen Zivilisten auf Seiten des Feindes und das Töten von Soldaten, die nicht als Angreifer identifiziert werden können. Gerecht ist der Krieg für Thomas damit nur, wenn er von einer dazu legitimierten Obrigkeit zur Verteidigung einer gültigen Rechtsordnung im Namen aller ohne selbstsüchtige Motive geführt werden kann.[36] Thomas von Aquin will in seinen Ausführungen zum *ius in bello* (dt. „Recht im Krieg") im Sinne der *recta intentio* zwar die Zivilbevölkerung geschont sehen, unterscheidet aber andererseits zwischen „gerechtfertigtem Beutemachen", um erlittenes materielles Unrecht auszugleichen, und der „ungerechtfertigten Plünderung" zur eigenen Bereicherung. Die Tötung von Unschuldigen ist untersagt. Das Töten im Krieg darf für Thomas im Anschluss an Augustinus nicht „aus Motiven der Rache, der Grausamkeit oder der Habgier" geschehen.[37]

Halten wir fest: Die abendländische Scholastik entwickelte seit etwa 420 n. Chr. aufbauend auf den jüdischen Vorstellungen und der römischen Rechtstradition (Cicero) die Lehre vom *bellum iustum*, nach der ein bewaffneter Konflikt nur dann als ethisch vertretbar und rechtlich legitim gilt, wenn er bestimmten Bedingungen Rechnung trägt: das Recht zum Krieg (*ius ad bellum*) und das Recht im Krieg (*ius in bello*). Das *ius ad bellum* umfasst Fragen nach der legitimen Autorität (*legitima auctoritas/potestas*), dem Vorliegen eines zulässigen Kriegsgrundes (*causa iusta*), der gerechten Absicht der Kriegführenden (*intentio recta*), der Kriegserklärung als das letzte Mittel zur Wiederherstellung des Rechts (*ultima ratio*), der Aussicht auf Frieden mit dem Kriegsgegner (*iustus finis*) und der Verhältnismäßigkeit der Reaktion (*proportionalias*). Das *ius in bello* legt den Grundsatz der Verhältnismäßigkeit der angewandten militärischen Mittel, die Unterscheidung von Soldaten und Zivilisten (Diskriminierungsgebot) und den Schutz der Nichtkombattanten während der Kampfhandlungen (Immunitätsprinzip) fest. Um 1140 fand der Begriff des „gerechten Krieges" Aufnahme in das „Decretum Gratiani" des als Vater der Kanonistik geltenden Kamaldulensermönchs Gratian.[38] Die Spätscholastiker Francisco de Vitoria und Francisco Suarez bemühten sich um eine Konkretisierung der drei generellen Regeln des *bellum iustum* und stellten Kriterien für den legitimen Beginn eines Krieges sowie für eine der *intentio recta* entsprechende Form der Kriegsführung auf.[39] Die Grenzen, unter de-

---

[36] Böckle/Krell (1984), 166; Ramsey (1968); Rief (1981), 30–34; Beestermöller (1990).
[37] Hertz (2000), 27 f.
[38] Stumpf (2001); Gašparević (2010), 49.
[39] Justenhoven (1991).

nen ein Krieg als „gerecht" gelten kann, wurden von Theologen und Kirchenrechtlern im Laufe der Zeit immer enger gezogen, etwa im Hinblick auf das Prinzip der Verhältnismäßigkeit (Krieg als *ultima ratio*) oder im Sinne des sog. Proportionalitätsprinzips, wonach der durch eine militärische Aktion angerichtete Schaden im Feindesland in einem angemessenen Verhältnis zur Handlung im Hinblick auf ein baldiges Kriegsende steht. Ferner wird die realistische Aussicht auf Erfolg für eine legitime Kriegserklärung als notwendig erachtet. Für die Führung eines „gerechten Krieges" sind bestimmte Prinzipien leitend, etwa das Diskriminationsprinzip, wonach die Übergriffe auf Nichtkombattanten verboten sind.[40] Neoscholastiker auf der iberischen Halbinsel vertreten im Spätmittelalter die Ansicht, dass die „Religionsverschiedenheit" (lat. *diversitas religionis*) kein „gerechter Grund" (lat. *causa iusta*) für einen Krieg sei. Auch könne man einen gewonnenen Krieg nicht mit der „Wahrheit des christlichen Glaubens" (lat. *pro veritate fidei*) rechtfertigen. Der Humanist Erasmus von Rotterdam schließlich kritisiert den Missbrauch christlicher Symbole zur Verbesserung ihrer Siegeschancen. Einzelne Jesuiten und Dominikaner traten in der Zeit des Dreißigjährigen Krieges für den Verzicht auf religiöse Auslegungen und Begründungen für Kriege ein.[41]

Die Fragen, wer aus welchen Gründen und wozu Krieg führen darf und welche Art von Kriegsführung legitim sei, hat bis heute hin nichts an ihrer Aktualität eingebüßt. Die Überlegungen und Forderungen der Scholastik zur Vermeidung von Kriegen waren somit auf einem sehr hohen Stand angelangt und sind bis heute für das Völkerrecht richtungsweisend.

1.3 „Gerechter Krieg" und Kreuzzugsgedanke

Die Konzeption des „gerechten Krieges" bildete die Basis für die Entwicklung des Kreuzzugsgedankens. Auch der „gerechte Krieg" konnte eine heilige Dimension haben. Allerdings ist bereits der Begriff *sanctus* in der Bibel mehrdeutig.[42] Diese Vielschichtigkeit ist auch ein Problem für die Definition eines „heiligen Krieges". „Heilig" sei ein Krieg dann, wenn die in ihm agierende kollektive Gewalt von einer der Kriegsparteien oder von beiden als göttlich-transzendente Macht verehrt und der Krieg in ihrem Namen geführt würde, heißt es in einem Wörterbuch zur Religionssoziologie.[43] In der Geschichtswissenschaft sind zudem verschiedene Begriffe im Umlauf: „Glaubenskrieg", „Konfessionskrieg", „Heiliger

---

[40] Graf (2008), 9.
[41] Schreiner (2008 a), XVII–XVIII.
[42] Procksch/Kuhn (1933); Hayward/Louth (1999).
[43] Bäudler (1994), 83.

Krieg", „Gotteskrieg" oder „Ketzerkrieg".⁴⁴ Im Zeitalter der Kreuzzüge wurden nach Rudolf Hiestand und Klaus Schreiner die Begriffe *bellum sacrum, bellum sanctum, pro elium sanctum* oder *bellum Christi* als Synonym für den „heiligen Krieg" bzw. „heiligenden Krieg" verwendet.⁴⁵ Dagegen kommt Friedrich Wilhelm Graf zu dem Schluss, dass sich in den entsprechenden päpstlichen Dokumenten, vor allem Urbans II., oder in den Selbstzeugnissen von Kreuzfahrern der Begriff vom *bellum sacrum* nicht nachweisen lasse, da Kreuzzüge theologisch als „bewaffnete Pilgerfahrten" gedeutet worden wären.⁴⁶ Abt Guibert von Nogent (1053-1124) bezeichnet in seinen 1108 bis 1112 verfassten „Gesta Dei per Francos sive Historia Hierosolymitana" („Die Taten der Franken und anderer, die nach Jerusalem gingen") das Kriegsgeschehen selbst als „heilig":

> „Aber weil diese fromme Absicht [sei], für das *bonum commune* und die heilige Kirche zu kämpfen] allenthalben nachläßt [...], hat Gott in unserer Zeit die heiligen Kämpfe eingerichtet, damit der Ritterstand und das fehlsame einfache Volk, die nach alter heidnischer Art mit gegenseitigen Metzeleien beschäftigt waren, eine neue Art fänden, das Heil zu erwerben."⁴⁷

Dagegen lassen sich nach Graf im „Glossarium Mediae et Infimae Latinitatis" die Begriffe *bellum sacrum* oder *bellum sanctum* nicht nachweisen, sondern wären erst im 16. Jahrhundert als Bezeichnungen für die Kreuzzüge von zeitgenössischen Historikern und Theologen geprägt worden: So findet sich in der „Anglica Flistoria" des italienischen Humanisten Polydore Vergil der Begriff *bellum sacrum* ebenso wie in der 1670 erschienenen Chronologia des Jesuiten Michael Pexenfelder. Der katholische Humanist, Theologe und Polemiker Kaspar Schoppius ruft in seiner 1619 veröffentlichten Schrift mit dem Titel „Classicum Belli Sacri" zum Krieg gegen die protestantischen Ketzer auf, womit aus dem klassischen *bellum sacrum* ein „Ketzerkrieg" bzw. „Konfessionskrieg" wird.⁴⁸ John Bunyan (1628-1688) verwendet als erster das englische Wort „Holy War" im Jahr 1682.⁴⁹

Für die Teilnahme an einem „heiligen Krieg" wurde himmlischer Lohn in Aussicht gestellt. Dies geht aus zwei Schreiben der Päpste Leo IV. und Johann VIII. aus der zweiten Hälfte des 9. Jahrhunderts hervor. König Oswald soll jedoch bereits im 7. Jahrhundert durch seinen Tod im Kampf zur Christianisierung der Northumbrier „Heiligmäßigkeit" erlangt haben. Kirchenvertreter des 9. Jahrhunderts, darunter Bischof Agobard, sahen die Aufgabe der christlichen Kaiser darin, die Barbaren (d. h. Nichtchristen) zu unterwerfen, zu missionieren und die Grenzen des christlichen Reiches zu erweitern.⁵⁰ Die Theologen Petrus

---

⁴⁴ Graf (2008), 12.
⁴⁵ Hiestand (1998), 5; Schreiner (2008 a), VII–XX.
⁴⁶ Graf (2008), 17.
⁴⁷ Migne, PL L 156, 685; „Im lateinischen Original ist von *proelia sancta* die Rede, also einem Synonym von bellum", Graf (2008), 12.
⁴⁸ Graf (2008), 12.
⁴⁹ Graf (2008), 18.
⁵⁰ Montgomery Watt (2002), 71 f.

1.3 „Gerechter Krieg" und Kreuzzugsgedanke

Damiani (um 1006–1072) und Manegold von Lautenbach (um 1040–1103) verlangten von allen christlichen Kämpfern die gnadenlose Bekämpfung von Häretikern, Schismatikern und Heiden.[51] Papst Urban II. versprach für die Verteidigung Tarragonas gegen die Mauren 1098 einen Ablass. Zuvor wurden im Rahmen der Reconquista, der christlichen Rückeroberung der Iberischen Halbinsel nach der muslimischen Invasion von 711, „heilige Kriege" geführt.[52] Die Chronik des Bischofs Sampiro von Astorga aus dem 11. Jahrhundert bezeichnet Siege als Geschenke Gottes und betont, dass Gott als „himmlischer König" sich als Anführer an den Sarazenen räche, indem er den Christen den Sieg über sie schenke.[53]

Am 18. November 1095 eröffnete Papst Urban II. das berühmte Konzil in Clermont-Ferrand, welches er drei Tage zuvor von Le Puy aus einberufen hatte. Die Teilnehmer waren hauptsächlich französische Bischöfe. Diese diskutierten zunächst innerkirchliche Themen, die besonders die französische Geistlichkeit betrafen: Fragen der Kirchenreform, wie die der Laieninvestitur und der Simonie, die ehebrecherischen Beziehungen des französischen Königs zu einer adligen Dame, den Erlass eines Gottesfriedens und das Verbot der Fehde an bestimmten Tagen oder die Billigung und Ausdehnung der Gottesfriedensbewegung. Dann wurde für den 27. November überraschend eine große Rede des Papstes angekündigt, wozu aufgrund des zu erwartenden Andranges ein freies Feld vor der Stadt gewählt wurde.[54] Es gibt zwar mehrere Berichte über Urbans Rede, aber keiner ist mit Sicherheit authentisch. Sie stammen von Fulbert von Chartres,[55] Robert von Reims,[56] Balderich von Bourgueil,[57] Guibert von Nogent,[58] Wilhelm von Malmesbury[59] und von Wilhelm von Tyrus.[60]

---

[51] Tessore (2004), 51 ff.
[52] Zur Auffassung vom Heiligen Krieg im Westgotenreich, im Königreich Asturien und im Königreich León vgl.: Bronisch (1998), 57–61, 142–144, 161–163, 230–233.
[53] Jaspert (2001), 104.
[54] Pörtner (1977), 13 f.; Mayer (1985), 26–29.
[55] Fulcherii Carnotensis historia Hierosolymitana (1095–1127) I, cap. 3., ed. Hagenmeyer (1913), 130–138.
[56] Historia Iherosolimitana I, cap. 1–2. In: Recueil des historiens des croisades. Historiens occidentaux 3 (1866), 727–729 (online); deutsche Übersetzung von: Borst (1973), 318–320.
[57] Historia Jerosolimitana I, cap. 4. In: Recueil des historiens des croisades. Historiens occidentaux 4 (1866), 12–15 (online).
[58] Gesta Dei per Francos II, cap. 4. In: Recueil des historiens des croisades. Historiens occidentaux 4 (1866) (online), 137–140 (online).
[59] Gesta regnum Anglorum IV, § 347. In: Willhelmi Malmesbiriensis monachi de gestis regum Anglorum libri quinque. Historiae novellae libris tres 2, ed. William Stubbs (1964), 393–398.
[60] Willelmi Tyrensis archiepiscopi, Historia rerum in partibus transmarinis gestarum I, cap. XV., Identification des sources historiques et détermination des dates par Hans E. Mayer et Gerhard Rösch (1986).

Abb. 1: Papst Urban II. ruft 1095 auf dem Konzil von Clermont-Ferrand zum Kreuzzug auf, Miniatur von Jean Colombe um 1490 (Bibliothèque nationale de France).

Der Amerikaner Dana Carleton Munro hat bereits 1902 die verschiedenen chronikalischen Berichte miteinander verglichen.[61] Die Versionen unterscheiden sich zum Teil erheblich.[62] Nach Fulbert von Chartres habe Urban zur Hilfe für die bedrohten Christen im Osten aufgerufen, dies mit den Ideen des „gerechten Krieges" bzw. des „heiligen Krieges" begründet und im Todesfall die Vergebung der Sünden bzw. der zeitlichen Sündenstrafen (*remissio peccatorum*) versprochen.[63]

Kein Kriegszugsaufruf war je wieder so erfolgreich wie der von Papst Urban II. in Clermont-Ferrand 1095. Seine Rede ist ein Meisterstück der politischen Rhetorik. Zunächst malte er die angebliche Bedrohung für die Christen im Heiligen Land durch die Muslime aus. Sodann versprach der Papst einen vollständigen Sündenablass als Belohnung, an dem sich ein Appell zum Anschluss an eine bewaffnete Wallfahrt anschloss. Zum Zeichen des Wallfahrtsgelübdes wurden Stoffkreuze verteilt. Die Bedeutung der Rede Urbans liegt in der Verbindung der Wallfahrt durch unbewaffnete Pilger mit der Idee des heiligen Krieges, der durch Bewaffnete getragen wurde, zum Kreuzzug als bewaffnete Wallfahrten. Dieser Schritt, so Christoph Auffarth, wäre durch das Recht nicht vorbereitet gewesen,

---

[61] Munro (1902).
[62] Cowdrey (1970); Somerville (1976); Strack (2012), 30–45; Übersetzungen der Versionen bei: Peters (1998), 25–36; eine Zusammenstellung findet sich auch im: Medieval Sourcebook: Urban II (1088–1099). Speech at Council of Clermont (1095) (online).
[63] Fulcherii Carnotensis historia Hierosolymitana (1095–1127), ed. Heinrich Hagenmeyer, (1913), 130–138.

1.3 „Gerechter Krieg" und Kreuzzugsgedanke

da der Papst theologisch, feudal und sogar apokalyptisch aber eben nicht kirchenrechtlich argumentiere.[64] Die nur wenige Jahrzehnte zuvor von Gerhoch von Reichersberg in seiner Schrift „Libellus de ordine donorum Sancti Spiritus"[65] („Über die Gaben des Heiligen Geistes") getroffene Unterscheidung von *militia Dei* und *militia saecularis* wurde im Kreuzzug aufgehoben und mit Adhemar von Le Puy ein Bischof als päpstlicher Legat und Anführer des Kreuzzugs bestimmt.

Die Kreuzzüge wurden im göttlichen Auftrag (*auctore Dei*) als „heilige Kriege" (*proelia sancta*) geführt, in denen Gott nach dem damaligen Verständnis die Kreuzfahrer unterstützt (*Deus pro nobis pugnat*) und deren Unternehmungen heilsgeschichtlich legitimiert, da diese durch ihr tugendhaftes Leben den Krieg selbst heiligen (*bellum sanctificare*).[66] Für Ludwig Schmugge entfaltet der Kreuzzugsgedanke „seit dem Ersten Kreuzzug eine Eigendynamik" und wurde „sich wandelnden historischen Situationen angepaßt", wäre also nie homogen gewesen.[67]

Seit dem 15. Jahrhundert fanden heilige Kriege bzw. Kreuzzüge gegen die Osmanen statt, um deren Vordringen auf dem Balkan zu verhindern. Noch Papst Pius V. (1566–1572) nennt den Feldzug der „Heiligen Liga" gegen die Osmanen ein „überaus heiliges Unternehmen" (*sanctissima expeditio*), welches „gegen Ungläubige" (*contra infideles*) geführt wird.[68] Mit dem Seesieg bei Lepanto 1571 schaltete die Flotte der „Heiligen Liga", zu der sich Spanien, Venedig, Genua, Malta, Savoyen und der Vatikan zusammengeschlossen hatten, die osmanische Gefahr im westlichen Mittelmeerraum aus. Die Türkenkriege lassen sich nach Klaus Schreiner als „heilige Kriege" charakterisieren, da dies dem Selbstverständnis und der Begrifflichkeit der Zeitgenossen (*bellum sanctum*, Heyliger Krieg) entspricht.[69]

Die Kreuzzüge gelten als die größten Waffengänge des Mittelalters. Die Gewalt gegenüber Juden, Muslimen und Häretikern war beispiellos für die gesamte Epoche. Das Töten und Abschlachten von Andersgläubigen erscheint als sakrales Ritual, welches mit dem vollständigen Sündenablass (*remissio preccatorum*) verbunden wird.[70] Viele Zeitgenossen verstanden nach Jonathan Riley-Smith die Kreuzzüge als „Taten der Liebe", da diese im Augustinischen Sinne nach dem damaligen Verständnis als „gerechte Kriege" geführt wurden.[71]

Das brutale Vorgehen der fanatisierten Kreuzfahrer des Ersten Kreuzzuges gipfelte 1099 in dem Massenmord an den Einwohnern Jerusalems. Wilhelm von

---

[64] Auffarth (2005), 257.
[65] MGH Ldl 3, 273 ff., zit nach: Geschichte in Quellen 2 (1996), 354–355.
[66] Schreiner (2008 a), X.
[67] Schmugge (2008), 92.
[68] Jedin (1974), 204 (Anm. 23), 206; Schreiner (2008 b), 151.
[69] Schreiner (2008 b), 191.
[70] Erdmann (1935).
[71] Riley-Smith (1980).

Tyrus hat das Massaker für die Nachwelt überliefert: Der Herzog und seine Gefährten wären in geschlossenen Gliedern die Straßen und Plätze der Stadt entlanggezogen und hätten alle Feinde, die sie finden konnten, ohne Rücksicht auf deren Alter mit ihren Schwertern niedergestreckt. Aufgrund der vielen Erschlagenen und großer Haufen abgeschlagener Köpfe fände man keinen anderen Durchgang mehr, als über Leichen zu steigen. Die Fürsten wären mit einer unermesslichen Menge blutdürstigen Volkes auf verschiedenen Wegen, Unzählige niedermetzelnd, beinahe schon bis zur Mitte der Stadt gekommen, als der Graf von Toulouse und die übrigen Fürsten, die mit ihm waren, noch immer den Kampf am Berg Zion fortgesetzt und nicht gewusst hätten, dass die Stadt bereits erobert und der Sieg in den Händen der Christen sei. Die Bürger, welche hier Widerstand leisteten, wären vom furchtbaren Getöse und dem großen Geschrei aufmerksam geworden, das sich vor dem Eindringen der Christen und dem Niedermetzeln der Feinde erhoben hätte. Sie frugen sich verwundert, was das ungewöhnliche Geschrei und der Tumult des lärmenden Volkes bedeute, und hätten erfahren, dass das Heer bereits in der Stadt sei, worauf sie angeblich die Türme und die Mauer verließen und sich, um ihr Leben zu retten, nach verschiedenen Orten hin flüchteten. Es wären nämlich in der Stadt so viele Feinde erschlagen und deren Blut vergossen worden, dass es die Sieger selbst mit Schauder erfüllt hätte. Nach der wiederhergestellten Ordnung in der Stadt legten die Kreuzfahrer ihre Waffen nieder, um sich die Hände zu waschen, reine Kleider anzuziehen, und dann demütigen und zerknirschten Herzens, unter Seufzen und Weinen, mit bloßen Füßen, an den ehrwürdigen Orten umherzugehen, welche der Erlöser durch seine Gegenwart heiligte und verherrlichte, und in größter Andacht zu küssen, so Wilhelm von Tyrus. Vor der Kirche zu dem Leiden und der Auferstehung des Herrn (Grabeskirche) wäre ihnen sodann das gläubige Volk der Stadt und der Klerus, welche seit so vielen Jahren ein unverschuldetes Joch getragen hätten, voll Dankes gegen ihren Erlöser, der ihnen wieder die Freiheit geschenkt, entgegengekommen und hätte sie unter Lobliedern und geistlichen Gesängen nach der vorgenannten Kirche geleitet.[72]

Ein zeitgenössisches Kreuzfahrerlied verherrlicht das Morden gar als gottgefälliges Werk:

„Jerusalem, frohlocke!
Vom Blut viel Ströme fließen,
indem wir ohn' Verdrießen
das Volk des Irrtums spießen
Jerusalem, frohlocke!

Des Tempels Pflastersteine
bedeckt sind vom Gebeine

---

[72] Willelmi Tyrensis archiepiscopi, Historia rerum in partibus transmarinis gestarum I, cap. 8, XIX. Identification des sources historiques et détermination des dates par Hans E. Mayer et Gerhard Rösch (1986).

1.3 „Gerechter Krieg" und Kreuzzugsgedanke

der Toten allgemeine
Jerusalem, frohlocke!

Stoßt sie in Feuersgluten!
Oh, jauchzet auf, ihr Guten,
dieweil die Bösen bluten
Jerusalem, frohlocke!"[73]

Höfische Ritterideale galten eben nicht für vermeintliche Glaubensfeinde. Auch weiterhin bemühten sich die Chronisten um eine Rechtfertigung der Kreuzzugsidee und traten kritischen Stimmen entgegen. So schreibt der Zisterziensermönch Gunther von Pairis in seiner Schrift „De expugnatione Constantinopolitana" („Die Geschichte der Eroberung von Konstantinopel") in seinem Prolog:

„Wer also unser Büchlein hier zum Lesen in die Hand oder vor Augen nimmt, der mag mit Eifer auch des Herzens rechtens Fleiß darauf verwenden, die Vorgänge genauer anzuschauen, von denen hier gehandelt wird. Denn er wird dort bedeutende, ansehnliche Dinge finden, die ohne Gottes Geheiß keinesfalls hätten geschehen können; deshalb wollen wir dem Leser auch noch an Folgendes gemahnt wissen: Auch wenn er den Eindruck gewinnt, daß selbst von unserem Volke manches gegen die Gebote der Frömmigkeit getan worden ist, so soll er doch nicht daran zweifeln, daß auch das nach göttlichem Willen geschah, denn der ist ja stets gerecht."[74]

Je länger die Kreuzzüge dauerten, umso mehr nahm die Kritik daran zu. Der englische Theologe Radulfus Niger lehnt in seinem Werk „De re militari et triplici via peregrinationis Ierosolimitane"[75] von 1187/88 die gewaltsame Verbreitung des christlichen Glaubens und so auch die Kreuzzüge zur Missionierung ab und betonte in seiner Kritik am Dritten Kreuzzug die allen Menschen gemeinsame und zu einem friedvollen Zusammenleben verpflichtende Natur.[76] Jonathan Riley-Smith zitiert in seinem „Großen Bilderatlas der Kreuzzüge" weitere ablehnende Stimmen: Hugo von St.-Quentin kritisiert den Kreuzzug gegen die südfranzösische Sekte der Katharer 1221 vor dem Hintergrund, dass „wenn einer seiner Söhne Übles getan hat", Rom nicht den ältesten Sohn schicken solle, um ihn zu vernichten, da es besser wäre, ihn zu ermahnen. Denn es sei „schweres Unrecht, wenn die Franzosen die Bewohner von Toulouse als Häretiker angreifen und hierbei vom römischen Legaten angeführt werden." Roger Wendover betont in seiner Schrift „Flores historiarum" aus der Zeit um 1226 die Ungerechtigkeit des Kreuzzuges gegen die Katharer, weil in diesem eher die Habgier als die Ausrottung der verstockten Häretiker der eigentliche Antrieb gewesen wäre. Wilhelm Figueira kritisiert den Vierten Kreuzzug (1227–1229) gegen Konstantinopel als Folge der Habgier Roms, der, statt den „Sarazenen" Leid zuzufügen, zum Massaker an Griechen und Lateinern führte. Roger Bacon behauptet in seinem

---

[73] Iherursalem laetare, V. 31–33, zit. nach: Wollschläger (1973), 1
[74] Gunther von Pairis, Die Geschichte der Eroberung von Konstantinopel, 32.
[75] De re militari et triplici via peregrinationis Ierosolimitane. Einleitung und Edition von Ludwig Schmugge (Beiträge zur Geschichte und Quellenkunde des Mittelalters 6) (1977).
[76] Schreiner (2008 a), XVII–XVIII.

"Opus maius" von 1260, dass die Griechen in ihrem Irrtum verharren, da ihnen die Wahrheit nicht in ihrer eigenen Sprache gepredigt wird und es sich nicht anders mit den Sarazenen verhält. Deswegen sei es nicht sinnvoll, Krieg gegen sie zu führen, da die Überlebenden zusammen mit ihren Kindern mehr und mehr gegen den christlichen Glauben erbittert würden. Der Troubadour Peire Cardenal lehnt den päpstlichen Feldzug gegen Kaiser Friedrich II. 1229/30 ab, weil er statt bei Königen die Herrschergewalt in den Händen des Klerus sieht, die dieser durch Raub, Treulosigkeit, Heuchelei, Gewalttätigkeit und durch die Predigt ausübt. Daher seien sie begierig, sich die Welt zu eigen zu machen und suchten deshalb Kaiser Friedrich aus seiner Heimat [Italien] zu vertreiben. Schließlich fasst Humbert von Romans in einem Bericht an das 2. Konzil zu Lyon von 1274 die Kreuzzugskritik zusammen:

> „Einige dieser Kritiker sagen, daß es nicht im Einklang mit dem christlichen Glauben stünde, Blut auf diese Weise zu vergießen, selbst wenn es das Blut der verruchten Ungläubigen ist. Denn Christus selbst habe in dieser Weise gehandelt. Andere sagen, daß man, obgleich das Blut der Sarazenen keiner Schonung bedarf, christliches Blut und Leben schonen müsse [...] Zeuge es von Weisheit, eine große Anzahl der Unsrigen, unter ihnen bedeutende Männer, einen solchem Wagnis auszusetzen?
> Andere sagen, daß die Bedingungen des Krieges ungünstiger sind, wenn die Unsrigen nach Übersee zum Sarazenenkampf ziehen, denn wir sind nur wenige im Vergleich zu des Feindes Überzahl [...] So könnte der Eindruck entstehen, als ob wir Gott versuchen wollten [...]
> Andere sagen, daß wir die Pflicht haben, uns gegen die Sarazenen zu verteidigen, wenn sie uns angreifen, jedoch nicht das Recht, ihre Länder und Menschen anzugreifen, wenn sie uns in Frieden lassen [...] Andere fragen, warum wir, wenn wir die Welt von den Sarazenen befreien sollen, nicht dasselbe mit den Juden tun? [...]
> Andere sagen, daß ein derartiges Vorrücken der Christenheit gegen die Sarazenen nicht dem göttlichen Willen zu entsprechen scheint, als Gott die Mißerfolge der Christen in diesen Unternehmungen zugelassen habe und weiterhin zuläßt. Wie konnte der Herr es erlauben, daß Saladin das Land, welches mit Strömen christlichen Blutes errungen worden war, wieder einnahm, daß Kaiser Friedrich in seichtem Wasser ertrank, daß König Ludwig in Ägypten gefangengenommen wurde [...] wenn diese Art Vorstoß nach seinem Willen war?[77]

1.4   Gewaltlose Traditionen und ihr Scheitern

Das bekannteste Beispiel eines konsequenten Gegners der Anwendung von körperlicher Gewalt ist sicherlich Wynfreth (auch Wynfrith, Winfrid oder Winfried) Bonifatius (um 673–754). Dieser angelsächsische Mönch aus Wessex predigte zusammen mit Willibrord dem Friesen das Christentum. Papst Gregor II. vergab 719 an Bonifatius den Missionsauftrag für Oberhessen. Gregor III. ernannte ihn

---

[77]   Riley-Smith (1992), 80 f.

1.4 Gewaltlose Traditionen und ihr Scheitern

732 zum Erzbischof. Auf dem Weg zu einer Firmung friesischer Christen wurde der über achtzigjährige Missionar zusammen mit seinen Begleitern am 5. Juni 754/55 am Ufer des Flusses Boorne bei Dokkum von heidnischen Friesen erschlagen.[78] Das aus dem Anfang des 11. Jahrhunderts stammende Fuldaer Sakramentar zeigt die Ermordung des Heiligen.[79] Sein Martyrium brachte ihm sogleich eine größere kultische Verehrung ein. Die Täter dürften Gegner der christlich-fränkischen Missionierung Frieslands gewesen sein.[80] Nach einer späteren Legende soll Bonifatius den Ragyndrudis-Codex schützend über den Kopf gehalten haben und das Buch dabei vom Schwertstreich getroffen worden sein, was aber widerlegt wurde.[81] Möglicherweise führte er aber andere Bücher mit sich.[82] Willibald erwähnt in seiner Vita des Bonifatius kein Evangeliar, mit dem dieser seinen Kopf schütze. Ein unbekannter Utrechter Presbyter weiß um etwa 825 in einer zweiten Vita unter Berufung auf eine alte Frau als Augenzeugin von einem Evangelienbuch.[83] Ferner schreibt Willibald, dass ein Christ sich nicht verteidigen darf:

> „Der Mann Gottes [Bonifatius] jedoch rief sofort, als er das Andringen des tobenden Haufens gewahr worden, seiner Kleriker Schar, nahm die Reliquien der Heiligen, die er stets bei sich zu führen gewohnt war, schritt aus dem Zelte heraus und verbot sogleich den Mannen, sie hart anfassend, den Kampf, indem er sprach: ‚Lasset ab, Mannen, vom Kampfe, tut Krieg und Schlacht ab, denn das wahre Zeugnis der Heiligen Schrift lehrt uns, nicht Böses mit Bösem, sondern sogar Böses mit Gutem zu vergeben. Auch ist der schon lang erwünschte Tag da und unserer Auflösung herrlicher Zeit steht bevor. Darum seid stark in dem Herrn und ertraget dankbar, was er uns gnädig schickt. Hoffet auf ihn, denn er wird eure Seele erlösen.' [...] Nachdem er so mit seiner Lehre Ermahnung die Schüler angetrieben, sich die Krone des Märtyrertums zu verdienen, stürzte der ganze wütende Haufe der Heiden mit Schwertern und voller Kriegsrüstung über sie her und machte die Leiber der Heiligen nieder in heilbringendem Morde."[84]

Nach Willbalds weiterem Bericht entzweit die Plünderung des Lagers die Friesen, die sich um die erbeuteten Schätze streiten, wobei viele Heiden fallen, während die Überlebenden außer Gold und Silber Papier und Bücher finden.[85] Das Beispiel des Bonifatius machte Schule. Bischof Fulbert von Chartres wendet sich um 1027 in einem Schreiben an Hildegarius gegen Bischöfe, die Gewalt anwenden oder Krieg führen und bezeichnet diese als Tyrannen:

> „[...] Du fragst, was von solchen Bischöfen zu halten sei, die den Frieden der Kirche verachten, Unruhen suchen, und Krieg führen? Ich wage nicht einmal, sie Bischöfe

---

[78] Padberg (2003).
[79] Staatsbibliothek Bamberg, Msc. Lit. 1, fol. 126 v.
[80] Padberg (1994).
[81] Padberg (1996), 35 f., 39 ff.
[82] Padberg (1996), 21 f.
[83] Padberg (1996), 25–27.
[84] Willibalds Leben des hl. Bonifatius, cap. 36, zit. nach: Geschichte in Quellen 2 (1996), 356.
[85] Geschichte in Quellen 2 (1996), 356 f.

zu nennen, um nicht dem frommen Titel ein Unrecht zu tun. Ich möchte sie lieber Tyrannen nennen, die sich mit dem Kriege abgeben, mit kriegerischer Begleitung einhergehen, gegen Geld Söldner anwerben, so daß man keine weltlichen Könige oder Fürsten nennen könnte, die so wie sie alle Kriegsgesetze kennen, die sich so zu militärischen Zwecken der Mannszucht zu bedienen, die Truppen zu ordnen, zur Störung des Kirchenfriedens die Reihen aufzustellen und das Blut von Christen, auch wenn sie Feinde sind, zu vergießen wissen. Wenn du nun gegen sie ins Feld führst, was die Kirchenväter darüber bezeugen, daß sie nämlich nicht um kriegerischen Ruhm, sondern um den Frieden der Kirche bemüht sein sollten, daß sie nicht, um Lebende zu töten, sondern zur Leitung der Seelen berufen seien, dann sind sie mit gerecht scheinenden Ausreden rasch zur Hand: Nur unwillig hätten sie die Waffen ergriffen, die Haufen der Feinde wollten sie sich vom Halse halten, von Waffen seien sie bedroht, und gerade die Freiheit, die sie im Frieden nicht festhalten könnten, wollten sie sich mit den Waffen schaffen. Aber warum erdulden sie nicht lieber nach dem Worte des Apostels Unrecht? Warum erleiden sie nicht lieber Schaden?"[86]

Fulbert erkannte, dass die Konzeption des „gerechten Krieges" des Kirchenlehrers Augustinus oft nur der Vorwand war, um einen gewaltsamen Konflikt vom Zaune zu brechen oder sich mit Waffen zu verteidigen. Denn die Waffen der (christlichen) Ritterschaft, so Fulbert weiter, seien nicht „fleischlicher" Natur. Er zitiert Paulus mit den Worten „Rächet euch selber nicht, meine Liebsten, sondern gebet Raum dem Zorn Gottes" (Römer 12,19–21) und mehrfach Jesus „[Wenn sie euch aber in einer Stadt verfolgen], so flieht in eine andere" (Mt 10,23); „So dir jemand einen Streich gibt auf deinen rechten Backen, dem biete den anderen auch dar" (Lk 6,29); „Und so jemand mit dir rechten will und deinen Rock nehmen, dem laß auch den Mantel" (Mt 5,40). Mit Geduld und Gebet lässt sich Fulbert zufolge mehr erreichen als mit Schwert und Gewalt: „Stecke dein Schwert an seinen Ort, denn wer das Schwert nimmt, der soll durchs Schwert umkommen" (Mt 26,52), zitiert er Christus und schließt mit den Worten des Papstes Nikolaus: „Die heilige Kirche ist weltlichen Gesetzen nicht verpflichtet; sie führt nur das geistliche Schwert. Sie tötet nicht, sie spendet Leben."[87] Fulbert legt ferner eigene Bußstrafen für das Töten eines Menschen im Frieden wie im Krieg fest:

> „Wenn jemand einen Menschen absichtlich tötet, dauert seine Buße sieben Jahre. Tut er es ohne Grund, dann soll er zehn Jahre büßen. Handelt es sich um einen Diakon, dann soll er vierzehn Jahre büßen. Wenn der Ermordete ein Priester ist, soll die Buße einundzwanzig Jahre dauern. Tötet jemand einen Menschen unabsichtlich, dann soll die Buße drei Jahre dauern. Tötet jemand in offenem Kriege einen Menschen, dann soll er ein Jahr büßen."[88]

Damit steht für Fulbert von Chartres außer Frage, dass selbst das Töten eines Menschen in einer Notwehrsituation oder im Krieg nach dem Kirchenrecht nicht straffrei bleiben konnte.

---

[86] Fulbert ep. 112. Migne, PL 141, 255 f., zit. nach: Geschichte in Quellen 2 (1996), 359.
[87] Geschichte in Quellen 2 (1996), 359 f.
[88] De peccatis capitalibus. Migne, PL 141, 339, zit. nach: Geschichte in Quellen 2 (1996), 360.

1.4 Gewaltlose Traditionen und ihr Scheitern

Gerhoch, seit 1132 Propst des Chorherrenstifts Reichersberg, unterscheidet als Anhänger einer an Augustinus anknüpfenden mystischen Theologie in seinen Briefen zwischen der *militia Dei* und der *militia saecularis*:

> „Wir finden keinen unter den katholischen Königen und Kaisern, der verwegen genug gewesen wäre zuzugeben, er habe jemals nach seiner eigenen Willkür Krieg geführt, sondern immer sei es ihnen durch klugen geistlichen Rat vorgeschrieben worden. So soll Kaiser Karl auf den Rat des Papstes Stephanus und des Papstes Hadrian Krieg geführt haben. So erließ auch der jüngere Karl auf Rat des Papstes Nikolaus die Kriegsgesetze, durch die Bischöfe und andere geistliche Männer nicht etwa zum Kriegsdienst befohlen, sondern gerade von ihm ausgenommen wurden. Was aber dieser Papst Nicolaus diesem Karl geschrieben und was er durch sein Schreiben und seine Mahnungen erreicht hat, das möchte ich noch anfügen, weil es sehr klug ist. Papst Nicolaus schrieb an den jüngeren Karl: „Es muß sehr getadelt werden, was du angerichtet hast durch deinen Befehl, daß fast alle Bischöfe Tag und Nacht mit deinen Gefolgsleuten gegen die Seeräuber zu Felde liegen müssen und dadurch gehindert werden zu kommen. Sache der Krieger Christi ist es, Gott zu dienen, weltliche Krieger aber sollen der Welt dienen, denn es steht geschrieben: Kein Kriegsmann flicht sich in Händel der Nahrung. Wenn nun die weltlichen Krieger im Kriegsdienst eifrig sind, was soll dann zu Bischöfen und Kriegern Christi gesagt werden, außer daß ihnen Zeit für ihre Predigten gebührt?"

Und aus den Akten des Konzils zu Aachen:

> „[...] Kein Priester soll gegen den Feind ziehen außer zwei oder drei Bischöfen, die von den anderen ausgesucht werden, um den Segen zu spenden und dem Kriegsvolk die Sünden zu vergeben, und mit ihnen einige ausgesuchte Priester, die es gut verstehen, dem Kriegsvolk Buße aufzuerlegen, Messen zu lesen, sich um die Kranken zu kümmern, mit den heiligen Gebeten die Salbung mit dem heiligen Öle zu spenden und vor allem zu vermeiden, daß jemand ohne die Sterbesakramente diese Welt verlasse. [...]
> Denn in dem oben erwähnten Dekret des apostolischen Stuhles hört man diesen scharfen Klang, daß ein Unterschied gemacht wird zwischen der Ordnung der Krieger Christi, der Bischöfe und Priester, und den weltlichen Kriegern, wenn gesagt wird: „Wenn nun die weltlichen Krieger im Kriegsdienst eifrig sind, was soll dann zu Bischöfen und Streitern Christi gesagt werden, außer daß ihnen Zeit für ihre Predigten gebührt?" Und siehe, wie scharf, wie deutlich unterscheidet der Klang der Tuba zwischen Soldaten und Soldaten, die Krieger Gottes von denen der Welt. Wenn ich nicht fürchtete, langweilig zu werden, [...], so könnte ich viele eindeutige Zeugnisse dafür anführen, die von der *militia saecularis* die *militia Dei* unterscheiden."[89]

Trotz der Kritik Gerhochs an der Heerfolge von Reichsbischöfen und Reichsäbten, konnten die römisch-deutschen Könige nicht auf deren Vasallendienste verzichten. Auch führte der hohe Klerus seine eigenen Fehden und Kriege allen religiösen Idealen zum Trotz.

So zog der kriegerische Erzbischof von Köln Siegfried von Westerburg gar selbst gegen Herzog Johann I. von Brabant am 5. Juni 1288 in die Schlacht von

---

[89] Libellus de ordine donorum Sancti Spiritus, MGH Ldl 3, 273 ff., zit. nach: Geschichte in Quellen 2 (1996), 354–355.

Worringen, in der es um die Entscheidung in dem bereits sechs Jahre lang andauernden Limburger Erbfolgestreit ging.⁹⁰ Der Ausgang der Schlacht sollte die Machtverhältnisse im gesamten mitteleuropäischen Nordwesten grundlegend ändern. Entsprechend erbittert wurde gekämpft, wie der Augenzeuge Jan van Heelu in seiner Reimchronik zu berichten weiß.⁹¹ So überlebten allein von der Familie Schaefdriessche von 110 Kämpfern nur vier.⁹² Vorübergehend machten die Brabanter entgegen allen Gepflogenheiten keine Gefangenen, sondern töteten jeden besiegten Gegner. „Herr Graf von Luxemburg! [...] Daß Ihr das Limburger Land zu erhandeln wagtet und mit entwendet, das müssen wir nun mit dem Schwert ausmachen, das versichere ich Euch", rief Herzog Johann laut in französischer Sprache über das Schlachtfeld zu Heinrich VII. von Luxemburg. Heinrich, der gerade sein Banner mit dem roten Limburger Löwen verloren hatte, stürmte daraufhin auf Herzog Johann los. Der erbitterte Zweikampf wogte hin und her, bis ihm ein Ritter aus Brabant das Schwert in den Rücken stieß und sein Leichnam von Pferden zerstampft wurde.⁹³ Als Dietrich, Herr von Keppel, mit seinem Banner vom Schlachtfeld floh, folgten ihm Ritter wie Knappen hinterher. Der Augenzeuge Jan van Heelu schreibt: „Von Gott müßte er verdammt sein, daß er so schändlich von dannen lief und da seinen Herrn in Bedrängnis ließ".⁹⁴ Der Kölner Erzbischof war dagegen als Mann der Kirche für Jan van Heelu ein Vorbild für alle Ritter:

> „Als der Erzbischof von Köln in den Kampf zog, hätten die, die ihn nicht anders kannten, nicht merken können, daß er die Tonsur trug, oder etwas Kirchliches oder Geistliches an sich hatte; denn er zeigte sich als lobenswerter Ritter, sowohl im Angriff als auch in der Verteidigung."⁹⁵

Nach langen hin und her wogenden Kämpfen bot Siegfried von Werdenberg Gottfried von Brabant, dem jüngeren Bruder des Herzogs, seine Kapitulation an: „Aber auf dem Schlachtfeld lagen erstochen und erschlagen so viele Leute und Pferde zwischen Herrn Gottfried von Brabant und dem Bischof, als er sich gefangen gab, daß Herr Gottfried nicht so weit kommen konnte, daß er den Bischof beim Zügel nehmen konnte", heißt es in der Reimchronik Heelus.⁹⁶ Gottfried übergab seinen prominenten Gefangenen an Graf Adolf von Berg, der ihm bei

---

⁹⁰ Herchenbach (1883); Janssen/Stehkämper (Hrsg.) (1988); Schäfke (Hrsg.) (1988); Torunsky (1988); Blockmans (1989); Kupper (1989); Lehnart, (1993); Müller (1993).
⁹¹ Jan van Heelu, Rymkronyk van Jan van Heelu betreffende den slag van Woeringen van het jaer 1288. Herausgeber und Bearbeitung: J. F. Willems (1836) (online).
⁹² Torunsky (1988), 92.
⁹³ Reimchronik, V. 5570–5878, zit. in: Torunsky (1988), 92.
⁹⁴ Reimchronik, V. 6540–6555, zit. in: Torunsky (1988), 95.
⁹⁵ Reimchronik, V. 6024–6035, zit. nach: Torunsky (1988), 96.
⁹⁶ Reimchronik, V. 6075–6084, zit. in: Torunsky (1988), 96.

1.4 Gewaltlose Traditionen und ihr Scheitern

seiner Ehre als Ritter garantierte, keinen Separatfrieden mit Siegfried von Westerburg auszuhandeln.[97] Als die Fußtruppen der bergischen Bauern und der Kölner Kämpfer den Fahnenwagen des Erzbischofs eroberten, brach der letzte Widerstand des kurkölnischen Flügels zusammen, und viele Kämpfer gerieten in Gefangenschaft. Rainald von Geldern versuchte vergeblich, unerkannt zu fliehen und wurde von den Truppen des Herzogs von Brabant gefangengenommen. Schließlich ergaben sich die letzten Anhänger des Kölner Erzbischofs. Die Sieger nahmen die überlebenden Ritter und ihre Pferde gefangen und forderten hohe Lösegelder. Erzbischof Siegfried von Westerburg wurde vom Grafen von Berg im „Novum Castrum" (Schloss Burg an der Wupper) gefangengesetzt und erreichte erst durch den Sühnevertrag vom 19. Mai 1289 seine Freiheit wieder. Die meisten Toten lagen nackt und ausgeplündert auf dem Schlachtfeld.[98] „1100 sind im Krieg gestorben und nach dem Krieg starben von den Verwundeten 700 [...] von den Unbekannten sind aber auf dem Worringer Friedhof in der Nähe des Zaunes 600 beerdigt worden", heißt es in einem Gebetbuch der Worringer Kirche.[99] Nach dem Sieg bei Worringen gingen die Burgen Siegfrieds von Westerburg in Flammen auf. Der Kölner Erzbischof hatte seine Karten überreizt. Ihm war es nicht gelungen, gegen den Willen der Kölner Bürger, der anderen Fürsten und hohen Herren seine Territorialpolitik durchzusetzen.[100]

„Er nahm der Welt den Frieden und säte allerwärts ewige Kriege", klagt der Chronist über den machtbewussten Kölner Erzbischof Konrad von Hochstaden (1238–1261).[101] Gelang es, einen Gegner gefangen zu nehmen, winkte ein hohes Lösegeld. Erzbischof Siegfried von Westerburg verkündete lauthals am 5. Juni 1228 vor seiner Anhängerschaft: „Hört Ihr Herren überall, uns ist großes Glück am heutigen Tag zuteil geworden, denn der Walfisch, den ich erbeutet habe, das ist der Herzog von Brabant", schreibt Jan van Heelu.[102] Der Herzog von Limburg und der Graf von Kleve, die mit vereinten Kräften versuchten, die territorialen Ansprüche des Kölner Erzbischofs Engelbert I. zurückzudrängen, wollten ihn ergreifen, um ihren Forderungen Nachdruck zu verleihen. Friedrich von Isenberg lauerte am 7. November 1225 mit seinen Gefolgsleuten bei Gevelsberg dem Erzbischof auf, der sich jedoch zur Wehr setzte. In dem Hohlweg „drängten sich die Kinder des Verderbens wie grimmige und hungrige Hunde über der Leiche zusammen und durchbohrten sie mit ihren scharfen Messern, die sie dazu geschliffen hatten, und zwar so, daß vom Scheitel bis zur Sohle kein Teil des Körpers von

---

[97] Torunsky (1988), 96.
[98] Torunsky (1988), 98.
[99] Johann Georg Eckhard (1723), 938, zit. in: Torunsky, Worringen 1288, 98.
[100] Torunsky, Worringen 1288, 100.
[101] Torunsky, Worringen 1288, 89.
[102] Reimchronik, V. 4275–4281, zit. nach: Schäfke (Hrsg.) (1988), 124.

Wunden frei blieb".[103] Die Zisterzisiensermönche des Klosters Altenberg begruben zunächst die Leiche des Erzbischofs. Seine Gebeine erhielten am 27. Dezember 1225 im Kölner Dom ihre letzte Ruhestätte. Seine Mörder kamen nicht schadlos davon. Der gebannte und geächtete Graf Friedrich von Isenberg wurde am 14. November 1226 in Köln wie ein gemeiner Verbrecher gerädert.[104] Das tragische Ereignis machte Schlagzeilen. Walther von der Vogelweide dichtet in seinem „Der Kaiser Friedrichs- und Engelbrechtston" von 1224/27 (neuhochdeutsche Übertragung):

> „Wes' Leben ich lobe, dessen Tod will ich immer beklagen
> So wehe ihm, der den edlen Fürsten von Köln erschlagen hat!
> Wehe darüber, dass die Erde ihn noch tragen mag!
> Ich kann, gemessen an seiner Schuld, keine passende Marter finden:
> Für ihn wäre allzu sanft eine Schlinge aus Eichenseil anzulegen um seinen Hals.
> Ihn auch nicht verbrennen, weder an Gliedern zerstückeln noch ihm die Haut abziehen,
> weder mit dem Rade zerbrechen noch ihn darauf binden:
> Ich warte bloß darauf, ob die Hölle ihn nicht bei lebendigem Leibe verschlingen will."[105]

Trotz der von Fulbert von Chartres und Gerhoch von Reichersberg angemahnten gewaltlosen christlichen Tradition waren gerade die Bischöfe seit fränkischer Zeit zuallererst Kronvasallen und erst in zweiter Hinsicht geistliche Hirten.

---

[103] Caesarius von Heisterbach, übers. von Langosch (1955), 71; zu dem Ereignis vgl. auch: Kleist (1917); Sollbach (1995); Meister (2003); Andermann (2010), 44 u. Anm. 56.
[104] Torunsky (1288), 23 f.
[105] Walther von der Vogelweide, Der Kaiser Friedrichs und Engelbertston (online).

2 Ideale und Rechte: Versuche zur Begrenzung der kriegerischen Gewalt

2.1 Ritterideale

Die Ausübung von Gewalt ist ein grundlegender Bestandteil der adligen Ehre. Aus den in den Heldenepen besungenen Idealen entwickelte der Adel einen eigenen Verhaltenskodex. So begann sich seit dem beginnenden 12. Jahrhundert in Frankreich ein neuer Sammelbegriff für vorbildliches ritterliches Verhalten auszubilden, die *cortezia* (provenzalisch nach 1130), auch *curialitas* (lat. um 1150), *courtoisie* (frz. nach 1150) oder *cortoisie* (dt. nach 1150) genannt.[1] Die *curialitas* umfasste die *zuht* (*disciplina* = Zucht), die *schoene site* (*elegantia morum* = schöne Seite, elegantes Äußeres), die *fröude* (*hilaritas* = Heiterkeit, Frohsinn), die *maze* (*temperantia* = Maßhalten, Mäßigung), die *milte* (*generositas, largitas, liberalitas* = adlig, frei, Freiheit), den *hohen muot* (großer Mut, Tapferkeit), *staete* (Stetigkeit, Beständigkeit) und die *triuwe* (Treue). Im Reich wurde im 13. Jahrhundert die *hövescheit* („Höfischkeit") zu einem alles umfassenden Sammelbegriff.[2] Thomasin von Zerklaere (1186–1238) dichtet in seinem Werk „Der Welsche Gast":

Von Höfischkeit und Adel
Habt ir mich vernomen reht
so ist ez ze versten sleht,
daz der ist hofsch ze aller frist,
der in der werlde edel ist,
wan als ich han ouch ê geseit:
rehte tun, daz ist hofscheit.
swelch man hat einen hofschen muot,
der tuot mit rehte, swaz er tuot.
swer rehte tuot ze aller frist,
wizzet, daz der edel ist.
so wizzet, daz die edel sint,
die sint alle gotes chint.[3]

---

[1] Zur Wortbedeutung vgl.: Molk (1990); Schmid (1990).
[2] Ganz (1990).
[3] Thomasin von Zerklaere: „Der Welsche Gast", V. 4551–4562 (online).

Want en mach niet scoenres geven Van ridderscape groote dade („Denn es kann nichts Schöneres als große Rittertaten geben"), schreibt Jan van Heelu am Anfang seines Lobliedes mit dem Titel „Yeeste van den Slag van Woeronc", das die Schlacht von Worringen vom 5. Juni 1288 beschreibt.[4]

Das ritterliche Tugendsystem bestand somit aus persönlichen und sozialen Normen, die das Ansehen des Adels als führenden gesellschaftlichen Stand innerhalb der Feudalgesellschaft fördern sollten. Das in den Epen gepriesene Ritterideal verband den kleinsten Ministerialen mit den Fürsten und Königen und stellte ihn mit diesen auf eine Stufe. Und auch wenn die meisten Adligen von diesen höfischen Idealen weit entfernt waren, so galten doch Mut und Tapferkeit gemeinhin als Adelsattribute und das Erlernen des Waffenhandwerkes als selbstverständlicher Teil der Erziehung.[5] Nachzulesen war all dies in den volkstümlichen und gemessen an den Heldenepen weiter verbreiteten „Ritterspiegeln", wie dem des Eisenachers Johannes Rothe (um 1360–1434), der mit 4108 Versen umfangreichsten deutschen ritterlichen Standeslehre. Darin übt Rothe aus bürgerlicher Sicht Kritik an dem von ihm empfundenen sittlichen Verfall des Rittertums und macht Vorschläge, um das Rittertum zu erneuern:

> „3. Es gibt jetzt dreierlei Arten Ritter: die ersten taugen nicht ein Ei, sie haben weder Ehren noch Gut [...], zu diesen bösen Rittern gehören die, die ehrlos auf den Straßen rauben und morden.
>
> Die zweiten, die sich auch Ritter nennen, tragen Lehen von Edelleuten, sind aber auch ihre Güter frei, so halten sie sich nicht, wie es ihrem Stande zukommt. Sie sind schlechte Christen, machen viele zu Witwen und Waisen und nähren sich nur vom Rauben und anderen unehrlichen Sachen. Sie ziehen vor ein Dorf, nehmen den armen Leuten ihr Vieh, ihr Leib und Gut, wo sie doch billig um größerer Dinge ins Feld ziehen sollten. Aber diese törichten Gecken wollen auf diese Weise ihre Mannheit zeigen und werden Ritter vom Kuhdreck. Nun sehet, wie ehrenvoll diese tapferen Degen den Klosterfrauen Fehde ansagen, wie ritterlich sie gegen diese ziehen, wie sie als fromme Christen Kirchen und Klöster zerstören und damit ihre Kinder ernähren und zu großen Erben machen. [...] Sie tragen goldene Kleider, die sie von geistlichen Jungfrauen als großes Abenteuer erfochten haben. Wenn diese Kuhritter zu einem Turnier wollten, so würde es ihnen nicht gut gehen, sie würden wohl sehr geschlagen werden von den frommen Rittern und Knechten, die die Klagen der Jungfrauen gehört haben. Jene Ritter halten weder Treu noch Glauben, sie haben Diebe und Mörder als Diener, mit denen sie ihre Beute teilen. Sie kleiden sich schön und tragen Gold, doch sollten sie sich ihrer Kleider schämen, denn Gott ist ihnen gram, und kein Mensch mag sie leiden. [...]
>
> 4. Die der dritten Art allein sind edel, sie werden zu Rittern, wenn ihre Fürsten zu allgemeinem Nutzen und für eine gerechte Sache Krieg führen, für die Befriedung eines Landes, gegen die Ketzer und Heiden oder gegen böse Christen, die die Untertanen schädigen. Oder sie ziehen zum Heiligen Grab und lassen sich dort zum Ritter segnen. Solche Leute sehe ich als frommer Ritter an, sie mögen Heil und Glück gewinnen. Mit Recht sind sie zu Rittern geschlagen, eine Zierde der Christenheit. Die

---

[4] Rymkronyk van Jan van Heelu betreffende den slag van Woeringen van het jaer 1288, V. 10–11 (online).
[5] Fenske (1990).

2.1 Ritterideale

anderen halte man für Feiglinge, vor Lastern wagen sie nicht zu turnieren. Das Gold, was sie an den Kleidern tragen, ist mit Kupfer gemischt; zu verwundern ist nur, daß man denen überhaupt das Gold gestattet, die doch nach Ehre nichts fragen. Wenn sie jemandem Fehde ansagen, so reiten sie ins Feld, wenn der Brief noch unterwegs ist, oder sie legen sich irgendwo in den Hinterhalt und greifen einstweilen anderswo zu, und ehe der Fehdebrief gelesen ist, haben sie die Kuh schon gegessen. [...]

5. Zur Ritterschaft gehören sieben ehrenvolle Vorrechte: das erste ist, daß ein würdiger Ritter dem jungen mit einem Schlage das Schwert zuteilt und ihn heißt, unverzagt zu sein. Dann wird das Schwert gesegnet. Ist der Ritter ein guter Christ und eifrig zum Gottesdienst, so empfängt er mit Freuden und Innigkeit das Schwert aus eines Priesters Hand. Wird er nicht in dieser Weise damit umgürtet, so trägt er es wahrlich mit Schanden, denn er soll allezeit Gott zu Ehren damit fechten für die heilige Christenheit und für die Witwen und Waisen, darum nimmt er den Griff, der dem Kreuze gleicht, in die Hand. [...] Er soll niemanden bekämpfen, der ihm nicht an Leib oder an Gut Übles getan hat oder der ein Ungläubiger ist. Er soll sich mit seinen Zinsen und Einkünften begnügen, für den Untertanen für Frieden sorgen und nicht mit Gewalt über sie herrschen. Er soll die armen Leute nicht berauben, nicht würgen, noch Christen erpressen und bewuchern. Die Ritter sollen ihren Sold nehmen, mit den Fürsten reiten, die Gerechtigkeit lieben und für sie kämpfen. Darum verbietet Christus nicht das Schwert zu gebrauchen, sondern sagt nur, man soll niemanden zu Unrecht verderben. Der Ritter erhält sein Schwert auch zum Kampf gegen böse Sünden bei Freunden und Feinden. [...]

6 [...] Die Pfaffen sollen gegen die Ketzer vorgehen, die christlichen Edelleute gegen die Heiden. [...] Hinderten die Pfaffen die Ketzer nicht, so hätten die ganz ihren Willen, und wenn der christliche Ritter nicht mehr kämpft, wer soll dann die Heiden zurückdrängen? [...] Der Ritter soll gegen seinen Freund weich sein wie das lautere Gold, den Bösen soll er immer feind sein, so ist er weise und kühn. Wer gegen die Seinen allezeit hart und ungut ist, der hat eine schlimme Art an sich, sein Adel liegt im Dreck. Der Ritter soll gegen sein Hausgesinde kein Löwe sein, er könnte sie sonst ungetreu finden. Er soll auch nicht zu zart gegen sie sein, sonst könnten sie sich darauf verlassen und ihm den Gehorsam weigern; er trachte nach dem rechten Maß. Die Weisheit nimmt sich nicht des Adligen an, sondern sie kann den Menschen, der sie pflegt, edel machen. [...] Ein unweiser dummer Edelmann, der sich vor nichts schämt, ist einem gekrönten Esel gleich, der den Hunden ausgeliefert ist. Was frommt einem seine edle Geburt bei schlechten bäurischen Sitten, wenn einer sich an keinem Ort weder in Worten noch in Taten geziemend benehmen kann? Und was schadet einem Bauernart, wenn er in Wort und Weise verständig, redlich und wohlgelehrt ist? So ist ein rechter Edelmann. Wer sich aber nur seiner reichen und adligen Eltern rühmt, der schwächt damit seinen Adel und zeigt sein Laster. [...]

7. [...] Der Ritter soll tugendhaft und gerecht sein, sich in harter Zucht halten und sich vor Trunkenheit hüten, zu allen Tugenden und aller Barmherzigkeit soll ihn sein Knecht mahnen, denn darin liegt all sein Adel [...] In seinem Hause sei der Ritter fröhlich und brumme nicht wie ein Bär. [...] Auf der Straße sei er höflich, wenn er die Leute grüßt und mit ihnen spricht, sei er freundlich und tue immer das Beste. Er soll gern zur Kirche gehen, ungern den Gottesdienst versäumen, in großer Demut zuhören und nicht vor dem Ende fortlaufen. Reitet er dann ins Feld, so soll sich seine Mannheit in tapferem Streiten zeigen. [...]

8. Wenn der Ritter die Gerechtigkeit nicht üben und stärken will, so soll er lieber ein Knecht bleiben. Ein Edelmann tut niemandem etwas zuleide, der ihm nicht zuvor Übles tat [...] Ein Handwerk auszuüben ziemt ihm nicht, aber bei seinen Pferden die

Hufe beschlagen oder sie heilen, wenn sie lahmen, das mag er tun, wenn er etwas davon versteht. Wenn sein Korn eingeerntet wird, soll er auch wohl beim Einlagern in die Scheunen zugreifen. Er mag auch mit eigenem Rosse sein Land eggen, [...] Mit Pfeilen, Pfeilschäften und Köchern mag er sich abgeben, auch mit seinem Geschütz, Büchsen gießen, Bolzen drehen und dergleichen. Auch die Viehzucht von Rindern, Schafen und Schweinen ist nützlich. Dringen die Feinde in ein Land zu Raub, Mord und Brand, vielleicht zum Kampf gegen den Christenglauben, oder nur aus Übermut ohne rechten Grund, oder um Beute zu machen, dann muß mit Gottes Hilfe der Landesherr gegen sie mit frommen Rittern und Knechten im Kampfe vorgehen. [...]

9. Zu einem vollkommenen Manne gehört, daß er gut reiten, schnell auf- und absitzen, gut traben, rennen und wenden kann und mit Verstand von der Erde etwas aufnehmen. Zum zweiten muß er schwimmen, im Wasser tauchen und sich vom Rücken auf den Bauch und vom Bauch auf den Rücken drehen können. Zum dritten muß er mit Armbrust, Büchse und Bogen schießen können: davon hat er bei Fürsten und Herzögen wohl Nutzen. Zum vierten muß er auf Leitern klettern können, wenn es nötig ist, wie etwa im Kriege, auch an Stangen und Seilen. Zum fünften muß er wohl turnieren können, streiten und stechen und recht und redlich tjostieren. Zum sechsten muß er zu Abwehr und Angriff ringen können, auch weit springen und mit der Linken ebenso gut fechten wie mit der Rechten. Zum siebenten muß er bei Tische aufwarten können, tanzen und hofieren, auch Schach zu spielen verstehen und alles, was ihm zur Zierde gereicht. [...]

10. Jetzt kann man bemerken, daß die Ritter, die ihre Manneskraft erproben und gegen die Feinde des Kreuzes kämpfen sollten, mit dem Wein fechten, recht den Müßiggang pflegen, voll guter Speise sein wollen und den allerbesten Trank suchen [...] An die Spitze setze man keinen Ritter, dem es an Erfahrung im Streit fehlt, wenn er es auch wünscht und sonst fromm und würdig ist, denn dem Führer hilft weder Adel noch Gut, weder Schönheit, Kühnheit noch Freunde, sondern nur ein starker weiser Sinn, Verstand und Erfahrung und Liebe zu Gott und der Ehre."[6]

Rothe unterscheidet somit zwischen den ehrlosen Raubrittern, den unchristlich handelnden Rittern und den edlen Rittern, die nur um einer gerechten Sache wegen Krieg „für die Befriedung eines Landes, gegen die Ketzer und Heiden oder gegen böse Christen, die die Untertanen schädigen", führen. Auch in den am Heiligen Grab zum Ritter geschlagenen Männern sieht Rothe „eine Zierde der Christenheit". Milde gebühre den Freunden und Hausgenossen. Er selbst solle formvollendete Manieren haben, „tugendhaft und gerecht sein, sich in harter Zucht halten und sich vor Trunkenheit hüten". Ferner gehöre „zu einem vollkommenen Manne", dass er gut reiten könne, sportlich sei und gut kämpfen könne. Auch soll „er bei Tische aufwarten können, tanzen und hofieren, auch Schach zu spielen verstehen". An der Spitze sollen daher keine Ritter stehen, denen „es an Erfahrung im Streit fehlt", wenn dieser notwendig sei. In Wahrheit befand sich im Widerspruch zu diesem Loblied das Rittertum als Kriegerkaste längst im Niedergang.

Einem besiegten Ritter gebühre dem Ideal getreu Ehre und Respekt. *Min sicherheit si din*, lässt Wolfram von Eschenbach den im Tjost mit der Lanze besiegten Ritter Hiutegêr zum Ritter Gahmuret in seiner Dichtung Parzival sagen:

---

[6] Zit. nach: Deutsche Geschichte in Quellen und Darstellung 2 (2000), 330 ff.

2.1 Ritterideale

> *sînen meister heter funden.*
> *„wer hât mich überwunden?"*
> *alsô sprach der küene man.*
> *der sigehafte jach dô sân*
> *„ich pin Gahmuret Anschevîn."*
> *er sprach „min sicherheit sî dîn".*[7]

Die Sicherheit von Leib und Leben liegt nach diesem Ausspruch des im Kampf Überwundenen in der Hand des Siegers.[8] Erec garantiert in der Dichtung Hartmann von Aues bei seiner Ehre die Sicherheit des Gefangenen:

> *Êrec erbarmde sich dô.*
> *zuo dem ritter sprach er sô:*
> *„nû wil ich iuch leben lân:*
> *des enhetet ir mir niht getân."*
> *nû gap er im des sicherheit*
> *daz er im wære bereit*
> *ze leisten swaz ern hieze,*
> *daz er in leben lieze.*[9]

Die gegenseitige Absprache ist Teil des ritterlichen *ius belli*.[10] In den in den Heldenepen und Ritteridealen formulierten ethischen Grundsätzen wird der Krieg „zum ehrenvoll-kultivierten Kampfspiel, zum Kampfsport, zum Teil ritterlicher Aventure."[11]

Dazu passt ein Ereignis aus der Tübinger Fehde (1164–1166) zwischen Welf VI. bzw. Welf VII. einerseits und dem Pfalzgrafen Hugo II. von Tübingen andererseits (1164–1166), über das die „Historia Welforum" berichtet. Am 5. September 1164 waren Welf VII. und seine Verbündeten mit einem großen Heer von 2200 Mann vor die Burg Tübingen gezogen, in der sich Pfalzgraf Hugo und Herzog Friedrich mit 1100 Mann verschanzt hatten.[12] Am Sonntag, dem 6. September 1164, entwickelte sich aus einem kleinen Scharmützel ungeplant eine Schlacht:

> „Einige von unsern Leuten stürzen nämlich, unvorsichtig und ohne den Ausgang zu bedenken, auch ohne Wissen der übrigen, die den Tag in Ruhe verbringen wollten, um die Mittagsstunde aus dem Lager hervor und geraten mit einigen feindlichen Rittern, die mit der gleichen Unbesonnenheit sich vorgewagt hatten, nahe bei der Burg unter den Augen unserer Gegner ins Handgemenge. Infolgedessen entsteht Lärm im Lager, unsere Leute springen auf, greifen zu den Waffen, jeder sucht dem andern, wie er nur kann, zuvorzukommen. Und so geschieht es, daß die einen schon vorstürmen, während die anderen noch weit zurück sind, und die meisten durcheinander

---

[7] Wolfram von Eschenbach, Parzival, Buch 1, 38,7-12, Mittelhochdeutscher Text nach der 6. Ausg. von Karl Lachman (1999) (online).
[8] Nöding (1999), 99.
[9] Hartmann von Aue, Erec, V. 1010-1017, zit. nach Albert Leitzmann (1939) (online).
[10] Nöding (1999), 105.
[11] Nöding (1999), 105.
[12] Historia Welforum, Nr. 30, 61-67, 61 ff.; Althoff, Gerd/Kamp, Hermann (1998 b), 13-15.

und ohne Ordnung zur Unterstützung ihrer Kameraden auf dem Kampfplatz anlangen. Sie wählen sich eine besonders gesicherte Stellung und lassen unseren Leuten nur einen sehr schwierigen Zugang, der vom Flußufer schluchtartig emporsteigt. Jetzt eilt auch unsere Hauptmacht in geschlossener Front unter dem Grafen Heinrich von Veringen als Bannerträger herbei, aber wegen der Schwierigkeit des Zugangs erreichen nur wenige den Kampfplatz. Gleichwohl haben alle, die zum Schlagen kamen, zwei Stunden lang aufs tapferste gekämpft, obgleich mit Ausnahme eines einzigen auf keiner Seite jemand fiel. So gut waren nämlich alle durch ihre Rüstungen geschützt, daß sie viel leichter gefangen genommen als getötet werden konnten. Während so nur ein Teil unserer Leute, wie gesagt, sich im Handgemenge befindet, wenden sich die meisten zur Flucht; sie überlassen damit den Feinden einen unverdienten Sieg und beladen sich und ihre Nachkommen mit ewiger Schande. Als nämlich die Feinde diese Flucht gewahr werden, nehmen sie zunächst ihre noch kämpfenden Gegner, von denen nur wenige entkommen, gefangen und schicken sie in die Burg; dann setzen sie den anderen nach. Wie Schafe von der Weide in den Stall treiben sie sie vor sich her und nehmen ihnen alles in allem 900 Gefangene und ungeheure Beute ab. Der Rest entkommt unter dem Schutze der Wälder und Berge und der nahen Burgen. Welf selber erreicht mit nur drei Begleitern die Burch[13] Achalm."[14]

Abb. 2: König Konradin von Hohenstaufen mit Markgraf Friedrich von Baden bei der Beizjagd, Codex Manesse, Universitätsbibliothek Heidelberg, Codex Pal. Germ. 848, fol. 7r.

---

[13] Burg.
[14] Historia Welforum, Nr. 30, 64 f.

2.1 Ritterideale

Der Zweikampf der guten geschützten Panzerreiter dominiert den Krieg.[15] Die ritterlichen Ideale[16] der *êre* (Ehre)[17] und *fianze* (Untertänigkeitsgelübde des entlassenen Besiegten)[18], also das „kodifizierte Spiel ritterlichen Ehrverhaltens"[19] galt auch im Kampf. Oft kamen im Gefecht nur wenige Teilnehmer ums Leben, denn die Ritter versuchten sich gegenseitig zu schonen, winkte doch ein Lösegeld oder wurde der Kampf als Fortsetzung des Turniers betrachtet. Nicht zuletzt stellten erbeutete Rüstungen, Waffen und Pferde einen erheblichen materiellen Wert dar. Auch das zeigt diese Geschichte.

Dennoch gibt es auch Gegenbeispiele. So kannte Karl I. von Anjou in der Schlacht bei Tagliacozzo vom 18. August 1268 keine Gnade und ließ Gefangene des staufischen Heeres an Ort und Stelle hinrichten.[20] Konradin, der letzte Staufer, floh, wurde aber kurze Zeit später gefangen genommen und an Karl ausgeliefert. Dieser ließ den jungen Konradin am 29. Oktober nach einem Prozess öffentlich in Neapel enthaupten.[21] Nach Hans Martin Schaller verurteile Karl von Anjou in seiner Eigenschaft als Reichsvikar der Toskana Konradin nach sizilianischem Recht zum Tod, weil er durch seinen Einmarsch in Italien als *invasor regni* (königlicher Invasor) bzw. *proditor manifestus* (Hochverräter) den Frieden gestört habe und Karls Königreich erobern wolle. Denn dieses Amt hatte ihm Papst Clemens IV. nur wenige Monate zuvor, nämlich am 17. April 1268 übertragen.[22] Auch ohne ein Verfahren hätte Karl seinen prominenten Gefangenen hinrichten können.[23] Denn Papst Clemens IV. hatte am 18. November 1267 Konradin mit dem Kirchenbann belegt, als er in Italien zur Wiedergewinnung des sizilianischen Königsreiches eingefallen war:

> „An diesem tage erklärte der pabst in fortsetzung seines processes vom 14 apr. wegen nichtachtung seiner befehle den Conradin der excommunication verfallen, und befahl ihm binnen einem monate Italien zu räumen, widrigenfalls er ihn seiner rechte auf das königreich Jerusalem verlustig erklären werde."[24]

Zuvor hatte Clemens am 26. Mai ihm den Eintritt nach Italien verboten.[25] Als Reichsvikar der Toskana war Karl von Anjou damit handlungsbefugt. Denn Clemens IV. hatte bereits in einer Urkunde vom 4. Juni 1267 die *turbatores pacis* (Friedensstörer) erwähnt, die vom König nach dem *iure vel consuetudine* (nach

---

[15] Nöding (1999), 101.
[16] Nöding (1999, 102; zu den Ritteridealen vgl. auch die Dissertation von: Lanz (2006).
[17] Begriff „êre". In: Mittelhochdeutsches Handwörterbuch von Matthias Lexer (online).
[18] Begriff „fianze". In: Mittelhochdeutsches Handwörterbuch von Matthias Lexer (online).
[19] Nöding (1999), 102.
[20] Zur Schlacht bei Tagliacozzo vgl.: Herde, (1962); Jericke (2002); zu Konrad von Hohenstaufen vgl.: Hampe (1942).
[21] Schaller (1980), 559; zum Prozess gegen Konradin vgl.: Nitschke (1956).
[22] Schaller (1957), 311 f.; dazu: Nitschke (1958).
[23] Schaller (1957), 313.
[24] Regesta Imperii V, 1,2, Nr. 4840 b (online).
[25] Schaller (1957), 320.

römischem oder lokalem Recht) verurteilt werden können.[26] Auch wenn nach damaligem Brauch der Sieger mit einem Gefangenen tun und lassen konnte, was er wollte, so handelte es sich bei der Hinrichtung des letzten Staufers um einen groben Verstoß gegen die zeitgenössischen Ritterideale, die natürlich kein normatives Recht waren. Herrschaftsinteressen und machtpolitische Ziele waren Karl wichtiger als höfische Ideale.[27] Deswegen habe, so Schaller, Karl die Tötung Konradins „in legale Formen gekleidet und auf ehrenvolle Weise [durch Enthaupten] ausführen lassen."[28] Dazu hätte es weder nach sizilianischem noch römisch-kanonischem Recht (*ordinarius modus procedendi*) eines eigenen Gerichtsprozesses bedurft, der als *processus* auch nicht von den Chronisten erwähnt werde.[29] Demgegenüber fand nach August Nitschke ein Prozess gegen Konradin statt, in dem der letzte Staufer nach römischem Recht als Friedensstörer gemäß dem Satz *Miles turbator pacis capite punitur* verurteilt wurde.[30] Denn die Konstitutionen von Melfi Friedrichs II. hätten keine Anwendung finden können, da der darin erwähnte *proditor* (Verräter) und der *invasor* (Eindringling) sich lediglich auf innere Feinde des Königsreiches bezogen hätte.[31] Deswegen sei Konradin als *invasor regni* auch keinem *proditor* gleichgestellt worden.[32] Der Bologneser Jurist Giovanni da Legnano aus der Mitte des 14. Jahrhunderts diskutierte nach Nitschke die Frage, ob ein *proditor* einem *invasor* gleichzusetzen sei und kam zu dem Schluss, dass Konradin nach kanonischem Recht verurteilt worden sei, womit – so Nitschke – Clemens IV. eine entscheidende Rolle im Vorfeld des Prozesses zukomme.[33] Nitschke sieht ebenfalls in der Übertragung des Reichsvikariats an Karl von Anjou das entscheidende Moment und ein Beweis für die engere Kooperation des päpstlichen Stuhls mit dem Haus Anjou.[34] Denn das Reichsvikariat gestattete ihm, als weltlicher Herrscher über den Staufer mittels des römischen Rechts das Urteil zu fällen.[35]

Ob nun mit oder ohne Prozess, letztendlich brach Konradin das Verhalten des Papstes das Genick, da dieser sich längst auf die Seite des Hauses Anjou geschlagen hatte. Die Zeit für die Staufer in Italien war abgelaufen. Wegen dieser Epochenwende dürfte das Schicksal des erst sechzehnjährigen letzten Staufers kaiserlicher Abstammung, Herzog von Schwaben und König von Jerusalem, einige Zeitgenossen nachdenklich gestimmt haben.

---

[26] MGH Epp. 3, 676–678, Nr. 662, zit. in: Schaller (1957), 319.
[27] Schlosser (2003); Schlosser (2004).
[28] Schaller (1957), 314.
[29] Schaller (1957), 322–325.
[30] Nitschke (1956).
[31] Nitschke (1958), 270.
[32] Nitschke (1958), 272.
[33] Nitschke (1958), 273 f.
[34] Nitschke (1958), 274.
[35] Nitschke (1958), 277.

Warum aber setzte sich niemand für dessen Leben ein? Karl von Anjou soll den Aufzeichnungen von Konradins Protonotar, Peter von Prece, zufolge, versprochen haben, das Leben des Gefangenen zu schonen, wie aus dem 13. Abschnitt seiner 1269 niedergeschriebenen „Adhortatio ad Henricum II illustrem landgravium Thuringiae de casu regis Conradini" („Ermahnung an den erlauchten Landgrafen Heinrich II. von Thüringen anlässlich des Todes König Konradins") hervorgeht. Konradin sei als wehrloser Flüchtling an der Küste aufgegriffen und trotz gegenteiliger Versicherung gegen jedes Kriegsrecht und „gegen die Anschauung alter Zeiten, wonach das Leben eines im Kriege gefangenen Königs niemals verwirkt gelte", hingerichtet worden.[36] Aber im deutschen Reichsteil hatte sich niemand wirklich für den letzten Staufer interessiert. So kam dem mächtigen König Ottokar von Böhmen nach dessen Reimchronik die Hinrichtung Konradins sogar außerordentlich gelegen:

> *Ouch gap darumbe grôzes guot kunic Ottacker, der hêre, daz diu herzensêre an der edlen fruht geschach. Der frumt ez durch den gemach, daz er dester sicherlich wielte Stîr und Ôsterrîch, darumb frumt er den grôzen mein. Mit boten wart er enein mit dem bâbst, der was unguot, daz die herren in ir bluot der Karlot sold ertrenken.*[37]

In Italien rührte das Schicksal Konradins jedoch einige Chronisten zu Tränen.[38]

2.2 Stammes- und Fehderechte

Bereits die frühmittelalterlichen Stammesrechte (lat. *leges*) versuchten, die allgegenwärtige Gewalt zu beschränken. So ersetzen etwa die Gesetze der Langobarden seit 643, beginnend mit dem „Edictum Rothari", die Blutrache durch Wergeld bzw. Bußen und ziehen eine Verbindung zwischen dem Begriff der Fehde (*faida, feida, fahida, phaida*) und der Feindschaft (*inimicitia*).[39] Die Gesetzessammlung des Langobardenkönigs Rothari sollte die Blutrache begrenzen, damit aus einem privatrechtlichen Konflikt keine größere Fehde (*faida*) entstand.

In einer Fehde ging es um die Wahrung oder Durchsetzung echter oder vermeintlicher Rechte. Obwohl man keinen rechtsgeschichtlichen Unterschied zwischen einem Krieg und einer Fehde ziehen kann, so waren doch die Dimensionen eines Krieges, wie etwa der Hundertjährige Krieg zwischen England und Frankreich, die Italienzüge der deutsch-römischen Könige oder die Kreuzzüge, ganz andere. Unter Fehden werden daher für gewöhnlich kleinere Kriege verstanden.[40]

---

[36] Müller (1913), 69 f.
[37] MGH Dt. Chroniken V/1, 42, zit. nach: Hampe (1942), 325.
[38] Hampe (1942), 323.
[39] Vgl.: Ro. 45, 74, 75, 138, 162, 188, 190, 214, 326, 387; Gr. 8; Li. 13, 119, 127, 135, 136. In: Die Gesetze der Langobarden, übertragen und bearbeitet von Beyerle (1947), 501.
[40] Brunner (1965), 39 ff.

Zu unterscheiden ist zwischen der Blutrache bzw. der Sippenfehde, der Bauernfehde[41] und der ritterlichen Fehde.[42] Zumeist handelt es sich um einen „Rechtsgang" bzw. um ein „gerichtliches Verfahren".[43] Das ebenfalls geläufige Wort *urliuge* kann sowohl mit „Fehde" als auch mit „Krieg" übersetzt und die Ausübung von Gewalt an sich durch eine ganze Kombination von Begriffen (*criege, urleuge, misshelunge, vfleufe*) umschrieben werden, was ebenso für das Lateinische gilt (*guerra, bellum, rixa, inimicitia, faida*).[44] Auch in späteren mittelalterlichen Quellen ist der Audruck *vehde und veintschaft* belegt.[45] Die zahlreichen Begriffe weisen darauf hin, dass der Rechtsbegriff selbst im Mittelalter zahlreichen Veränderungen unterworfen war. Lange Zeit wurden die Regeln nur mündlich überliefert.[46]

Otto Brunner (1898–1982) beschrieb 1939 in seinem oft diskutierten Werk „Land und Herrschaft" als einer der ersten das Rechtsinstitut der Fehde und sah darin ein Privileg des Adels, mit dessen Hilfe dieser das Recht eigenmächtig verfolgen und durchsetzen konnte.[47] Seine Ansätze wurden vielfach aufgegriffen und kritisiert.[48] In einer Erweiterung des ursprünglich auf den Adel verengten Rechtsbegriffs lässt sich eine Fehde als ein „Zustand von Feindschaft zwischen zwei Parteien, die innerhalb derselben politischen Einheit oder Gesellschaft leben", bezeichnen.[49]

Nichtige Ursachen führten schnell zur Anwendung von Gewalt und konnten eine Fehde nach sich ziehen, wie folgendes Beispiel zeigt. Lampert von Hersfeld berichtet, dass es anlässlich des Pfingstfestes 1063 in Goslar „wegen der Aufstellung der bischöflichen Stühle" in der Kirche zu einem handfesten Streit zwischen dem Bischof von Hildesheim und dem Abt von Fulda im Beisein König Heinrich IV. gekommen sei:

> „Der König feierte Pfingsten in Goslar. Als sich hier der König und die Bischöfe zum Abendgottesdienst versammelten, kam es wegen der Aufstellung der bischöflichen Stühle wieder zu einem Tumult, nicht wie das vorige Mal durch einen zufälligen Zusammenstoß, sondern durch einen seit langem vorbereiteten Anschlag. Denn der Bischof von Hildesheim, der die damals erlittene Zurücksetzung nicht vergessen hatte, hatte den Grafen Ekbert mit kampfbereiten Kriegern hinter dem Altar verborgen. Als diese nun den Lärm der sich streitenden Männer hörten, stürzen sie rasch hervor, schlagen auf die Fuldaer teils mit Fäusten, teils mit Knüppeln ein, werfen sie zu Boden und verjagen die über den unvermuteten Angriff wie vom Donner Gerührten mühelos aus der Kapelle der Kirche. Sofort rufen diese zu den Waffen; die Fuldaer,

---

[41] Zur Bauernfehde vgl.: Reinle (2005).
[42] Wadle (1999), 75.
[43] Wadle (1999), 76.
[44] Reinle (2013).
[45] Reinle (2013).
[46] Althoff (1997 a, 1997 b), 233.
[47] Brunner (1939).
[48] Zur Diskussion vgl.: Algazi (1996); Althoff (1997a, 1997b); Zmora (1997); Althoff (1999); Graf (2000); Meyer (2002); Kortüm (2006); Kortüm (2010); Zmora (2011); Reinle (2012).
[49] Meyer (2002), 215.

2.2 Stammes- und Fehderechte

die Waffen zur Hand hatten, scharen sich zu einem Haufen zusammen, brechen in die Kirche ein, und inmitten des Chores und der psalmodierenden Mönche kommt es zum Handgemenge: man kämpfte jetzt nicht mehr nur mit Knüppeln, sondern mit Schwertern. Eine hitzige Schlacht entbrennt und durch die ganze Kirche hallt statt der Hymnen und geistlichen Gesänge Anfeuerungsgeschrei und das Wehklagen Sterbender. Auf Gottes Altären werden grausige Opfer abgeschlachtet, durch die Kirchen rinnen allenthalben Ströme von Blut, vergossen nicht wie ehedem durch vorgeschriebenen Religionsbrauch, sondern durch feindliche Grausamkeit.

Der Bischof von Hildesheim hatte einen erhöhten Standort gewonnen und feuerte seine Leute wie durch ein militärisches Trompetensignal zu tapferem Kampfe an, und damit sie sich nicht durch die Heiligkeit des Ortes vom Waffengebrauch abschrecken ließen, hielt er ihnen das Aushängeschild seiner Machtbefugnis und seiner Erlaubnis vor. Auf beiden Seiten wurden viele verwundet, viele getötet, unter ihnen vornehmlich Reginbodo, der Fuldaer Bannerträger, und Bero, ein dem Grafen Ekbert besonders treuer Gefolgsmann. Der König erhob zwar währenddessen laut seine Stimme und beschwor die Leute unter Berufung auf die königliche Majestät, aber er schien tauben Ohren zu predigen."[50]

Oft genug brachen Streitigkeiten zwischen Adligen ungeregelt aus, wurde der Rechtscharakter des Unternehmens durch einen Chronisten erst im Nachherein konstruiert und schrieb der Sieger die Geschichte. Damit verwischen die Grenzen zwischen einer legitimen Fehde und einer illegitimen Gewaltanwendung.

Mit Raub und Brand verwüstete man die Gebiete des Gegners. So heißt es etwa in der Chronik der Stadt Zürich über eine Fehde aus der Zeit vor 1273, dass Graf Rudolf von Habsburg[51] einen *stôß* mit dem Bischof von Basel hatte und mit den Zürichern nach Basel zog *und branten und wůstent dem bischof das ein und lagent davor sechs wuchen*.[52] Auch die Chronik der Grafen von Zimmern beschreibt die Zerstörungen während einer Fehde zwischen dem Herrn von Geroldseck, Leiningen und Ochsenstein und den Lichtenbergern, die sich einander an die hundert Dörfer im Elsass, dem Breisgau, an der Ortenau und im Hegau abbrannten.[53] Die Werdenbergfehde begann im ausgehenden 15. Jahrhundert als Nachbarschaftsstreit zwischen dem in Sigmaringen residierenden Zweig der Familie und ihren unmittelbaren Nachbarn in Meßkirch, den Herren von Zimmern, um Jagdrechte im Bereich des heutigen Wildparks Josefslust und den kurzzeitigen Erwerb von Krauchenwies durch die Herren von Zimmern mit den üblichen Zer-

---

[50] Lampert von Hersfeld, Annalen, neu übersetzt von Adolf Schmidt (2011), 77 f.
[51] Rudolf von Habsburg wurde am 1. Oktober 1273 zum römisch-deutschen König gewählt.
[52] „Do in dem selben ziten hat der vorgenant graf Růdolf von Habspurg stôß mit dem bischof von Basel, und fůr er und die von Zůrich mit im und etlich ander, die wider den bischof warent, fůr Basel und branten und wůstent dem bischof das ein und lagent davor sechs wuchen.", Chronik der Stadt Zürich, Nr. 19, 26.
[53] „In der vecht zwüschen den herrn von Geroltzeck, Leiningen und Ochsenstain wider Liechtenberg brannten sie ainandern ob den 100 dörfer ab, in Elseß, Breisgew und der Ortnaw, auch umb Hagenaw, aber die herrn von Liechtenberg hetten das besser, sie gewännen Sarward und anders.", Zimmerische Chronik 1, 374 f.

störungen und der Gefangennahme gegnerischer Leibeigener. Das Haus Werdenberg führte ebenfalls eine Fehde mit Hans (Hamann) von Reischach zu Hornstein, weshalb Werner von Zimmern (1485–1575) ebenso wie der Reischacher Ritter seinen Harnisch mit sich führte:

> „Einstmals hat Herr Wernher von Zimmern hinab nach Aurach reiten wollen, da ist ihm genannter Hamann von Reischach wohl gerüstet und mit einer guten Anzahl Pferde unweit von Trochtelfingen begegnet, der dann nichts anders vermeinte, es sei der Graf von Werdenberg. Da aber Herr Wernher ebenso wohl gerüstet [war], sind beide vorgestürmt, sobald sie einander ansichtig wurden, obwohl kein Teil den anderen kannte, [haben sie] aufeinander eingehauen. [...] Da hat Herr Wernher dem Hamann von Reischach seinen Harnisch dermaßen in den Leib geschlagen, dass er sich, als er ermahnt wurde, gefangen hat geben müssen; doch hat Hamann lieber sterben wollen als sich zu den Grafen von Werdenberg nach Sigmaringen ins Gefängnis zu begeben. Sobald aber Hamann von Reischach seinen Namen nannte, ist er von Herrn Wernher gleich wiederum ledig gelassen worden, denn sie sind sonst allezeit gute Freunde gewesen; haben deswegen einander begnadigt und [sind] mit gutem Willen voneinander geschieden."⁵⁴

Auf einen handfesten Streit folgte eine schnelle Versöhnung. Als die Herren von Zimmern 1488 in den Machtkampf der bayrischen Herzöge mit dem Haus Habsburg verwickelt wurden, erwuchs aus den lokalen Streitigkeiten eine Reichsangelegenheit.⁵⁵

Die Fehde des Löwlerbundes gegen den Herzog von Bayern-München ging als eine der größten Fehden des 15. Jahrhunderts in die Geschichte ein. Diese auch als „Bund des Leon" bezeichnete Adelsgesellschaft umfasste 46 Vertreter der Ritterschaft des Straubinger Ländchens und angrenzender Territorien. Als am 1. Oktober 1491 Kaiser Friedrich III. gegen die zu Albrecht von Bayern-München übergelaufene Stadt Regensburg die Reichsacht verhängte, übertrug er deren Vollstreckung dem Löwlerbund. Daraufhin verfasste Sigmund von Sattelbogen am 9. Dezember 1491 zusammen mit dem Ritter Elsenbeck einen an den

---

⁵⁴ „Es ist Hamman von Reischach der reichsstet, auch der grafen von Werdenberg vil und lange jar veind gewesen, hat auch vill reiterei wider sie braucht und vil guter tahten gethon. Ainsmals hat herr Wörnher von Zimbern hinab geen Aurach reiten wellen, do ist im gedachter Hamman von Reischach wol gerust und mit ainer guten anzal pferdten unferr von Trochtelfingen begegnet, der dann anderst nit vermainet, es sein die graven von Werdenberg. Als aber herr Wörnher eben so wol gerust, haben baide vortrebe, so bald die ainandern ansichtig worden, dweil kain thail das ander kennt, mit ainandern darein gehawen. Indes sind baide herrn mit iren pferdten hernach geruckt, die on alle geferdte im angrif ainandern personlichen antroffen haben. Do hat herr Wörnher dem Hamman von Reischach sein harnasch dermaßen in den leib geschlagen, das er sich, wann und wohin er gemant wird, gefangen hat geben müeßen; doch hat Hamma ee sterben wellen, ee er sich zu den graven von Werdenberg geen Sigmaringen in fengknus stellen. So bald aber Hamma von Reischach sich genennt, ist er von herrn Wörnher gleich widerumb ledig gelassen worden, dann sie sonst allweg gut freundt gewesen; haben derhalben ainandern gnadet und mit gutem willen von ainander geschiden.", Zimmerische Chronik 1, 400.

⁵⁵ Vgl. zur Werdenberg-Fehde: Jenny (1959); Bastress-Duckehart (2002).

2.2 Stammes- und Fehderechte

Herzog Albrecht gerichteten Absagebrief. Die Brüder Hieronymus und Bernhardin von Stauf brandschatzten in der Nacht vom 12. auf den 13. Dezember 1491 das herzogliche Dorf Pfatter und dessen Umgebung. Herzog Albrechts Truppen wandten sich in ihrem Rachefeldzug gegen Köfering, zwangen Hieronymus von Stauff zur Übergabe, rissen am 26. Dezember die Burgen in Köfering sowie in Triftlfing nieder und plünderten die Dörfer von Angehörigen des Adelsbundes. Die Landsknechte des Bayernherzogs nahmen in der Folgezeit eine Burg nach der anderen des Gegners ein. Daher erneuerte Friedrich III. am 23. Januar 1492 die Reichsacht gegen Regensburg und verhängte sie auch über Herzog Albrecht und andere Helfer der Stadt. Das in Marsch gesetzte Heer des Schwäbischen Bundes, mit dem der Löwlerbund verbündet war, rückte auf Augsburg vor. König Maximilian konnte schließlich in den vom 13. bis 25. Mai in Augsburg stattfindenden Verhandlungen Albrecht die Aufgabe Regensburgs und anderer Ländereien abtrotzen. Nach weiteren Kriegshandlungen zwischen beiden Seiten wurde schließlich am 10. April 1493 in München ein erneuter Friedenstag einberufen. Nach zähen Verhandlungen sahen die Beschlüsse vom 7. August 1493 vor, dass die gemeine Landesfreiheit erhalten blieb und Streitigkeiten vor der Landschaft verhandelt werden sollten. Die Löwler hatten zwar ihr wichtigstes Ziel erreicht, mussten aber im Gegenzug ihren Bund auflösen und auf den Ausgleich der entstandenen Kriegsschäden verzichten.[56]

Die Fehde war sehr viel enger als der Krieg reguliert. Im Laufe der Zeit bildeten sich bestimmte Fehderituale heraus.[57] So musste eine Fehde in Form einer schriftlichen „Absage" mindestens drei Tage vor ihrem Beginn dem Fehdegegner formell erklärt werden, worauf das Landfriedensgesetz Friedrich I. Barbarossas gegen die Brandstifter von 1186/1188 hinweist.[58] Der Fehdebrief sollte eine Begründung enthalten und die Namen der Fehdehelfer nennen. Hin und wieder kam es vor, dass anstelle der Überreichung des Fehdebriefes dieser lediglich auf dem Grund des Gegners deponiert wurde.[59] Die Fehdehelfer wurden innerhalb der eigenen Verwandtschaft rekrutiert, von außen angeworben oder waren als Vasallen zur Gefolgschaft verpflichtet.[60] Nach Beendigung einer Fehde musste die unterlegene Partei Sühnezahlungen entrichten.[61] Den bekanntesten Absagebrief des Mittelalters verfasste der deutsche König Heinrich IV. auf der

---

[56] Zur Geschichte des gut erforschten Löwlerbundes vgl.: Mussinan (1817); Piend (1975); Geyer (1972); Zeitler (1989); Straßer (1989); Heigl (1991); Krey (2005).
[57] Althoff (1997 a), 233.
[58] Landfriedensgesetz gegen die Brandstifter von 1186/88, MGH DD F I, Nr. 988, 275; Reinle (2013).
[59] Dopsch/Neuper (2018), 149; zur Diplomatik des Fehdewesens im Herzogtum Bayern vgl.: Wild (2006).
[60] Schäfer (2013).
[61] Reinle (2013).

Synode zu Worms 1076 an die Adresse des Papstes Gregor VII., womit er den Investiturstreit auslöste.[62] Ein Beispiel für einen Absagebrief aus dem Jahr 1471 von Jos (auch Jobst) Niklas I., Graf von Zollern (1433–1488), findet sich in der Chronik der Grafen von Zimmern:

> „Wir, Jos Niklas Graf von Zollern etc., lassen euch, Wilhelm Kechler und Hans Glärin, wissen, als ihr der wohlgeborenen Wernhers und Gottfrieds von Zimmern, Freiherren, Brüder, unser lieben Schwager, Feind geworden, mit denen wir in Verbindung und Einigung sind, dass wir derselben unseren Schwager Helfer und euer Feind sein wollen, und wie sich solche Feindschaft begibt, wollen wir unsere Ehre bewahren, [...] Und ziehen uns solche Feindschaft halber in genannter unser Schwager Frieden und Unfrieden [zu]. Mit Urkunde dieses Briefes, der geben und mit unserem aufgedruckten Insigel bei Ende der Schrift besiegelt ist, auf den Heiligen Osterabend *anno domini* 1477.[63]

Die Chronik der Stadt Zürich enthält im Zusammenhang mit dem Ausbruch des Sempacher Krieges im Jahr 1386 zahlreiche Absagen von Fürsten, Rittern und Knechten.[64] Am 24. Januar 1386 kündigten Graf Eberhard der Greiner von Württemberg und sein Sohn Ulrich, Graf Wölfin von Veringen, Zeisolf I. von Lupfen, Konrad Branthoh, Ulrich Veiset, Volkart von Ow und von Bodelshausen, Mekli von Hochmössingen, Diem von Lichtenfels, Diem von Dettingen, Burkhart von Ehingen, Konrad Huser, Ulrich von Tierberg, Dietrich von Balgen, Burgi von Blumberg, Peter Blöchlin der Stadt Zürich die Fehde an.[65]

Das Fehderecht sah Formen der Vermittlung vor. Während der Belagerung der italienischen Stadt Tivoli durch Kaiser Otto III. (983–1002) im Jahre 1001 gingen der Papst und Bischof Bernward von Hildesheim nach dessen Vita als Vermittler in die belagerte Stadt:

> „Am anderen Tag kehrten die Bischöfe zum Kaiser zurück, gefolgt von einem denkwürdigen Triumphzug. Denn alle angesehenen Bürger der Stadt folgten ihnen, nur mit einem Lendenschurz bekleidet, in der Rechten ein Schwert und in der Linken eine Rute tragend und bewegten sich so zum Palast. Dem Kaiser seien sie mit Hab und Gut verfallen, nichts ausbedungen, nicht einmal das nackte Leben; wen er für schuldig halte, möge er mit dem Schwert hinrichten, oder wenn er Mitleid üben

---

[62] Hampe (1928).
[63] „Wir, Jos Niclaus grave zu Zollern etc., lassen euch, Wilhelmen Kechler und Hannsen Glärin, wissen, als ir der wolgebornen Wörnhers und Gotfridts von Zimbenr, freiherrn, gebrueder, unser lieber schwäger, feindt worden, mit denen wir in verbindtnus und ainigung sain, das wir derselben unser schwäger helfer und ewer veind sein wellen, und wie sich solche feindtschaft begibt, wellen wir unser eere bewart, und ob uns mer bewerung not were, hiemit auch gethon haben. Und ziehen uns solcher feindtschaft halb in bemelter unser schweger friden und unfriden. Mit urkundt diz briefes, der geben und mit unserm aufgetruckten insigl bei ende der geschrift besigelt ist, auf den hailigen oster-abendt anno domini ain tausendt vierhundert ainundsibenzige.", Zimmerische Chronik 1, 347 f.
[64] Chronik der Stadt Zürich, 97–121.
[65] Chronik der Stadt Zürich, 97 f.

2.2 Stammes- und Fehderechte

wolle, am Pranger mit Ruten auspeitschen lassen [...] Der Kaiser war voll des höchsten Lobes für den Friedensstifter, den Papst und Bischof Bernward, und schenkte auf ihre Bitten den Schuldigen Verzeihung."[66]

Pfalzgraf Otto von Wittelsbach schlichtete 1133 eine Fehde zwischen dem Bischof von Regensburg und dem Welfenherzog Heinrich den Stolzen, wie in der „Historia Welforum" zu lesen ist:

> „[...] Mittlerweile sieht sich der Pfalzgraf Otto, ein kluger Mann, der zu beiden Seiten Zutritt hatte, den Aufmarsch der Heere an. Er meldet jenen, daß unseres stärker sei und setzt sie dadurch in Schrecken. Darauf bedacht, wie man in Güte den Frieden herbeiführen könne, ermahnt er zunächst den mit ihm verwandten Vogt Friedrich von Falkenstein, sich zu ergeben. Dieser fügt sich, von allen seinen Leuten im Stich gelassen, dem Rate des Pfalzgrafen, geht in dessen Begleitung in das Lager des Herzogs, wirft sich ihm zu Füßen und wird wieder zu Gnaden angenommen. Als der Pfalzgraf dies erreicht hat, drängt er unter Vorstellungen über das den Seinigen drohende Unglück auch seinen Schwiegersohn Otto von Wolfratshausen, sich zu ergeben und Genugtuung zu leisten. Dieser folgt seinem, ihm auch von anderen erteilten Rat, zögert nicht mit der Übergabe und liefert sich selbst mit seiner Burg in aller Unterwürfigkeit dem Herzog aus. Der Herzog aber zwingt ihn nach der Strenge des Gesetzes, seiner Heimat und dem gesamten bairischen Gebiet eidlich zu entsagen, bis ihm die Rückkehr gestattet werde, übergibt ihn als Gefangenen seinen Leuten und läßt ihn nach der Ravensburg abführen. Aus seiner Burg läßt er alles, was nicht niet- und nagelfest ist, fortschaffen und steckt sie dann in Brand. Als aber die Gattin des Grafen, die sich gleichfalls in der belagerten Burg befunden hat, vor ihn geführt wird, nimmt der Herzog sie gütig auf und übergibt sie unter tröstenden Worten ihrem Vater, dem Pfalzgrafen. So ist auch der letzte Widerstand in Bayern nach Gottes Fügung unterdrückt worden. Nicht lange danach kommt es auch zwischen Herzog und Bischof zu einer Verständigung: die Grafschaft, die die Regensburger Kirche am Inn besitzt, gibt ihm der Bischof zu Lehen."[67]

Auf das unter Beachtung bestimmter Formen öffentliche Einlenken folgten die Milde und das Verzeihen gegenüber dem Gegner, dass durch einen Kuss als Friedensgeste deutlich gemacht wurde.[68] Auch das gab es also: die Bereitschaft zum rechtzeitigen Einlenken – je eher, desto besser, denn nach einer Fehde wurden gegenseitige Rechnungen aufgemacht und als Folge von Ausgleichs- und Gerichtsverhandlungen ganze Schadensregister angelegt. So enthält das Fehdebuch der Stadt Braunschweig aus den Jahren von 1377 bis 1388 Einträge in niederdeutscher Sprache über Schädigungen der Stadt und ihrer Bürger durch Gefangennahme, Raub und Brand von Seiten benachbarter Adliger und Sühneverträge sowie Verhandlungen bezüglich eines Landfriedens.[69] Nach dem um 1409 erstellten Schadensverzeichnis der Eversteiner Fehde, ein Erbfolgekrieg

---

[66] Vita Bernwardi episcopi Hildesheimis auctore Thangmaro. In: Annales, chronica et historiae aevi Carolini et Saxonici, hrsg. von Georg Heinrich Pertz (MGH SS 4) (1841), cap. 23, 769 (Übersetzung nach FSGA).
[67] Historia Welforum, Nr. 22, 41–43.
[68] Zur Rolle der Schlichtung vgl.: Althoff, Gerd/Kamp, Hermann (1998 b), 10–13.
[69] Vgl.: Fehdebuch der Stadt Braunschweig, ed. L. Hänselmann (1868) (online).

zwischen Graf Hermann von Everstein und den Herzögen von Braunschweig-Lüneburg in Lippe von 1404 bis 1409, stand der unermessliche Schaden der Zivilbevölkerung in keinem Verhältnis zum beabsichtigten Erwerb der Grafschaft Everstein durch Graf Hermann. Die Städte Detmold, Horn und Blomberg sowie die meisten Orte auf dem Land waren gebrandschatzt worden.[70]

Unter einer Brandschatzung versteht man die Zwangserhebung von Geld- oder Naturalabgaben (Schatzung) in gegnerischen Landen unter Androhung des von einem Brandmeister organisierten Niederbrennens oder der Plünderung der betroffenen Stadt oder Landschaft. Bis in die Zeit des Dreißigjährigen Krieges war das gängige Rechtspraxis. Nach dem Siebenjährigen Krieg und der Französischen Revolution wurde die eigentliche Brandschatzung durch Kontribution und Requisition ersetzt. Von der Brandschatzung zu unterscheiden ist die reine Brandstiftung.[71]

2.3 Gottes- und Landfrieden

Die Kirche betonte im Früh- und Hochmittelalter das Gewaltverbot für Geistliche und legte Bußstrafen für das Töten von Menschen fest. Aus dieser Haltung heraus entstanden auch die ersten Ansätze der Friedensbewegung. Gottesfrieden (lat. *Pax Dei*) und Waffenruhe Gottes (lat. *Treuga Dei*) stehen am Anfang der europäischen Friedensbewegung. Die Kirche versuchte seit dem 10. Jahrhundert, die Fehden des Adels einzudämmen. Insbesondere wehrlose Personen (Geistliche, Bauern, Frauen) und Orte (Kirchen, Friedhöfe) standen unter dem Schutz eines solchen Friedens. Von Päpsten und Bischöfen proklamierte Friedenszeiten untersagten an gewissen Tagen (Feiertage, Fastenzeiten) die Gewaltanwendung bei Strafe der Exkommunikation.[72] Zur Zeit der Karolinger wurde für Friedensbrecher auch die Strafe der Verbannung verhängt, um die streitenden Parteien voneinander zu trennen oder einen Sühnevertrag zu erwirken.[73] Gewaltandrohung zur Durchsetzung der *Treuga Dei* war nicht außergewöhnlich. Bischof Wido von Le Puy ließ 973 die Adligen und Bauern seiner Diözese ein Friedensgelübde schwören und verlangte die Rückerstattung des geraubten Gutes sowie die Stellung von Geiseln, um weitere Unruhen zu verhindern.[74] Die Synode von Charroux von 989 verabschiedete den ersten Gottesfrieden mit Bestimmungen

---

[70] Huismann (2001).
[71] Carl (2005).
[72] Zur Geschichte des Gottesfriedens vgl.: Töpfer (1957); Hoffmann (1964); Blumenthal (1983); Kaiser (1989); Goetz (2002); Kéry (2006); Gergen (2004); Gergen (2012).
[73] Kéry (2006), 186.
[74] Kéry (2006), 214.

2.3 Gottes- und Landfrieden

zum Schutz der Kirchen, des Viehs der Bauern und der Armen sowie der unbewaffneten Geistlichen und bezog sich in ihrer Einleitung auf die ältere, karolingische Rechtstradition.[75] Raginbald, Erzbischof von Arles, erließ 1037 im Namen des französischen Klerus einen Gottesfrieden für Italien:

> „1. Wir bitten und beschwören euch alle, [...] Frieden zu halten untereinander, auf daß ihr des ewigen Friedens und der ewigen Ruhe würdig seiet. 2. Nehmet also jenen Gottesfrieden an und haltet ihn, den wir durch Gottes Eingebung als uns vom Himmel gesandt angenommen haben [...] und der folgende Anordnungen beschließt: Von der Vesper des Mittwochs bis zum Sonnenaufgang am Montag soll zwischen allen Christen, Freunden und Feinden, Nachbarn und Fremden, fester Frieden und unverbrüchliche Waffenruhe herrschen, so dass in diesen vier Tagen und Nächten alle Christen zu jeder Stunde sicher seien und alles tun können, was nützlich ist, frei von Furcht vor Feinden und sicher in der Ruhe dieses Friedens und Waffenstillstandes. 4. Wer aber den Frieden [...] wissentlich bricht, der sei exkommuniziert von Gott. [...] 5. Wer an diesen Tagen des Gottesfriedens einen Menschen tötet, werde verbannt und aus seiner Heimat gejagt. Er soll nach Jerusalem wallfahren und dort ein langes Exil erleiden. [...] 6. Wir halten es für wichtig, daß wir zu doppelter weltlicher und geistlicher Strafe verurteilt werden, wenn wir dies unser Versprechen in irgendeinem Punkte zu brechen versuchen wollen. [...] 7. Und so haben wir Gott die vier genannten Tage versprochen [...] so daß der Donnerstag wegen der Himmelfahrt Christi, der Freitag wegen Christi Passion, der Samstag wegen der Grablegung und der Sonntag wegen der Auferstehung unbedingt von allen feierlich begangen wird, dass keine Landarbeit an diesen Tagen geschieht, dass kein Feind seinen Feind verfolgt. [...] 9. Wenn sich aber jemand zur Wehr setzen muss, gegen solche, die [...] diesen Gottesfrieden [brechen], dann sollen die Rächer des Gottesfriedens keinen Schaden davon haben. [...]"[76]

Da kirchliche Strafen allein nicht ausreichten, verpflichtete Erzbischof Aimo auf dem Konzil von Bourges (1035–1044) alle Menschen ab 15 Jahren, etwaige Friedensbrecher mit Waffen zu bekämpfen.[77] Ende des 11. bzw. Anfang des 12. Jahrhunderts verabschiedete die Synode von Soissons unter dem Vorsitz des Erzbischofs von Reims eine *Treuga Dei*, die vom Donnerstag vor dem ersten Advent bis zum 13. Januar und von Donnerstag vor Rogate (fünfter Sonntag nach Ostern) bis Sonntag nach Pfingsten für alle Tage gelten sollte und für Friedensbrecher die Strafe der Exkommunikation bestimmte. Der Frieden schützte „Kirchen und Friedhöfe, Kleriker und Mönche, Frauen und Pilger und deren Begleiter".[78] Die Vorschriften der *Treuga Dei* lassen sich auf ältere Bestimmungen der *Pax Romana* zurückführen und sind ein Beleg für die Wiederentdeckung des Römischen Rechts ergänzt um den Schwur auf eine christliche Reliquie.[79]

Während die Gottesfriedenssynode von Vich 1033 die Dauer der Exkommunikation für den Bruch der *Treuga Dei* nicht unmittelbar von der Leistung der

---

[75] Charroux 989, Mansi 19, Sp. 89–90; Blumenthal (1983), Kéry (2006), 147.
[76] MGH Const. I, Appendix III, Nr. 419, 596 f., zit. nach: Geschichte in Quellen 2, 234 f.
[77] Kéry (2006), 215.
[78] Erdmann, Kreuzzugsgedanke, Exkurs 2, 337 f., zit. nach: Geschichte in Quellen 2, 235 f.
[79] Gergen (2003).

Wiedergutmachung abhängig machte, stand nach der Synode von Narbonne von 1054 die Dauer der Exkommunikation für Friedensbrecher in der Ermessensgewalt des Diözesanbischofs, der auf eine angemessene Genugtuung festsetzen sollte.[80] Das Konzil von Toulouges hatte wenige Jahre zuvor, nämlich 1027, nochmals die Bedeutung von Exkommunikation und deren Verschärfung durch das Anathem betont, das im Fall einer abgelehnten Buße auf die lebenslange Verdammnis hinwies. Kein Christ dürfe, so die Synode von Thérouanne (Terwaan) 1037/63 in Flandern, den „erbärmlichen Friedensbrecher", der bußunfertig stirbt, bei Strafe aufsuchen oder seinen Körper von dem Ort, an dem er liegt, aufheben. Friedensbrecher, die ihre Buße nicht antraten, wurden also nicht bestattet, um deren Auferstehung am Tage des Jüngsten Gerichts zu verhindern. Verwandte konnten aber für einen während seiner Buße gestorbenen Friedensbecher dessen Bußleistung bis zur Genugtuung übernehmen, um ihm im Anschluss zu bestatten.[81] Auch war es der Kirche erlaubt, im Falle eines schweren Friedensbruches über einen Ort oder über ein Territorium das Interdikt zu verhängen und den Gottesdienst einzustellen, um so die Gemeinde zu zwingen, die öffentliche Ordnung wiederherzustellen.[82] Ein derartiges Lokaldelikt ist 994 in Limoges belegt.[83] Der cluniazensische Mönch Rodulfus Glaber erwähnt im Zusammenhang mit der Gottesfriedensbewegung in Aquitanien um 1041 die Sanktionen der Todesstrafe oder die Exkommunikation und das Exil für Friedensbrecher.[84] Die Synoden von Toulouges (1062/66) und Narbonne (1054) sahen in ihren Beschlüssen zum Gottesfrieden die Verbannung als Strafe für Friedensbrecher vor.[85] Die *Treuga Dei* von Thérouanne verhängte 1063 eine Kombination aus Buße, Verbannung und Exkommunikation für dieses Delikt.[86] Auch lange Bußwallfahrten sind in diesem Zusammenhang als Strafen belegt.[87] So verfügte Papst Calixt II. 1119 auf einem Konzil in Reims für unverheiratete Gewalttäter, die während eines Gottesfriedens einen Menschen umbrachten, die Einweisung in ein Kloster oder eine Bußwallfahrt nach Jerusalem bzw. Ausweisung in das Königreich Jerusalem.[88]

Die Verkündung von Waffenruhen und Gottesfrieden durch die Bischöfe ist weniger eine Folge deren christlichen Glaubens, sondern zählte seit fränkischer

---

[80] Kéry (2006), 170.
[81] Treuga Tervannis 1037/63, MGH Const. 1, 601, Nr. 422, cap. 4 und cap. 5, zit. nach: Kéry (2006), 171.
[82] Kéry (2006), 171
[83] Ademar von Chabannes, Chronicon III, 35, zit. nach: Kéry (2006), 172.
[84] Kéry (2006), 191.
[85] Kéry (2006), 187.
[86] Kéry (2006), 184.
[87] Kéry (2006), 187.
[88] Statutem Calisti Papae II, Mansi 21, col. 236–237, zit. in: Kéry (2006), 188.

2.3 Gottes- und Landfrieden

Zeit zu ihren Aufgaben als weltliche Amtsträger und Königsboten, die Friedenswahrung und Strafverfolgung in ihren Diözesen sicher zu stellen.[89] Die gemeinsamen Bestrebungen kirchlicher und weltlicher Macht zur Strafverfolgung betonte bereits das Edikt von Pîtres (864), wobei die Resozialisierung der Straftäter und Friedensbrecher das Ziel blieb.[90] König Karl der Kahle (reg. 843–877) legte in Saint-Quentin fest, dass jedes Zuwiderhandeln gegen Friedensgebote mit kanonischen und königlichen Strafen (lat. *canonicum et regalem vindictam*) geahndet wird.[91] Ademar von Chabannes (um 1098–1034) setzte Friedensbruch mit Majestätsbeleidigung (lat. *tanquem rei maiestatis*) gleich, worauf die kirchenrechtliche Strafe der Exkommunikation und die weltliche Acht (lat. *perpetua infamia*) stand.[92] Dabei ist umstritten, ob Ademar zwischen Bann und Acht trennte oder Hochverrat als eine gemeinsam gegen die öffentliche Gewalt gerichtete Straftat ansah.[93] Für Friedensbrecher wurden Bußen, Exkommunikation und Exil als Strafen verhängt.[94] Dabei stand die Gottesfriedensbewegung in Verbindung mit den Kreuzzügen. Während die Kirche versuchte, die permanente Gewaltbereitschaft des abendländischen Adels nach außen abzulenken, war es das Ziel der weltlichen Herrschaft, sich das Gewaltmonopol zu sichern.

Im Hochmittelalter formulierte die Gottes- und Landfriedensbewegung Tatbestände zur Begrenzung der Fehde und verlangte unter bestimmten Voraussetzungen einen örtlichen, personellen und zeitlichen Sonderfrieden, dessen Nichtbeachtung kirchen- und strafrechtliche Sanktionen nach sich ziehen konnte.[95] Eine selbst oder für einen Freund bzw. für einen Verwandten (lat. *pro werra propria, pro amico, pro parente*) geführte Fehde wurde untersagt oder in der Art der Form der Austragung beschränkt, während die Gewaltanwendung durch legitime Herrschaftsträger in Ausübung ihrer Amtsfunktion, aber auch eine Strafaktion von Schwurgenossen gegen Friedensbrecher straffrei blieb.[96]

Für den Dominikaner Thomas von Aquin (um 1225–1274) war dagegen jede Fehde, die gängigste Form der Gewaltanwendung im Mittelalter, ein Rechtsbruch mit der Konzeption des „gerechten Krieges", da diese die Armen nicht schützte, sondern bedrückte.[97]

---

[89] Werner (1989), 163 f.; Kéry (2006), 147–149.
[90] Kéry (2006), 149.
[91] MGH Capit. 2, 291 f., Nr. 267, zit. in: Werner (1989), 149.
[92] Ademar von Chabannes, Sermo I, Migne PL 141, col. 117, zit. in: Kéry (2006), 150.
[93] Kéry (2006), 150.
[94] Kéry (2006), 189.
[95] Zur Landfriedensbewegung vgl.: Gernhuber (1952); Buschmann (1991); Wadle (1999); Fischer (2007).
[96] MGH DD F I, Nr. 988, 275, Z. 18 f., zit. in: Wadle (1993), 82.
[97] Thomas von Aquin (1225–1274), Summa Theologiae/Summe der Theologie II/II, q. 40 a 1 a, Bibliothek der Kirchenväter (online); ausführlich wurde die Frage des gerechten Krieges bei Thomas von Aquin u. a. erörtert von: Beestermüller (1990).

Für die Bestrafung von Friedensbrechern wurde eine eigene Gerichtsbarkeit eingesetzt. Nach dem Chronisten Ademar von Chabannes hätte das Konzil von Limoges 994 beschlossen, Auseinandersetzungen durch eigene Rechtsgelehrte (lat. *legis docti*) zu verhandeln.[98] Das Konzil von Poitiers (1011–1014) bestimmte, den jeweiligen Grafen bzw. Herzog oder zuständigen Richter im Gau (lat. *iudex pagi*) mit dieser Aufgabe zu betrauen.[99] Die Reimser Provinzialsynode (1083–1095) regelte das Verfahren der Friedensgerichtsbarkeit dahingehend, dass die Klage beim zuständigen Bischof oder Archidiakon zu erheben sei. Würde die Beschwerde nicht innerhalb von 14 Tagen verhandelt, sei die betreffende Kirche aus dem Gottesfrieden auszuschließen.[100] Der weltlichen Gerichtsbarkeit unterlag die über den reinen Schadensersatz hinausgehende Genugtuung.[101] Gottesgerichtsurteile verhängten die Richter oft erst nach bestimmten Proben, die die Schuld eines Friedensbrechers erweisen sollten.[102]

Im Reich wurden erste Gottesfrieden in Lüttich 1081/82 und Köln 1083 erlassen.[103] Der Kölner Gottesfriede sollte durch das Verbot des Waffentragens den Frieden erhalten und Straftaten verhindern.[104] Damit ging dieser Frieden über die reine Wiederherstellung des Rechts nach einem Rechtsbruch und den Ausgleich zwischen den streitenden Parteien hinaus und wollte die öffentliche Ordnung durch „Abschreckung" und „Generalprävention" als Ganzes schützen.[105] Das zeigt etwa folgender Passus:

> „7. Wenn ein Unfreier einen Menschen tötet, soll er enthauptet werden; wenn er ihn verwundet, soll er die Hand verlieren; wenn er ihn anderweitig mit der Faust, mit einem Knüppel oder durch einen Steinwurf verletzt hat, soll er geschoren und verprügelt werden. [...]"[106]

Statt nur Kirchen und wehrlose Personen wie Geistliche vor Übergriffen zu bewahren, stand der Personenschutz aller Menschen im Vordergrund, womit der Kölner Gottesfriede zugleich ein früher Landfriede war.[107] Dennoch sahen die Kölner Statuten auch für Friedensbrecher ein Asylrecht vor.[108] Unter Einschluss der gesamten Bevölkerung sollten weltliche Richter vom Kölner Erzbischof für den Strafvollzug ernannt werden.[109]

---

[98] Ademar von Chabannes, Sermo I, Migne PL 141, col. 117, zit. in: Kéry (2006), 200.
[99] Poitiers 1011/14, Mansi 19, col. 266–267, cap. 1, zit. in: Kéry (2006), 200.
[100] Soissons 1083/95, cap. 1, ed. Sdralek, 140, zit. in: Kéry (2006), 204.
[101] Kéry (2006), 205.
[102] Kéry (2006), 208.
[103] Kéry (2006), 134, 188.
[104] Zum Kölner Gottesfrieden von 1083 vgl.: Goetz (1984); Willoweit (1990), 38.
[105] Goetz (1984), 56; Kéry (2006), 135.
[106] Zit. nach: Kroeschell (1999), 190, 192 f.
[107] Goetz (1984), 75; Kéry (2006), 135.
[108] Kéry (2006), 191.
[109] Köln 1083, cap. 15, MGH Const. 1, 605, zit. in: Kéry (2006), 206.

2.3 Gottes- und Landfrieden

Demgegenüber wurde eingewandt, dass die weltlichen Strafen in den Gottesfrieden nur unterstützende Strafen zur Ergänzung der kirchlichen Bußen seien, diese anders als in den Landfrieden von Stand zu Stand unterschiedlich sind und immer nur das Delikt des Bruches des Gottesfriedens oder der *Treuga Dei* kennen.[110] So bleibt die Frage umstritten, ob eine scharfe Trennlinie zwischen Gottes- und Landfrieden zu ziehen ist.[111] In der Regel wird der Gottesfrieden jedoch „als ein von Bischöfen zusammen mit weltlichen Herrschaftsträgern auf Synoden beschlossener und/oder eidlich gelobter Sonderfrieden zur Eindämmung der Kriminalität, zur Verhinderung von Unrechtstaaten der waffentragenden gegen die waffenlose Bevölkerung und zur Einschränkung der Fehde definiert" (Kéry).[112] Inwieweit dieses Rechtsinstitut geeignet war, die Fehdeführung des Adels zu beschränken, ist kaum erforscht.[113] Dennoch lassen die bereits zitierten Beispiele eine fehlende Wirksamkeit dieser Frieden annehmen. Als maßgebliche Förderer der Gottesfrieden gelten vor allem die Cluniazenser, denen als Reformorden auch an der Sicherung der klösterlichen Grundherrschaften gelegen war.[114] Dieses Rechtsinstitut erschien fener als eine Möglichkeit, Auseinandersetzungen zwischen Bistümern und Abteien zu verhindern.[115]

In der Normandie und in Flandern entstanden zwischen 989 und 1000/14 aus den Gottesfrieden heraus erste Herzogs- und Grafenfrieden.[116] So belegte Graf Balduin VII. (um 1093–1119) von Flandern dem frühzeitlichen Chronisten Jakobus Marchantius zufolge gewaltsame Übergriffe der Adligen untereinander oder auf deren Leibeigenen mit der Todesstrafe, wobei im Fall der Notwehr sich der eines Verbrechens bezichtigte Adlige durch ein Duell oder eine Wasser- bzw. Feuerprobe reinigen konnte.[117] Der französische König Ludwig VI. (1108–1137) griff die bislang nur lokal erprobten Instrumente der Gottesfrieden auf und proklamierte einen Königsfrieden.[118]

Der Kölner Gottesfrieden von 1083, dessen Inhalte überliefert sind, verhängte peinliche Strafen für unfreie Friedensbrecher. Mord wird mit Enthaupten, die Verwundung eines Gegners mit Handabschlagen und mittels Fäusten, Stöcken oder Steinen zugefügte Verletzungen unbeteiligter Menschen mit Scheren und Schinden bestraft, wobei Kinder bis zwölf Jahren lediglich durch Schläge zu züchtigen seien.[119] Selbst wenn Friedensbrecher mit dem Leben davon kamen,

---

[110] Gernhuber (1952), 50, 53–56; Kéry (2006), 136.
[111] Hoffmann (1964); Kéry (2006), 136 f.
[112] Kéry (2006), 140.
[113] Kéry (2006), 141.
[114] Kéry (2006), 143.
[115] Kéry (2006), 143.
[116] Kéry (2006), 142.
[117] Jakobus Marchantius, Flandria commentarriorum libri III descripta, Antwerpen 1596, 205, zit. in: Hoffmann (1964), 152, Anm. 52.
[118] Kéry (2006), 217.
[119] Köln 1083, cap. 8, MGH Const. 1, 604, zit. in: Goetz (1984), 55.

so waren sie doch für die Gesellschaft gebrandmarkt. Die ständische Differenzierung hinsichtlich des Strafmaßes zwischen Freien und Unfreien sei nach Hans-Werner Goetz eine Folge der Festlegung konkreter Strafen für das Delikt des Friedensbruches.[120]

Seit dem 11. Jahrhundert ersetzte die Landfriedensbewegung auch im Reich zunehmend die althergebrachten Gottesfrieden. Heinz Angermeier hat zwischen den drei Phasen des Landfriedens als „Werk des Königs" (1235–1305), als „Einung" (1300–1400) und als „Gebot" (1400–1488) unterschieden.[121] Demgegenüber hob Gerhard Pfeiffer den „Zwangscharakter" der königlichen Landfriedenseinung hervor, die auch die Nichtunterzeichner zur Friedenswahrung verpflichtete, und betonte, dass die königliche Landfriedenseinung im 14. Jahrhundert je nach Zeit und Landschaft nur eine von mehreren parallelen Formen der Landfriedenswahrung, etwa der freien Einung, war.[122]

König Heinrich IV, der noch 1085 den Mainzer Gottesfrieden unterzeichnet hatte, erließ 1103 den ersten Mainzer Reichslandfrieden und Kaiser Friedrich I. Barbarossa 1152 den Großen Reichslandfrieden für das gesamte Reich. Der Mainzer Landfrieden von 1103 beschränkte gewaltsame Übergriffe ausschließlich auf die Person des Gegners außerhalb besonders geschützter Orte oder Zeiten.[123] Das römische Recht nahm unter den Staufern eine zunehmende Bedeutung ein. So verkündete Friedrich II. 1231 für das Königreich Sizilien die Konstitutionen von Melfi und 1235 den auf Latein und Mittelhochdeutsch verfassten Mainzer Reichslandfrieden, in dem Arno Buschmann die „Anfänge einer geschriebenen Verfassung" erkennen wollte.[124] Dieser zweite Mainzer Landfrieden kleidete das Fehderecht in enge Grenzen, erließ Bestimmungen zum Schutz von nicht „waffenfähigen" Personen (Frauen, Bauern, Juden, Geistliche, Kaufleute) und stellte Kirchen sowie Kirchhöfe unter seinen Schutz. Vor der Erklärung einer Fehde soll zunächst ein Gericht angerufen werden (Art. 5, Satz 1):

> „Recht und Gericht sind geschaffen, damit niemand Rächer seines eigenen Unrechts werde; denn wo die Autorität des Rechts fehlt, herrschen Willkür und Grausamkeit."[125]

Der Mainzer Landfrieden zog die Einrichtung eines ständigen Hofrichters am Königlichen Hofgericht nach sich, aus welchem später das Königliche Kammergericht und 1495 das Reichskammergericht entstand – ein erster Schritt also zur Emanzipation der Justiz als eigenständige Gewalt. König Rudolf weitete am

---

[120] Goetz (1984), 59.
[121] Vgl. die chronologische Grundgliederung bei: Angermeier (1966); zum Problem des Übergangs des Landfriedens vom Spätmittelalter zur Frühen Neuzeit vgl. auch: Carl (2000).
[122] Pfeiffer (1986), 249.
[123] MGH Const. 1, Nr. 74, 126.
[124] MGH Const. 2, Nr. 196, 243, zit. in: Buschmann (1991); Keller (1986), 492–494.
[125] „Ad hoc magistratus et iura sunt prodita, ne quis suri doloris vindex sit, qui ubi iuris cessas auctoritas, excedit licencia seviendi.", MGH Const. 2, Nr. 196, 243 (online).

2.3 Gottes- und Landfrieden

24. März 1287 den Frieden nach dem Vorbild des Mainzer Reichslandfriedens von 1235 auf das ganze Reich für eine auf drei Jahre angelegte Dauer aus.[126] Dieser wurde von allen Bischöfen, Grafen, Freiherren, Dienstleuten und allen Franken beschworen.[127] König Heinrich VII. verlangte 1223 im Zusammenhang mit dem Königsfrieden desselben Jahres für Sachsen einen Friedensschwur, stellte darin Geistliche, Mönche, Frauen, Nonnen, Bauern, Jäger, Fischer und Juden unter seinen Schutz und sicherte zu, dass Kirchen, Kirchhöfe, Äcker, Mühlen und Dörfer in ihren Zäunen denselben Frieden haben sollen.[128] Auch nach dem Sachsenspiegel des Ritters Eike von Repgow aus der Zeit von 1220 bis 1230 sollen Friedensbrecher hart bestraft werden (Ldr. II. XIII., 5):

> „Wer einen Mann erschlägt oder fängt, oder ausraubt oder verbrennt ohne Mordbrand, oder eine Frau oder ein Mädchen notzüchtigt, den Frieden bricht, und die, die im Ehebruch ergriffen werden, denen soll man den Kopf abschlagen."[129]

Die Klingenberger Chronik lobt den Landfrieden König Rudolfs von Habsburg aus dem Jahr 1276 *als den besten frid in allen landen, der in vil jaren je gemachet ward.*[130]

Landfrieden wurden im Spätmittelalter für verschiedene Territorien erlassen. Nach dem auf Österreich beschränkten Landfrieden von 1276 folgten 1281 Landfrieden für Bayern, Franken, dem Rheinland und erneut Österreich.[131] *Daz denselben landfrid durch vielerlei sache gemacht und gesetzt haben, das ist umb raub, umb mord, umb brant und umb unrecht wider sagen, und umb anders niht,* betont Kaiser Karls IV. in seinem schwäbischen Landfrieden von 1373.[132] *Wann wir mit gottes hulffe die lant gemeynlichen bey Reyne, in Elsassen, in Beyern, in Swaben, in Franken und an andern vil enden zu fride gesatst haben und yn lantfride geben und geboten haben zu halten,* lobt Kaiser Karl IV. 1378 seine eigenen Friedensbemühungen im Reich.[133] Denn für seine erfolgeiche Hausmachtpolitik, so erwarb er die Oberpfalz, Schlesien, die Niederlausitz und die Mark Brandenburg, benötigte der Luxemburger vor allem Frieden.

---

[126] Graevenitz (2003), 182–261.
[127] „Wir Rudolf von gotes genaden Romischer kunig und merer dez reichs haben geschaft, daz die bischoff, grafen, freyen, dienstmann und gemainklich alle die von Francken haben gesworen zu den heiligen an sand Iacobstag zu Nürmberg in der Schotten münster, das sy alle die gesetz, die da vor geschriben sind, und den frid, als da vor geschaiden ist, sullen halten und schaffen mit iren undertanen [...]", MGH Const. 3, Nr. 279, 287.
[128] Kroeschell (1999), 189 f., 294, 296, 298.
[129] „Wer einen mann slet adir vehet, roubit adir burnet sunder mortbrand, adir wip adir mait notzogit, unde vridebrechere, unde der in obi rhure begrifen wirt, den sal man die houbete abeslan.", Sachsenspiegel, hrsg. von Ebel (2012), 81.
[130] „Anno d. Mcclxxvj do fuor künig ruodolff von hapspurg gen strassburg, vnd machet ainen lantfrid mit allen stetten vff dem rin. Er machet den besten frid in allen landen, der in vil jaren je gemachet ward.", Die Klingenberger Chronik, 31.
[131] Vogtherr (1993), 157 f.
[132] Pfeiffer (1986), 249 f.
[133] Urkundenbuch für die Geschichte des Niederrheins 3, Nr. 821.

Diese Frieden waren meist nur von kurzer Dauer und mussten von vielen Adligen unterzeichnet werden. So schloss König Ruprecht am 26. August 1403 in Mergentheim angesichts zahlreicher Klagen über Friedbruch *sunderlichen in dem lande zu Francken mit den Fürsten, Grafen, Herren, Rittern und Knechten, Städten und Getreuen derselben lande zu Francken* eine Friedenseinung, die von Bischof Johann von Würzburg, Abt Johann von Fulda und dem Burggrafen Friedrich von Nürnberg, ferner den Rittern Albrecht von Egloffstein und Heinz von Liechtenstein als Pfleger des Bistums Bamberg für dessen Bischof Albrecht sowie den Reichsstädten Nürnberg, Rothenburg, Schweinfurt, Windsheim und Weißenburg beschworen wurde.[134]

Die Gottes- und Landfrieden führten letztendlich zu einer stärkeren Formalisierung und Verrechtlichung der Fehde sowie deren Anerkennung als Rechtsinstitut.[135] Dem mittelalterlichen Königtum gelang es aber nie, die Fehde abzuschaffen, merklich einzudämmen oder ein eigenes Gewaltmonopol durchzusetzen. Dies ergibt sich auch aus den zahlreichen und ständig wiederholten Reichs- und Landfrieden, die allesamt nur für wenige Jahre geschlossen wurden. So sind allein Landfriedensbündnisse bzw. deren Verlängerungen für Franken 1281, 1298, 1316, 1340, 1349, 1353, 1368, 1371, 1378, 1395, 1401, 1403, 1404, 1414, 1423 und 1427 belegt.[136] Franken wurde somit zur zentralen Landschaft königlicher Bemühungen, den Frieden zu sichern.[137] Ende des 14. Jahrhunderts ging die Tradition der Landfrieden zu Ende.[138] Denn immer wieder sah sich die Landfriedensgesetzgebung nördlich der Alpen seit der Zeit Friedrichs I. (reg. 1152–1190) und Friedrichs II. (reg. 1212–1250) zu Konzessionen an „überlieferte althergebrachte Gewohnheiten" (lat. *consuetudinibus antiquitus traditis*) gezwungen.[139] So scheiterte der Mainzer Reichsfrieden Friedrichs II. von 1235, der auf ein Verbot der Fehde abzielte, an seiner fehlenden Reichweite.[140] Auch Karl IV. konnte in Franken trotz zahlreicher Friedensgebote weder 1344 und 1354 weder den Streit der Würzburger Bürger mit ihrem Bischof, noch 1360 den Ausbruch der Fehde des Grafen Eberhard von Württemberg gegen das Reich, den 1397 ausgebrochenen Aufstand der Städte des Hochstifts Würzburg gegen ihren Bischof, die 1407/78 stattfindenden Streitigkeiten des Burggrafen gegen Rothenburg oder 1423 die Fehde gegen Ludwig den Gebarteten verhindern.[141]

Die Landfrieden waren also kein geeignetes Mittel, die politische Struktur einer auf Fehde und Krieg ausgerichteten Feudalgesellschaft zu reformieren,

---

[134] RTA 5 Nr. 425, zit. in: Petersohn, Franken im Mittelalter (2008), 197.
[135] Reinle (2013).
[136] Pfeiffer (1986), 230, 231, 233, 234, 237, 238, 239, 242, 243, 244, 245, 247; vgl. auch: Pfeiffer (1973); Petersohn (2008), 194–198.
[137] Petersohn (2008), 198.
[138] Pfeiffer (1986), 248.
[139] MGH Const. 2, Nr. 196, S. 241, Z. 33 f.
[140] Zum Mainzer Reichslandfrieden vgl.: Buschmann (1991), 453–460.
[141] Pfeiffer (1986), 250.

2.3 Gottes- und Landfrieden

sondern festigten stattdessen bestehende Herrschaftsverhältnisse, was bereits aus der Zusammensetzung der unterzeichnenden ständischen Landfriedensteilnehmer hervorgeht.[142] Landfriedenseinungen territorialer Stände standen auch in Konkurrenz zu den Zentralgewalten der Landes- und Königsherrschaft.[143] Erst mit dem Ewigen Landfrieden vom 7. August 1495 von Kaiser Maximilian I. schied die Fehde als legitimes Rechtsinstitut endgültig aus der Geschichte aus.[144]

Dessen umfangreichen Bestimmungen regelten die Friedenswahrung detailliert: Niemand, gleich welchen Standes, dürfe jemand anders bekriegen oder ein Leid zufügen (§ 1). Ebenso werden alle bestehenden Fehden aufgehoben (§ 2). Jeder, der dieses Verbot breche, werde mit der Reichsacht belegt (§ 3). Jeder sei verpflichtet, einen des Friedbruches Verdächtigen zu stellen oder zu melden (§ 4). Wer dagegen verstieße, verliere jegliche Vorrechte (§ 5). Kammerrichter und Reichstag sollen die durch Fehden Geschädigten unterstützen (§ 6). Reisende Knechte (Reisbuben) dürfen als gefährliche Elemente nirgends geduldet werden (§ 7). Verbrecher gegen die geistlichen Gesetze würden wie Verbrecher gegen das weltliche Gesetz bestraft (§ 8). Spätere Gesetze können diesen Landfrieden nicht außer Kraft setzen (§ 9). Wer nicht zum Wohle des Friedens beitrage, verliere all seine Privilegien und Rechte (§ 10). Niemand dürfe diesen Frieden aufgrund irgendeines Privilegs, seines Standes oder aus irgendeinem anderen Grund missachten (§ 11). Dieser Friede soll keine anderen, bereits bestehenden Gesetze aufheben (§ 12).[145]

Mit der Durchsetzung des Reichsfriedens wurde als oberste Rechtsinstanz das Reichskammergericht in Frankfurt am Main betraut, welches später nach Speyer und nach Wetzlar umsiedelte. Dazu wurden ab 1500 Reichskreise eingerichtet, die ebenfalls den Frieden garantieren sollten. Das Recht der Friedenswahrung oblag damit neben dem Königtum auch Gerichten und Ständen. Dennoch wurden bis in das 16. Jahrhundert hinein immer wieder Fehden geführt, so zum Beispiel von Ulrich von Württemberg gegen die Stadt Reutlingen. Als letzter Bruch des Landfriedens gelten die Grumbachschen Händel der ernestinischen Wettiner zwischen 1485 und 1633, die die lebenslange Festungshaft für Herzog Johann Friedrich II. den Mittleren von Sachsen-Coburg-Eisenach nach sich zogen.[146] Die Landfrieden haben zwar die Gewaltanwendung als grundlegender Bestandteil der menschlichen Gesellschaft nicht auszuschalten vermocht, aber dennoch eine Weiterentwicklung des Fehde- und Pfändungsrechtes eine Absage

---

[142] Pfeiffer (1986), 250 f.
[143] Pfeiffer (1986), 251.
[144] Wadle (1995).
[145] Nr. 173. (148). Der sog. Ewige Landfriede. — 1495, Aug. 7, Nach Datt, De pace imperii publica 873–875; im Einzelnen verbessert aus Altmann u. Bernheim, Ausgewählte Urkunden, 2. Aufl. Nr. 110, 254–258, wo ein gleichzeitiger Druck zugrunde gelegt ist, und aus NS. d. RA II, 3–6. In: Quellensammlung zur Geschichte der Deutschen Reichsverfassung in Mittelalter und Neuzeit, hrsg. von Karl Zeumer (1913), 281 ff.
[146] Ortloff (1869/70).

erteilt und so die Grundlage für die Herausbildung eines staatlichen Gewaltmonopols geschaffen.[147]

2.4 Erste Kriegsordnungen

Unter dem *ius in bello* versteht man im Kriegsvölkerrecht die Rechtsnormen, die für die beteiligten Streitparteien festgesetzt sind.[148] Dabei orientierten sich die weltlichen Traktate zum Kriegsrecht seit dem 12. Jahrhundert am kanonischen Recht, wie es von Augustinus, Isidor von Sevilla und Gratian geschaffen wurde. Vor allem das um 1140 entstandene „Decretum Gratiani" galt mit seinen den Krieg betreffenden grundsätzlichen Fragen in dem Teil des später sogenannten „Corpus iuris canonici" als grundlegend (Pars II Causa 23). Seit 1270 kamen die Lehren vom „gerechten Krieg" von Thomas von Aquin in dessen „Summa theologiae" hinzu.[149] Im Rahmen eines „gerechten Krieges" durften Gefangene als Geiseln zur Erpressung von Lösegeld genommen werden. Nichtkombattanten, Frauen und Kinder oder Angehöriges des geistlichen Strandes waren durch das Kriegsrecht zumindest theoretisch geschützt.[150]

Als weitere Quellengattung aus weltlicher Feder sind Traktate überliefert, etwa der „Tractatus De Bello, De Repressaliis et de Duello" („Abhandlung über den Krieg, über Repressalien und über das Duell")[151] des Bologneser Juristen, Militärtheoretikers und Kirchenrechtlers Johannes de Lignano[152] aus der Zeit um 1360. „Krieg ist ein Streit, der daraus entsteht, daß etwas dem menschlichen Begehren entgegensteht, und der diesen Widerspruch beseitigen soll", schreibt Johannes de Lignano.[153] Lignano trennt im zweiten Kapitel seiner Schrift zwischen dem *Bellum aliud Spirituale* („Spiritueller Krieg"), der auf himmlischer und menschlicher Ebene stattfindet und dem *Bellum aliud Corporale* („Realer Krieg"), der ein *Bellum Particulare* auf der Einzelebene, ein Duell, oder ein *Bellum Corporale Universale* als umfassender Konflikt sein kann. Im Abschnitt über den *Bellum Corporale Universale* geht er auch auf die Frage der Repressalien in Kriegen ein, die bereits Bartolus de Saxoferrato (gest. 1357) behandelt hat. In dem Werk Lignanos fließen Passagen aus dem Alten Testament, der Bibel als auch des römischen

---

[147] Pfeiffer (1986), 253.
[148] Ziegler (1999), 58; vgl. auch: Ziegler (1975).
[149] Ziegler (1999), 58.
[150] Schmidtchen, 28 f.
[151] Tractatus De Bello, De Represaliis et De Duello by Giovanni da Legnano, ed. Thomas Erskine Holland (The Classics of International Law).
[152] Zum Werk des Johannes de Lignano vgl.: McCall (1965), McCall (1972); Thorau (2003); Pio (2013); Pio (2018).
[153] Zit. nach: Ziegler (1999), 62.

2.4 Erste Kriegsordnungen

Rechts (Kap. 10: Iure de divino et iure gentium) ein, wobei er das „Decretum Gratiani" (Pars I D. 1 c. 9, Isidor), die „Digesten" (D. 1,1,5, Hermogenian), den Traktat „De Bello" von Bartolus de Johannes (13. Kap.) oder die „Summa aurea" des Heinrich von Susa (Henricus de Segusio, Hostiensis, vor 1200–1271) aus der Zeit um 1253 als Grundlagen verwendete. Der französische Kleriker Honoré Bonet (Bouvet) griff in seiner Darstellung des Kriegswesens („Abre des Bataille") die Abhandlung Lignanos auf.[154] Der um 1360 verfasste „Tractatus De Bello, De Repressaliis et de Duello" gilt als das bekannteste Frühwerk in der Geschichte humanitären Völkerrechts und erste grundlegende abendländische Auseinandersetzung mit den Erscheinungsformen des Krieges, in dem es neben den Voraussetzungen für die Eröffnung eines „gerechten Krieges" auch um die Kriegsführung an sich, die Militärtaktik, das Söldnerwesen und das Kriegsgefangenenrecht geht.

Der italienische Rechtsgelehrte und nach Bartolus de Saxoferrato bedeutendste Vertreter der Kommentatorenschule Baldus de Ubaldis (um 1327–1400) übernimmt die Gliederung des spanischen Kanonisten Raimund von Peñafort (um 1178–1275) aus dessen Werk „Summa de poenitentia" und bindet den *bellum iustum* an fünf Voraussetzungen (*persona, res, causa, animus* und *authoritas*). „Das dritte, was die Gerechtigkeit des Krieges erfordert, ist ein Grund, d. h., daß aus Notwendigkeit gekämpft wird, damit durch den Kampf der Friede erlangt wird", schreibt Baldus. Und weiter heißt es: „Zweiter Bestandteil ist ein Gegenstand, d. h., daß (der Krieg) zur Wiedererlangung des Verlorenen geführt wird und zur Verteidigung des Vaterlandes." Zudem belegt Baldus seine Aussagen mit Exzerpten aus den Schriften der Kirchenväter Isidor von Sevilla und Ambrosius von Mailand.[155]

Während das 14. Jahrhundert vereinzelte Verordnungen von Kriegsparteien, Kriegsordnungen für Feldzüge, Soldverträge, Aufzeichnungen über Kosten und Beute, bildliche Darstellungen und verschiedene chronikalische Berichte über Kriege hervorbrachte[156], nimmt seit dem 15. Jahrhundert die Zahl der gelehrten Abhandlungen zu Fragen des Völkerrechts in einem erheblichen Maße zu.[157] Als Beispiel sei der in 53 Quaestionen gegliederte „Tractatus de Bello" des Martinus Garatus (gest. 1453; nach seinem Geburtsort Lodi Laudensis genannt), der in Pavia, Siena, Bologna und Ferrara als Lehrer des Römischen Rechts wirkte, genannt.[158] Danach verpflichte ungerechte Kriegsführung zur vollständigen Wiedergutmachung (q. 1), sei die nichtautorisierte Kriegsführung ein Majestätsverbrechen (q. 2), wäre die Hilfe von Ungläubigen durch christliche Fürsten nur im äußersten Notfall anzunehmen (q. 3), dürfe der Feldherr Kriegsverträge abschließen (q. 8), sei die Gewaltanwendung nach einer offiziellen Kriegserklärung

---

[154] Ziegler (1999), 62–65.
[155] Ziegler (1999), 66.
[156] Schmidtchen (1965), 137–188.
[157] Ziegler (1999), 66.
[158] Baumgärtner (1986).

(*diffidatio*) im Falle der Rechtsverweigerung erlaubt (q. 9), dürfen kriegsgefangene Christen nicht versklavt werden (q. 19), wäre die Weiterführung des Krieges nach einem abgelaufenen Waffenstillstand statthaft (q. 29), gäbe es sieben verschiedene Kriege (q. 31), bedeute der Kriegsdienst im gerechten Krieg keine Sünde (q. 32), sei das ganze gegnerische Gemeinwesen haftbar (q. 38) und dürfen in gerechten Kriegen List und Täuschung angewendet werden.[159]

Der Kleriker und Jurist Joannes Lupus (Juan Lopez; gest. 1496) veröffentlichte 1491 in Siena als Berater des französischen Königs Karls VIII., der 1494/95 in Italien Krieg führte, eine Abhandlung über Staatsverträge. Er fragt darin in Anlehnung an Augustinus und Isidor von Sevilla nach dem *bellum iustum*, grenzt diesen nach den bereits von Raimund von Peñafort aufgestellten fünf Kriterien ab und übernimmt die Siebenteilung des Krieges nach Hostiensis. Zudem sieht er die Kriegsführung eines Souveräns gegenüber seinen eigenen Untertanen als legitim an.[160]

Der ostfränkische Adlige Philipp von Seldeneck (geb. 1440/42) schrieb ein „Kriegsbuch" mit acht Traktaten, von denen vier enthalten sind: der „Eid der Kriegsknechte" (Bl. 91 v–93 v), die „Kriegsordnung der Fußtruppen" (Bl. 94–96), die „Feldbestellung der Reiterei" (Bl. 101 r–111 r) und die „Ordnung für große Heere und Schlachten" (Bl. 111 v–116 r).[161] Die letzten beiden dieser erhaltenen Teile wurden als Lehrbriefe für seinen dritten Sohn Friedrich von Seldeneck (um 1474–1532) verfasst. Ferner enthält das Werk eine Abschrift von Ludwig Hohenwangs deutscher Fassung der „Epitoma rei militaris" (Bl. 1 r–77 r), die Graf Johann von Lupfen gewidmet ist. Das Kriegsbuch wurde von vier Schreibern kopiert. Philipps Traktate stammten wohl von seinem ältesten Sohn Hans von Seldeneck (um 1473–1552), der in einer Bemerkung (Bl. 114 v) genannt wird. Das „Kriegsbuch" Philipps von Seldeneck erläutert bis in seine Einzelheiten das Kriegswesen des 15. Jahrhunderts und steht am Beginn der Militärtheorie in der Frühen Neuzeit.[162]

Der Rechtsgelehrte, politische Philosoph und reformierte Theologe Hugo Grotius[163] (nl. Hugo de Groot; 1583–1645) legte in seinem 1625 in Paris erschienenen Buch „De jure belli ac pacis" („Über das Recht des Krieges und des Friedens") die Grundlagen des internationalen Völkerrechts und verstand dies als

---

[159] Ziegler (1999), 67 f.
[160] Ziegler (1999), 69 f.
[161] Karlsruhe, Badische Landesbibliothek, Cod. Durlach 18.
[162] Leng (2002), 295; zu Philipp von Seldeneck vgl. auch: Jähns (1889), 244 ff., 323 ff.; Neubauer (1963), 7 f.; Müller (1988); Keil/Schmidtchen (1989).
[163] Wolf (1963), 253–310; Gizewski (1993); Hofmann (1995); Mühlegger (2007); Tuchtenhagen (2000); Stumpf (2009); Nellen (2015).

2.4 Erste Kriegsordnungen

einen Teil des Naturrechts, welches in Kriegs- wie Friedenszeiten Gültigkeit besitzen solle.[164] Der auch als „Vater des Völkerrechts" bezeichnete Gelehrte[165] ging von einer der mittelalterlichen Scholastik entsprungenen Denkformel aus, wonach gewisse Prinzipien der natürlichen Gerechtigkeit auch dann gelten würden, wenn Gott nicht existieren würde. Seine Ansätze wurden unter anderem von Francisco de Vitoria, Francisco Suarez, Luis de Molina, Leonhardus Lessius und dem deutschen Rechtsgelehrten Samuel von Pufendorf und Christian Wolff aufgegriffen.[166]

Die neuen Kriegsrechte schlossen die alten „Freiharte" aus, die als vagabundierende Handwerker des Krieges ständig ihren Auftraggeber wechselten. So heißt es bereits in der eidgenössischen Kriegsordnung von 1499, dass *die Herster und freie Knechte als unnütz und schädlich abgethan sein* sollen.[167]

Die Kriegsrechte für die deutschen Fußtruppen lassen sich auf die bei den Eidgenossen seit dem ausgehenden 15. Jahrhundert üblichen Eidesformeln zurückführen. Die „Artikelbriefe" Kaiser Maximilians I. von 1508, verbessert von Maximilian II. 1570, verbinden den Eid der deutschen Landsknechte mit dem Feldeid der Eidgenossen. Die Reichskriegsordnung von 1526 diente allen späteren Fassungen als Grundlage. Das Reich übernahm 1555 und 1553 die Heilbronner Kriegsordnung und förderte die Einheitlichkeit, die auch der Speyerer Reichstag von 1570 anerkannte.[168]

Auch für den Seekrieg wurden eigene Kriegsordnungen erlassen. Im Jahre 1604/05 verfasste Hugo Grotius eine Schrift mit dem Titel „De jure praedae" („Über das Prisenrecht"), ein Rechtsgutachten für die Niederländische Ostindien-Kompanie.[169] Im 1609 zunächst anonym erschienenen Kapitel mit dem Titel „Mare Liberum" („Das freie Meer") erklärt Grotius, dass an den Meeren niemand Eigentum begründen (*res extra commercium*) könne und als internationale Gewässer von allen Nationen zur Handelsschifffahrt genutzt werden dürfen.[170] Dagegen behauptete England, das mit den niederländischen Generalstaaten um die Herrschaft im Welthandel konkurrierte, mit John Seldens „Mare clausum" eine weiträumige Gewässerhoheit um die Britischen Inseln. Der Holländer Cornelis van Bynkershoek (1673–1743) hingegen grenzte das Eigentum am Meer nur für die Reichweite der an Land stehenden Geschütze ein. Aus diesem Ansatz erwuchs die Dreimeilenzone, die zusammen mit dem Grundsatz der Freiheit der Meere heute ein Teil des modernen Seerechts ist. Auf die weitere Entwicklung

---

[164] De jure belli ac pacis (Über das Recht des Kriegs und des Friedens), Paris 1625 (2. Aufl. Amsterdam 1631), The Rights of War and Peace. Ed. Richard Tuck (2005).
[165] Hilgendorf (2008), 761, 764.
[166] Harke (2008), § 3 Rnr. 1–4.
[167] Schubert (1995), 330.
[168] Meyers Großes Konversations-Lexikon 11 (1907), 662.
[169] Mare Liberum (Die freie See; aus Kapitel 12 von De Indis), Leiden 1609. The Free Sea. Ed. David Armitage (2004).
[170] Rath (2013).

des europäischen Kriegsrechts in der Frühen Neuzeit kann hier nicht eingegangen werden.

Halten wir fest: Die feudale Welt des Früh- und Hochmittelalters hatte zwar Ritterideale formuliert, diese jedoch nicht in kodifizierte Rechte zur Kriegsführung gegossen. Dies gelang erst den in der Tradition der Kanonistik stehenden Juristen des 14./15. Jahrhunderts. Der Wandel der Kriegsführung vom kleinen Reiterheer mit seinen unterstützenden Fußtruppen zum großen Landsknechtsheer führte zu einer stärkeren Kodifizierung des Kriegsrechts. Die Kriegsrechte sollten in „gerechten Kriegen", denn nur solche waren nach ihren Überzeugungen erlaubt, auch die Nichtkombattanten, also Bauern, Angehörige des geistlichen Standes und vor allem Frauen und Kinder schützen, konnten dies aber in der Realität nicht leisten. Denn in erster Linie standen die militärischen Ziele der Anführer im Vordergrund und nicht die Beachtung humanitärer Gesichtspunkte.[171]

Daher galten die Kriegsrechte auch nur für den Krieg selbst. Hatte dieser ein Ende, wurden die herrenlosen Reisbuben als „gartende", d. h. auf der Suche nach einer neuen Verdienstmöglichkeit herumstreunende und bettelnde Knechte zu einer regelrechten Landplage.[172] So fielen in die Provence zahlreiche herrenlose Reisbuben ein, gegen die Papst Innozenz VI. im Jahr 1357 Kaiser Karl IV. um Hilfe ersuchte und ein Jahr später sogar einen Kreuzzug proklamierte.[173] Vor allem die Kriege in Italien hatten zur Entwicklung großer Banden beigetragen. Der humanistische Dichter Francesco Petrarca (1304–1374) beklagte, dass Deutschland nichts Anderes im Sinn habe, „als Raubsöldner zum Untergang der Städte zu rüsten", die sich wie „ein eiserner Regen" über Italien ergössen.[174] Die „englische Gesellschaft", angeblich 24.000 arbeitslose Söldner des Hundertjährigen Krieges, strömten auf der Suche nach Beute 1365 ins Elsass, und 1439 wurde derselbe Lanstrich von den Armagnaken (frz. Armagnacs), Parteigänger der Herzöge von Orléans, erneut heimgesucht.[175] Der Chronist Reimar Kock schreibt, dass 1392 zahlreiche „Galgenvögel" nach Wismar und Rostock strömten, um sich am Krieg gegen Dänemark in der Hoffnung zu beteiligen, die dortigen Bauern auszurauben.[176]

Krieg und Plünderung gehörten bereits im Mittelalter zusammen. Mit dem Frieden brach die Disziplin der Kriegshaufen, die mehr schlecht als recht durch Soldzahlungen und Hoffnung auf Beute zusammengehalten wurden, vollends auseinander und strömten die Gesellen, von der Autorität der adligen Anführer befreit, so scheint es, in alle Richtungen davon.

Treffend beschreibt der deutsche Universalgelehrte Sebastian Franck (1499–1542) in seiner 1539 in Bern erschienenen „Chronica des gantzen Teutschen

---

[171] Schubert (1995), 328.
[172] Zum Begriff und Problem der gardenden Knechte vgl.: Behr (1995).
[173] Schubert (1995), 325.
[174] Schubert (1995), 325.
[175] Schubert (1995), 326.
[176] Schubert (1995), 327.

2.4 Erste Kriegsordnungen

lands, aller Teütschen [...]" die Landsknechte als *in alweg und alzeit ein böss unnütz volk*, die *stechen, hawen, gotslestern, huoren, spilen, mörden, brennen, rauben, witwen und weisen machen* und das als ihr *ir gemein hantwerk und höchste kurzweil* ansehen. Wenn sie nach dem Krieg mit ihrem Blutgeld heimkämen, würden sie müßig kreuzweise in der Stadt zu jedermanns Ärger herumspazieren und seien nur den Wirten nütze. Die einen aber *laufen daussen auf der gart umb, das zuo Teutsch bettlen heisst, des sich ein frummer heid, will geschweigen ein christ, in sein herz hinein schämet*, während die anderen in Wirtshäusern *schlemmen und demmen*[177]*, biss sie kein pfenning mer haben,* und auf einen zukünftigen Krieg trinken und sich gegenseitig verführen, *dass die welt voll krieger und müessiggenger wirt.* Und wenn die Beute durchgebracht ist, müssen die armen Bauern leiden und herhalten, denn *nun fahen sie an zu garten,* d. h. zu bettln.

Sebastian Franck übertreibt nicht. So begegnen uns etwa in den Jahren 1514 bis 1553 im Nordwesten des Reiches immer wieder arbeitslose Landsknechte auf der Gard.[178]

Aber dieselben Landesherren und Städte, die einerseits Söldner anheuerten, richteten sie auch hin, wenn sie deren Treiben überdrüssig waren. So machte die Stadt Deventer 1498 mit 87 gefangenen Söldnern der berühmt-berüchtigten schwarzen Garde kurzen Prozess und ließ sie wie gemeine Verbrecher rädern.[179] „Der Friede hat stets an den Galgen gebracht, die Schelme, die der Krieg gemacht", heißt es daher in einem zeitgenössischen Sprichwort.[180]

Weder mittelalterliche Ritterideale, Fehderechte, Gottes- und Landfrieden, noch die immer detaillierteren Kriegsrechte der Frühen Neuzeit haben der kriegerischen Gewalt Einhalt gebieten können, wurden sie doch von demjenigen Stand erlassen, der dafür selbst verantwortlich war, nämlich dem Adel. Diesem aber ging es im Krieg in erster Linie um die militärische Effezienz und nicht um den Schutz der Zivilbevölkerung. Humanitäre Gesichtspunkte spielten noch keine Rolle. Auch das Genfer Abkommen über die Behandlung der Kriegsgefangenen, der als völkerrechtlicher Vertrag vom 27. Juli 1929 den Schutz von kriegsgefangenen Soldaten und Zivilisten regelt, wurde im Zweiten Weltkrieg genauso wie das 1949 geschlossene Nachfolgeabkommen oft genug missachtet. Rechte waren und sind in Kriegszeiten oft nicht das Papier wehrt, auf dem sie geschrieben stehen. Der moderne Staat kann dieses letztendlich genausowenig garantieren wie die mittelalterliche Feudalgesellschaft zuvor. Der Übergang zwischen einer als legitim erscheinenden Kriegshandlung und einem Kriegsverbrechen erscheint fließend.

Die Chroniken halten den normativen Quellen den Spiegel hin, wie auch das folgende Kapitel erweisen wird.

---

[177] Phrase: für prassen.
[178] Behr (1995), 45.
[179] Behr (1995), 51.
[180] Zit. nach: Wander (1867), unter „Friede", Nr. 24 (online).

3 Realitäten: grenzenlose kriegerische Gewalt

3.1 Brutalität in „Freiheitskämpfen"

In allen mittelalterlichen Kriegen wurden als legitim empfundene Grenzen der Gewalt übertreten. Aber insbesondere in den eidgenössischen Konflikten im Alpenraum, in den Freiheitskämpfen der Dithmarscher um das Bestehen ihrer Bauernrepublik oder in den Städtekriegen ging es außerordentlich brutal zu, wie die folgenden Beispiele zeigen.

„Wir wollen sein ein einzig Volk von Brüdern, in keiner Not uns trennen in Gefahr", heißt es im 2. Aufzug am Schluss der 2. Szene in Schillers Sage „Wilhelm Tell". Allerdings gehört die bekannte Tell-Sage, nach der die Eidgenossenschaft auf der Rütli Wiese am Vierwaldstätter See gegründet wurde, in das Reich der Legende. Denn der berühmte Bundesbrief von 1291, der im Zusammenhang mit der Errichtung der Reichsvogtei Waldstätten aus Schwyz, Unterwalden und Uri entstanden sein soll, wird von einigen Historikern ins Jahr 1309 datiert, während andere ihn gar als Fälschung ansehen.[1] Vertreter freier Bauern aus diesen drei „Urkantonen" sollen sich dort gegenseitigen Beistand zur Befreiung von der habsburgischen Knechtschaft geschworen haben, lautet die populäre Überzeugung. Aber nicht aus „Ländergier", sondern für die Wahrung klösterlicher Patronatsrechte wurden die Habsburger immer wieder in lokale eidgenössische Konflikte verstrickt. Erst der im 15. Jahrhundert schreibende Chronist Aegidius Tschudi stilisierte verschiedene lokale Konflikte zu nationalen Befreiungskriegen, so der Schweizer Historiker Roger Sablonier.[2]

Ein frühes Beispiel für die Brutalität im Krieg findet sich in der Chronik der Stadt Zürich. Als die Truppen der Stadt Zürich am 13. April 1292 die habsburgische Stadt Winterthur zu erobern versuchten, *erslůgen also die von Wintertur mortlich dero von Zúrich wol bi tusent mannen, und kam nie keiner davon*, berichtet die Züricher Chronik, die die Schuld für die Niederlage einer Kriegslist der Feinde gibt.[3]

---

[1] Sablonier (1999); Sablonier (2008), 163–178.
[2] Sablonier (2008), 43 f.
[3] „Anno domini 1292, an dem 13. tag aberellen, du zugen die Zúrich fúr Wintertur. Und do si also vor lagend mit irem höptherr, graf Eglolf von Toggenburg, und, und do man gefochten hatt mit dien von Wintertur und in dem imbis was, do hattent die von Zúrich dem bischof von Costentz enbotten, der dazemal ir eidgenossen was, das er inen etwas vil volkes sante. Des war graf Húgli von Werdenberg ze Wintertur in der statt, und machet der valsch brief und sant die von Zúrich, als ob es der bischof tete, und stůnden die brief, das

68 3 Realitäten: grenzenlose kriegerische Gewalt

Abb. 3: Der fiktive Wilhelm Tell wurde als Held der Schweizer Nationalbewegung gegen die angeblichen Unterjochungsbemühungen der Habsburger verklärt. An ihn erinnert auch der Tellenbrunnen in Schaffhausen, moderne Fotografie.

---

der bischof komen wollte. Und also zoch graf Húgli gar wit umb gegen dien von Zúrich mit einem grossen volk und fůrte ein panner, als ob es der von Costentz panner were. Und zugent die von Wintertur an die von Zúrich frủh an einem tag, und wústent sich die von Zúrich nit ze hủten vor graf Húglin und dien von Wintertur. Und erslůgen also die von Wintertur mortlich dero von Zủrich wol bi tusent mannen, und kam nie keiner davon. Das geschủf alles graf Húgli mit sinem falschen panner. Und also wurden die von Zúrich mortlich von graf Húgli und von dien von Wintertur erschlagen und gefangen und ermúrdet.", Chronik der Stadt Zürich, Nr. 29, 33 f.

3.1 Brutalität in „Freiheitskämpfen"   69

Abb. 4: Das Nationaldenkmal „Die drei Eidgenossen" im Berner Bundesrat zeigt den angeblichen Rütlischwur, moderne Fotografie.

70   3 Realitäten: grenzenlose kriegerische Gewalt

Abb. 5:   Wulf Isebrand (um 1465/80–1506), der 1500 in der Schlacht bei Hemmingsted kämpfte, wurde zum Nationalhelden der Dithmarscher, Albersdorf, Wulf-Isebrand-Statue, moderne Fotografie.

3.1 Brutalität in „Freiheitskämpfen"

Seit 1912 wird am berühmten Denkmal am Ägerisee die Erinnerung an die Schlacht am Morgarten vom 15. November 1315 in Form eines Schießens wachgehalten und künden Schlachtenkapelle, Morgartenhaus und Morgartenturm von dem Sieg der Eidgenossen über das Heer Herzog Leopolds von Österreich. Bereits Johannes von Winterthur würdigte nach 1340 den Sieg der „einfachen Bergler" über die landgierigen Ritter: „Zu diesen Zeiten im Jahre 1315 lebte ein Landvolk in den Tälern genannt Schwyz, fast ganz umgeben von hohen Bergen", heißt es in seiner Chronik.[4] *Da warent Switzer uf dem berg und slůgen herren und ross, das sie di halden ab vielend in Egeresee, das die wellen über si slůgent an das ander bort*, weiß die Chronik der Stadt Zürich.[5] Auch andere Chroniken haben das denkwürdige Ereignis überliefert, so die Königsaaler Chronik (lat. Fassung) des Abtes Peter von Zittau von 1316 und die Oberrheinische Chronik von 1337/38.[6] Der Zisterzienserabt Johann von Viktring (Johannes Victoriensis) schreibt in seiner zwischen 1340 und 1344 verfassten Chronik „Liber certarum historiarum", wie „das in den Bergen wohnhafte Volk der Swicer, das keiner Herrschaft Joch unterworfen und in den Waffen ungeübt, sondern im Hirtenberufe und in der Viehhaltung aufgewachsen war", um ihre Freiheit zu schützen, dem Herzog „aber sofort den in den Engen der Berge eingeschlossenen Widerstand" leistete.[7] Dem Minoriten Johannes von Winterthur (Vitoduranus) zufolge, dem wir zwischen 1340 und 1348 den ersten ausführlichen Bericht der Schlacht verdanken, hatten sich die Schweizer „mutig und beherzt aus ihren Verstecken" heruntergestürzt und die Feinde „wie in einer Zuggarne gefangene Fische" angegriffen und „ohne jeglichen Widerstand" niedergemacht. „Sie waren nämlich nach ihrer Gewohnheit an den Füssen mit Eisen versehen, mit welchen sie leicht auf abschüssigen Bergen sichern Stand fassen konnten, während ihre Feinde weder selbst, noch deren Pferde daselbst Fuss zu fassen vermochten" und hatten „in ihren Händen gewisse Mordinstrumente, Gesen, in ihrer Sprache Hellebarden genannt, sehr schreckliche Instrumente, mit welchen sie auch die bestbewehrten Gegner wie mit einem Schermesser spalteten und in Stücke hieben", erklärt der Chronist die Niederlage des stärkeren Ritterheeres. „Es war dort kein Kampf, sondern vielmehr wegen der angeführten Ursache ein Abschlachten des Volkes des Herzog Lüpoldus durch jene Bergbewohner, das diesen gleich einer zur Schlachtbank

---

[4] Sablonier (2008), 142.
[5] „Anno domini 1315, an sant Othmars abend, do wolt herzog Lúpolt von Österich ze Switz ingefallen sin und betwungen han. Und do si kamen an den Morgarten an den berg und über den berg hinin wolten, da warent Switzer uf dem berg und slůgen herren und ross, das sie di halden ab vielend in Egeresee, das die wellen über si slůgent an das ander bort. Und verlurent die von Zürich fúnfzig man, die lagent bi einander erslagen mit werhaftiger handgetät in der herzogen dienst.", Chronik der Stadt Zürich, Nr. 34, 38.
[6] Morgarten in den frühesten Chroniken des 14. Jahrhunderts (online).
[7] Johann von Viktring, Liber certarum historiarum (1909), zit. in: Morgarten in den frühesten Chroniken des 14. Jahrhunderts (online).

geführten Herde als Opfer überliefert wurde", resümiert Johannes von Winterthur. Und weiter heißt es:

> „Niemanden verschonten sie, noch suchten sie jemanden gefangen zu nehmen. [...] Diejenigen aber, welchen von ihnen nicht getötet wurden, versanken im See, durch welchen sie schwimmend den Feinden zu entkommen hofften [...] Es wird berichtet, dass 1500 Mann in jenem Gemetzel durch das Schwert umgekommen seien. Die im See Ertrunkenen nicht mitgerechnet. Wegen dem Verlust so vieler Ritter daselbst, war in den umliegenden Landen während längerer Zeit die Zahl der Ritter seltener. Von jeder einzelnen Bürgerschaft, jeder Burg und jedem Städtchen wurden mehrere getötet. [...] Als der Kampf vorüber war, zogen die Swit[z]er den Getöteten und Versunkenen die Waffen aus, plünderten auch ihre übrige Habe und bereicherten sich sehr an Waffen und Geld und beschlossen, auch an jenem Tage zum Danke für den von Gott erhaltenen Sieg einen feierlichen Fest- und Feiertag jedes Jahr für immer zu begehen."[8]

Abb. 6: Die Eidgenossen, bewaffnet mit langen Spießen und Halbarten, besiegen in der Schlacht am Morgarten die österreichischen Ritter, Illustration in der Tschachtlan-Chronik, 1483.

---

8 Zit. nach: Morgarten in den frühesten Chroniken des 14. Jahrhunderts (online).

3.1 Brutalität in „Freiheitskämpfen" 73

Die Chronisten sind sich einig: Ging es um die „Freiheit", gab es keine Gnade mit dem Gegner. Allerdings richtete sich der Zug der Habsburger nach Sablonier nicht gegen die Bauern selbst, sondern kann als eine „Macht- und Präsenzdemonstration" gegenüber Werner von Homberg (1282–1320), einem Gegner der Habsburger Herzoge, verstanden werden.[9]

Den Erfolg bei Morgarten wiederholte die Schweizer Koalition gegen die Habsburger und ihre Verbündeten am 9. Juli 1386 in der Schlacht von Sempach und nachfolgend mit den Siegen über die Heere Herzog Karl des Kühnen von Burgund (1433–1477) in vier großen Schlachten (Hericourt 1474, Grandson 1476, Murten 1476, Nancy 1477). Aus all diesen Siegen konstruierten die Eliten der Eidgenossenschaft im ausgehenden 15. Jahrhundert im Sinne einer „Befreiungstradition" eine gemeinsame Vorgeschichte auf dem Wege der Eidgenossenschaft.[10]

Nach der Schlacht bei Sempach am 9. Juli 1386 besetzten die Eidgenossen das habsburgische Städtchen Weesen und zwangen die Einwohner zur Huldigung. In der Nacht vom 21. auf den 22. Februar 1388 öffneten die Einwohner von Weesen aber den Truppen des österreichischen Herzogs Albrecht III. von Habsburg heimlich die Stadttore. Diese *erslůgen und ermurten der erbren lůt von Glarus, die bi inen in trůwen und in frůntschaft lagen, bi vierzigen und ertoten die*, lesen wir in der Züricher Chronik.[11]

Am 21. September 1337 fand bei der Niederungsburg Grynau zwischen der Reichsstadt Zürich und einem Adelsbund unter der Führung des Grafen Johann I. von Habsburg-Laufenburg ein Gefecht statt. Die mit Habsburg paktierenden Rapperswiler erschlugen den bereits gefangen genommenen Graf von Toggenburg Kraft III., Hauptmann des kleinen Züricher Heeres, als sie von dem Tod des Habsburges erfuhren: *Und do die von Rapperswil vernamen, das der von Habspurg erslagen was, do erslůgend si den von Toggenburg also gevangen*, heißt es in der Chronik der Stadt Zürich.[12]

---

[9] Sablonier (2008), 148, 159.
[10] Sablonier (2008), 207.
[11] „Und uf den vorgenanten fritag ze mitternacht, do brachtent die burger von Wesen und die, so bi inen in der statt hatten, uf und erslůgen und ermurten der erbren lůt von Glarus, die bi inen in trůwen und in frůntschaft lagen, bi vierzigen und ertoten die, darüber das si sich nit wisten vor inen ze hůten, und gabent der heschaft die statt mi sůllich verråtenschaft.", Chronik der Stadt Zürich, Nr. 145, 135 f.
[12] „Darnach anno domini 1337 zugen die von Zürich für Grinőw, die burg. Des besamnoten sich der vorgenant von Habspurg und die usgeslagnen von Zürich mit dien von Rapperswile und mit dien lůten in der March, die doch gesworen hatten, wider die von Zürich nicht ze tůnd, und kamen an einandren ze vechten. Und ward der von Habspurg und sechzig man an sinem teil erslagen, und ward der Zürich bi 50 erslagen, und ward ein graf von Toggenburg gevangen an der von Zürich teil. Und do die von Rapperswil vernamen, das der von Habspurg erslagen was, do erslůgend si den von Toggenburg also gevangen. Dieser strit beschach an sant Mauricien abend in dem vorgeseiten jare.", Chronik der Stadt Zürich, Nr. 37, 41.

Die Eidgenossen kannten auch keine Gnade mit den über 20.000 englischen und französischen Reisbuben, die Enguerrand VII. de Couc während des Waffenstillstandes von 1375 im Hundertjährigen Krieg angeworben hatte, um den Erbanspruch seiner Mutter Katharina von Habsburg (gest. 1349), einer Tochter Herzog Leopolds I. von Österreich, durchzusetzen. Ende 1375 fielen die wegen ihren kalottenförmigen Helmen auch Gugler (lat. *Cuculla*, dt. Kapuze) genannten Landsknechte plündernd durch das Elsass über Waldshut in das schweizerische Mittelland ein. Anfang Dezember 1375 zogen die Gugler über den Jura und zerstörten auf ihrem Raubzug im westlichen Aargau und dem Seeland die Städtchen Fridau und Altreu. Petermann I. von Grünenberg und die betroffenen Bewohner sowie die Bürgerwehr der Stadt Bern fügten den Guglern in nächtlichen Kämpfen erhebliche beträchtliche Verluste zu, so am 25. Dezember bei Buttisholz, am 26. Dezember bei Ins und vor allem am 27. Dezember bei Fraubrunnen.[13] Die Chronik der Stadt Zürich erwähnt, wie die siegreichen Eidgenossen die fremden Söldner massakrierten und verbrannten und *die selben Engelschen von disem land flüchtig wurden*.[14] Im Jahr 1376 zogen sich die Gugler zurück, ohne irgendeines ihrer Kriegsziele erreicht zu haben.[15]

Als 1405 Herzog Friedrich IV., Regent der habsburgischen Besitzungen in Vorderösterreich, mit einem Heer aus Angehörigen des schwäbischen Adels und Kontingenten der habsburgischen Landstädte sowie den mit ihnen verbündeten Reichsstädten gegen die Appenzeller aufbrach, setzten sich diese sowie die Einwohner von St. Gallen erbittert zur Wehr. Da sich am 17. Juni das herzogliche Heer zurückzog, griffen die Einwohner von St. Gallen am Hauptlisberg bei Rotmonten an und fügten diesem große Verluste zu. Nach kurzem Kampf strömten die habsburgischen Truppen in zügelloser Flucht hangabwärts und wurden am engen Durchgang durch die Letzi von den Appenzellern niedergemacht. Rund

---

[13] Flatt (1975); Lang: Gugler. In: Historisches Lexikon der Schweiz (online); Lang (1982).
[14] „A. d. 1375 jar, do kamen in dis land die Engenlender, man schatzte für dri malen hundert tusent, si wârent ze füße oder ze rosse. Und kament über die First in das Elsas herin und für Strausburg heruf und wůsten vil dörfer und taten baide, lůt und gůt, we. Und zugent jemer me das land heruf und kament ze Olten über das Hag und laiten sich ze Fridöw an die Ar, do die brugg über das selb wasser gieng. Und do zoch ir vil über die brugg bis in das Ergöw und lait sich ain michel volk in ain dorf, haißet Buppensulz. Do übervielen si etwe vil frischer knechten von Luzern, von Switz und von andren únsren aidgnossen, die der selben Engenlender vil erstachen und ir ouch vil in ainer kilchen verbranten, das inen do von denselben aidgenossen als we beschach, das si nit me herwert geluste. Und zugen sich von danne wider Bern uf und laiten sich do in ain kloster, haißt Fröwenbrunnen. Do überfielent si únser gůten fründ, die von Bern, und erslůgen und verbrantent ir gar vil. Und domit wurden die selben Engelschen von disem land flüchtig. Aber ê das si also geschadget wurdent, do hatten si söllichi wunder in dem Elsass und anderswa getan und saite man als vil hertikait von inen, das nieman wände sicher sin ze Turgöw und ze Swaben noch in vil andren landen, und das man (der) stett und festinen vast vor inen vórchte.", Chronik der Stadt Zürich, Nr. 39, 83–85.
[15] Lang: Gugler. In: Historisches Lexikon der Schweiz (online).

3.1 Brutalität in „Freiheitskämpfen"

330 Tote ließen die Habsburger auf dem Schlachtfeld zurück, während die Appenzeller lediglich 20 Männer einbüßten.[16] Nach der Züricher Chronik *lüffen die von Appenzell ir vient an und machtent si flüchtig und erslůgent ir 350*.[17]

Auch im Alten Zürichkrieg (Toggenburger Herrschaftskrieg) von 1440 bis 1450 zwischen der Reichsstadt Zürich und der restlichen siebenörtigen Eidgenossenschaft waren Grausamkeiten an der Tagungsordnung. In der zweiten Phase des Krieges 1442/43 kämpfte Zürich im Bündnis mit dem Habsburger Friedrich III. gegen die Eidgenossen. Die eidgenössischen Truppen besetzten die aargauischen Städte Bremgarten und Baden und plünderten die Züricher Landschaft. Schließlich führte der ehemalige Züricher Bürgermeister Rudolf Stüssi (Bürgermeister von 1430–1440)[18] persönlich gegen den Rat der habsburgischen Hauptleute seine Truppen der Stadt ins Sihlfeld, wo sie am 22. Juli 1443 in der Schlacht bei St. Jakob an der Sihl eine vernichtende Niederlage erlitten. Stüssi kam auf der Sihlbrücke ums Leben, als er versuchte, sie einzureißen, um seinen Leuten die Flucht zu ermöglichen. Die Eidgenossen *hůwend im sinen buch uf und namend im sin herz herus und namend im sin schwaiß und das schmer von sinem lib und salbatand die stifel und die schůch damit und tatent im ander groß schmachaiten an.*[19]

---

[16] Sonderegger (1988).

[17] „A. d. 1405 do samnot herzog Friedrich ain groß volk und zoch damit gen Sant Gallen und gen Appenzell. Und des volkes kam ain tail für Sant Gallen. Und do si von der statt zogen, do lüffent der von Sant Gallen etlich herus und erslůgen ir vienden bi 30. Das beschach an dem 18. Tag brachodes. Und an dem selben tag zoch der herrschaft volk ain tail gan Appenzell an ain letzi, haißet am Stoß, und brachent die letzi uf. Des hatten die von Appenzell uf die letzi gehütet, und do des herzogen volk mit 2 hundert schützen und mit vil volkes über die letzi kamen, do lüffen die von Appenzell ir vient an und machtent si flüchtig und erslůgent ir 350.", Chronik der Stadt Zürich, Nr. 181, 168 f.

[18] Frey (2006).

[19] „A. d. 1443, uf sant Marien Magdalenen tag, do kamend all Aidgenossen, usgenommen die von Bern und Solotron, und zugend für Rieden herin. Und die von Zürich warend usgezogen bis zů den Benken, und warend vil edler lüten bi inen ze ross, und was junkher Türing von Hallwill der von Zürich hoptman, und über sinen willen warend si us der statt zogen. Also woltend die Aidgenossen nüt uf die witi und zugend under dem berg hin bis gen Wiedikon. Also zugent die von Zürich bis zů Sant Jacob. Also ordnat der Reding von Schwitz, das 400 man namend an sich roti krütz und kamend zů den von Zürich bi Sant Jacob. Und wie das was, das etlich von Zürich schruwend über die selben Schwitzer und woltent nit geloben, das si zů den von Zürich hortind, und woltent si gestochen haben und geschossen, also schrai her Růdolf Stússy, der ritter, inen zů: nůt schießend, es sind fründ! Und also kamend si in den hufen des volkes von Zürich, und die Aidgenossen kamend herzů mit ganzer macht. Do schruwend die selben Schwitzer mit den roten krützen: fliehend! Fliehend! und machtent ain flucht und woltand damit die statt haben ingenomen und fluhend zů der statt. Und also ward das volk von der statt verwiset und ward ain ganz flucht. Und also fůgt gott und die lieben hailgen, das ain semlich mortlich sach nit für sich gieng, und also wurdent der von Zürich 150 erschlagen uf den tag. Und also kamend die ègemälten Schwitzer mit den roten krützen und fundent her Růdolfen Stússy uf der langen Silbruggen. Und der hůb selbander die brugg in, darumb das sin volk in die statt käm. Also stachend si in ze tod durch die brugg uf und trůgend in an ainen zum bi Sant Jacob

Der Bericht der Züricher Chronik wird auch durch die Aussage von Mechild Lembacherin im Luzerner Protokoll von 1444 bestätigt. Danach hängten die Eidgenossen den erschlagenen Stüssi nackt an einen Baum, rissen sein Herz heraus und steckten eine Pfauenpfeder, das Zeichen der österreichischen Herrschaft, in seinen Anus (*ars*) und eine andere in seinen Penis (*zagel*), sangen dazu ein Spottlied auf die österreichische Herrschaft und putzten mit seinem Bauchfett ihre Schuhe.[20] Eine derartige Entwürdigung des immerhin christlichen Gegners erinnert an den Umgang mit Ketzern und anderen vermeintlichen Glaubensfeinden.

Auch Massenhinrichtungen kamen in den eidgenössischen Kriegen und Konflikten vor. Als sich am 28. Februar 1476 die gesamte Besatzung von Grandson unter dem Kommando von Hauptmann Wyler von Bern unter Zusicherung von freiem Geleit dem Burgunderherzog Karl der Kühne mit seinem Heer von etwa 20.000 Mann ergab, ließ Karl dennoch 412 von etwa 500 Mann hängen und ertränken.[21] *Und warent iren wol 550. Die nam er und lies si henken und ertrenken, das nit me 5 darfon kament*, heißt es in der Chronik der Stadt Zürich.[22] Die höfischen Ritterideale, die Karl der Kühne an seinem Hof pflegte, spielten in der Realität keine

---

und húwend im sinen buch uf und namend im sin herz herus und namend im sin schwaiß und das schmer von sinem lib und salbatand die stifel und die schůch damit und tatent im ander groß schmachaiten an.", Chronik der Stadt Zürich. Fortsetzungen II, 213 f.

[20] „Mechild Lembacherin, Hansen Bantzers eliche husfrow, seit bi irem eide, dz si dry tage by und under Eytgnossen gewandelt hab, als si uff Maria Magdelena für Zürich zugent, und hab da gesehen, dz die Switzer zů Sant Jacob in der kylchen ein edlen man, genant Mittelhusen, und sust ein redlichen man erslagen habent. Ouch seit si, dz si geseihchen hab, dz die Switzer her Růdolffen Stussi, ritter, wilent burgermeister zů Zürich, nachdem und sie inn erslůgen, blos und nackend uffgehengkt an ein bŏm, sin lib uffgehŏwen, dz hertz von sinem lib genomen und ein kúswantz in dasselb hertz, ein pfawenfeder in sin ars und aber ein phawenfeder in den zagel gestossen und gestegktf und smachlich gesprochen habent: „Gelt, der Stüssi hatg des kůngsh, des von Österrichi und des pfawenswantz gnůg", ouch haben si im die feissi und dz smer uss sinem lib genomen und ire schústifel und die leder an den sporen damit gesalbet. Besunder so hab ir ein Eidgenoss von Glaris, genant der Rŏmer, ein grossen knollen feissi gezeigt und sprechi: ‚Sichst du Mechild, den knollen feissi hab ich dem Stůssi uss dem lib genomen und wil inn he[i]mfüren und wil inn an itel schúchen versalben.' Ouch seit sy, dz si gesechen hab, dz die Switzer und (fol. 8 v) ir helffer do rote krůtz, so die von Zurich fürtend, uff iro wisse krutz mit hefftlinen gehefftt hattend und die von Zurich also anlůffent, als ob si frund werent.", zit. nach: Langmaier (2017), 678 f.

[21] Queloz, Grandson, Schlacht bei. In: Historisches Lexikon der Schweiz (online); Die Schlacht bei Grandson (online).

[22] „Item 1475 jar was der krieg verricht vor Nús. Und zoch herzog von Burguny heruf mit aller siner macht und schlůg sich fúr Gransse am Núwenburgerse. Das was des grafen von Remunt. Dem hat man als sin lant angewunen; dem wolt er helfen und lag darfor. Also schribent die von Bern und Friburg, das man in ze hilf kem. Also zugent all Eigenossen us, und die Zürich an der pfaffen fasnacht ǎbent in dem jar mit ir panner hinuf, wol mit 2500 man. Diewil hat der her von Burgun so vil mit denen uf Granse geret und si gisichret und welt si hein lassen mit ir hab, das si ims ufgabent. Und warent iren wol 550. Die nam er und lies si henken und ertrenken, das nit me 5 darfon kament. Die nament herren, die

3.1 Brutalität in „Freiheitskämpfen"

Rolle. Schließlich waren die Eidgenossen brutale Gegner. Die Fortsetzung der Chronik der Stadt Zürich erzählt, wie nach der Schlacht von Grandson am 2. März 1476 die Eidgenossen den Burgundern nacheilten. Dabei kamen *acht lantzherren umb und 600 man. Etlich wurdent ertrenkt, der sum weis ich nit. Und man gewan die wagenburg und so gros gůt von gold und silber,* heißt es weiter.[23] Die Beute war jedenfalls enorm.[24] Die Eidgenossen kannten auch in der Schlacht von Murten am 22. Juni 1476 keine Gnade mit den geschlagenen Burgundern, sondern *erschlůg man im uf den selben tag, oder si wurden ertrenkt, ob 20,000 mann ze ross und fůß, und wart die statt Murten gar ritterlich entschütt*.[25]

Im Schwabenkrieg um die Vorherrschaft im habsburgisch-eidgenössischen Grenzgebiet kämpften die Eidgenossen vom Januar bis September 1499 ebenso mit äußerster Erbitterung gegen den Schwäbischen Bund und die Habsburger.[26]

Die eidgenössische Tagsatzung beschloss am 11. März 1499 in Luzern, künftig keine Gefangenen in einer Schlacht zu machen, sondern *sondern Alles todt zu schlagen, ,als unser fromen Altvordern allweg brucht haben',* was von allen Orten beschworen werden musste.[27] Einzelne Reisbuben sollten offenbar davon abgehalten werden, sich mit Gefangenen abzusetzen, um später Lösegeld zu erpressen, was leicht zu einer Niederlage in einem Gefecht führen konnte.

---

ließent si löffen; die seitent, wie es was gangen. Das beschach am åschenmittwuchen [28. Februar 1476].", Chronik der Stadt Zürich, 203.

[23] „Darnach am fritag warent al Eignossen zesamen komen und Straßburg, Basel, Colmar, Schletstat und (des) herzog(en) von Ósterich lantvogt mit vil volk. Und an der alten vasnacht åbent greif man in an frů und schlůg man mit dem Burguner, und was sålb da und sin sun und de kíungs sun von Nappels, ån ander herzogen und gräfen. Und gab uns got das gelück, das sie fluchtent; und ilt man inen nach, und kament acht lantzherren umb und 600 man. Etlich wurdent ertrenkt, der sum weis ich nit. Und man gewan die wagenburg und so gros gůt von gold und silber, von siden und edel gestein, das die gemein red was, das der Eigenossen drú lant nit das gůt möchtent bezalt han mit barem gelt, und 1400 búchsen, die uf reder giengent. Und schatz man sin her uf 80 tusent und der Eigenossen uf 18 tusent. Also floch der herzog von Burgun in sin lant, und zoch jederman wider hein.", Chronik der Stadt Zürich. Fortsetzungen I, hrsg. von Johannes Dierauer (1900), 204.

[24] Zu dem durch die Eidgenossen erbeuteten Burgunderschatz vgl.: Kurz (1969), 25.

[25] „Und am Samstag, was der zehen tusent ritter tag, am morgen umb die achti vor mittag, do griffen si des herzogen macht, der mit großer, unzalicher macht (da lag), an, und gewann man im all sin búchsen, wågen, zeld und allen sin zúg an. Und erschlůg man im uf den selben tag, oder si wurden ertrenkt, ob 20,000 mann ze ross und fůß, und wart die statt Murten gar ritterlich entschütt.", Chronik der Stadt Zürich, 266.

[26] Zum Schwabenkrieg vgl.: Frey (1875); Witte (1899/1900); Hunkeler (1973); Pirckheimer (1998); Gleichenstein (1999); Niederhäuser/Fischer/Hitz (2010).

[27] „gg. Jeder Ort soll die Seinen schwören lassen, wenn wir hiefür ein Gefecht und Streit thun, keine Gefangenen zu machen, sondern Alles todt zu schlagen, ,als unser fromen Altvordern allweg brucht haben.'", zit. nach: Die eidgenössischen Abschiede aus dem Zeitraume von 1478 bis 1499 (2009), Nr. 640, Luzern 1499, 11. März, 600.

Landsknechte des Schwäbischen Bundes griffen am 22. März das solothurnische Dornach an, erlitten aber beim Gefecht am Bruderholz eine weitere Niederlage. Beide Seiten wüteten in der Folgezeit in den gegnerischen Gebieten entlang des Rheins mit äußerster Grausamkeit gegen die Zivilbevölkerung. So berichteten die königlichen Hauptleute von Völs und von Habsberg am 29. März 1499 nach Innsbruck, „demzufolge sie vergangenen Montag (25. März) von Nauders aus in das Unterengadin vorgerückt sind und dort 17 Dörfer gänzlich niedergebrannt, eine Anzahl Graubündner getötet, ca 450 Gefangene gemacht, die Klausen von Zernez und am Schar sowie die zu Placmal zerstört und den Feinden 6.000 Stück Vieh genommen haben." Die Feinde wären nach Zütz (Susch) geflohen und die königlichen Hauptleute hätten das Schloss *Stainsperg* (Steinsberg) niedergebrannt und am Tags darauf mit der Belagerung von Schloß *Ramüss* (Ramosch) begonnen.[28] In der Schlacht im Schwaderloh vom 11. April 1499 vor den Toren von Konstanz besiegten die eidgenössischen Reisläufer das überlegene Heer des Schwäbischen Bundes. Der Schweizer Chronist Anshelm berichtet, dass die Eidgenossen eine Besatzung in Ermatingen und im Schwaderloch unterhielten, als am 11. April die „Königsleute" (Landsknechte Maximilians I.) und die Truppen des Schwäbischen Bundes, 17.000 Mann stark, aus Konstanz teils zu Schiff, teils auf dem Landweg gegen den Thurgau vorstießen, um einen Vorstoß der Eidgenossen zu verhindern. Die Königsleute hätten das Dorf Ermatingen überfallen und einen Teil der Besatzung niedergemacht oder in die Flucht gejagt, zwei Geschütze erobert und nach Luzern geschickt, sowie Ermatingen und die umliegenden Dörfer geplündert und die Kirchen beraubt. Herr Burckhart von Randeck, der als „grimmiger Schweizerfeind" galt, wäre in die Kirche geritten und hätte vor dem Altar einen alten Mann mit eigener Hand erschlagen und soll geprahlt haben, „er werde in der Schweiz sengen und brennen, daß Gott im Regenbogen vor Rauch und Hitze die Füße einziehen müsse; wenn er, Randeck, sich gegen die *kuekier* furchtsam zeige, solle man ihm die Stirn mit Kuhdreck einstreichen und einen Kuhschwanz anhängen". Die Königsleute wären zum „Schwaderloch" gezogen, um die Eidgenossen „auszuräuchern" und den Thurgau zu erobern. Die Hauptleute, etwa Rudolf Hass, hätten die sich im „Schwaderloch" sammelnden Eidgenossen ermahnt, „dass ihre tapferen Vorfahren ihr freies Land gegen mächtige Tyrannen verteidigt hätten" und sie ihre Ehre retten und ihre Schande rächen sollten. An die 1.500 Eidgenossen waren, so der Anshelm, zum Gefecht aufmarschiert und wie „wütende Löwen" den Berg hinab gegen die überraschten Feinde im „Schwaderloch" gestürmt. Die von Graf Wolfgang von Fürstenberg angeführten „Königsleute" konnten nach dem Bericht noch ihre Geschütze gegen die Eidgenossen abfeuern, „daß man vor Rauch den Feind nicht mehr sah". Aber die Eidgenossen wären schießend, schlagend und stechend gegen die Feinde vorgerückt. Die schwäbischen Reiter hätten die Knechte zum Wi-

---

[28] RI XIV,3,2 n. 13107, in: Regesta Imperii (Online).

3.1 Brutalität in „Freiheitskämpfen"

derstand gegen die Schweizer angehalten. „Einige Edelleute, vor allem die Brüder von Randeck und andere herzhafte Reiter stiegen vom Pferd, traten mit dem Spieß in die vordere Reihe und schlugen sich dermaßen, daß den Schwaben nichts hätte geschehen können, wenn es die anderen ihnen gleichgetan hätten", berichtet die Chronik. Aber die Eidgenossen wären so ungestüm gegen sie eingedrungen und hätten die ersten drei Reihen niedergemacht, dass die anderen schließlich die Flucht ergriffen. Ein Haufen der Eidgenossen verfolgte Anshelm nach die Flüchtenden, während der andere sich gegen die Reiter wandte. Die fliehenden „Königsleute", die ihre ganze Ausrüstung und ihre Beute zurückgelassen hätten, wären zum Teil zu den Schiffen auf den See geflohen, „wo gegen 1.000 Mann ertranken". Der größere Teil eilte zu Fuß Richtung Konstanz zu, während andere in Richtung Überlingen und Lindau flohen, heißt es weiter. Offenbar hatten nach dem Bericht die Reiter nur geringe Verluste, während vom Fußvolk gegen 1.300 Mann gefallen seien. Die Pfaffen und Frauen hätten von den Schweizern die Erlaubnis erhalten, ihre Toten zu begraben. Die Eidgenossen, die wohl keine 20 Mann verloren, sollen etwa 30 Geschütze erobert haben.[29] Auch nach Diebold Schillings Schweizer Bilderchronik griffen die Eidgenossen nach einem Gebet ihre Feinde wie „die wütenden Löwen" an, eroberten die zuvor verlorenen Kriegssachen, darunter zwei Luzerner Geschütze, sowie die gesamten Geschütze des Feindes, zahlreiche Kelche und Wertsachen, die die schwäbischen Landsknechte gestohlen hatten. Auf die Nachricht von der Niederlage des Hauptmanns Burkart von Randeck und seinen Landsknechten hin beklagten sich die Konstanzer sehr. Die Eidgenossen erlaubten zwar nach Diebold Schilling den Frauen, die Toten zu begraben. Jedoch blieben die Leichen auf dem Schlachtfeld liegen, so Schilling.[30] Die Villinger Chronik beklagt das schandhafte Verhalten der Eidgenossen, dass nur durch den König (Maximilian I.) zu verhindern wäre.[31] Am 15. April 1499 berichtet Wolfgang von Fürstenberg, Landhofmeister (von Württemberg) und oberster Feldhauptmann, Herzog Ulrich V. von Württemberg über die schmähliche Flucht des Fußvolkes (im Schwaderloch) und über die Verluste von 13 Feldschlangen und einer Kartaune.[32]

In der Schlacht bei Dornach vom 22. Juli 1499 erbeuteten die Eidgenossen das Zeltlager samt Geschützen, der Kriegskasse, Fahnen und Bannern. Die Familienangehörigen der in der Schlacht gefallenen Adligen sandten Basler Mönche als Boten in das Lager der Eidgenossen, die die Erlaubnis zur Bergung und Überführung der Toten nach Basel erbaten. Die Eidgenossen blieben anders als noch nach der Schlacht am Schwaderloh hart und verweigerten die Herausgabe der

---

[29] Anshelm, Berner Chronik (1884), II, 163 ff.; RI XIV,3,2 n. 13132, in: Regesta Imperii (Online); zur Schlacht am Schwaderloh vgl.: Kurz (1977), 65–171; Schneider (1949); Meyer (1979), 45–63; Seuffert (2013), 68 f.
[30] RI XIV,3,2 n. 13133, in: Regesta Imperii (Online).
[31] RI XIV,3,2 n. 13134, in: Regesta Imperii (Online).
[32] RI XIV,3,2 n. 13146, in: Regesta Imperii (Online).

Leichen.[33] Nach den Ergebnissen der 2008 von der Anthropologin Christine Cooper untersuchten 105 Schädel und 33 Oberschenkelknochen blieben die zahlreichen Toten teilweise bis zu mehreren Jahren auf dem Schlachtfeld liegen. Erst nach ihrer Skelettierung wurde ein Teil von ihnen in ein Beinhaus überführt. Nur die eidgenössischen Gefallenen und einige der gegnerischen Toten wurden regulär bestattet. Die anthropologischen Untersuchungen wie auch die Schriftquellen weisen auf ein „Abkeulen" von bereits kampfunfähigen Männer hin. Die Schädel wiesen Verletzungen durch Schwerter oder Hellebarden auf. Oft waren Augen, Nasen und Ohren verstümmelt.[34] In Dornach erinnert beim ehemaligen Kloster ein Schlachtenrelief und einige Knochen der Gefallenen in einem Gebeinhaus an die Schlacht. Im Heimatmuseum in der alten Kirche findet sich eine Tafel mit der Inschrift „Hier ruhen die feindlichen Anführer der Schlacht vom 22. Juli 1499, Hofmarschall Graf Heinrich von Fürstenberg, Freiherr Mathias von Castelwart, Herr zu Bitsch und zu Lichtenberg". In Gempen steht außerhalb der Ortschaft ein „Den Siegern von Dornach 1499" gewidmetes Denkmal aus dem Jahr 1854. Mit dem Frieden von Basel wurde am 22. September 1499 der Schwabenkrieg beendet.

Den Eidgenossen gleich kämpften auch die Dithmarscher Bauern mit gnadenloser Härte gegen die Grafen von Holstein und den König von Dänemark, die sie in ihre Landesherrschaft zwingen wollten, um das Überleben ihrer freien Bauernrepublik.

In der Schlacht von Wöhrden am 7. September 1319 schlugen die Dithmarscher das holsteinische und mecklenburgische Invasionsheer des holsteinischen Grafen Gerhard III. und Heinrich II. von Mecklenburg sowie einer Reihe weiterer Herren und machten keine Gefangenen.[35] Die „Belli Dithmarsisci vera descriptio" des Heinrich Rantzau aus der Mitte des 16. Jahrhunderts berichtet in der deutschen Übersetzung, dass die Dithmarscher sich in „Norderstrand" zunächst zur Schlacht stellten, aber zwei ihrer Angriffe scheiterten, an die 1.700 von ihnen erschlagen wurden und sich die Überlebenden in die Kirche von Wöhrden zurückzogen, die sie wie eine Burg befestigten. Als die gegnerischen Landsknechte, so die Chronik weiter, die Kirche anzündeten und die Eingeschlossenen merkten, dass die bleiernen Dachschindeln durch die Hitze schmeltzen und bereits tropften, griffen sie aus Verzweiflung die Feinde an, „die weniger wachsam auf ihre eigene Sicherheit geachtet hatten, als richtig und notwendig gewesen wäre." Dichtgedrängt wären sie aus der Kirche hervorgebrochen und hatten im günstigsten Augenblick von ihren Kameraden Hilfe bekommen, „die sich aus Furcht vor den Feinden hier und dort in Gräben und vertrauten Schlupflöchern versteckt hatten." „Sie töteten zwölf der Landesherren und 2000 Soldaten der übrigen Streitmacht. Nur Graf Gerhard von Holstein und Heinrich von Mecklenburg

---

[33] Kurz (1977), 165–171.
[34] Wundballistik an der Schlacht bei Dornach (online).
[35] Hoff (1910), 424 f.

3.1 Brutalität in „Freiheitskämpfen"   81

entkamen unversehrt mit wenigen Männern", schreibt Heinrich Rantzau.[36] Auch der Chronist Johann Adolfi Köster (um 1550–1630), genannt Neocorus, überliefert, wie die aus der Kirche ausgebrochenen Männer mit der herbeigeeilten Unterstützung die Feinde *up dem Acker benorden an Oldenworden* umzingelten *unnd erlegten [...], dat se im Blode wadeden unnd Graff Gerhardt unnd Hertoch Hinrich van Mecklenborch, allein mit ehren Weinigen levendich bleven, de ander Adel bleff, alß nomlich 12 Landes-Heren mit einem so groten Hupen*[37] *Volkes, alß in de 2000 Mann, alle todt, unnd togen Gerhardt unnd de Mecklenborger mit ehren Hupen in Truricheit wedder tho rugge. Unnd verloren de Dithmerschen des volcks ock bi 500 Man.*[38]

Im Jahr 1403/04 kämpften die Dithmarscher in der Süderhamme[39] gegen Albrecht II. von Holstein wiederum siegreich. Nach der „Belli Dithmarsisci vera descriptio" ging der Herzog mit seinen Leuten an der Süderhamme in Stellung „um sie zu bewachen", während die Soldaten aus Beutegier „plündernd über Feld und Dörfer" eilten und sich erst später wieder zurückzogen. Dabei griffen die im Gebüsch versteckten Einheimischen die mit Beute schwer beladenen Rückkehrer scharenweisen an den Flanken des verengten Marschweges an und veranstalteten ein Gemetzel. Als die dem Heer vorausgegangenen und als erstes angegriffenen Schildknappen „ein klägliches Schreien und Heulen erhoben", welches der Herzog vernahm, glaubte dieser, dass es unter seinen Leuten zu Aufruhr und Streit über die Beute gekommen sei und sprengte „ohne Helm mit ungeschütztem Haupt heran." Die Dithmarscher stürzten sich der Chronik zufolge von der Seite auf ihn, verwundeten ihn schwer am Kopf und warfen ihn vom Pferd. Dann wären sie im Sturm von allen Seiten gegen die Feinde vorgestoßen und hätten die ganze Armee „wie mit einem Netz" eingeschlossen und „bis zur völligen Vernichtung" abgeschlachtet, so dass nur wenige durch Flucht entkommen seien. Heinrich Rantzau schreibt, wie die Dithmarscher selbst die Leichen der Erschlagenen nicht schonten und deren Herausgabe verweigerten:

> „Denn mit der üblichen Wildheit geben sie kein Pardon, und in unkontrollierter Wut schonen sie nicht einmal die Schwerverletzten, die zwischen den Leichen noch atmen. Außer dem Herzog fielen zwölf von ritterlichem Rang und aus dem Adel dreihundert, unter ihnen etliche bedeutende Männer von großer Tüchtigkeit, deren Namen noch heute in den Chroniken stehen. [...]
> Aber nicht damit zufrieden, dass sie, wie es ihre Art war, an den kämpfenden und fallenden Männern ohne Zurückhaltung ihre wütend rasende Grausamkeit ausgetobt hatten, wüteten die Dithmarscher selbst gegen die Leichen der Erschlagenen, die, ein erbärmlicher Anblick, überall die Felder entstellten. Sie verwehrten ihnen ein ehrliches Begräbnis und sättigten so die schreckliche und maßlose Raserei ihrer Herzen. Denn selbst die Leichen des Herzogs und darüber hinaus einiger weniger Ritter wären beinahe nicht zum Begräbnis freigegeben woden, so viel Geld man dafür

---

[36] Heinrich Rantzau (Christianus Cilicius Cimber), Belli Dithmarsisci vera descriptio, 72 f.
[37] Haufen.
[38] Johann Adolfi's, genannt Neocorus, Chronik des Landes Dithmarschen 1, 367–369.
[39] Hammen sind natürliche Verteidigungsstreifen der Geest, die aus Wäldern, Sümpfen und Mooren bestanden und mit Wällen und Gräben verstärkt wurden.

auch bot. Die vielen anderen blieben gegen den Brauch und die Sitten fast aller Völker den Vögeln und wilden Tieren zum Fraß ohne Begräbnis unter freiem Himmel auf Feldern und in Gräben liegen. Als aber die Ehefrauen der erschlagenen Adligen einsahen, dass sie mit ihren vielen Bitten bei Leuten, die keinerlei Mitgefühl besaßen, nichts ausrichten konnten, erreichten sie durch eine erfolgreiche List Genugttuung für ihre Männer. Sie verkleideten sich im Habit heiliger Jungfrauen, sogenannter Nonnen, und alle, die ihren Mann identifizieren konnten, sammelten mit Sorgfalt die Gebeine der Toten, die auf den Feldern lagen, und brachten sie zur Beerdigung außer Landes. So konnte dieses unmenschliche wilde Volk (um nicht Schlimmeres sagen zu müssen) im Durchstoßen und Niederhauen der Leiber Lebender seine Grausamkeit und seine unerbittliche Wut nicht befriedigen, ohne fern jeder Bemühung um Respekt und Menschlichkeit die extreme Gewalt seiner hasserfüllten Raserei sogar noch über der Asche und den Schatten der Toten ergossen zu haben."[40]

Der holsteinische Chronist sieht in den Dithmarschern nur rasende und gnadenlose Männer. Wie das oben beschriebene Massaker der Schwarzen Garde im Februar 1500 in Meldorf zeigte, blieb den Dithmarschern keine andere Wahl, als bis zum Äußersten zu kämpfen.

In der Schlacht bei Hemmingstedt schlugen die etwa 6.000 Mann starken Dithmarscher Bauern unter Wulf Isebrand am 17. Februar 1500 die zahlenmäßig weit überlegenen dänischen und holsteinischen Truppen vernichtend und bewahrten so die faktische Unabhängigkeit ihrer Bauernrepublik für weitere 59 Jahre.[41] Auch hier machten die Dithmarscher in der unter Wasser gesetzten Marsch beim Kampf um die aufgeworfene Schanze bei Hemmingstedt keine Gefangenen, wie die holsteinische „Belli Dithmarsisci vera descriptio" zum Besten gibt:

„Den Fliehenden setzten die Dithmarscher nach, hieben und trampelten sie nieder und warfen sie kopfüber in die Gräben. [...]
So kam es binnen dreier Stunden zu einem unglaublichen Massaker, in einem Ausmaß, dass später selbst für die Sieger kaum zu glauben war, dass sie in so kurzer Zeit eine solche Menge von Feinden vernichtet hatten. Die meisten aber fand man ohne Wunden auf: Ein Umstand, der beweist, dass mehr Gefallene in den Wogen ertrunken sind als durch das Schwert erschlagen wurden. [...]
Es fielen bei dieser Niederlage die Grafen Adolf und Otto von Oldenburg und außer Männern aus dem Ritterstand und von Adel aus Dänemark und anderen Gegenden allein aus Holstein sechzig Adlige, deren Namen in den Chroniken verzeichnet und noch heute überall zu lesen sind. Damals starben auch vier Rantzaus, unter ihnen Breide Rantzau, der Bruder des tüchtigen, hochberühmten Ritters Johann Rantzaus, unter dessen Oberkommando bei dem entsprechenden Feldzug die Dithmarscher nicht sehr viele Jahre später klar unterworfen und unter ein rechtmäßiges Herrschaftsverhältnis gestellt worden sind. Aus der übrigen Heeresmasse, sagen die einen, seien 4.000 Mann erschlagen worden, die anderen ein wenig mehr. Die Dithmarscher übertreiben die Zahl ins Unermessliche."[42]

---

[40] Heinrich Rantzau (Christianus Cilicius Cimber), Belli Dithmarsisci vera descriptio, 75–78.
[41] Zur Schlacht von Hemmigstedt vgl. grundlegend: Lammers (1982); vgl. auch: Lübbing (1977); Witt (2000); Meier (2010); Griese (2012).
[42] Heinrich Rantzau (Christianus Cilicius Cimber), Belli Dithmarsisci vera descriptio, 84 f.

3.1 Brutalität in „Freiheitskämpfen"

Neocorus schreibt, dass die Dithmarscher nach der Niederlage des alle Lande und Königreiche erschreckenden Haufens mutiger wurden und auch den anderen Haufen mit den aus Städten und Dörfern herbeigeeilten Bürgern und Bauern grausam angriffen und alle Feinde zu Tode schlugen oder im Wasser ersoffen, das niemand durch Flucht entrinnen konnte.[43] Die Garde verlor etwa 20 % ihrer Mannstärke, die Reiterei 30 % und das Fußvolk wohl 30 %, was einen Gesamtverlust von etwa 3.500 bis 4.000 Toten ausmachte.[44] Petrus Sax zitiert in seiner „Dithmarsia" von 1640 den Hamburger Gelehrten Dr. Albert Krantz und Johan Pet (Sax 1640, 301 v–302 r):

Nach der Schlacht von Hemmigstedt kamen die Dithmarscher, welche an anderen örtern Wacht gehalten, beyde Man und Frawen, schlugen vollend zu Todt alles das noch lebete, plünderten, zogen den erlegten die Waffen aus, gürtetetn Ihnen Beutell, und Gürtell ab, und die Sie noch funden, daß sie ein wenig lebeten, die schlugen Sie gar zu Todt, und haben nicht einen Einigen Menschen wollen leben laßen, sondern Allen die Kleyder, letztlich auch die Hembde vom Leibe gezogen, und welches das aller grawsambste von Ihnen war, an den Todten Corpon Muthwillen verübet.[45]

In einem nach der Schlacht entstandenen triumphalen Siegesgedicht heißt es:

Dar liggen de Buhren also stark
Un strecket an dat halve Landt
Dat ander geit juw woll in die Handt. [...]
De Buhren repen averluth:
Schlaget de bugden Garden doot.[46]

Die Dithmarscher gingen als wüste Gesellen in die Chroniken ein. Petrus Sax zitiert in seiner „Dithmarsia" von 1640 den dänischen König Christian I., der die Ditmarscher 1474 *ein ungehorsahmes Volck* genannt hat (Sax 1640, 80 r), und auch Albert Krantz bezeichnet die Dithmarscher als *ein unbendiges Volck, das niemalß hatt wollen Gehorsamb halten*. Wenn man gegenüber den Dithmarschern Gewalt anwende, so Krantz, seien sie die Ersten, die klagen, und könnten schwerlich Ruhe und Frieden halten, sondern *hören mit Zörnen und Feindschaft nicht ehe auf, Sie haben dann ihren Widerpart gedubelt mehr Schaden zugefügt, alß sie empfangen haben* (Sax 1640, 81 r). Nach Johan Pet seien sie unbarmherzige Leute, die ihre Feinde gräulich töten und nicht begraben (Sax 1640, 81 r, 85 v). Übel seien die Dithmarscher nach Krantz mit ihrem Adel umgegangen (Sax 1640, 85 r). Denn diese hatten 1144 den landfremden Stader Grafen in Burg ermordet und etwa

---

[43] „Alß dise allen Landen und Konigrichen erschreckliche Hupe erlecht, worden de Ditmerschen mödiger, kregen grote Hopening, den andern Hupen ock tho erleggen, stetten deswegen tho densulven, (so uth Bürgern unnd Buren, uth Steden unnd Dorpern vorsamlet,) grusamlich an, erschlogen se alle tho Dode edder ersopedene se im Water, datt nichtes dorch de Flucht entrinnen mochte.", Johann Adolfi's, genannt Neocorus, Chronik des Landes Dithmarschen 1, 478.
[44] Witt (2000), 38.
[45] Zit. nach: Meier (2010), 17.
[46] Zit. nach: Meier (2010), 15.

einhundert Jahre zuvor auch die aus dem Land stammenden Grafen Dedo und Etheler der Weiße erschlagen, wie Helmold von Bosau in seiner „Chronica Slavorum" (I, 67) erwähnt.[47]

Auch viele Städte wehrten sich gegen mächtige Landesherren und schlossen sich zur Verteidigung ihrer Reichsunmittelbarkeit zusammen. So gründeten 14 oberschwäbische Reichsstädte (Biberach, Buchhorn, Isny, Konstanz, Leutkirch, Lindau, Memmingen, Ravensburg, Reutlingen, Rottweil, St. Gallen, Überlingen, Ulm und Wangen) unter der Führung Ulms am 4. Juli 1376 einen eigenen Bund, in den im August 1377 die Reichsstadt Dinkelsbühl und einzelne Städte aus dem fränkischen Kernland, etwa Rothenburg, Schweinfurt und Windsheim, eintraten. Diese kleinen und mittelgroßen Reichsstädte fürchteten, dass Kaiser Karl IV. sie finanziell zur Kasse bitten oder bei Säumigkeit von Zahlungen verpfänden würde, um noch zu Lebzeiten seinen Sohn Wenzel durch die Bestechung der Kurfürsten zum römisch-deutschen König wählen lassen zu können. Für das Eintreiben säumiger Abgaben an den Kaiser waren die Landesherren, etwa der Graf von Württemberg zuständig, der seit 1373 das Amt des kaiserlichen Landfriedenshauptmann bekleidete. Karl IV. sah in diesem Städtebund (1376–1380) eine im Sinne der Goldenen Bulle von 1356 verbotene Einung (*conspiratio*) und proklamierte den Reichskrieg gegen die Städte.[48]

Aus einem Brief des Reutlinger Bürgermeisters und der Gemeinde an die Stadt Ulm geht hervor, dass die Reutlinger in der Nacht von Mittwoch auf Donnerstag vor Pfingsten 1377 durch das Arbachtal über die Schwäbische Alb in das Ermstal *gen Urach für die statt* gezogen waren *und umb die statt zue Urach wol dritthalb hundert haupt rinderhaftigs vich* gestohlen und über *das Uracher tal ab gen Dettingen* getrieben und *daselbe dorf gar ganz und genzlich* verbrannt hatten. Ferner, so das Schreiben weiter, erschlugen sie *vil gebauren und zugen mit dem vich gegen unser statt*. Der junge Graf Ulrich von Württemberg wäre *mit zweiunddreißig und zweihundert spießen* hinterhergeeilt. Bei der Leonhardskapelle vor den Toren Reutlingens sei es am 14. Mai zur Schlacht gekommen. Dabei hätten die Reutlinger *mer dann achtundsibenzig herrn ritter und knecht* erschlagen, *die tot uf der wallstat lagen*. Die Toten, 73 namentlich bekannte Männer, wären in die Stadt gebracht worden *one die die uf Achalm gefüeret wurden und one die noch verloren sint*. Die Knechte hätten ihnen gesagt, es wären *sechsundachtzig herrn ritter und knecht*, die mit ihren Rössern, Harnischen, Spießen und Schwertern in die Stadt geführt worden wären, ingesamt *vierundvierzig genger ross und hengst*. Der junge Herr von Württemberg wäre dagegen *verwundt* davongekommen. Es *wurden auch vil verwundet*, von den man nicht wisse, *wie es inen get*. Auch hätten sie den gegnerischen Herren erschlagen, der das Banner führte, und das Panier mit in die Stadt gebracht. Von Gottes Gnaden wäre ihnen *nit schaden empfangen, der zue clagen seie, wann allein mann Haintzen den Spärwer und wol zwölf armer erbar knecht, die tot uf der*

---

[47] Meier (2010), 16.
[48] Burmeister: Schwäbischer Städtebund. In: Historisches Lexikon der Schweiz) (online).

3.1 Brutalität in „Freiheitskämpfen"

walstatt und von den wunden seint und noch wol sechs wunt seint und doch noch leben. Die Reutlinger rechtfertigen ihre Tat damit, dass sie ihr Leben, ihre Ehre und ihre Güter *retten und weren* mussten. Deswegen wollten sie keinen *dis kriegs des von Württemberg helfer und diener keinen unseren armen mann, wie wertlos er was, gefangen nehmen, sondern erstachen die zue alt und zue jung.* Schließlich baten Bürgermeister und Rat der Stadt Reutlingen die Ulmer im Vertrauen auf die Freundschaft, *dise unser tat [zu] schreiben und [zu] verkünden, als hievor geschriben ist, in alle stätt, mit namen die umb eüch sint, und auch an die stätt, da eüch bedunkt.*[49]

Die Reutlinger bemühten sich in ihren Schreiben an die Bundesgenossen, die auch Namenslisten der Gefallenen enthielten, zu erklären, warum so viele Feinde getötet und nur ein einziger gefangen genommen worden war.[50] Aus den Totenlisten ergibt sich, dass die Reutlinger *mer dann achtundsibenzig herrn ritter und knecht* (250 Menschen) erschlugen. Allein 60 Namen aus den Kreisen des höheren und niederen Adels sind überliefert.[51] Nicht nur württembergische Ritter, sondern auch Adlige aus Baden, Zollern und Franken waren unter den Opfern.[52]

Mehrere Chronisten berichteten ebenfalls über das Aufsehen erregende Ereignis. Jakob Twinger von Königshofen schreibt in seinem zwischen 1382 und 1390 verfassten Darstellung, dass die Reutlinger 72 Ritter und Edelknechte erschlugen, aber selbst lediglich 16 Streiter verloren hätten und man in diesem Streit *zuo beden siten nieman gefangen* nahm (Städtechroniken 9, 834).[53] Allerdings schöpft Jakob Twinger von Königshofen aus Erzählungen und nennt ein falsches Jahr der Schlacht.[54] Der Nürnberger Ulman Stromer betont in seiner zwischen 1390 und 1407 erschienenen Chronik das gnadenlose Verhalten der Reutlinger: Denn die *slugen zu tod auf dem veld die hernachgeschriben ritter und kneht, und der auss der stat ward newr ainer erslagen* (Städtechroniken 1, 11).[55] Conrad Justinger nennt in seiner nach 1420 entstandenen Berner Chronik 72 erschlagene Ritter

---

[49] StA Reutlingen, Altes Privilegienbuch fol. 137 a–142 b., zit in: Jacobsen (1882), 18–21; zur Schlacht bei Reutlingen vgl. auch: Deigendesch (2019).
[50] Jacobsen (1882), 15.
[51] Vgl. die Totenlisten in: Jacobsen (1882), 21–30.
[52] Jacobsen (1882), 30.
[53] „[...] do logent die herren under, und sprang der von Wurtenberg uf sinen hengest und kame dervon, und was wunt worden. und uf sine parten wurdent erslagen drige grofen und landesherren, das worent die von Swarzenberg und der von Zolre und der von Tuwingen. ouch wurdent erslagen 72 ritter und edelknehte. die andern die entrunnent. aber der von Rütelingen wurdent kume uf 16 erslagen. und in disem strite nam men zuo beden siten nieman gefangen. sus geschach dirre strit vor Rütelingen 14 tage noch dem meygetage noch gotz gebürte 1372 jor.", zit. nach: Jacobsen (1882), 4 f.
[54] Jacobsen (1882), 6.
[55] „[...] darnoch in anno 1376 zugen die von Rewtling auss und namen dem von Wirtenberg daz fich; do eilten di von Wirtenberg nach und kamen an di von Rewtling, di musten sich weren und lagen eins großen streitz ob. und behilten daz felt di von Rewtling, und slugen zu tod auf dem veld die hernachgeschriben ritter und kneht, und der auss der stat ward newr ainer erslagen.", zit. nach: Jacobsen (1882), 8.

und Knechte auf württembergischer Seite und 20 Reutlinger Tote, was auch *wol versehenlich* geschah (Justingers Berner-Chronik, 151).[56] Weisheit, eine vorteilhafte Stellung und Ordnung hätten den Reutlingern den Sieg gebracht. Burkard Zink meint in seiner Chronik aus der zweiten Häfte des 15. Jahrhunderts, dass die Reutlinger und ihre Verbündeten „unverzagt" waren, ein Tor öffneten, ihren Feinden entgegenzogen, sie umzingelten, schlugen und niederstachen *und viengen all die sie ankamen und besonder die, als hernach geschriben mit irn namen stand* (Städtechroniken 5, 18).[57] Die Klingenberger Chronik behauptet, *dass der von Wirtenberg an diser slacht verloren hett 86 edler, on ir knecht; aber man fand ir nit als vil* (Lorenz, Geschichtsquellen 1, 65–68).[58] Somit herrscht bei den Chronisten zwar Uneinigkeit bezüglich der Anzahl der Opfer auf beiden Seiten, jedoch Einigkeit über den großen Sieg der Reutlinger und deren gnadenlosen Umgang mit den Besiegten.

---

[56] „Do man zalte von gots geburt 1377 jar, hatte die herschaft von Wirtenberg gros kriege mit der stat von Rütlingen; daz ist ein gut richstat. Nu zugent die von Rütlingen us in des von Wirtenberg land inn und die sinen ze schedigen und ze wüsten, und beschach uf den dornstag [Mai 21] in der fronfasten ze pfingsten. Und alz si bi einer mile in sin lant kamen, bald sachsen si den grafen von Wirtenberg; iren vigent, mit grossem volk daher gen inen ziechen; die von Rütlingen suchten ir vorgab und zugen widerumb zu ir stat, won si sich wol versachen, die vigende wurden innen nachziehen; des ilten inen die herren nach untz zu ir stat an ir grendel; der von Rütlingen ein teil scharmützten mit inen bi den grendeln, aber der buff des volkes zugent in die stat und zugen zu einem andern tor wider us und hinderslugen die herren. Und also griffen si si an vor und hinder, und lagen des gevachtes ob und erslugen der herren zwenundsibentzig ritter und knecht. under denselben erslagnen waz ein graf von Zolr, ein graf von der Schwer, ein herre von Swartzemberg, einer von Twingen. der von Wirtenberg ward vast wunt und kam mit not von dannan. aber uf der von Rütlingen teile wurden bi zwentzigen erslagen. es ist auch wol versehenlich, hetten die von Rütlingen ir vorgab also nit gesucht, es wer einen nit wol ergangen. darumb wisheit, vorgab und ordenung leget große kraft darnider, alz daselbs und anderswa oft schinbar worden ist.", zit. nach: Jacobsen (1882), 8 f.

[57] „[...] als nun der von Wirtenberg mit zeug komen was, da waren die von Reutlingen und die von den stetten zugeschickt warn unverzagt und wurfen ain ander tor auf und zugen iren veinden entgegen und umbzugen sie und schluegen und stachen in sie und viengen all die sie ankamen und besonder die, als hernach geschriben mit irn namen stand. also kam ein flucht in sie, und wer mocht der floch, und entran der von Wirtenperg selb, der ward hingeschoben und kam auf Achhalm auf sein aigen schloß, das ob Reutlingen leit.", zit. nach: Jacobsen (1882), 11.

[58] „anno domini 1377 hat der graf von Wirtenberg krieg mit den richstetten, und an dem nächsten donstag [Mai 21] nach dem hailgen tag ze pfingsten kam der jung von Wirtenberg mit vil herren ritter und knecht für die statt ze Rüttlingen zuo sant Lienthart kilchen, und inen grossen schaden tuon. also iltent die von Rütlingen uss ir statt an die herren, und fachtent mit inen und ersluogent alle die, die hie nachgeschriben stand; was sie aber verloren hand, stat da nit geschriben. [...] Item maint och, dass der von Wirtenberg an diser slacht verloren hett 86 edler, on ir knecht; aber man fand ir nit als vil.", zit. nach: Jacobsen (1882), 11 f.

Die Reutlinger brachten in ihrem 1563 neu errichteten Rathaus die Namen und Wappen der erschlagenen Ritter an und hielten so die Erinnerung an das Ereignis aufrecht. Auch der Stadtschreiber Benedikt Gretzinger verfasste 1570 einen Bericht der *Schlacht von Reitlingen*. Schließlich nahm sich der Dichter Ludwig Uhland 1815 eine Ballade der Schlacht bei Reutlingen an.[59]

Halten wir fest: Wenn es um die Verteidigung echter oder vermeintlicher „Freiheitsrechte" ging, kämpften Bauern und Bürger mit äußerster Erbitterung und machten selten Gefangene. Die besondere Brutalität dieser „Freiheitskämpfer" erklärt sich als ein Akt der psychologischen Kriegsführung aus einer exentiellen Bedrohungssituation gegenüber Landesherren heraus, die sie für verübte Taten als höhere Gerichtsherren zur Rechenschaft ziehen oder gar in ihre Landesherrschaft einverleiben wollten. Von entscheidender Bedeutung für den Sieg über nominell weitaus stärkere Ritter- und Landsknechtsheere war der genossenschaftliche Zusammenschluss, worauf bereits Walther Lammers hinwies, der die Bedeutung der Ditmarscher „Geschlechterverfassung" betonte.[60] Wenn Bauern nach dem Sachsenspiegel Siedlungsland aus „wilder Wurzel" gewannen (LdR III Art. 79, § 1), also Wälder rodeten, Sümpfe trockenlegten oder Deiche bauten, konnten sie seit Alters her persönliche Freiheitsrechte beanspruchen, Waffen besitzen und führen.[61] Sowohl in der Eidgenossenschaft wie auch in Dithmarschen schützte die Gemeinde „als Versammlung aller gleichberechtigten Freien" auch „individuelle Rechte an Grund und Boden, Haus und Vieh und regelte alle die bäuerliche Gemeinschaft betreffenden Fragen, vom Kirchen- und Wegebau bis hin zur Flurordnung, niedere Gerichtsbarkeit und Friedenswahrung."[62] Die Urbarmachung extremer Landschaften ließ einen besonderen Zusammenhalt in Form von festen Gemeinschaften entstehen und erklärt auch deren Erfolg auf einem Schlachtfeld, welches wie die leicht zu überflutende Marsch oder enge Bergtäler leicht zu verteidigen war. Die mittelalterliche Bürgerschaft, gleichsam eine Schwurgemeinde, schützte Türme und Mauern sowie nichtzuletzt politische Bündnisse und ihr Geld, mit dem sie Soldtruppen anwerben konnte.

3.2 Ermordung von Nichtkombattanten

Die Landfrieden stellten Nichtkombattanten unter einen besonderen Schutz. So schützte die Friedensregelung des Sachsenspiegels Eikes von Repgows aus dem

---

[59] Deigendesch (2016), 19–46.
[60] Lammers (1982), 190–192.
[61] Meier (2010), 10 f.
[62] Meier (2010), 11; Nissen (2000), 106 ff., 115 ff.

beginnenden 13. Jahrhundert, die auf dem sächsischen Landfrieden König Heinrichs VII. beruht, „an allen Tagen und für alle Zeit Pfaffen und geistliche Leute, Mädchen und Frauen, und Juden an ihrem Leibe, Kirchen und Kirchhöfe und etliche Dörfer" (Ldr. II. LXVI., 1).[63]

Die Realität aber sah anders aus. Denn das einfache Volk brachte die Opfer für die zahlreichen Fehden und Kriege des Mittelalters. Lampert von Hersfeld schildert eine Fehde aus dem Jahre 1070, die König Heinrich IV. und Herzog Otto von Northeim gegeneinander führten. Nach seiner Darstellung äscherte Heinrich „viele mit Kostbarkeiten und Gebäuden heerlich ausgestattete Bauernhöfe ein und plünderte sie aus" und beging an Frauen und Kindern „viele abscheuliche Feindseligkeiten". „So harte und grausame Behandlung erlitten auf diesem Wege unschuldige und nicht mit dem geringsten Verdacht irgendeines Vergehens belastete Menschen von ihrem eigenen König, daß sie nichts Härteres, nichts Grausameres von Barbaren hätten erleiden können", schreibt Lampert.[64] Selbstredend zahlte Herzog Otto in der Folge mit gleicher Münze heim.[65]

Gewalt gegen Frauen in Kriegen gehört zu den bekannten Grundannahmen.[66] Vergewaltigungen von Frauen in mittelalterlichen Kriegen und Fehden werden in den Chroniken immer wieder überliefert. Lampert schreibt über das Verhalten von Heinrichs Burgbesatzungen in Sachsen:

> „Inzwischen bildeten die Besatzungen der oben erwähnten Burgen eine überaus schwere Belastung für das sächsische und thüringische Volk. Täglich machten sie Ausfälle und raubten alles, was sie in den Dörfern und auf den Feldern fanden, erhoben unerträglich hohe Abgaben und Steuern von Wäldern und Feldern und trieben oft, angeblich als Zehnt, ganze Herden weg. Die Landesbewohner selbst, darunter viele hochgeborene und überaus wohlhabende, zwangen sie, ihnen wie gemeine Hörige, Dienste zu leisten. Ihre Töchter und Frauen vergewaltigten sie mit Wissen und

---

[63] „[...] Alle tage und alle zit sollen fride haben phaffen unde geistliche lute, meide unde wip unde iuden an irem rechte unde an irem libe, kirchen unde kirchhofe unde itlich dorf binnen sinen gruben unde sime sere unde in velde, de sullen steten vride haben, unde alliz, daz dar inkumt.", Sachsenspiegel, 112.

[64] Zit. nach: Lampert von Hersfeld, Annalen, 129.

[65] „Da endlich packte Herzog Otto wilder Schmerz, und seine ausharrende Geduld ward von der Last des Unheils überwältigt. Er machte daher mit 3000 auserlesenen und in allen Künsten der Kriegsführung geübten Männern einen Angriff auf Thüringen, steckte die mit allen Vorräten reich ausgestatteten Königshöfe in Brand, machte reichte Beute und köderte gleich am Anfang seine Reisigen, die in der Mehrzahl nur die Hoffnung auf Beute zu dem Kampf verlockt hatte, durch diesen Lohn und sicherte sich dadurch ihre unbedingte Treue. So zog er, alles verheerend, bis über Eschwege hinaus. Hier verteilte er unter die sich um ihn scharenden Bauern seiner Güter, denen die Krieger des Königs nichts gelassen hatten als das elende Leben, einen Teil der Beute, ermahnte sie, die Schläge der göttlichen Strafe tapferen Mutes zu ertragen, und forderte sie auf, da sie ja keine Waffen führen könnten, für ihn inbrünstig zu Gott zu beten.", zit. nach: Lampert von Hersfeld, Annalen, 129.

[66] Gravdal (1991); Wolfthal (1999); Signori (2000).

3.2 Ermordung von Nichtkombattanten

fast vor den Augen der Männer. Manche schleppten sie auch gewaltsam in ihre Burgen, mißbrauchten sie, wenn sie die Lust ankam, schändlich und schickten sie schließlich mit Schimpf und Schande ihren Männern zurück."[67]

Die Chroniken berichten von der Verwüstung ganzer Landstriche in Fehden und Kriegen. Der geächtete württembergische Graf Eberhard I. (1279–1325) verlor im Krieg gegen das Reich im Frühjahr 1311 sein ganzes Territorium und die meisten seiner Städte, darunter Stuttgart. Die Chronik der Grafen von Zimmern beklagt die Zerstörung der Burg Hohenstein durch die Truppen der Stadt Rottweil und eigener Dörfer mit Ausnahme von Hohenzimmern im Jahr 1312.[68] Nach der Chronik der Stadt Zürich hätten die habsburgischen Truppen im August 1354 im Zuge einer Bestrafungsaktion alles verwüstet und verbrannt und alle Weinreben ausgeschlagen.[69] Die Züricher zerstörten ihrerseits im Februar 1355 die habsburgischen Besitzungen, was wiederum einen Rachefeldzug der Österreicher nach sich zog, die heimlich eine Letzi (Talsperre) überwinden konnten.[70]

---

[67] Lampert von Hersfeld, Annalen, 175.

[68] „Demnach aber grave Eberhart von Wurtemberg vil jhar krieg und unfriden in allen Schwabenlandt giebt und herr Conrad von Zimbern, auch herr Wörnher, sein vetter, den er unangesehen seins zusagens, der freundtschaft gethon, bei im behalten, den mererthail darmit und bei gewesen, und aber zu letzst das gluck umbschlug, dergestalt das grave Eberhart, auch seine diener und helfer in des kaisers ungnad und des reichs acht gefallen waren, darauf vilgemeltem grave Eberharten von Wurtemberg durch herrn Conradten freiherrn von Weinsperg, kaiser Hainrichs statthalter, und die stend des reichs all sein landt verderbt, verbrennt und genomen wardt, das im von aller seiner landtschaft nit mehr dann drei stött uberbliben, (das geschach nach unser erlösung im jhar 1311) dasselbigmal ward auch die von Rotweil aus bevelch und ansuchen grave Ludwigs von Öttingen, des reichs obristen hauptman, Herrnzimbern das stötlin, darin zu denen zeiten vierzehen vom adel, die alle von der freiherrschaft Zimbern belehnet, gesessen waren, mit gewalt eingenomen, zerstört und verprennt; desgleichen Hochenstain das schloß, das herrn Conradts von Zimbern allain gewest, darzu alle dörfer in der herrschaft, außgenomen die under vesti zu Herrnzimbern, die sie, wiewol nur ain mann darauf gewest dasmal nit gewinnen haben mögen, (welcher von der erlichen that wegen sein lebenlang „der edelman" gehaißen worden; hat auch solchen namen seinen erben und nachkomen verlassen) und Seedorf, schloß und dorf, das fraw Anna von Zimbern, geborn freiin von Falkenstain, in widams weis verschriben. Das geschach, als man zellet 1312.", Zimmerische Chronik 1, 161 f.

[69] „Darnach kam der römsche kúng mit vil volkes von Beham [Behem oder Bechem] und mit allen des riches stetten von Swaben und vil des richs stetten von dem Rin, und all die namhaften groß herren, bischof und ander fürsten, die in römschem kúngrich warent, und lait sich ouch für únser statt an die Glatt, do der herzog vor gelegen was. Und do er zwo necht da gelag, do brach er uf und für zů dem Kalten Stain [Kaltenstein] herüber zů dem sewe. Do kam der kúng und der herzog mit allem sinem volk zů ainander und zugent für unser statt und laiten sich ob der Klose und an der Klose [Klus am Hegibach zwischen Hottingen und Hirslanden} und brannten und wůsten, was vor der statt was, und slůgen vil reben us.", Chronik der Stadt Zürich, Nr. 76, 74 f.

[70] „Dis stůnd also, das úns die viant alle tag schadgotent und ouch wir hinwider si. Und an dem sunnentag gar frů vor tag an der pfaffen vaschnacht in dem 55. Jar [15. Feb. 1355], do kament der Österricher und der landlúten wol fúnfhundert ze ross und hundert ze füße

Frauen und Kinder zählten immer wieder zu den Opfern in den eidgenössischen Kriegen. Die Eidgenossen schlugen 1475 den Vermittlungsversuch der Gräfin von Savoyen zwischen dem Herzog von Burgund und ihnen in den Wind, da sie ja nur die Helfer im Krieg von Bern und Luzern gegen den Grafen Jakob von Romont wären. Danach, so die Züricher Chronik weiter, zogen sie in die Ländereien des Grafen von Romont und in der Herzogin Land von Savoyen, verheerten und gewannen viele Güter, Schlösser und Städte, die sie größtenteils besetzten und niederbrannten. In einer Stadt sollen sie um die Tausend Menschen getötet haben *und schlügen wib und kind von der statt,* bevor sie diese ausraubten und anzündeten.[71] Die Chronik der Stadt Zürich erzählt, wie 1382 die Truppen des Grafen Rudolf von Kyburg in Solothurn neben Männern auch Frauen erschlugen.[72]

Die Grafen von Kyburg waren im 12. und 13. Jahrhundert eines der mächtigsten Adelsgeschlechter der heutigen Schweiz, zu deren Herrschaftsgebiet die Städte Winterthur, Frauenfeld, Diessenhofen, Zug, Baden, Aarau, Lenzburg, Mellingen, Sursee, Weesen, Laupen, Kyburg, Richensee und Huttwil zählten. Die Kyburger konkurrierten mit den Rapperswilern, den Habsburgern und den Savoyern. Die komplexe territoriale Situation führte nach dem Aussterben der Alt-Kyburger unter den Neu-Kyburgern zu zahlreichen Fehden und Kriegen mit der aufstrebenden Stadt Bern, der Eidgenossenschaft, Savoyen und Habsburg. Als der in der Züricher Chronik geschilderte Überfall des Grafen Rudolf II. von Kyburg auf die Stadt Solothurn scheiterte, brach der Burgdorfer- oder Kyburgerkrieg 1383/1384 um die Vormachtstellung im Aargau aus, der zum Ende der

---

an die Silen und brachten die letzin haimlich uf, das wir sin nie innen wurden, und stießen für an und branten etwe menig hus.", Chronik der Stadt Zürich, Nr. 77, 76.

[71] „Darnach über unlang zitt, do warb die herzogin von Safóy an die Eidgnossen, das si gern frid gemacht hetti zwúschend dem herzog von Burgunn und den Eidgnossen. Da schlůgen die Eidgnossen ab in der gestalt: der krieg were nit ir, und si werent nun helfer, und si möcht die sach werben an die houptsecher. Und bestůnd also ǎn richtung und frid, das die von Bern und Lutzern mit ir paner zugend gan Remund und in der herzogin land von Safóy und wůsten das in grund, und gewunnen groß gůt und vil schlossen und stett, dero si den merteil branten. Ettlich wurden von inen besetzt, und ertoten in einer statt ob tudend menschen und schlůgen wib und kind von der statt, und vebrant man die stattt, do si das gůt, das darinn was, darus genomen und sakman gemacht hatten.", Chronik der Stadt Zürich, 263.

[72] „Darnach in dem jǎr, do man zalt von gottes geburt 1382 jǎr, do hatt sich gräf Růdolf von Kiburg mit ainem großen volk von welschen und von tútschen landen haimlich besamnet und zoch mit dem selben volk undwidersait nachtes gen Solotrenan die statt und wolte die also ungewarnoter dingen überfallen und unredlich ingenomen, umb ir lib und um ir gůt brach han, denn das die von Solotern des innen wurdent und ir statt von gottes gnaden vor iren vienden, di si nicht wistent ze entzitzen, erlich behüben. Und do der vorgenannt gräf Růdolf von Kiburg markte, das er da nút geschaffen mochte, do zoch er und die sinen umb die statt ze Solotern, und wen si funden, der gen Solotern gehort, den ertotent si. Und wart da vil mannen und frowen erslagen und unrecht.", Chronik der Stadt Zürich, Nr. 93, 87.

3.2 Ermordung von Nichtkombattanten

eigenständigen Machtpolitik der Neu-Kyburger führte. Nach dem Tode Rudolfs musste sein Bruder Berchtold schließlich 1384 mit Bern und der Eidgenossenschaft um einen für ihn ungünstigen Frieden nachsuchen. Bern kaufte mit Thun und Burgdorf die bedeutendsten Städte der Neu-Kyburger, die durch das Burgrecht mit Bern ihre Unabhängigkeit einbüßten. 1406/1407 fielen zudem Landshut, Wangen, Herzogenbuchsee und Bipp an Bern und Solothurn, 1407/1408 die Landgrafschaft Burgund und die meisten übrigen kyburgischen Herrschaften an Bern. Mit dem Tod von Berchtold 1417 starb auch das Haus Neu-Kyburg aus.[73]

Im Sempacher Krieg 1386 zwischen dem Haus Habsburg samt ihren Bundesgenossen und der Eidgenossenschaft *wüsten baid tail enander gröslich mit rob, mit brand, mit todslegen, mit gefangnusse*, so die Züricher Chronik.[74] Und im selben Jahr zogen die Eidgenossen mit ihren Verbündeten *in der herrschaft von Österrich land und wüsten und branten darine vast*, eroberten die Feste Pfäffikon, zerstörten diese, und erschlugen darin *26 werhafter man*.[75] Ebenfalls 1386 zogen die Züricher *wol zwo mile* von ihrer Stadt in das Wental *und namen da ainen großen rob, bi tusent höbten,* den sie mit sich führten *und wüsten und branden*, was sie fanden.[76] Die Eidgenossen brannten 1415 die Stadt Baden einschließlich ihrer Bäder nieder, wie die Klingenberger Chronik berichtet.[77] Im Alten Zürichkrieg (1440–1450) hielten die Eidgenossen nach einem Luzerner Verhörprotokoll vom 20. Juni 1444 sogar einer hochschwangeren Frau einen Spieß auf ihren Bauch, so dass sie (angeblich) ein totes Kind zur Welt brachte.[78]

---

[73] Zu den Kyburgern vgl.: Niederhäuser (Hrsg.) (2015).

[74] Chronik der Stadt Zürich, Nr. 109, 103.

[75] „Des zugen si und wir ouch mit ünserm volk us in der herrschaft von Österrich land und wüsten und branten darine vast, wie das was, das sich die selb herrschaft mit großem volk besamnot und das bi im hatt. Und gewunnen in den ziten die vesti Pfäffikon und wüsten die, und ward uf der selben vesti ze tod erslagen 26 werhafter man.", Chronik der Stadt Zürich, Nr. 130, 121 f.

[76] Chronik der Stadt Zürich, Nr. 141, 131.

[77] „Anno dni Mccclxxxviij, vff den nächsten sunnentag nach sant margreten tag do kament alle vnser aidtgenossen mit fünf pannern gen zürich, vnd zugent die von zürich och mit irem panner mit inen. Also zugent si mit sechs pannern gen baden, vnd hieltent da vor der statt ze baden mit gewalt. Es zugent och die von zürich vnd von switz mit iren pannern von den andern aidtgenossen zuo den bedern hinab, vnd wuostent die beder, vnd verbrantent si vnd kament do wider zuo den andern aidtgenossen, vnd zugent do all mit ainandern vngefochten wider haim.", Klingenberger Chronik, 144 f.

[78] „Her Hans Eygen, korherr des gotzhus Sant Felix und Sant Regelen zú Frowenmünster, Zurich, hat geseit by sinem eyde, dz die Switzer und ir helffer die kyrchen zú Sant Steffan, gelegen vor der statt Zùrich, verprent haben. [...] Item er seit ouch, dz er von fromen lùten gehört hab, wie dz fern als die Switzer durch dz Fry Ampt zugen, sey ein f[r]ow, gros swanger irs kindes, in irem huse, uff einem trog, da si ir gewand inn hett, und hette dz gern vor den Switzern geschirmet. Also sin die Switzer komen und wolten uber den selben trog mit gewalt ir dz gewand und cleider nëmen. (fol. 7 r) Und als die selb frow nit von dem trog wichen welt, satzte ir ein Switzer den spies an iren buch in glicher wise als ob er sy in iren lib stechen welte. Die selbig frow so sere erschragk, dz si zú stund ir aller angesichte ein

Auch die in Meldorf durch die am 11. Februar 1500 eingefallenen Landsknechte des dänischen Königs Johann I. und seines Bruders Herzog Friedrich von Holstein verübten Gräueltaten zeigen, wie rücksichtslos Reisbuben mit Zivilisten verfuhren.[79] Mit großer Grausamkeit ermordeten die Söldner am 13. Februar die in Meldorf und in den benachbarten Dörfern zurückgebliebenen alten Leute, Kranke und Kinder.[80] In der Chronik des Landes Dithmarschen heißt es:

> Das erste Marschlager hielt das Heer in Albersdorf, von wo alle geflohen waren. Ueberhaupt hatten die meisten Bewohner der an Holstein grânzenden Geest sich mit ihren Weibern, Kindern und beweglichen Gûtern in die Marsch begeben. Die Zugänge zu derselben hatte man stark besetzt, besonders die Nordhamme; denn auf diesem Wege pflegten die Holsten einzudringen. Hier erwartete man auch jetzt das feindliche Heer. Dieses zog aber am folgenden Tage nach Windbergen, wo es zum zweiten Male übernachtete. Wenige Einwohner waren hier nur gelieben und diese wenigen feierten grade bei Trommeln und Pfeifen eine Hochzeit, als die Vorposten der Feinde anlangten. In eiliger Flucht suchten sich die Dorfleute zu retten, doch wurden in und um Windbergen mehrere erschlagen. Am 13. Febr. rûckte das Heer, geführt von einigen des Weges kundigen, treulosen Dithmarschern, die beim Könige waren, auf dem Windberger Fußsteige nach Meldorf vor. Die offene Stadt war bald genommen; denn die Söldner, denen die Beschûtzung derselben anvertraut war, auf unvermuthetem Wege den herannahenden Feind erblickend, eilten mit dem Geschrei: „Es ist alles verloren" durch die Straßen, verließen die Stadt und bewogen dadurch alle, die fliehen konnten, zur Flucht. Nur wehrlose Weiber, Kinder und Greise blieben zurück, und über hundert derselben wurden, vorzüglich von der großen Garde, die dadurch das übrige Land schrecken wollte, niedergemetzelt. Der König ließ eine Fahne (vielleicht die Danebrogsfahne) auf den Kirchthurm setzen und quartierte sich mit dem Herzoge in den Klostergebäuden ein, wo ihre Hofleute und Kriegsobristen sich bestens pflegten. In und um Meldorf lag das Heer drei Tage stille. Das Kriegsvolk benutzte diese Zeit, um die Stadt und die umliegenden Dörfer, von denen drei niedergebrannt wurden, zu plündern.[81]

Auch Neocorus schreibt über die Gräueltaten von Meldorf vom 13. Februar 1500, dass „alte wehrlose Leute, Frauen und Kinder, die doch billig bei jeder Gelegenheit geschont werden", von den Söldnern getötet wurden, „um den anderen Einwohnern des Landes dadurch eine Furcht und einen Schrecken zu machen, dass sie sich desto eher ergeben".[82] Der Bluttag von Meldorf spiegelt sich ferner in

---

totes kind an die welt gepare. [...]", Staatsarchiv Luzern 231/3328, fol. 1 r–10 v; Druck: Liebenau, (1872), 235–240 [Teildruck]; Edition von: Langmaier (2017), 639–686, Edition: 653–686, 673 f.

[79] Mißfeldt (2000), 127.
[80] Mißfeldt (2000), 128.
[81] Chronik des Landes Dithmarschen von Jacob Hanssen/Heinrich Wolf (1833), 293.
[82] „Wol nun, alß de Viende herin breken, mehr lopen unde segen konde, de leep unde flog. De ander averst, als olde wehrlose Lúde, Fruwen unde Kinder, de doch billich ehrer Gelegenheit nha vorschonet werden, sonde noch Older, noch Jogend, noch Geschlechte, noch Schwackheit jegen ehre Tynnie unde Erberment erschrecklich, en anderen Inwahneren des Landes dardorch ein Furcht unde Schrecken tho maken, dat se sick desto sichtlicher

3.2 Ermordung von Nichtkombattanten

dem Augenzeugenbericht von Reimar Kock wieder, der beschreibt, wie die Holsten und Dänen samt der Garde an den armen Leuten eine Herodianische Tyrannei begannen und schrien, dass die Mütter mit den Kindern sterben müssten. Die Kinder an der Mutter Brüsten hätten sie mit Spießen durchstochen, in die Höhe gehalten und ein Wohlgefallen daran gehabt, dass die armen Kinder mit Händen und Füßen zappelten, diese herumgeworfen und niemanden leben lassen.[83]

Die Speierische Chronik berichtet, wie sich am Anfang der Mainzer Erzstiftsfehde von 1461/62, auch bekannt als Badisch-Pfälzischer Krieg, der badische Markgraf Karl I. dem württembergischen Herzog Ulrich V. anschloss, dessen Knechte brennend und sengend in die kurpfälzischen und bayerischen Gebiete einfielen und 19 Dörfer brandschatzten.[84] Gewonnen war damit nichts, denn Pfalzgraf Friedrich I. revanchierte sich umgehend und *zoch in dez von Würtenbergs lant und brante dar in faste*.[85] Friedrich und seine Bündnispartner, darunter der Bischof von Mainz, der Landgraf von Hessen und der Graf von Katzenelnbogen, gewannen nach der Speierischen Chronik mit 2.600 Berittenen und ca. 8.000–10.000 Fußkämpfern Gauböckelheim nebst zwei anderen Dörfern, konfeszierten an die 62 Pferde, nahmen den Graf von Hohnstein nebst 9 Edlen und etwa 50 Reisbuben als Gefangene und schickten diese nach Heidelberg in die Haft. Ferner fingen sie wohl 14 reiche Bauern und brandschatzten das Dorf für 1.300 Gulden, kassierten also die Summe dafür, dass sie nicht alle Häuser ansteckten, sondern nur die Befestigungen niederrissen.[86] Im Gegenzug brandschatzen die markgräf-

---

  unnd ehr ergeven unde nicht gelike Nodt unnd Dodt erwachten unnd uthsthan dorfften.", Johann Adolfi's, genannt Neocorus, Chronik des Landes Dithmarschen, 462.
83 Reimar Kock, C, S. 4,1 zit. nach: Lammers (1953), 133.
84 „[Anfang des Krieges zwischen Würtenberg und der Pfalz.] 1462. S. 471. In dem selben jar vor fastnacht do gab margraff Karle von Baden graff Ulrichen von Würtenberg sin lant in, stette, floß und dorffer, und die gemeyn und daz folg swürent auch dem von Würtenberg gehorsam zü sin. In dem brante der von Würtenberg off den pfalzgraffen und off herzog Otten von Beiern und off die herren von Mülbron, den datten sie groß schaden und gewonnen in an wol 19 torff, dar in namen sie alles, daz sie darin fun dent, und brantschatzten die dorff.", Quellensammlung der badischen Landesgeschichte, Nr. 213, 466.
85 „[Krieg der Pfalz mit Baden und Würtenberg.] 1462. S. 471. In der wile lag alz der pfalzgraff by dem bischoff von Msenburg zu Meintz. Item dar nach kam der pfalzgraff wieder heim und besamelte sych und zoch in dez von Würtenbergs lant und brante dar in faste. da waz der von Würtenberg nit da heim und lag uber herzog Ludwig von Beiern halff dem pfalzgraffen und datten dem margraffen großen schaden.", Quellensammlung der badischen Landesgeschichte, Nr. 214, 466.
86 „[Krieg der Pfalz gegen Nassau und Veldenz.] 1462. S. 472. Item dar nach umme mittefast do hette der pfalzgraff ein groß samenung und der bischoff von Meintz, der von Msenburg, der lantgraff von Hessen und der graff von Katzenelnbogen, und brochten zusamen off 2600 pfert, und wol 8 oder 10 tusent fußgenger und gewonnet Gaübeckelheim [Gauböckelheim] und noch zwey dorffer darzu. und fundent in Gaubelkelheim wol 62 reisiger pfert, und fingent den faüt von Hontstein [Graf von Hohnstein] darin mit 9 edeler

lichen Truppen einen großen Hof zu Mechtersheim bei Philippsburg und brachten viel Vieh und an die 52 Ochsen an sich. Die markgräflichen und württembergischen Truppen, bestehend aus 500 Reitern und 300 Fußkämpfern, zerstörten ferner eine ganze Reihe weiterer Dörfer des Pfalzgrafen, darunter Mechtersheim (bei Philippsburg), Waldorf, Rußlech, Sandhausen und St. Ilgen (vier Dörfer bei Wiesloch) sowie Kirchheim, Eppelnheim, Blankstatt, Bruchhäuser (vier Dörfer zwischen Heidelberg und Schwetzingen).[87]

Der Krieg zwischen dem Markgrafen Albrecht Achilles von Brandenburg, der eine Vormachtstellung in Franken anstrebte, und seinem Bündispartner Ulrich von Württemberg gegen Herzog Ludwig den Reichen von Bayern-Landshut und dessen Bündnispartern, den Bischöfen von Würzburg und Bamberg, führte ebenso zu vielen Verwüstungen und Toten. Allein am 25. März 1462 wurden mehr als 600 Menschen durch die bayerischen Truppen erschlagen.[88]

Der Pfalzgraf und Kurfürst Friedrich, der Bischof von Mainz, der Landgraf von Hessen und der Graf von Katzenelnbogen zogen im selben Jahr mit ihren Landsknechten in den Rheingau bis nach Niederwalluff ohne dieses einnehmen zu können.[89] Der Badisch-Pfälzische Krieg hatte in wenigen Monaten großes Leid

---

und wol funffzig reißiger gesellen. der faüt von Hontstein mit den edelen wolt man kein tag geben und müsten swern gein Heidelberg in die herberg. und blunderten dar in und namen, waz da waz, und schückten eß gein Altzen. und fingent der richsten gebuer darin wol 14 und brantschatzten daz dorff vor 1300 gulden, und sleifftent die greben – und die müern und die pfortten brochent sie dar nyder.", Quellensammlung der badischen Landesgeschichte, Nr. 215, 466.

[87] „[Fortgang des Krieges zwischen Baden, Würtenberg und Pfalz.] 1462. S. 472. In dem branten die margraffschen off den pfalzgraffen und branten dem appt von Ufferstal ein gar gutten hoff abe zu Mechtersem [Mechtersheim], und namen im gar vil viehß dar in und wol 52 oßen. und branten auch ein gutten hoff abe, hiß Merlen, und waz Heinrich Schribers des pfalzgraffen kantzler. Item dar nach off mytwoch nach mytfast [18. März] da kament die margraffeschen und die würtenbergschen und hetten wol fünffhundert pfert und 300 fußgenger, und branten dem pfalzgraffen abe vier dorff, Waltdorff und Noßloch und Santhufen und zu Sant Gilgen [Waldorf, Rußlech, Sandhausen und St. Ilgen]. Item am andern tage darnach da branten sie Kirchheim, Eppelnheim und Blanckstein und Bruchhüßen [Kirchheim, Eppelnheim, Blankstatt, Bruchhäuser].", Quellensammlung der badischen Landesgeschichte, Nr. 216, 466.

[88] „[Krieg zwischen Brandenburg, Würtenberg und Baiern.] 1462. S. 473. In dem lag alles margraff Albrecht von Brandenburg und graff Ulrich von Wurtenberg uber herzog Ludwigen von Beiern mit des richs stetten mit großer macht in sinem lande, und branten off den hertzogen von dez keisers wegen und gewonnent im an vilstette und floß. doch vergaß er ir nit und erslug ir me dan 600 in der fasten off unser frauwen tag annunciacio Mariae virgi nis. [25. März].", Quellensammlung der badischen Landesgeschichte, Nr. 217, 466 f.

[89] „[Krieg im Rheingau.] 1462. S. 473. In dem zoch der pfalzgraff und der bischoff von Meintz und der lantgraff von Hessen und der graff von Katzenelnbogen forter und wolten in daz Rinckaü, und zügent vor Waldüff [Niederwalluff], sie kunten aber da nit geschaffen, wan die in dem Rinckaü hetten eß gar wol mit lantwer und bolwerg und mit graben vermacht und hetten gar güt geschütz dar in, und hetten auch wol 6 oder 8 tusent man darin und

3.3 Zerstörung von Kultgegenständen

über die Menschen in den Kriegsgebieten gebracht und in zwei Jahren zu mehreren Belagerungen und Schlachten geführt, angefangen von der Belagerung von Weinsberg (1460) bis zur Schlacht bei Seckenheim (1. Juli 1462).

3.3 Zerstörung von Kultgegenständen

Die Verwüstung weiter Landstriche und die Drangsalierung der Zivilbevölkerung sind nichts Ungewöhnliches in der mittelalterlichen Kriegs- und Fehdeführung, die Schändung von Kirchen und Kultgegenständen dagegen schon. Dabei standen politische anstelle von religiösen Motiven im Vordergrund. Die Feinde galten, obwohl gleichsam Christen, als Götzendiener, weswegen deren Kultgegenstände oft gleich mit vernichtet wurden, so eine Feststellung von Guy P. Marchal.[90] Einige Beispiele aus dem Alten Zürichkrieg von 1444 belegen die Schändung von Klöstern, Kirchen und Kapellen durch die Eidgenossen, die nach der Einnahme von Greifensee nach Zürich zogen. Vor der Stadt verwüsteten und verbrannten sie nach der Züricher Chronik 26 Gotteshäuser, „Klöster, Leutkirchen und Kapellen", wobei ein Pfarrer und eine alte Frau um Leben kam.[91] Weiter heißt es:

> „Und in der Zeit da waren sie gekommen an eine Kirche, die heißt Rifferswil, liegt nicht fern von Zug. Da gingen sie zum Schrein, worin das heilige Sakarament aufbewahrt wurde und namen heraus die Oblaten und teilten die unter ihnen selbst und fraßen die frevelhaft ohne alle Gottesfurcht. Auch kamen sie in die Leutkirche zu Hedingen. Da namen sie auch die heiligen Hostien und versteckten sie, dass sie kein Priester niemals mehr fand."[92]

---

das man in nißt kunt an gewynnen. ſie datten auch großen ſchaden dar uß mit geſchutz. Und alſo lagent ſie wol funff tage dar vor und gewonnent in zwey bolwerck an. Eß waz auch unwetter und ſney und waz gar kalt, daz ſych nyemant drutzubehalten. Sie hatten auch den Rin mit eſten uberflagen, daz nye mant off oder abe mochte komen.", Quellensammlung der badischen Landesgeschichte, Nr. 218, 466 f.

[90] Marchal (1995), 1135–1156, 1137 f.; Marchal (2000), 108 f.; vgl. auch: Marchal (1993 a); Marchal (1993 b); Marchal (2002), 307–332.

[91] „Darnach uf sant Johans tag zugend si all für Zürich. Und (am) inziehen und och vor, do verwüstand und verbrandtand si 26 gotzhúser, es wårind klóster, lútkilchen und capellen, und lagend verdarb in der statt nie (kain) mensch, denn ain pfaff und ain alt wib. Und geschach inen baiden ire gotzrecht.", Chronik der Stadt Zürich, 215.

[92] „Und in dem zit do warend si komen in ain kilchen, die haißet Rifferswil, lit nit ver von Zug. Da giengend si über den schrin, da das hailig sacrament inn was behalten und nament herus die oflaten und tailend die under inen selbs und fraßend das frävenlich ân all gotzforcht. Och kamend si in die lútkilchen ze Hedingen. Do namend si och die hailgen hostien und vertrúgend si, das si der priester niemer me vand.", Chronik der Stadt Zürich, 215.

Das Luzerner Verhörprotokoll aus dem Jahr 1444 führt viele Beispiele für sakrilegische Vergehen durch die Eidgenossen im heutigen Kanton Zürich an.[93] In dieser zehn Folio starken Abschrift, das der Probst des Großmünsters in Zürich notariell verfassen ließ, wurden Leutpriester, Kapläne, Chorherren, Kleriker, Mönche, Züricher Bürger und andere Personen befragt. Die über 30 Personen gehörten mehrheitlich dem Züricher Großmünster, dem Frauenmünster und dem Stift Embrach an.[94] Heinrich Ketten, Kirchherr zu Phungen, einer Gemeinde aus dem Bezirk Winterthur, sagte unter Eid aus, dass die Schweizer und ihre Helfer in der Kirche zu Rifferswil das Sakrament und 30 gesegnete Hostien gestohlen, gefressen und entweiht sowie in der Kirche von Emrach, einer Gemeinde im Bezirk Bülach im Kanton Zürich, die Altarzierde, seidene Kissen und Altartücher entwendet hatten.[95] Nach der Aussage des Zisterziensers Jos Rùprecht, Konventbruder zu Kappel am Albis, brachen dieselben Eidgenossen im Kloster Kappel alle Schlösser der Kirche auf, traten die Türen ein und führten die Bücher, Messgewänder, das Korporale (ein weißes Leinentuch für die Eucharistiefeier), die Orgel und die Turmuhr hinweg, verbrannten 120 Herrenschilde und Helme und machten aus den rot-weißen Schilden der Herren von Österreich eidgenössische Schilde. Voller Hass hätten sie gemalte Pfauenschwänze, die Zeichen der österreichischen Herrschaft, zerstört, alle Türen, Glasfenster und Öfen beschädigt, das Brothaus sowie andere Häuser im Kloster verbrannt sowie viele andere Gegenstände gestohlen.[96] Nach der Aussage des Reinbold Kòrnlin von Küsnacht brachen die Eidgenossen mit ihren Helfen am 16. Mai 1444 in der Kirche in Dübendorf, einer Gemeinde im Bezirk Uster des Kantons Zürich, die Monstranz auf und entnahmen daraus das Sakrament und 10 gesegnete Hostien und verbrannten die Kirche mit allem kostbaren Inventar.[97] Nach den Angaben des Leutpriesters Heinrich von Hesingen wurde die Kirche von Fällanden im Bezirk Uster des Kantons Zürich von den Eidgenossen verwüstet und das Sakrament entwendet.[98] Lienhart Brun, Leutpriester zu Horgen im Kanton Zürich, beschreibt unter Eid, was die Eidgenossen für Untaten in seiner Kirche verrichtet hatten. Als besonders schändlich erscheint an seiner Aussage die Beschimpfung der Mutter Gottes als „Metze" (Hure), der Geschlechtsverkehr in der Kirche und das Verunreinigen des heiligen Sakramentes mit Kot:

> „Herr Lienhart Brun, Leutpriester zu Horgen, hat gesagt bei seinem Eid, dass die Schweizer und die Eidgenossen die Kirche zu Horgen, die Sakristei und einen Trog

---

[93] Staatsarchiv Luzern 231/3328, fol. 1 r–10 v; Druck: LieBenau (1872), 235–240 [Teildruck]; Umschlag (19. Jhdt.): 1444, 20. Juni Kundschaft über die von den Eidgenossen im Kriege gegen Zürich verübten Gräuelthaten; Edition von: Langmaier (2017), 639–686, Edition: 653–686.
[94] Langmaier (2017), 643.
[95] Langmaier (2017), 654 f.
[96] Langmaier (2017), 656–658.
[97] Langmaier (2017), 662 f.
[98] Langmaier (2017), 663.

3.3 Zerstörung von Kultgegenständen

aufgebrochen und daraus einen silbernen vergoldeten köstlichen Kelch genommen, vier Altartücher, ein Korporale und zwei Schellen, die zu dem Altar gehörten, zwei Bücher, auch etliche Glocken, und haben das alles hinweggeführt; das heilige Sakrament des heiligen Öls der Taufe und des Crisams haben sie ausgeschüttet in eine Wiese. Er habe auch die Flasche des heiligen Öls in der Wiese leer gefunden, und den Schrein des heiligen Fronleichnams haben sie auch aufgebrochen, geschüttelt, und meinten, es hätte Geld darinnen. (fol. 4) Ebenso das Bild Gottes, als er an dem Kreuz hing, haben sie mit Spießen und Hellebarden zerstochen und oben von dem Altar hinabgeworfen und zerschlagen. Auch das Bildnis unserer lieben Frauen [haben] sie von dem Altar genommen und es hinter die Türe gesetzt und schmählich gegrüßt. Gesprochen: ‚Gott grüß dich Frau Metz, was stehst du da?', und viele andere unziemliche Schmachworte haben sie ihr zugerufen. Ebenso ihre Unkeuschheit mit Frauen haben sie darin in aller Öffentlichkeit unverschämt in derselben Kirche getrieben wie in einem Hurenhaus und haben sich des öffentlich gerühmt. Auch an der Stelle, wo das heilige Sakrament stand, haben sie ihre Unreinlichkeit getan, mit Verlaub, geschissen. Sie haben auch das Beinhaus an derselben Kirche verbrannt und die Kirche mehr als einmal versucht zu verbrennen; dann, als sie durch die Gnade Gottes und Hilfe der Frauen, die da waren, wieder erloschen war, auch das Glockenhaus versucht zu verbrennen und das Glockengerüst verbrannt. Ebenso sagt er auch, dass zu den Zeiten, so er betet und Messe hält, die Schweizer hinter ihm standen, ihn verspotteten und öffentlich sagten: ‚Jetzt betet der Pfaff, singt von Österreich und ruft an den Pfauenschwanz!'"[99]

Der Pfauenschwanz galt als Symbol des Hauses Österreich. Des Weiteren wurden die Kirchen in Thalwil, Winingen, Kyrchberg, Wollishofen, die Abtei St. Rüti, die Kirchen in Buchs und Altstetten, die Kapellen St. Stefan bei Zürich, die Aegidius-

---

[99] „Her Lienhart Brun, lútpriester ze Horgen, hat geseit by sinem eyd, dz die Switzer und die Eytgnossen die kirchen zú Horgen, die sacrastye und ein trog uffgebrochen und darus genomen einen silbrin ubergúlten kòstlichen kelch, vier altartücher, ein corporal und zwe cheln, so zú dem altar gehörten, zwen bücher, ouch etlich gloggen und haben dz alles ròplich enweggefürt, die heiligen sacrament des heiligen òlis, des toufs und des crisams haben sy usgeschüttk in ein wisen. Er hab ouch die fleschen des heiligen òlis in der wisen lere funden und den schrin des heiligen fronlichamens haben sy ouch uffgebrochen darinne geschút und meynten, er hette gelt darinne. (fol. 4 r) Item die bildung gottes, als er an dem crütz hangt, haben si mit spiessen und helbarten zurstochen und oben von dem altar abgeworffen und geslagen. Ouch die bildung unser lieben frowen sy von dem altar genomen und sye hinder die türe gesetzt und sy smechlich gegrüst. Gesprochen: ‚Got grüs dich frow metz, wes stest du da?' und vil ander unzimliche smachewort haben sy ir erbotten. Item ir unkúnscheit mit fròwen haben si tigk und vil offenlich unverschampt in der selben kyrchen getriben als in einem húrhus und haben sich des offenlich berümpt. Auch an die stetn, da die heiligen sacrament stünden, haben si ir unreinikeit getan, mit urlob, geschissen. Si haben ouch dz beinhus an der selben kirchen verprent und die kirchen me denn einest angestossen zu verprennenl. Dann dz si von den gnaden gottes und hillff der frowen, so da waren, wider erlòschen ward, ouch dz gloghus angestossenm zú verbrennen und dz gloggengerüst verbrent. Item er seit ouch, dz zú den ziten, so er bettet und messe hett, di Switzer hinder im stünden, sin spotten und offenlich sprachen: Jetz bettet der pffaff, singet von Österrich und rüft an den phawenswantzl!'", zit. nach: Langmaier (2017), 663 f.

Kapelle (St. Gilgen) in Leimbach, das Zisterzienserinnenkloster Selnau, die Kirchen in Dielsdorf, Rümlang, Weiningen, Kloten und Emrach, das Kloster Wurmsbach sowie die Kirchen in Mönchaltorf und Niederhasli im heutigen Kanton Zürich von den Eidgenossen geplündert und das Inventar teilweise zerstört oder geraubt.[100]

Der Züricher Stadtschreiber Rudolf von Cham legte die Liste der Verhöre wohl auf dem Nürnberger Reichstag im August 1444 vor.[101] Die Vernommenen waren allesamt Opfer eidgenössischer Kriegsverbrechen und wurden zu den durch Eidgenossen vergangenen sakrilegischen Vergehen befragt. Denn Zerstörungen an Kirchen und Klöstern sowie an diesen Orten stattgefundene Grausamkeiten ließen sich leichter festhalten und beweisen als Massaker an Menschen.[102] Neben den offensichtlichen Schäden an Sakralgebäuden wurden Hostien-, Heiligen- und Reliquienschändungen dokumentiert, um den Reichsständen die Gottlosigkeit des Feindes vor aller Welt vorzuführen.[103]

Letztendlich lässt sich die Frage nicht beantworten, warum die eidgenössischen Kämpfer scheinbar wie im Wahn Gräber schändeten, Leichen, darunter die des Züricher Bürgermeisters Stüssi zerstückelten, Menschen in geweihten Kirchengebäuden niedermetzelten und Frauen in Kirchenräumen vergewaltigten, um in eigenen Kirchen ein frommes Verhalten an den Tag zu legen. Die Radikalität der eidgenössischen Knechte gerade in sakralen Räumen überrascht in jeder Hinsicht, aber den eidgenössischen Knechten war nicht bewusst, dass sie hier massiv moralische Wertmaßstäbe übertraten und ihrem Ansehen immensen Schaden zuführten.[104] Die Mutter Gottes des Züricher Feindes galt den Eidgenossen als Hure, die eigene Madonna in Einsiedeln dagegen als verehrungswürdig.[105] Die eidgenössischen Bauern und Kriegsknechte dachten in einfachen moralischen Schemata.

3.4 Einzeltäter und Schutzmaßnahmen

Die Namen der Einzeltäter sind bis auf die Namen der Anführer der Landsknechte und die bekannter „Raubritter" nicht überliefert.

Auf Verschaffen des Raths von Breslau ist den 14. Juni Leonhard Assenheimer aus Oesterreich, gewesener Kriegsobersten, daß er in seinem Amt untreulich und verrätherisch

---

[100] Langmaier (2017), 665–684.
[101] Langmaier (2017), 644.
[102] Langmaier (2017), 644.
[103] Langmaier (2017), 647.
[104] Langmaier (2017), 648.
[105] Langmaier (2017), 650.

3.4 Einzeltäter und Schutzmaßnahmen 99

gehandelt, zum Neumarkt enthauptet worden, wie das Gemälde in den Pfarrkirchen daselbst ausweiset, lesen wir in einem Eintrag der Jahrbücher der Stadt Breslau von 1446.[106] Als nach dem Tod König Sigismunds 1437 zwischen den polnischen Jagiellonen und den Habsburgern Streitigkeiten um die böhmische Krone ausgebrochen waren, hatte Elisabeth, die Witwe König Albrechts II., ihren Feldhauptmann Leonhard Assenheimer im Februar 1442 nach Schlesien geschickt, um einen Feldzug gegen Polen vorzubereiten.[107] Da die schlesischen Großen sich nicht an dem Feldzug gegen Polen beteiligen, musste es Assenheimer bei kleineren Gefechten und Plünderungen bewenden lassen.[108] Die Jahrbücher der Stadt Breslau berichten, dass Assenheimer mit seinem angenommenen Kriegsvolk *Waruschau* nahm und *darinnen Klement Werush, einen Polnischen Herren,* erschlug und das Schloss Landsberg niederbrannte.[109] Am 24. Juli 1442 *plünderte Assenheimer den Hundsfeld, verderbte viel Dörfer im Oelsnischen Fürstenthum, ängstigte Herzog Konrad zur Vels und trieb viel Vieh gen Auras.*[110] Als er den Ritter Clemens Werusch von Kanth, den größten Gegner Breslaus gefangen nehmen konnte, nahm der Namslauer Rat die Landsknechtstruppe unter Asseneimer auf. Asseneimer schloss einen Vertrag mit Breslau, in dem er sich verpflichtete, keine Steuern im Namslauer Territorium zu erheben, seine Schulden vor Abzug zu bezahlen und den Krieg gegen Polen wiederaufzunehmen. Ende 1442 verließ Assenheimer mit seinen Männern ohne Begleichung der Schulden Namslau und zog nach Breslau. Nach dem Tod Elisabeths an Weihnachten 1442 wurde er als Feldhauptmann entlassen, unternahm im Auftrag Breslaus mehrere Fehden und wurde 1445 Burggraf von Neumarkt. Er brach mehrere Privatfehden vom Zaun, so gegen die Herren von Schönberg, und erklärte auch Breslau eine Fehde. Ferner ließ er ein Loch in die Mauer der Stadt Neumarkt reißen und drohte, diese an Herzog Wlodko auszuliefern. Auf Vermittlung des Bischofs von Breslau kam ein Waffenstillstand zu Stande. Da Assenheimer und seine Landsknechte jedoch in Neumarkt weiterhin ihr Unwesen trieben, wurden er und seine Helfershelfer verhaftet und in dieser Stadt wegen Verletzungen des Landfriedens, Freiheitsberaubung sowie Lebens- und Hausfriedensbruch vor Gericht gestellt und hingerichtet.[111] Herzog Boleslaw V. von Oppeln rächte den Tod Assenheimers durch Verwüstung ganzer Landstriche und Raub von Vieh. Die Fehden dauerten bis 1444 an. Als einige Anhänger der Wartenberger 1436 in der Oder ertränkt werden sollten, konnten sie zwar aus dem Breslauer Gefängnis ausbrechen, wurden aber erneut inhaftiert

---

[106] Die Jahrbücher der Stadt Breslau, 25. Stück, den 24. Junius 1813 (online), 198; vgl. auch: Kronthal, (1894) (online).
[107] Roth (1996), 272 f.
[108] Roth (1996), 273.
[109] Die Jahrbücher der Stadt Breslau, 25. Stück, den 24. Junius 1813, 193 (online).
[110] Die Jahrbücher der Stadt Breslau, 25. Stück, den 24. Junius 1813, 193 (online).
[111] Roth (1996), 273–275.

und aufgeknüpft.¹¹² In Neustadt an der Neiße erhängte man 1462 den *Erzbube und Hauptmann aller Verräter, Reuterei und Räuberei* wie einen gemeinen Verbrecher.¹¹³

Der schwäbische Adlige Hans von Rechberg von Hohenrechberg zog gegen den Schwäbischen Städtebund ins Feld. Er starb 1464 bei der Belagerung seiner Burg Hohenschramberg.¹¹⁴ *Der bauer wer zuo krönen, der Hanssen von Rechberg erschossen*, schreibt der Memminger Chronist Erhard Wintergerst über dieses Ereignis am Martinstag des 13. November 1464. Denn Rechberg wäre *der gröst wüterich gewesen, als bey unsserem gedencken keiner gewesen, im Teutschland. Er hat alweg krieg, er hatt vill schlösser verloren, er hat vill armer leytt gemacht mit brenen und rauben*, so Wintergerst.¹¹⁵ Die Chronik der Grafen von Zimmern erwähnt das Treiben Hans von Rechbergs gleich mehrfach. Einmal überfielen seine Leute Hirsauer Mönche, die sich gerade mit ihren Dirnen in Booten auf einen Weiher vergnügten. Die Landsknechte warfen die Schifflein um, verprügelten die Insassen und warfen sie ins Wasser. Schließlich ließ man *die haillosen vetter sampt irer geselschaft, also ubel tractiert, im kat und wuost ligen*.¹¹⁶

Der Rechberger war bis zu seinem Tod ständig als Fehdehelfer in gewaltsame Auseinandersetzungen verwickelt, ohne immer einen damals üblichen Fehdebrief zu versenden.¹¹⁷ Er enterte auf dem Bodensee Schiffe, die Kaufleuten aus Ulm, Konstanz und anderen Städten gehörten, und unterschrieb erst danach mit anderen Adligen am 24. Mai 1441 einen Fehdebrief an die Reichsstadt Ulm. Sie begründeten die nachträgliche Absage damit, dass sie lediglich Fehdehelfer der Herren von Hemmemhofen seien, die in einer Fehde mit der Reichsstadt Kempten lägen.¹¹⁸ Im Jahr 1451 um Martini entführte Rechberg den Freiherrn Heinrich von Eysenberg, einen Feind der Reichstadt Memmingen, den er auf den Ramstein verschleppte, da die Schramberger Feste noch nicht gebaut war; *darauf*

---

¹¹² Heiduk/Höfert/Ulrichs (1997), 53 f.
¹¹³ Heiduk/Höfert/Ulrichs (1997), 47.
¹¹⁴ Konzen (2014), 47.
¹¹⁵ Memminger Chronik von Erhard Wintergeist und Johannes Kimpel, zit. nach der Handschrift Wissenschaftliche Stadtbibliothek Memmeingen 4° 2,19, S. 28 f. In: Konzen (2018), 29–48, 29.
¹¹⁶ „Mit solchem gesind zu ross und zu fuß kam er so haimlich, das sein niemants gewar, durch die wälde, die dozumal groß waren, zum weier; daselbst fand er die gaistlichen vatter inmaßen und gestalt, wie dann hieoben angezaigt. Die uberfiel er ganz unversehenlichen, dann die fuosknecht kamen in den weier, kerten die schifflin umb, darin die munch sampt irem frawenzimmer im sauß saßen, warfen dieselben mit den kopfen, doch zuvor mit guten straichen wol erpert, in den weier; aber Hanns von Rechberg umbhielt mit seinen pferden den weier, damit kein munch entrinnen mögte; und als sie die irs gefallens genug geschlagen, dessgleichen im mos und allem unflat dermaßen umbzogen und geschleppt, das sie anders nicht, dann als ob sie aus der helle komen, beschaffen, zog bemelter Hanns von Rechberg mit seinen reutern und fusknechten wider darvon dem Schramberg zu, ließ die haillosen vetter sampt irer geselschaft, also ubel tractiert, im kat und wuost ligen.", Zimmerische Chronik 1, 375.
¹¹⁷ Konzen (2018), 30 f.
¹¹⁸ Konzen (2018), 33.

3.4 Einzeltäter und Schutzmaßnahmen

fieng er denen von Ulm ain namhaftigen burger, hieß Ehinger, und dann ain Huntbiß[119] *von Ravenspurg. Die baide, wollten sie anders wider ledig sein, do schatzt er sie umb tausendt guldin, denn er het sie baide uf Ramstain gefurt.*[120]

Auch Kranke und Verwundete wurden von den Maradeuren Hans von Rechbergs nicht geschont. Im folgenden Winter *fieng er den stetten vil leut und trib inen das vich hinweg* und nahm 1452 Rottweil ein. Aber *als den stetten vil schaden ab dem Ramstain beschehen, do zugen sie mit macht herfur, lagen aber nur sechs dag davor, do gewannen sie es, gleichwol mit keinem sturm oder gewalt, sonder sie schußen und warfen so vil feurs ins schloß, theten darauf denen im schloß mit schießen ein sollichen ubertrang, das sie nit leschen konten. Dabei verbrannte vil profiant und ain groß gut darin. Schließlich entkamen 32 Kriegsknechte, was aber krankheit halben bliben, die warden von finden gedodt, das schloß darauf eingenomen und vebrennt,* lesen wir in der Zimmerischen Chronik.[121]

Doch trat Rechberg auch selbst als Anstifter von Fehden in Erscheinung. So forderte er am 3. Juli 1453 auf dem Fürstentag in Worms die Mitglieder des Mergentheimer Bundes zu Aktionen gegen die Städte auf.[122] In den nächsten Jahren konnte der Ritter weitere Fehdehelfer für seine Ambitionen gewinnen, so dass im Herbst 1453 marodierende Truppen von etwa 200 Reitern vom Sundgau aus entlang des Hochrheins bis nach Schaffhausen und von dort nach Rottweil zogen.[123] Auch im Raum Ravensburg plünderten Rechbergs Leute und drangsalierten Kaufleute und Dorfbewohner.[124] Die Aufhebung der Fehde mit den Reichsstädten im Jahr 1457 brachte dem Kriegsunternehmer dank der Vermittlung Kaiser Friedrichs III. und des Markgrafen Karl I. von Baden immerhin 14.000 Gulden in Gold ein, die von den *reichsstett Hannsen von Rechberg fur all erlittne costen und schäden* zu bezahlen war.[125] Trotz des Friedensschlusses von 1457 beteiligte sich Hans von Rechberg immer wieder an Übergriffen.[126] Als Fehdeführer im Namen der Rittergesellschaft Sankt Jörgenschild überzog Hans von Rechberg mit 300 Pferden 1464 auch die Werdenbergischen Besitzungen mit Plünderungen

---

[119] Humpis aus Ravensburg, ein bekannte Patrizitatsfamilie.
[120] Zimmerische Chronik 1, 378 f.
[121] Zimmerische Chronik 1, 379.
[122] Konzen (2018), 33.
[123] Konzen (2018), 37.
[124] Konzen (2018), 38 f.
[125] „Nach disen handlungen allen, als sich die sachen baiderseits zwischen dem adel und denen reichsstetten zu weit enireißen, ward doch letstlichs kaiser Friderrich dahin beacht, ernstliche mandata wider baide thail ausgeen zu lassen, dessgleichen marggrave Carlen von Baden hierin zu aim comissario zu verordnen, welcher dann sollichs mit allem vleis und trewen sich underwandt und die sach zu endtlichem vertrag bracht, mit dem geding, das die reichsstett Hannsen von Rechberg fur all erlittne costen und schäden vierzehentausendt guldin in gold also par geben und hiemit die lang geuebte vecht aufgehaben und abgeschafft sein sollte; actum anno ain tausendt vierhundert sibenundfunfzige.", Zimmerische Chronik 1, 382.
[126] Konzen (2018), 46 f.

und nahm Graf Hans von Werdenberg *und seinen underthonen ain grose anzal vichs, brandtschatzt im die dorfer Dormettingen, Benzingen und ander umb achthundert guldin, verbrennt im die dorfer Velthausen und Harthausen, auch Melchingen; die uberigen dorfer, so grave Hanns von Werdenberg auf der Alb het, plündert er merer thails. Die geraubten Sachen, das Vieh und viele Gefangene schickt er auf die schlösser Twiel, Schalzburg und den Schramberg,* so die Chronik der Grafen von Zimmern.[127] Wegen seiner Untaten grassierten über Hans von Rechberg viele Gerüchte.[128]

Peter von Hagenbach, ein Ritter aus einem elsässisch-burgundischen Adelsgeschlecht, war von 1469 bis zu seinem Sturz 1474 Landvogt der burgundischen Pfandlande am Oberrhein und galt ebenfalls als brutaler Mann. Die Fortsetzung der Chronik der Stadt Zürich erzählt, dass Hagenbach selbst Frauen Gewalt angetan hat. So überfiel er in Breisach einen Wirt, band ihn fest, *und nimt im sin wib in der stuben angesicht sin ŏgen*, nachdem er zuvor die Tochter eines Bäckers (Pfister) sich *mit gewalt bi eim brunnen* gefügig gemacht hatte, was der Wirt dem Pfister verriet.[129]

Dererlei Vorfälle hinderten den burgundischen Herzog Karl den Kühnen, der 1468 von Herzog Sigmund von Tirol die habsburgischen Herrschaften und Rechte in den Österreichischen Vorlanden, die die Waldstädte, Teile des Elsasses und des Breisgaus umfassten, pfandweise an sich gebracht hatte, nicht daran, Hagenbach am 20. September 1469 zum „Baillage dauxay et de Ferrate" (Landvogt) zu ernennen. Um die burgundischen Kriege zu finanzieren, trieb die Verwaltung unter Hagenbach auch mit Gewalt Zölle und Steuern ein und richtete drei Bürger von Thann hin. In den letzten Jahren seiner Herrschaft konnte sich Hagenbach nur noch auf seine eigene Schutztruppe und pikardische Söldner verlassen. Nach seinem Sturz 1474 wurde Hagenbach von einem Strafgericht des Heiligen Römischen Reiches wegen den im Rahmen seiner Herrschaft begangenen Verbrechen zum Tode verurteilt.[130] Kaspar Hurder, der Waffenkönig Herzog Sigmunds, entkleidete Hagenbach symbolisch seiner Würde als Ritter. Am Abend des 9. Mai 1474 enthauptete der Henker von Colmar den Landsknechtsführer auf dem Anger vor dem Breisacher Kupfertor:[131] *Und kamen arm lüt, geistlich und weltlich frŏw und man, und erklagten sich so vast, was großen gewallz und übermütz er inen getan und arm wittwen und weise gemacht, das der fürst von Österich*

---

[127] Zimmerische Chronik 1, 383.
[128] Zimmerische Chronik 1, 389 f.
[129] „Item hat Hagebach eim wirt ze Brisach sin êfröwen genun in ein stuben und band den wirt in die stuben und nimt im sin wib in der stuben angesicht sin ŏgen. Und was das darum: eim pfister, eim biderman, hat Hagenbach sin tochter mit gewalt bi eim brunnen genun; das seit der wirt dem pfister; darum dât er ennes. Und sŏlich bŏs sachen trieb er.", Chronik der Stadt Zürich, 201.
[130] Zu Peter von Hagenbach vgl.: Brauer-Gramm (1957); Claerr-Stamm (2004).
[131] Brauer-Gramm (1957), 315.

3.4 Einzeltäter und Schutzmaßnahmen

den selben von Hagenbach für recht stalt und ward mir urtel und recht getödt, hält die Chronik der Stad Zürich fest.[132]

Räuberische Adlige in städtischer Gefangenschaft hatten nichts Gutes zu erwarten, wie das Beispiel des Hans (Hamann) von Reischach zu Hornstein zeigt. Hamann führte eine Fehde mit den Bodenseestädten und Werdenbergern zu Sigmaringen, wurde 1464 von den Ulmern gefangengenommen und im folgenden Jahr hingerichtet.[133] Dabei hatte die Herzogin von Österreich sich persönlich für Hamann in Ulm auf seine Bitte hin eingesetzt. Die Ulmer aber, die *der herzogin nichts abschlagen, auch sie vil weniger gewehren* lassen wollten, ließen sie zum einen Tor hinausreiten, und führten *den Hamman zum andern thor hinauß und schlugen inne das haupt ab*.[134]

Die Beispiele zeigen, dass gegen Ende des Mittelalters Adlige auch als eigene Kriegsunternehmer und Fehdehelfer oder „Raubritter" in Erscheinung traten. Die systematische Drangsalierung der Zivilbevölkerung durch derartige Kriegsunternehmer hatte Methode. Dieser blieb oft nichts Anderes übrig, als zu fliehen, in Burgen Schutz zu suchen, sich freiwillig in Gefangeschaft zu begeben oder im günstigsten Fall Sicherungsbriefe von den kriegführenden Parteien zu erhalten.

Als sich Graf Johannes Werner der Jüngere von Zimmern mit Hilfe von kurpfälzischen, bayerischen und württembergischen Reisbuben 1503 anschickte, die Stadt Meßkirch wieder in den Besitz seines Hauses zu bringen, flohen viele Bauern aus Rordorf, Heudorf und anderen Dörfern unter Zurücklassung sämtlicher Habe eilig in die von den Werdenbergen besetzte Stadt, was Johannes Werner nicht verborgen blieb.[135] Flucht blieb oft der einzige Ausweg für die Bauern in unsicheren Zeiten.

---

[132] Chronik der Stadt Zürich, 259 f.
[133] Schicksale zweier schwäbischer Edelleute aus dem Geschlechte der Ritter von Reischach. In: Hohenzollerische Heimat 3/3 (1953), Nr. 3, 38.
[134] „Hamman von Reischach der ist lange jhar der statt Ulm abgesagter feindt gewest und hat inen vil laids zugefuegt; letzstlich aber, als das studlin kam, do wardt er von inen gefangen. Sie ließen im recht geen. Das gab, man sollt im das haupt abschlagen. Darvor aber ward die herzogin von Österreich, witib zu Rothenburg, von der freundtschaft angesucht, das sie fur ine pitten sollt. Das thet sie, raiset personlichen in großer eil geen Ulm. Aber die Ulmer hetten guete kuntschaft, wolten der herzogin nichts abschlagen, auch sie vil weniger gewehren; darumb als die herzogin zum ainen thor einritt, du furten sie den Hamman zum andern thor hinauß und schlugen inne das haupt ab.", Zimmerische Chronik 1, 400 f.
[135] „Dieweil er aber wol gewist, das der merertheil paurn aus den dörfern Rordorf, Hewdorf und andern, nemlich aber am wasser, in die stat erfordert, hat er im fürgenomen, dieselbigen dörfere zue blündern und volgendts zu verbrennen. Sollichs hat er in die statt empotten, auch offenlich alda verkünden lassen. Demnach dann dieselben bauren ire früchten und anders dahaim gelassen, welches sie in solcher eil in die stat nit bringen heten mügen, dann sie allain mit iren leiben und geweren waren erfordert worden, fiengen sie an, wie beschicht, zu schwanken.", Zimmerische Chronik 2, 55.

Auch Sicherungsbriefe konnten die Untertanen nicht wirklich schützen. Aus dem Jahr 1399 stammt der Sicherungsbrief des Jobst Tetzel für die Hämmer zu Talheim und Haunwitz.[136]

Herzog Ludwig der Reiche von Bayern-Landshut erließ im Krieg gegen Markgraf Albrecht Achilles von Brandenburg zwischen 1458 und 1462 zur Sicherung und zum Schutz der von seinen Truppen eroberten Orte und dessen Einwohner am 10. April 1462 im Feldlager bei Lauingen eine Feldordnung, nachdem sein Heer zuvor im Fürstenkrieg (1458–1463) um die Vorherrschaft in Franken gegen den Markgrafen Albrecht Achilles (reg. 1440–1486) viele Landstriche geplündert hatte.[137] Während die Landsknechte die fahrende Habe erhalten sollten, fielen nach dieser Ordnung alle Gebäude und Befestigungen und Gefangene dem Landesherrn zu. Die Söldner sollen nur einen Geldanteil für Gefangene, für die ein Lösegeld erwartet werden konnte, bekommen. Wenn sich dagegen befestigte Plätze ergaben, hatte der Herzog Anspruch auf alle Bewohner und Immobilien. Auch Einnahmen aus Huldigungen und Brandschatzungen sollten ausschließlich dem Landesherrn zustehen. Insbesondere Einwohner, die herzögliche Sicherungsbriefe vorweisen konnten, sollten durch diese Ordnung gesichert werden.[138] Im Sicherungsbrief für das Dorf Mertingen bei Donauwörth vom 14. August 1462 wird dieses durch Herzog Ludwig nebst anderen Weilern „mitsamt den armen Leuten, die darzu und darin gehören" geschützt „vor Unglück, Brand, Gefängnis und gefährlicher Beschädigung vom heutigen Datum dieses Briefes bis auf St. Martins Tag." Freilich sollten sie die Feinde des Herzogs nicht beherbergen oder ihnen zu essen oder zu trinken geben, noch ihm und seinen Leuten Schaden zufügen. Anderenfalls würde er sie für Feinde wie die anderen halten.[139] Sicherungsbriefe wie der für das Dorf Mertingen bei Donauwörth ent-

---

[136] StAN, Reichsstadt Nürnberg, Ratskanzlei, A-Laden, Akten A 112 Nr. 21.
[137] Tresp (2018), 49–74, 53.
[138] Tresp (2018), 54.
[139] „Wir Ludwig etc. bekennen offen[lich] mit d[ies]em brief, das wir Märding, das dorff, Hewssen den weiler, auch Konigsmul und Hagmul, mitsambt den armenleuten darzu und darein gehornde, gesichert haben unnd sichern die auch wissentlich in craft d[ies]es briefs für uns, die unnsern und der mir ungeverlich machtig sein, fur nam, brandt, vencknuß und geverlich bescheidigung, von hewt, dato d[ies]es briefs, bis auf sand Marteins tag schirstkomende, außgenommen treffenlich rais oder brereßczuge, ob wir die tatn, dafür sollen sy nicht gesichert sein. Sy sollen auch unsere veinde nicht hawsen, hofen, etzen, trencken, noch furschieben, noch unns, die unnsern land und lewte kainerlai schaden, weder haimlich noch offenlich zuzciehen. Wo sy aber das überfürn, mogen wir sy hallten als annder unser veinde. Darauf so bewelhen wir ainem yeden und allen unnsern haubtlewten, annwalden, pflegern und andern unser undertanen, das ir solb obgenannt unnser sicherung hallten und dawider nicht tun, noch andern den unnsern zutun gestatten wellet. Daran tut ir all unnd ewr yeder unser maynung und willen. Datum under unnsern secrete uff sambstag vor Marie assumpcionis, anno domini etc. LXsecundo.", BayHstA, Neuburger Kopialbücher 41, fol. 243, zit. nach: Tresp (2018), 55; vgl. auch die Edition der Sicherungsbriefe von Tresp in: Tresp (2018), 68–74.

3.4 Einzeltäter und Schutzmaßnahmen

halten genaue Angaben zu den Zeiten für den Schutz von Orten, Höfen und Personen sowie über notwendige Kriegsmaßnahmen zur Versorgung der eigenen Truppen.[140]

Graf Ulrich von Wolffenstein der Jüngere stellte am 25. Januar 1454 auf Bitten des Abts Ehrenfried vom Kloster Comburg und des Abts Volkhart vom Kloster Murrhardt einen Sicherungsbrief über den Weiler Hausen an der Rot aus.[141]

Markgraf Karl I. von Baden erließ im Rahmen der Mainzer Erzstiftsfehde von 1461/62 am 14. April 1462, nachdem Graf Ulrich V. von Württemberg-Stuttgart *nechstmals für sich und uns und beidersyt unsere helffere und die unnsern wingarten das dorf gesichert hat*, also das badische Dorf Weingarten mit einem Sicherungsbrief versehen hatte, auch für die Seinigen eine derartige Versicherung unter bestimmten Voraussetzungen. Da die Einwohner von Weingarten von *den unnsern burgeren zů pfortzheim hand genomen und entfüret ettlich [...] wägen und pferde*, sollten sie das geraubte Gut zurückerstatten. Auch wurde ihnen verboten, *dem obgenanten hertzog friderichen dem pfaltzgrauen [...] gantz keynem zůschůb hilff oder bystandt tůn*, d. h. die Pfälzer Seite in diesem Krieg weder öffentlich noch heimlich zu unterstützen.[142]

Aus der Frühen Neuzeit sind viele Sicherungsbriefe überliefert. So ist für den 26. Juni 1525 ein Sicherungsbrief des Markgrafen Kasimir für die gebrandschatzte Gemeine zu Frommetsfelden im Amt Colmberg belegt.[143] Für den 6. Dezember 1525 findet sich ein Sicherungsbrief der Räte zu Ansbach für den zu Gnad und Ungnade angenommenen Becken zu Erlbach.[144]

Sicherungsbriefe boten durch die Erpressung von Schutzgeldern die Möglichkeit, eigene Opfer im Falle eines Angriffs zu vermeiden und die im Konfliktfall erhalten gebliebenen Besitzungen nebst deren Menschen der eigenen Landesherrschaft zuzuführen. Diese Dokumente sind daher kein Zeichen „ritterlicher Großmut", sondern eine Strategie gängiger Herrschaftspraxis.[145] Nichtkombattanten waren also nur ein Spielball herrschaftlicher Interessen. Das galt erst recht im Krieg.

---

[140] Tresp (2018), 55.
[141] Landesarchiv Baden-Württemberg/Staatsarchiv Ludwigsburg, B 375 S Bü 64.
[142] Landesarchiv Baden-Württemberg/Hauptstaatsarchiv Stuttgart, A 602 Nr. 4559 = WR 4559 r.
[143] StAN, Fürstentum Ansbach, Geheimes Archiv: Bauernkriegsakten 9/83.
[144] StAN, Fürstentum Ansbach, Geheimes Archiv: Bauernkriegsakten 10/108.
[145] Tresp (2018), 55, 66 f.

4 In der Hand des Siegers: Gewalt und Kriegsgefangenschaft

4.1 Massaker an Gefangenen

Vor allem Massaker an Gefangenen fremder Stämme, Ethnien oder Glaubensfeinden kamen im Mittelalter immer wieder vor. Dies zeigen die Beispiele der Hinrichtung der Sachsen 782 in Verden an der Aller durch König Karl den Großen und die brutale Niederschlagung des sächsischen Aufstandes (1073–1075) durch König Heinrich IV., aber auch die Ermordung vieler Dänen am 13. November 1002, dem St. Brice's Day, auf Anordnung des englischen Königs Æthelred, die Enthauptung der muslimischen Besatzung von Akkon am 12. Juli 1191 auf Befehl und im Beisein des englischen Königs Richard Löwenherz, die von Sultan Saladin befohlene Hinrichtung der Angehörigen der Ritterorden 1187 nach der Schlacht von Hattin oder die Abschlachtung vieler französischer Kreuzfahrer im Auftrag des Sultans Rukn ad-Din Baibars am 6. April 1250.

Nach den fränkischen Reichsannalen hatten die Sachsen 782 in Verden an der Aller an das Heer Karls des Großen die Rädelsführer „zur Hinrichtung ausgeliefert, 4.500; was auch so geschehen ist" (*ad occidendum, quatuor milia quingentas; quod ita et factum est*).[1] Vorausgegangen war diesem „Blutgericht" der Sieg der Sachsen in einer erneuten Erhebung in der Süntelschlacht gegen die Franken. Was sich tatsächlich 782 in Verden an der Aller abgespielt hat, ist in der Geschichtswissenschaft höchst umstritten. Nach Dieter Hägermann sollen nur einige Dutzend Sachsen hingerichtet worden sein.[2] Wilhelm Kohl schätzt die Anzahl der Enthaupteten auf 400 bis 500.[3] Arnold Angenendt geht im Anschluss an andere Historiker von einer „aus Rache bzw. momentaner Verbitterung diktierten Strafaktion Karls des Großen" aus, „die aber kaum 4.500 Sachsen betraf".[4] Wilhelm von Bippen zweifelte bereits 1889 aufgrund einer ausführlichen Analyse der Quellen die hohe Zahl der Opfer an. Die Einhard-Annalen würden lediglich auf einer pragmatischen Überarbeitung der Lorscher Quelle beruhen und Einhard hätte nur etwas hinzugedichtet. 4.500 Menschen an einem Tage mit dem

---

[1] „usque ad quattuor milia D traditi et super Alaram fluvium in loco, qui Ferdun vocatur, iussu regis omnes una die decollati sunt", zit. nach: Annales regni Francorum inde ab a. 741 usque ad a. 829, qui dicuntur Annales Laurissenses maiores et Einhardi, MGH SS 6, 3–178, 165 (online).
[2] Hägermann (2000), 214.
[3] Kohl (2003), 920, Anm. 16.
[4] Angenendt (2007), 387.

Schwert hinzurichten sei gänzlich unmöglich.⁵ Ernst Schubert sieht dagegen im Lexikon des Mittelalters die Berichte der Quellen gegen „abmildernde Spekulationen" als weitgehend zutreffend an.⁶

Auch die Niederschlagung des sächsischen Aufstands unter der Führung des Grafen Otto von Northeim (um 1020–1083), der vom Sommer 1073 an bis zum Ende des Jahres 1075 dauerte, durch König Heinrichs IV. zog mehrere Massaker an den Sachsen nach sich. Rudolf von Rheinfelden, der böhmische Herzog Vratislav II., Markgraf Ernst von Österreich, der lothringische Herzog Dietrich II., der Bischof von Bamberg sowie Graf Hermann II. von Gleiberg kämpften gegen Otto von Northeim, Burchard II. von Halberstadt, den Sachsenherzog Magnus, den Markgraf der Nordmark Lothar Udo II., Gebhard von Süpplingenburg, den sächsischen Pfalzgraf Friedrich II. von Goseck und Graf Dietrich II. von Katlenburg. Auffällig ist die Verteilung der hohen Adligen auf beiden Seiten, weswegen manche Historiker in dem Aufstand der Sachsen zur Zeit des Investiturstreits eher eine Adelsrevolte sehen.⁷ Lampert von Hersfeld schildert in seinen Annalen die am 9. Juni 1075 geschlagene Schlacht zwischen dem Heer König Heinrichs IV. und den Sachsen bei Homburg an der Unstrut und das anschließende Massaker an den besiegten und fliehenden Sachsen am Ende des Kampfes:

> „Diesem gewaltigen Ansturm konnten die Sachsen nicht mehr standhalten und wichen langsam zurück; lange bemühte sich Herzog Otto⁸ mit aller Kraft, die sich schon zur Flucht neigenden Reihen zum Stehen zu bringen durch Bitten, Schelten und Vorwürfe wegen ihrer Feigheit und Trägheit, schließlich aber machten sie kehrt und stoben nach allen Richtungen davon. Da nun – wie ja stets, wenn die Feinde fliehen, die Feigsten wie die Tapfersten gleich sind an Mut und gleich an Ruhm – machen sich alle Abteilungen des königlichen Heeres in aufgelöster Ordnung, auch alle gemeinen Leute und Bauern, die für die Bedürfnisse des Heeres im Lager Knechtsdienste leisteten, eiligst an die Verfolgung der Fliehenden, hetzten die Rosse mit den Sporen fast zu Tode, durchfliegen das weiteste Feld schneller, als man sagen kann, und reiten alles nieder, was ihnen in den Weg kommt. Die Fliehenden, die sich in ihr Lager zurückgezogen hatten in der Hoffnung, dort einen Schlupfwinkel zu finden, jagten sie nach Besetzung und Plünderung des Lagers hinaus, tränkten das ganze Gelände, durch das die Flucht geht, im Umkreis von zwei oder drei Meilen mit dem Blute der Erschlagenen und füllen es mit Haufen von Leichen. Und weil der von den Rossenhufen aufgewirbelte Staub den Jungen die Sicht und den Dingen die Unterscheidungsmerkmale benahm, so daß sie mit dem getrübten Blick Kameraden von Feinden nur schwer unterscheiden konnten, töteten sie viele ihrer eigenen Kameraden, die sie für Feinde hielten."⁹

---

⁵ Bippen (1889), 75–95; vgl. dazu: Ulmann (1889), 156 f.; Uhlmann (1890), 127.
⁶ Schubert (1997), 1500 f.
⁷ Althoff (2006), 86 ff.; Becher (2006), 357 ff.; Laudage/Schrör (Hrsg.) (2006), 87; zu den Sachsenkriegen Heinrichs IV. vgl. ebenfalls: Baaken (1961); Fenske (1977); Giese (1991); Laudage (2004); Borchert (2005); Laudage (2006).
⁸ Otto von Northeim, dem 1070 von König Heinrich IV. das Herzogtum Bayern entzogen worden war.
⁹ Zit. nach: Lampert von Hersfeld, Annalen, 293.

4.1 Massaker an Gefangenen

Lampert gilt zwar als ein Kritiker König Heinrichs IV., jedoch erscheint diese Schilderung des Niedermachens der sächsischen Kämpfer durchaus glaubhaft. Während die „sächsischen Fürsten und Edlen nach Lampert mit Ausnahme von zweien aus dem mittleren Adel" alle „lebend und unverletzt" entkamen, hatte das sächsische Fußvolk wohl weniger Glück:

> „Aber gegen das gemeine Fußvolk, das während des Reiterkampfes noch im Lager geblieben war, wütete die feindliche Unmenschlichkeit so über alles Maß und alle Schranken hinaus, daß sie, alle christliche Ehrfurcht vergessend, Menschen abschlachteten wie Vieh. Ein großer Teil von ihnen ertrank in der Unstrut, als sie sich aus Furcht vor dem dränenden Schwert kopfüber hineinstürzten. Erst die Nacht machte dem Morden ein Ende."[10]

Die bereits besiegten sächsischen Bauernsoldaten wurden ohne Erbarmen niedergemacht, nachdem die adligen Anführer der Sachsen geflohen waren und ihre Truppen im Stich ließen. Heinrich zog mit seinem Heer anschließend durch Sachsen und Thüringen. Schließlich unterwarfen sich am 25. Oktober 1075 bei Spier (Sondershausen) die sächsischen Anführer persönlich König Heinrich IV. Nach Lampert von Hersfeld zeigte Heinrich keinerlei Milde, sondern ließ viele sächsische Adlige verhaften und vergab ihre Lehen an andere Vasallen:

> „Am folgenden Tage [am 25. Oktober] nahm der König zu ihrem Empfang in der Mitte eines sich weithin dehnenden Feldes bei Spier [südlich von Sondershausen] Platz, das ganze Heer war an diesem Schauspiel feierlich entboten worden, und zwischen den in dichten Reihen aufgestellten Truppenmassen war ein leerer Raum, wo sie vom ganzen Heer gesehen werden konnten, wenn sie ihn durchschritten. Nun werden der Reihe nach zuerst die sächsischen und thüringischen Fürsten herbeigeführt, Erzbischof Wezel von Magdeburg, Bischof Bucco von Halberstadt, der ehemalige Bayernherzog Otto, Herzog Magnus von Sachsen, dessen Oheim Graf Hermann, Pfalzgraf Friedrich, Graf Dietrich von Katlenburg, Graf Adalbert von Thüringen und die Grafen Rüdiger, Sizzo, Berengar und Bern; dann alle Freigeborenen, die durch den Glanz ihres Geschlechts und Reichtums auch nur ein wenig im Volke hervorragten, und, wie vereinbart, unterwarfen sich dem König ohne jeden Vorbehalt. Der König übergab sie einzeln seinen Fürsten zur Verwahrung, bis in einer gemeinsamen Beratung über sie entschieden würde, aber schon kurz danach brach er den Vertrag, mißachtete alle Eidesbande, durch die er sich verpflichtet hatte, und ließ sie nach verschiedenen Orten in Gallien, Schwaben, Bayern, Italien und Burgund bringen. Auch verteilte er ihre Lehen unter diejenigen seiner Krieger, die ihm im Sachsenkrieg besondere Dienste geleistet hatten. Während er sich noch einige Zeit in Thüringen aufhielt, ließ er die Hasenburg wieder instandsetzen und belegte sie mit einer Besatzung, um zu verhindern, daß nach seinem Abzug durch die Unbesonnenheit des wankelmütigen Volkes etwa Unruhen erregt würden. Ferner setzte er allen Freigeborenen, die zufällig abwesend gewesen waren oder sich aus Furcht ferngehalten hatten, einen Termin: wenn sie bis dahin nicht ihre Unterwerfung vollzogen hätten, sollten sie von allen, denen das Wohl des Reiches am Herzen liege, als Reichsfeinde mit Feuer

---

[10] Lampert von Hersfeld, Annalen, 293 f.

und Schwert verfolgt werden. Danach entließ er sein Heer und feierte, als Sieger zurückkehrend, den St. Martinstag in Worms."[11]

Für ritterliche Milde war im politischen Denken König Heinrichs IV. kein Platz.

Das „Blutgericht" von Verden war kein Einzelfall. In England sollten am 13. November 1002, dem St. Brice's Day (Gedenktag des hl. Brictius), auf Anordnung von König Æthelred aus dem angelsächsischen Haus Wessex (König von England 978–1013, 1014–1016), der sich seit 991 größeren Wikingerüberfällen gegenübersah,[12] die in England lebenden dänischen Wikinger aus Angst vor einem Attentat getötet werden:

> „A. D. 1002 n. Chr. In diesem Jahr einigten sich der König und sein Rat darauf, der Flotte Tribut zu zollen und mit ihnen Frieden zu schließen, mit der Maßgabe, dass sie von ihrem Unheil Abstand nehmen sollten. Dann sandte er den König Alderman Leofsy zur Flotte, der nach dem Wort des Königs und seinem Rat Frieden mit ihnen schloss, unter der Bedingung, dass sie Nahrung und Tribut erhielten; was sie akzeptierten, und ein Tribut von 24.000 Pfund wurde gezahlt. In der Zwischenzeit tötete Alderman Leofsy Eafy, den Hochverwalter des Königs. und der König verbannte ihn aus dem Lande. Dann, in derselben Fastenzeit, kam die Lady Elvgive Emma, Richards Tochter, in dieses Land. Und im selben Sommer starb Erzbischof Eadulf; und im selben Jahr gab der König den Befehl, alle Dänen zu töten, die in England waren. Dies geschah dementsprechend am Messentag von St. Brice; weil dem König gesagt wurde, sie würden ihn seines Lebens und danach seines ganzen Rates berauben und dann sein Königreich ohne Widerstand haben."[13]

Das Danegeld von 24.000 Pfund Silber und die Heirat mit der normannischen Herzogstochter Elvgive Emma, der Schwester Richards II., sollte den Frieden sichern. Aufgrund der spärlichen zeitgenössischen Quellen und deren Widersprüchlichkeiten ist eine genaue Rekonstruktion der Ereignisse am St. Brice's

---

[11] Zit. nach: Lampert von Hersfeld, Annalen, 323.

[12] „A. D. 991. This year was Ipswich plundered; and very soon afterwards was Alderman Brithnoth slain at Maidon. In this same year it was resolved that tribute should be given, for the first time, to the Danes, for the great terror they occasioned by the sea-coast. That was first 10,000 pounds. The first who advised this measure was Archbishop Siric.", The Anglo Saxon Chronicle, 96.

[13] „A. D. 1002 This year the king and his council agreed that tribute should be given to the fleet, and peace made with them, with the provision that they should desist from their mischief. Then sent the king to the fleet Alderman Leofsy, who at the king's word and his council made peace with them, on condition that they received food and tribute; which they accepted, and a tribute was paid of 24,000 pounds. In the meantime Alderman Leofsy slew Eafy, high-steward of the king; and the king banished him from the land. Then, in the same Lent, came the Lady Elvgive Emma, Richard's daughter, to this land. And in the same summer died Archbishop Eadulf; and also, in the same year the king gave an order to slay all the Danes that were in England. This was accordingly done on the mass-day of St. Brice; because it was told the king, that they would beshrew him of his life, and afterwards all his council, and then have his kingdom without any resistance.", The Anglo Saxon Chronicle, 101.

4.1 Massaker an Gefangenen

Day nicht möglich.[14] Die früheste Beschreibung der Ereignisse am St. Brice's Day entstand 1004, also zwei Jahre nach dem Massaker selbst. In einer Urkunde von König Æthelred über den Wiederaufbau der St. Frideswide-Kirche in Oxford wird erwähnt, wie die in der Stadt wohnenden Dänen mit Gewalt in die genannte Kirche eindrangen, um sich gegen ihre Verfolger aus der Stadt und den Vororten zu schützen. Als diese die Dänen nicht aus der Kirche vertreiben konnten, hätten sie den hölzernen Bau angezündet, wobei neben den Menschen auch die Ornamente und Bücher verbrannten.[15] Unklar bleibt, um wen es sich bei den Verfolgern im Einzelnen handelte. Möglicherweise gab es ethnische Spannungen zwischen den verschiedenen Bevölkerungsgruppen, die sich in diesem spontanen Ereignis entluden. Die Opfer waren einfache Menschen und keine kampfbereiten Krieger.

Der anglonormannische Chronist Heinrich von Huntingdon (um 1088–1157) schreibt, dass im Jahr 1002 als Emma, „die Blume der Normandie", nach England kam und gekrönt wurde, der König „heimliche Befehle" erteilt hätte, dass alle Dänen, „die friedlich in England lebten" [...] „an ein und demselben Tag, am Fest des heiligen Brice, verräterisch niedergemetzelt werden sollten". Er hätte gehört, was „einige sehr alte Personen über diese schändliche Empörung berichten". „Sie sagten", so Huntingdon weiter, „der König habe an jedem Tag und zur selben Stunde heimlich Briefe an die Dänen gesandt" und sie entweder durch das Schwert hingerichtet oder „unbemerkt auf der Stelle verbrannt".[16] Unter den Opfern befanden sich auch die Geisel Gunhilde, eine Schwester Sven Gabelbarts (dän. Svend Tveskæg, auch Sven Haraldsson), des Königs von Dänemark.

---

[14] Thomas (2016) (online).

[15] „To all dwelling it this country it will be well known that, since a decree was sent out by me with the councel [sic] of my leading men and magnates, to the effect that all the Danes who had sprung up in this island, sprouting like cockle amongst the wheat, were to be destroyed by a most just extermination, and this decree was to be put into effect even as far as death, those Danes who dwelt in the afore-mentioned town, striving to escape death, entered this sanctuary of Christ, having broken by force the doors and bolts, and resolved to make a refuge and defence for themselves therin against the people of the town and the suburbs; but when all the people in pursuit strove, forced by necessity, to drive them out, and could not, they set fire to the planks and burnt, as it seems, this church with its ornaments and its books.", King Aethelred II. Renewal by King Ethelred for the Monestary of St. Frideswide (1955), 545.

[16] „In the year 1002, Emma, the flower of the Normandy, came into England, and was crowned and recieved the tide of queen. After her arrival the king was so elated with pride that he committed a breach of faith by giving clandestine orders that all Danes who where living peaceably in England should be treacherously masscred in one and the same day, on the feast of St. Brice. I have heard in my youth some very old persons give an account of this flagrant outrage. They said that the king sent with secrecy into every town letters, according rose on the Danes, everywhere on the same day and at the same hour, and either put them to the sword, or, seizing them unawares, burnt them on the spot. The same year, the king banished Leosfy, the earldorman, because he had slain Effic, the king's highgrieve.", The chronicle of Henry of Huntingdon, 184 (online).

Zur Zeit des Massakers sind in England verschiedene Gruppen von Dänen belegt: Erstens Bauern, die sich seit der dänischen Invasion im 9. Jahrhundert an der englischen und schottischen Küste dauerhaft niedergelassen hatten, zweitens dänische Wikinger, die regelmäßig die britische Küste überfielen und dittens die Wikinger im „Danelag", ein Gebiet im Nordosten Englands, welches in seiner größten Ausdehnung zwischen 865 und 887 Teile der angelsächsischen Königreiche Northumbria, East Angli und Mercia umfasste.[17] Mit dem Tod von Erik Blutaxt 954 in der Schlacht von Stainmore endete zwar die skandinavische Herrschaft in England bis zum Anfang des 11. Jahrhunderts, jedoch lebten weiterhin zahlreiche dänische Siedler auf dem Gebiet des ehemaligen Danelag.[18] Im Jahr 2008 wurden im Johannes College in Oxford die Skelette von 34 bis 38 jungen Männern, alle im Alter von 16 bis 25, ausgegraben, bei denen es sich um die Überreste der hingerichteten Dänen handelte.[19] Die Ergebnisse der archäologischen Sondierung beweisen somit die Richtigkeit der chronikalischen Überlieferung. Die Grausamkeit der anglo-normannischen Könige ist sattsam bekannt.[20]

Noch weniger angebracht erschien eine ritterliche Mildtätigkeit gegenüber gefangenen Glaubensfeinden. Das galt durchaus für die christliche wie, wenn auch nicht in demselben Ausmaß, für die islamische Seite. Auf das große Massaker an den Einwohner Jerusalems durch die fanatisierten Kreuzfahrer 1099 wurde bereits in einem anderen Zusammenhang hingewiesen. Es war aber kein Einzelfall. Nachdem am 12. Juli 1191 die muslimische Besatzung von Akkon gegenüber dem Kreuzfahrerheer kapituliert hatte, ließ nach dem freudigen Bericht des Chronisten Ambroise der englische König Richard Löwenherz seine etwa 2.700 Gefangenen, Männer, Frauen und Kinder köpfen, weil Saladin mit der Lösegeldzahlung in Verzug geriet:

> „Sie wurden alle abgeschlachtet, die nach der Christen Blut getrachtet. Die Rache konnten sie genießen. Der Schöpfer sei dafür gepriesen."[21]

Auch der arabische Chronist Imad ad-Din berichtet über das von König Richard Löwenherz befohlene Massaker der Kreuzfahrer an der Garnison von Akkon im Jahr 1191:

> „Die Feinde rückten in die Stadt ein, hielten sich aber nicht an die Abmachungen. Sie hinderten unsere Soldaten am Hinausgehen, legten Hand an sie und ihr Eigentum und fesselten sie. Sodann verlangten sie Geld. Der Sultan [Saladin] ließ es zusammen-

---

[17] Zur dänischen Besiedlung Englands vgl.: Bugge (1921); Zettel (1977; Beck/Loyn (1984); Fuchs (1999); Keynes (2000); Stenton (2001); Uebach (2003); Downham (2007).
[18] Uebach (2003), 92.
[19] Vgl. die Berichte über die archäologischen Befunde in: Massenmord in Oxford. In: DER SPIEGEL (46/2010) (online); Saint Brice's Day massacre. English history [1002]. In: Britannica (online); Cavendish (2002); Durrani (2013).
[20] Eickels (2005 a).
[21] Zit. nach: Milger (2000), 256.

4.1 Massaker an Gefangenen

bringen und bewahrte es in seinem Schatz auf. Das Kreuz der Kreuzigung wurde gebracht und die ausgehandelten Bedingungen erfüllt. Aber da zeigte sich ihre Treulosigkeit und Schlauheit. [...]
Wir sahen sie entblößt am Strand sterben. Es ist kein Zweifel, daß Gott sie mit reichen, seidenen Gewändern bekleidet und in die Wohnungen des ewigen Glücks geleitet hat. Über das gesammelte Geld verfügte der Sultan zugunsten seiner Leute, und ließ die Gefangenen an ihre Stellen zurückbringen. Das Kreuz der Kreuzigung ließ er an seinen Ort zurückbringen, aber nicht zur Verehrung, sondern zur Verunglimpfung."[22]

Eine Buchmalerei von Jean Colombe aus dem Jahr 1474/75 zeigt, dass Richard Löwenherz auf einem hölzernen Gerüst das Massaker beobachtete.[23] Für Muslime oder Ketzer gab es keine Gnade. Außerdem dürften Richard seine Geiseln für seinen weiteren Vormarsch die Küste entlang schlichtweg hinderlich gewesen sein und ihn zu diesem Schritt veranlasst haben.

Die muslimischen Massaker an christlichen Gefagenen sind weniger geläufig. So behandelt das Mittelalterliche Quellenbuch „Libellus de expugnatione Terrae Sanctae per Saladinum" die katastrophale Niederlage des Kreuzritterheeres 1187 in der Schlacht von Hattin gegen die Truppen Saladins. Während Saladin anders als die Kreuzfahrer 1099 in Jerusalem nur die gefangenen Templer und Hospitalier (Johanniter) töten ließ, verschonte er die Zivilisten und übrigen Kreuzritter:

„Am nächsten Tag wurde Prinz Reginald von Montreal getötet. Die Templer und Hospitalisten wurden von den anderen Türken befreit und getötet. Saladin befahl, dass die Gräfin und die Männer, die in der Zitadelle von Tiberias waren, das Fort verlassen und, nachdem sie die Sicherheit des Lebens akzeptiert hatten, in Frieden gehen könnten, wo sie wollten. So wurde es gemacht. Die Stadt wurde aufgegeben. Saladin zog ein. Nachdem die Zitadelle befestigt worden war, ging er nach Saffuriyah. An der Stelle, an der früher die christliche Armee lagerte, befahl der König von Syrien, seine Zelte aufzustellen. Er blieb mehrere Tage dort und feierte fröhlich den Sieg."[24]

Ein weiteres Massaker an Kreuzfahrern fand nach der Niederlage des französischen Königs Ludwigs IX. auf dem Kreuzzug nach Ägypten statt. Das ayyubidische Heer unter Rukn ad-Din Baibars überwältigte am 6. April 1250 das unterlegene Kreuzfahrerheer auf dessen Rückzug bei Fariskur, wobei Ludwig IX., seine Brüder und der Großteil seines Heeres in Gefangenschaft gerieten. Der arabische Chronist Al-Maqrīzī (um 1364–1442) berichtet in seinem Manuskript mit dem Titel „Essulouk li Mariset il Muluk" („Der Weg zur Erkenntnis der Rückkehr der Könige"), dass einhunderttausend Kreuzfahrer geköpft wurden, eine Zahl, die reichlich übertrieben sein dürfte:

---

[22] Milger (2000), 256.
[23] Sebastien Mamerot, Passages faiz oultre mer par les Français [...], Paris, Bibliothèque de l'Arsenal.
[24] De Expugatione Terrae Sanctae per Saladinum [Die Eroberung des Heiligen Landes durch Saladin], 153–159.

„Die Franzosen wurden besiegt und in die Flucht geschlagen: Zehntausende ihrer Männer fielen auf das Schlachtfeld, manche sagen dreißigtausend. Über hunderttausend Reiter, Infanteristen, Gewerbetreibende und andere wurden zu Sklaven gemacht. Die Beute war immens an Pferden, Maultieren, Zelten und anderen Reichtümern. Es gab nur hundert Tote auf der Seite der Muslime. [...] Der König von Frankreich hatte sich mit einigen seiner Herren auf einen kleinen Hügel zurückgezogen und sich unter dem Versprechen, dass sein Leben verschont blieb, dem Eunuchen Djemaddelin Mahsun Elsalihi ergeben: Er war an eine Kette gebunden, und in diesem Zustand nach Mansoura geführt, wo er im Haus von Ibrahimben Lokman, Sekretär des Sultans, und unter der Bewachung des Eunuchen Sahil eingesperrt war. Der Bruder des Königs wurde zur gleichen Zeit gefangen genommen und in dasselbe Haus gebracht. Der Sultan sorgte für ihren Lebensunterhalt.

Die Anzahl der Sklaven war so groß, dass es peinlich war, und der Sultan gab Seifeddin Jousefbentardi den Befehl, sie zu töten. Jede Nacht ließ dieser grausame Minister der Rache seines Herrn drei bis vierhundert der Gefangenen aus ihren Haftanstalten bringen, und nachdem er sie enthauptet hatte, wurden ihre Körper in den Nil geworfen; auf diese Weise kamen hunderttausend Franzosen ums Leben."[25]

Gefangene von fremden Stämmen, Ethnien oder Religionen liefen immer in Gefahr, hingerichtet zu werden.

4.2 Kapitulation und Gefangenschaft

Große Aufmerksamkeit widmeten die Kriegsrechte dem Kampf um feste Plätze bzw. dem Belagerungskrieg (*lex deditionis*). Wurde eine Burg oder eine Stadt freiwillig übergeben, erwartete die aufgebende Partei eine Schonung vom Gegner. Im Falle einer gewaltsamern Eroberung eines festen Platzes war eine Plünderung mit Feuer und Schwert rechtens. So kündigte der Marschall des Herzogs Louis von Bourbon gegenüber dem Kommandanten der belagerten Stadt Moléon im Jahr 1381 an, dass er im Falle der gewaltsamen Eroberung jeden Mann aufhängen werde.[26]

Gnade und Rache standen bei der Behandlung der Besiegten auf Messers Schneide. Der mildtätige König ebenso wie sein rächender und strafender Amtskollege passte in das Bild des gerechten Herrschers. Dennoch gab es auch im Krieg vielfältige Möglichkeiten der Kommunikation und Verständigung.[27]

---

[25] Zit. und ins Deutsche übersetzt nach: Al-Maqrīzī (Essulouk li Mariset il Muluk) übersetzt ins Englische von Henry G. Bohn (online).
[26] Schmidtchen (1999), 29 f.
[27] Vgl. die ausführliche Erörterung des Themas von: Althoff (1997).

4.2 Kapitulation und Gefangenschaft 115

Abb. 7: Die Kapitulation der Bürger von Calais am 4. August 1347, Plastik von Auguste Rodins vor dem Rathaus von Calais.

Am 3. Juni 1895 wurde in Calais feierlich ein Denkmal für die sechs Bürger enthüllt, die sich anlässlich der Belagerung und Kapitulation von Calais 1347 im Rahmen des Hundertjährigen Krieges als Geiseln zur Verfügung gestellt hatten.[28]

Nach der Schilderung des Lütticher Chronisten Jean le Bel baten die Einwohner von Calais Edward III. um ihr nacktes Leben. Obwohl die Bürger der Stadt aber fast ein Jahr der englischen Belagerung getrotzt hatten und so nach der damaligen Rechtspraxis Milde verdient hätten, forderte der englische König das Leben der Einwohner. Erst als seine Ritter mit dem Hinweis auf die Regeln des Krieges Edward III. baten, das Leben der Bürger zu schonen, besann sich der englische König eines Besseren und verlangte, dass sechs der reichsten Bürger, barfuß nur mit einem Hemd gekleidet und mit einem Strick um den Hals, ihm die Schlüssel der Stadt überreichen sollten. Nach der Chronik des Jean Froissart aus dem 16. Jahrhundert handelte es sich um Eustache de Saint Pierre, Jean d'Aire, Jacques und Pierre de Wissant, Jean de Fiennes und Andrieus d'Andres, die sich am 4. August 1347 freiwillig als Geiseln zur Verfügung stellten. Der flämische Chronist Jean le Bel (ca. 1290–1370) schreibt:

> „Die sechs Bürger fielen vor dem König auf die Knie und sagten mit gefalteten Händen: „Edler Herr und König, da sind wir, die wir seit langer Zeit Bürger von Calais und große Kaufleute waren; wir bringen Ihnen die Schlüssel der Stadt und der Burg Calais [...] wir ergeben uns Ihnen so, wie sie uns sehen, um den Rest des Volkes von

---

[28] Appel (1997).

Calais zu retten, das sehr gelitten hat; mögen Sie sich unser erbarmen" [...] Da war gewiß hier kein Herr, Ritter noch wackerer Mann, der nicht vor Mitleid geweint hätte, und es war in der Tat verwunderlich, denn es war wirklich beklagenswert, angesichts des Zustandes der Menschen und der Gefahr, in der sich diese Bürger befanden. Der König warf ihnen aber nur einen zornigen Blick zu, denn sein Herz war so hart und so wutentbrannt, daß er nicht sprechen konnte. Als er endlich sprach, befahl er, sie zu köpfen. Alle Barone und Ritter, die anwesend waren, baten den König weinend, er möge sich der Bürger erbarmen; aber er wollte ihnen kein Gehör schenken."

Erst als die Ritter und die Königin Edward um Gnade anflehten, wendete sich das Blatt:

„Er [der König] ergriff die sechs Bürger an ihren Stricken und übergab sie der Königin. Er begnadigte alle Einwohner von Calais um ihretwillen, und die edle Frau ließ die sechs Bürger gut behandeln."[29]

Dieser von den Chronisten überlieferte Akt entsprach durchaus mittelalterlichen Gepflogenheiten und gehörte zum Kapitulationszeremoniell dazu. Jede Kapitulation war begleitet durch eine Gebärde der Demütigung, daher das Hemd und der Strick um den Hals. Die Besiegten erschienen als nackt und wehrlos, allein der Gnade des Siegers ausgeliefert. Auf die öffentliche Demütigung folgte die huldvoll gewährte Gnade als gleichsam wundersames Ereignis. Das alles war ein Akt eines perfekt organisierten Schauspiels. Andere Chronisten haben mit größerem räumlichem oder zeitlichem Abstand die Kapitulation von Calais ganz anders überliefert. Die Propaganda auf beiden Seiten hat das Ereignis vollends verklärt. Auch der Franziskaner Johannes von Winterthur (gest. 1348) zeichnet in seiner Chronik ein offensichtlich falsches Bild der Ereignisse:

„Im Jahre des Herrn 1347 zur Sommerzeit bemächtigte sich der König von England einer Stadt im Königreich Frankreich namens Calais, die ihm hart widerstanden hatte und die er fast ein Jahr lang belagert hatte. Er zerstörte sie und ließ alle erwachsenen Einwohner männlichen Geschlechts über die Klinge springen; die Knaben unter zwölf Jahren aber verschonte er nach gewissen Berichten und nahm sie mit nach England, wie einige berichten."[30]

Das Ereignis von Calais war kein Einzelfall, sondern die Regel. Bereits die Einwohner von Tivoli erschienen 1001 vor Kaiser Otto III. mit Schwert und Ruten in ihren Händen, die Bürger von Ravenna demütigten sich 1026 vor Kaiser Konrad II. barfuß und mit dem Schwert in der Hand, die Bewohner von Mailand traten 1158 und 1162 mit dem Schwert im Nacken und einem Strick um den Hals Friedrich Barbarossa gegenüber, und so handelten auch 1258 Vertreter der aufständischen sizilianischen Städte gegenüber dem Stauferkönig Manfred. Karl

---

[29] Moeglin (2001), 147 f.
[30] Die Chronik Johanns von Winterthur, MGH SS NS 3, 273.

4.2 Kapitulation und Gefangenschaft

von Anjou begnadigte 1269 die Einwohner der Stadt Lucera, die ebenfalls das Ritual mit dem Strick um den Hals anwandten.[31] Der Marschall des Herzogs Louis von Bourbon forderte 1381 die belagerte Stadt Moléon auf, sich zu ergeben oder im Falle eines gewaltsamen Eindringens in den Platz alle Männer aufzuhängen. Die Drohung hatte Erfolg, und die Bedingungen für die Übergabe wurden in einer eigenen *lex deditionis* festgelegt. Ein solches Abkommen konnte immer dann geschlossen werden, wenn diesem keine Kampfhandlungen um den befestigten Platz vorausgingen. Anderenfalls wurde den Landsknechten das Recht zugestanden, mit den Einwohnern der Stadt und ihrer Habe willkürlich zu verfahren, weswegen Mord, Vergewaltigung und Plünderung auch als rechtmäßig galten.[32] So warb der Dauphin Karl 1358 seine Truppen mit dem Versprechen an, dass diese Paris brandschatzen dürften, wenn sich die Stadt weiterhin seinen Herrschaftsansprüchen widersetzte.[33] Verweigerte eine Stadt die Kapitulation gegenüber einem fürstlichen oder königlichen Kriegsherrn, galt dies als eine strafbare Missachtung seiner adligen Autorität. Dies konnte das Stadtregiment, welches oftmals einen anderen adligen Stadtherrn hatte, selbst in Schwierigkeiten bringen, galt doch das unbefugte Öffnen der Tore als Verrat.[34] So sollte 1356 Lord Greystock wegen Verrat hingerichtet werden, da sich die Stadt Brevik während eines gemeinsamen Kriegszuges mit dem englischen König in Frankreich den Schotten in seiner Abwesenheit ergeben hatte.[35]

In den weitaus meisten Fällen ließ ein König Gnade walten. Barmherzigkeit wurde von den sich Unterwerfenden ebenso wie von den Zeitgenossen erwartet. Schlecht erging es hingegen den Einwohnern von Cremona und Brescia, die sich im Jahr 1311 König Heinrich VII. unterwarfen.[36] Am 10. Mai 1311 sandten die Einwohner von Brescia dem Stauferkönig die Schlüssel, den Königin Margarete annahm. Vertreter der vornehmsten Familien stellten sich barfuß im Hemd mit einem Strick um den Hals vor den Mauern auf und erbauten einen Baldachin für den Einzug des Siegers. Heinrich ließ die Aufständischen in den Kerker werfen. Immerhin vermochte es Königin Margarete, eine Plünderung von Cremona zu verhindern und den „Torazzo", den bekanntesten Turm der Stadt, vor seinem Abriss zu bewahren. Die Stadt verlor ihre Grafschaftsrechte. Aus freien Bürgern wurden „Knechte des Römischen Reiches". Deren Prokurator und Syndikus, Friedrich de Archidiaconis, musste Heinrich in aller Öffentlichkeit die Füße küssen.[37] Brescia ergab sich nach kurzer Belagerung und einigen abgewehrten Sturmversuchen durch die königlichen Truppen am 5. September auf Gedeih und Verderb. Wiederum standen die Vertreter der vornehmsten Familien mit

---

[31] Moeglin (2001), 160 f.
[32] Schmidtchen (1999), 30 f.
[33] Chronique des quattre premiers Valois 1327-1393, 80, zit. in: Schmidtchen (1999), 31.
[34] Schmidtchen (1999), 32.
[35] Rotuli Parlamentorum, London 1767-1777, III, 116 ff., zit. in: Schmidtchen (1999), 32.
[36] Moeglin (2001), 162 f.
[37] Schneider (1943), 96-98.

dem Strick um den Hals vor dem König. Es änderte nichts. Der Sieger kassierte die Rechte und Freiheiten der Stadt, ließ die Mauern schleifen, die Gräben zuschütten und einige Stadttore nach Rom als Zeichen des Triumphes mitführen.[38]

Mit Zunahme des bezahlten Söldnerkrieges im Verlauf des Spätmittelalters gerieten die alten Rituale in Vergessenheit. In Italien mussten die Condottieri im 14. und 15. Jahrhundert die materiellen Ansprüche ihrer Söldner entgelten.[39] Es liegt auf der Hand, dass die Landsknechte kein Interesse an einer kampflosen Übergabe eines befestigten Platzes hatten.

Auffällig im Fall von Calais, Cremona und Brescia ist nicht nur das unterschiedliche Verhalten des siegreichen Königs, sondern auch das der jeweiligen Königin, die immer für Gnade an den Besiegten gegenüber ihrem Gemahl eintrat. Die Chronisten verbanden Huld und Milde als Ideal mit adligen Frauen. Ob die königlichen Gemahlinnen von Edward und Heinrich aber tatsächlich so gehandelt haben, muss offenbleiben.

Selbst die Eidgenossen, die in der Regel keine Gnade mit dem besiegten Gegner kannten, übten mitunter Nachsicht bei der Eroberung eines festen Platzes, wie das Beispiel der Belagerung und Brandschatzung von Rapperswil durch die Züricher vom 6. bis 11. September 1350 und die bedingungslose Übergabe der Burg durch deren wohl 30 Verteidiger zeigt. Nach dem Schleifen der Burg schworen alle Leute, die dem Haus Habsburg gehörten, nach einem Eintrag in der Züricher Chronik *dem vorgenanten burgermaister von der statt Zúrich gemainlich ze dienen und gehorsam ze sin in allem recht, als si daher getan hatten dem von Habspurg.*[40]

---

[38] Schneider (1943), 104 f.
[39] Schmidtchen (1999), 33.
[40] „Und do es aber etwe lang also bestůnd âne frid und âne tag und ân âlli tâding unz uf sant Frenentag, do fůr aber der vorgenant burgermaister und ain tail der von Zúrich hinuf in die March fúr die Alten Rappreswil die burg [Burg Alt Rapperswil], und branten und wůsten uf ain tag in der March, was dien von Habspurg zůgehorte. Dar santen die von Costenz und die von Sant Gallen, ir aidgenossen, ir erbern hilf. Und do man also vor der burg gelag von dem mentag unz an den Samstag [6.–11. September 1350], do gabent die uf der vesti warent, der warent wol 30, die burg uf ân alle gnâd, also das man si mit dem leben darab liesse gân und das man alles uf der burg lassen solte, das des tags daruf were, do si besessen wurdent. Des ward die selb burg undergraben und nidergeworfen genzlich uf den herd. Do sworen all die lút in der March, die dem von Habspurg zůgehorten, dem vorgenanten burgermaister von der statt Zúrich gemainlich ze dienen und gehorsam ze sin in allem recht, als si daher getan hatten dem von Habspurg.", Chronik der Stadt Zürich, Nr. 54, S. 53 f.

4.2 Kapitulation und Gefangenschaft

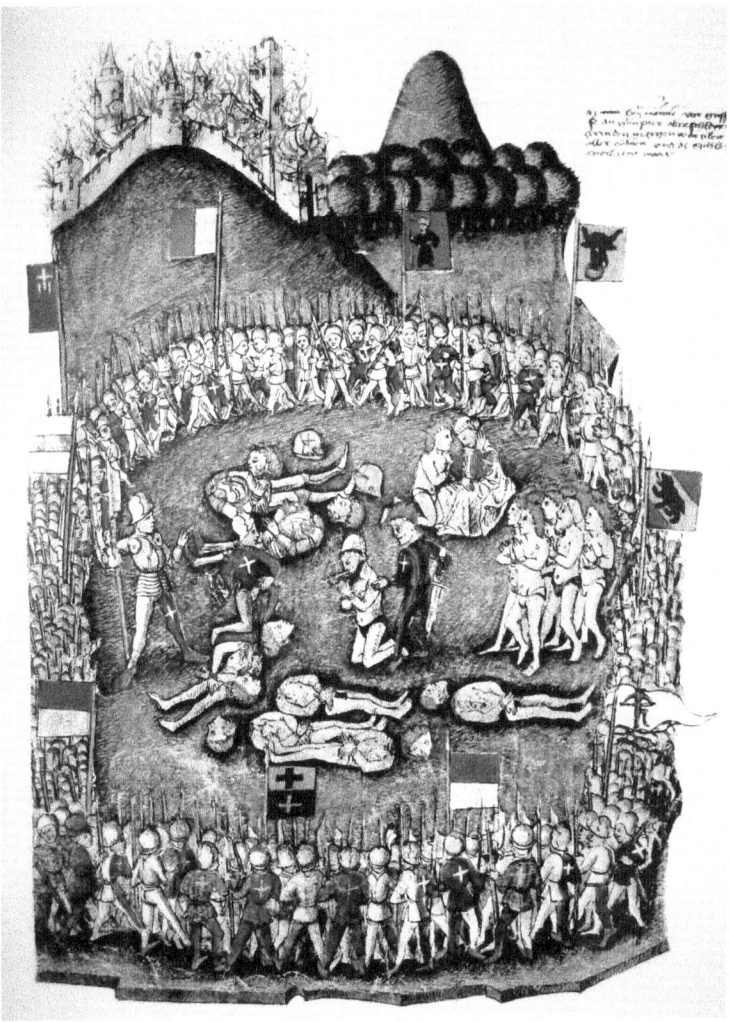

Abb. 8: Die Hinrichtung der überlebenden Verteidiger von Greifensee durch die Züricher auf der „Bluetmatt" bei Nänikon am 28. Mai 1444, Berner Chronik 1470, ETH-Bibliothek Zürich.

Aber es gibt aus den eidgenössischen Kriegen auch ein Gegenbeispiel. So wurden am 28. Mai 1444 die überlebenden 71 Verteidiger unter Wildhans von Breitenlandenberg der Züricher Feste Greifensee, die sich nach mehreren Wochen Belagerung den Eidgenossen auf Gnade und Ungnade ergeben hatten, auf Betreiben der Schweizer enthauptet. Aber *das gefiel nit wol den andern Aidgnossen,* heißt es in der Fortsetzung der Chronik der Stadt Zürich.[41] Hans Fründ, Landschreiber

---

[41] „Darnach zugend all Aidgnossen in dem abrellen im 44. Jar für Griffense die burg [1. Mai 1444] und lagend darvor 27 tag und verlurent vil lút. Und was uf dem schloss hoptmann

von Schwyz, der die Belagerung von Greifensee als Teilnehmer des eidgenössischen Heerhaufens unmittelbar miterlebte, schreibt über die harten Kämpfe vom 1. Mai 1444, dass die Verteidiger *sich ouch redlich* wehrten *und vast heraus mit büxsen und mit geschütz* schossen, wodurch viele Eidgenossen ums Leben kamen *e das es gwunnen wurde*.[42] Um das Städtchen nicht in die Hände der Eidgenossen fallen zu lassen, zündeten die Verteidiger der Feste es selbst an. Fründ schildert auch die Not der 46 Frauen und Kinder, die aus Löchern, Kellern und Fenstern herauskrochen und *also arm, nakend und blos in bösen kleidern herus zuo den eidgnossen in grosser betrüobnusse* liefen. Und *wer das gross jämerlich elend sach, der muost wol erbärmde und mitlyden mit inen han*, schreibt Fründ. Deswegen *sandten sy die eidgnossen von inen mit guoten tugenden hinuf gen Ustren in das nöchst dorf; [...] umb das niemand kein frävel an inen begienge*.[43] Die Verteidiger des Schlosses baten die Eidgenossen am 26. Mai, *das man sy ufnäm uf gnad*. Aber die Sieger *welltent sy nit uf gnad ufnemen*, heißt es in der Chronik.[44] Schließlich ergaben sich am 27. Mai

---

Hans von Landenberg [Wildhans von Breitenlandenberg], ein Sohn Rudolfs V., mit 71 gesellen von Zúrich und von dem stâttlin. Und darnach uf den 20. tag des maien, do gabend die gesellen das schloss uf gnad und giengend von der burg und wurdent da gevangen. Und nach dem als die von Schwitz woltend, do wurden inen allen die hôpter abgeschlagen. Und das gefiel nit wol den andern Aidgnossen, und als si all darnach saitend, das si darnach glúk und hail niemer me angieng. Und das wirt bewißt hienach.", Chronik der Stadt Zürich, Fortsetzungen II, 214 f.

[42] „Dieselben uf dem schloss wertent sich ouch redlich als endlich biderb lüt, und schussent vast heraus mit büxsen und mit geschütz. Und zwar es verlor von demselben schloss etwe mänger von den eidgnossen, e das es gwunnen wurde; es ward ouch mänger übel geschossen.", Die Chronik des Hans Fründ, Landschreiber zu Schwytz, hrsg. im Auftrage und mit Unterstützung der allgemeinen geschichtsforschenden Gesellschaft der Schweiz von Christian Immanuel Kind, Kantonsarchivar in Chur, Chur 1875; Nr. 184, S. 189.

[43] „In demselben nötigen, da stiessent die, so uf der vesti warent, das stättli selber an, und verbrantent das in grund und was darinne was von rossen, rindren, kuyen und anders vich und vil guotz von korn und habern, das die lüt darin geflöknet hattent, und vielen die armen frowen mit den kinden zuo den löchern, kellern und venstern herus mit iren kinden und hulfend einandren herus, als sy mochtent, und kamend also arm, nakend und blos in bösen kleidern herus zuo den eidgnossen in grosser betrüobnusse, ira XXXXVI wib und kinden; und wer das gross jämerlich elend sach, der muost wol erbärmde und mitlyden mit inen han. Also sandten sy die eidgnossen von inen mit guoten tugenden hinuf gen Ustren in das nöchst dorf; dann ich vorgenanter schriber und noch einer von Swytz in ze gleitzlüten zuogegeben wurdent fürs alls volk us gar nach hinuf gen Ustren, umb das niemand kein frävel an inen begienge.", Die Chronik des Hans Fründ, Nr. 184, S. 189 f.

[44] „Sy hattend sich gar stille uf der vesti, das sy nit vil herus ruoftent noch retent weder guots noch args, untzit da sy sachen, das man nit wolt ablan und des starken grabens innan wurdent; do viengent sy an reden mit den gesellen, und batent sy, das sy hortent grabens und das sy an die hoptlüt brachtent, das man sy ufnäm uf gnad, und tribent das also den zinstag und mitwuchen vor dem heiligen pfingsttag. Also vergiengend sich vil worten und red zwüschend inen und den eidgnossen. Je so was das zoch ze jungst der eignossen antwurt, sy welltent sy nit uf gnad ufnemen. Also e das sy dann welltent des elenden todes erwarten, so welltent sy sich da ee in der eidgnossen gewalt geben mit inen

4.2 Kapitulation und Gefangenschaft

die überlebenden Verteidiger unter Wildhans von Breitenlandenberg den Eidgenossen.[45] Am nächsten Tag enthaupteten die Sieger 62 Gefangene, während 10 junge Knaben mit dem Leben davon kamen. Die Leichen *wurdent alle nebent einandren an ein ring geleit*, vermerkt Hans Fründ, der die *harte klegliche not* der armen Leute bedauert, die *an dem kriege nit schuldig gewesen* wären. Für ihn war es *ein erbärmliche sach, als man je gesah*. Denn die Hingerichteten seien zu einem guten Teil *arm bulüt und an dem kriege nit schuldig gewesen*.[46]

Die Hinrichtungen auf der „Blutmatte" in Nänikon löschte den größten Teil der männlichen Bevölkerung des Amts Greifensee im wehrfähigen Alter aus. Der Chronist Gerold Edlibach, seit 1504 Landvogt von Greifensee, schildert einige Jahrzehnte später die Beratungen der Eidgenossen vor dem Beginn des Tötens. So soll sich Ital Reding, der Anführer der Eidgenossen, zunächst für die Hinrichtung aller mit Ausnahme des geborenen Schweizers und Züricher Stadtknechts Ueli Kupferschmid, der einen Bruder in seinem Heer hatte, ausgesprochen haben. Ein anderer wollte die Greifenseer Bürger mit Ausnahme der Söldner begnadigen und ein Dritter einschließlich des Anführers Wildhans von Breitenlandenberg alle verschonen. Aufgrund der großen Opfer, die die Belagerung und der Sturm der Feste gekostet hatten, hätte der Hass die Oberhand gewonnen. Nach Edlibach wurden Wildhans von Breitenlandenberg und seine beiden Stadtknechte als erstes enthauptet. Der Scharfrichter wollte dem Chronisten zufolge jeden Zehnten gemäß einem Erlass des Kaisers verschonen, was mit dem Hinweis auf die Gültigkeit des Landrechts abgewiesen wurde. Die Hinrichtungen hätten sich im Beisein von Vätern, Müttern und Ehefrauen abgespielt. Verschiedene flehentliche Bitten um Gnade seien von den Eidgenossen abgelehnt worden. Bereits wenige Jahrzehnte später wurde dieses Ereignis von den Chronisten ausgemalt. Ein schneeweißer Vogel solle über die zu einem Kreis aufgereihten Häupter der Toten geflogen und dort kein Gras mehr gewachsen sein. Mit Ausnahme von Wildhans und seiner beiden Stadtknechte, die in ihrer Heimat begraben wurden, erhielten alle andern Leichen in Uster ihre letzte Ruhestätte, da

---

ze tuon und ze laussen, was sy welltent, und doch das man sy lies ze bicht und rüw komen.", Die Chronik des Hans Fründ, Nr. 185, 190 f.

[45] Die Chronik des Hans Fründ, Nr. 186, 191.

[46] „Am donstag vor dem heiligen pfingsttag da hat man die gefangnen alle laussen bichten und uf mittag, do schluog man dem von Landenberg und zweien sinen knechten und andern von Zürich und dera, so vom stättlin oder ab dem land ouch in in der vesti warent ergriffen, LXII an einer zal, die höpter ab in gegenwärtigkeit aller eidgenossen, und wurdent alle nebent einandren an ein ring geleit. Dennocht warent daby X junger knaben oder als alt man mit grisen bärten, die man lies ir alter und jugend geniessen und by leben pliben, und die sachen ouch dise not an iren fründen. Dann es was wol ein harte klegliche not, es was ouch nit mänglichem glich lieb, das man so vil lüt töt nach gestalt und gelegenheit der sach, nachdem und die armen lüt zuo guotem teil in die vesti getrungen warent, und arm bulüt und an dem kriege nit schuldig, und was ein erbärmliche sach, als man je gesah", Die Chronik des Hans Fründ, Nr. 187, 191 f.

dieser Ort zur Herrschaft des im Züricher Krieg neutralen Freiherr von Bonstetten zählte. Nach der Niederbrennung des Schlosses am 29. Mai zogen die Sieger am Pfingstmontag, dem 1. Juni 1444, ab. Als am 26. August 1444 ihre bei St. Jakob an der Birs gegen die Armagnaken kämpfenden Männer allesamt niedergemacht wurden, sahen manche Zeitgenossen darin die Strafe Gottes für die Untat von Greifensee. Wenige Jahre später errichtete man auf der Richtstätte eine Kapelle. Bis 1839 verschwanden die letzten Reste der zweiten Kapelle, und es entstand an demselben Platz eine Steinpyramide mit einer Namenstafel der Opfer, die am 17. Oktober 1942 eingeweiht wurde.[47]

4.3   Wertvolle Gefangene und Geiseln

Der Wert eines Gefangenen bemaß sich nach seiner Herkunft. Vornehme Gefangene waren als Geiseln ein wichtiges Faustpfand für politische Verhandlungen. Diese Geiseln wurden daher zumeist gut behandelt.

Der berühmte Teppich von Bayeux, der die normannische Eroberung Englands 1066 abbildet, thematisiert die Gefangennahme Harald Godwinsons durch den Grafen Guido von Ponthieu in drei Bildern. Die Szene 7 zeigt Guido von Ponthieu, der seinen Leuten befiehlt, Harald gefangen zu nehmen. In der 8. Szene geleitet Guido von Ponthieu die Gefangenen zu seinem Schloss, und in der 9. Szene sehen wir Guido von Ponthieu und Harald Godwinson im Gespräch.[48] Die Gefangennahme eines Adligen erscheint demnach als ein bedeutendes und abbildungswürdiges Ereignis.

Die Flucht einer Geisel galt als Bruch der Vertragstreue, wie folgendes Beispiel zeigt: Der französische König Johann II. der Gute wurde in der Schlacht von Poitiers am 19. September 1356 von den Engländern gefangen genommen. Gleich mehrere englische Ritter hatten sich auf ihn gestürzt.[49] Nach dem Frieden von Brétigny im Jahr 1360 entließen ihn die Engländer für das Versprechen, 3 Millionen Goldstücke (Écus d'or) zu zahlen und mehrere Provinzen abzutreten. Dafür wurde sein Sohn als Geisel bestimmt, der noch vor der Bezahlung des Lösegeldes floh. Die Empörung auf beiden Seiten war so groß, dass Johann Anfang 1364 nach London in seine Gefangenschaft zurückkehrte, dort glänzend empfangen wurde, aber am 8. April desselben Jahres in England verstarb.[50] Auch in englischer Haft konnte Johann viel Geld für einen luxuriösen Lebensstil ausgeben.

---

[47] Zimmermann: Die Bluttat von Greifensee (online).
[48] URL: https://de.wikipedia.org/wiki/Teppich_von_Bayeux [Zugriff am: 26.11.2020].
[49] Les Chroniques de Sire Jean Froissart, ed. J. A. C. Buchon, 356 f., zit. in: Schmidtchen (1999), 37.
[50] Thomas (1996), 266 ff.; Schmidtchen (1999), 35 f.

4.3 Wertvolle Gefangene und Geiseln

Daher sprechen die Quellen in diesem Zusammenhang auch von „Aufenthalt" (*demeurer*) oder „aufhalten" (*demourer*).[51]

Auch der in der Schlacht von Azincourt vom 25. Oktober 1415 von den Truppen Heinrichs V. gefangen genommene Herzog Charles von Orléans saß 25 Jahre in englischer Haft, in der er zahlreiche Gedichte und Briefe an seine Frau schrieb.[52] König Heinrich V. gestattete ihm aber, 1417 nach der Stellung einer hohen Kaution und seines Sohnes als Geisel für eine Weile nach Frankreich zu reisen.[53] Erst nach dem Vertrag von Arras von 1435 wurden die französischen Gefangenen freigelassen. Eine englische Miniatur aus dem 15. Jahrhundert zeigt den Herzog von Orléans im Londoner Tower.[54]

Um Streitigkeiten bei der Gefangennahme von Geiseln zu verhindern, erließ König Richard II. von England 1385 diesbezüglich ein eigenes Recht.[55] Die Rolle von adligen Geiseln als lebendiges Kapital betonen auch einige Chronisten des Hundertjährigen Krieges.[56]

Als Enzio von Sardinien, ein Sohn Friedrichs II., nach der Schlacht bei Fossalta bei Modena am 26. Mai 1249 zusammen mit zahlreichen Deutschen und Cremonesen in bolognische Gefangenschaft geriet, sperrte man ihn getrennt von den anderen Gefangenen ein. Der Kaiser und auch Enzio selbst nebst seinen Mitgefangenen bezahlten viel Geld für die Erleichterung ihrer Haftbedingungen. Sein Vater dachte jedoch nicht daran, auf die politischen Forderungen der Bologneser einzugehen. So starb Enzio schließlich 1272 in der Haft.[57] Mehr als 22 Jahre verbrachte er im „Palazzo Nuovo" von Bologna, der noch heute „Palazzo di re Enzio"[58] heißt, und verfasste melancholische Verse nach Art der Sizilianischen Dichterschule über sein Schicksal und den Untergang der Staufer, so zwei Canzonen und Sonett mit dem Titel „Tempo vene che sale chi discende":

> „Zeit ist zu Niedergang und Zeit zu steigen,
> Zeit ist zu horchen, Zeit, zur Tat zu schreiten,
> Zeit ist zu reden, Zeit zu schweigen,
> Zeit ist, sich vorzusehn nach vielen Seiten;
> Zeit, Mahnungen zu folgen, die dir nützen,
> Zeit, Drohung und Gefahr zu widerstehn;
> Zeit ist, dich vor Beleidigern zu schützen,
> Zeit, so zu tun, als würdest du nicht sehen.

---

[51] Stuke (2017), 92.
[52] Lindner (2015), 445.
[53] Stuke (2017), 94.
[54] Der Herzog von Orléans als Gefangener im Londoner Tower, britische Miniatur aus dem 15. Jh., Künstler unbekannt. Provenienz der Abb.: British Library, London, Sig. MS Royal 16 F ii fo. 73; Saul (Hrsg.), 117.
[55] Schmidtchen (1999), 37.
[56] Schmidtchen (1999), 37.
[57] Nöding (1999), 109.
[58] Trombetti Budriesi/Braidi/Pini/Roversi Monaco (Hrsg.) (2002); Foschi/Giordano (Hrsg.) (2003).

> Doch halt ich den für einen Mann von Welt,
> In dessen Taten wir Vernunft erkennen,
> Der mit der Zeit versteht sich zu vertragen
> Und der mit Charme den Leuten so gefällt,
> Dass keiner wüsste einen Grund zu nennen,
> Je seinen Taten Übles nachzusagen."[59]

Gefangene konnten auch an eine andere Macht übertragen werden, wie der bekannte Fall des englischen Königs Richard Löwenherz zeigt, der 1191 das Banner des Herzogs Leopold V. von Österreich im eroberten Akkon abgerissen und sein Leopardenbanner aufgepflanzt hatte. Auf dem Rückweg vom Dritten Kreuzzug wurde der nach dem Bericht des Chronisten Otto von Freising als Pilger verkleidete Richard Ende Dezember 1192 in Wien von Herzog Leopold V. unter anderem wegen dieser Tat festgenommen.[60] Dabei war diese entwürdigende Maskerade eigentlich nicht notwendig, hätte Richard doch als Kreuzfahrer um freies Geleit nachsuchen können.[61] Zumindest betrachteten einige Kleriker die Gefangennahme eines Kreuzfahrers als Sünde.[62] Papst Coelestin III. verlangte daher Richards Freilassung mit dem Hinweis auf seinen Kreuzfahrerstatus und exkommunizierte Herzog Leopold im Juni 1194. Dagegen sah der Chronist Magnus von Reichersberg darin die gerechte Strafe für das Verhalten Richards gegenüber Herzog Leopold in Akkon.[63] Auf englischer Seite kritisierte John Gillingham dagegen das Verhalten Herzog Leopolds als ehrenrührig.[64] Herzog Leopold übergab Richard an seinen Ministerialen Hadmar II. von Kuenring, der ihn auf der Burg Dürnstein bei Krems an der Donau gefangensetzte. Kaiser Heinrich VI. schrieb am 28. Dezember 1192 an den französischen König Philipp II., dass er den „Feind unseres und den Unruhestifter deines Reiches" (*inimicus imperii nostri, et turbator regni tui*) festgesetzt habe.[65] Heinrich forderte ebenfalls Leopold auf, ihm den König von England auf dem für 6. Januar 1192 festgesetzten Hoftag in Regensburg zu übergeben „weil es sich nicht gezieme, daß ein Herzog einen König gefangenhalte" und es „im Gegenteil nicht ungebührlich [wäre], wenn die königliche Würde von der kaiserlichen Erhabenheit bewahrend erhalten werde", heißt es in dem Schreiben.[66] Richards Bruder Johann Ohneland, der selbst auf dem englischen Thron bleiben wollte, leistete dem französischen König Philipp II. für den Erhalt der Normandie im Januar 1193 einen Lehnseid.[67]

---

[59] Das ‚Zeitgedicht' des Enzo Re, übertragen und kommentiert von Eberhard Scheifele (online)
[60] Otto von Blasien, Chronica 38; Görich (2001), 264; Görich (2003), 67; vgl. zu den Hintergünden der Gefangennahme Richards auch: Ogris (1995) (online).
[61] Berg (2007), 187.
[62] Gillingham (2018), 8.
[63] Magnus von Reichersberg, Chronicon, MGH SS 17, 519.
[64] Gillingham (2013), 59-84, 72-74.
[65] Roger von Howden, Chronica [RerBrit 51,3], 195; Ogris (1995), 92.
[66] BUB IV/I, Nr. 921, 219, zit. in: Ogris (1995), 92.
[67] Eickels (2002), 91.

4.3 Wertvolle Gefangene und Geiseln   125

Abb. 9: Richard Löwenherz küsst die Füße Heinrichs VI., Liber ad honorem Augusti sive de rebus Siculis des Petrus de Ebulo, Ende 12. Jh., Bern, Burgerbibliothek, Cod. 120 II, fol. 129 r.

Nach langen Verhandlungen einigten sich Kaiser Heinrich und Herzog Leopold schließlich in Würzburg über die Bedingungen der Freilassung Richards und forderten am 14. Februar 1193 die ungeheure Summe von 100.000 Mark Silber als Lösegeld. Richard sollte zudem einen Lehnseid schwören und Kaiser Heinrich auf dessen kommenden Sizilienfeldzug Heerfolge leisten. Auf dem Hoftag zu Speyer im März 1193 bezichtigte der Kaiser den englischen König zahlreicher Vergehen, um die Rechtmäßigkeit seiner Gefangensetzung zu begründen.[68] Richard verlangte vergeblich ein Gottesurteil in Form eines Zweikampfes. Schließlich warf sich der englische König vor dem Kaiser auf den Boden und ersuchte um Gnade. Daraufhin konnte Heinrich nicht anders, als Richard den Friedenskuss zu geben.[69] Das Ritual von Unterwerfung und Vergebung entsprach einer gängigen Inszenierung.[70] Ob es sich allerdings um einen Prestigeerfolg Richards handelte, muss dahingestellt bleiben.[71] Der Kaiser schickte seine Geisel auf die Burg Trifels. Schließlich stimmte Richard am 25. März 1193 der Zahlung des Lösegeldes von 100.000 Mark Silber sowie der Stellung von 50 Schiffen und

---

[68] Görich (2003), 83.
[69] Gillingham (1999), 238.
[70] Althoff (2003), 189–194.
[71] Berg (2007), 195.

200 Rittern für die Dauer eines Jahres zu, wofür er persönlich von der Heerfolge für den Kaiser freikam. Der Wormser Freilassungsvertrag vom 29. Juni 1193 regelte die Details. Nach Roger von Howden wurde das Lösegeld um 50.000 Mark Silber erhöht. Die 100.000 Mark Silber nach Kölner Gewicht wogen etwa 23,4 Tonnen. Für die zusätzlichen 50.000 Mark sollte Richard 67 Geiseln stellen, sechzig für den Kaiser und sieben für den Herzog von Österreich. Kaiserliche Gesandte sollten in London das Silber entgegennehmen und in versiegelten Kisten ins Reich schaffen.[72] Das Lösegeld entsprach dem Dreifachen der Jahreseinnahmen der englischen Krone. Richards Freilassung wurde vom Kaiser auf den 17. Januar 1194 festgesetzt. Der französische König Philipp II. und der englische Prinz Johann Ohneland, die dies zu verhindern versuchten, boten zusammen ebenfalls 150.000 Mark Silber für die Auslieferung Richards bzw. 1.000 Mark für jeden weiteren Haftmonat an.[73] Daher berief Heinrich einen neuen Hoftag in Mainz für den Februar 1194 ein, um darüber mit den Fürsten des Reichs zu beraten, die aber auf der vereinbarten Freilassung Richards bestanden. Der Kaiser forderte dennoch, dass Richard aus seiner Hand das englische Königreich als Lehen annehme und eine nochmalige Sunmme von 5.000 Pfund Silber zahlen sollte. Nach dem Chronisten Roger von Howden wurde Richard dafür die burgundische Königskrone zugesagt.[74] Schließlich erlangte Richard am 4. Februar 1194 auf dem Hoftag in Mainz seine Freiheit zurück und leistete den verlangten Lehnseid. Der englische König wurde von den beiden Erzbischöfen von Köln und Mainz an seine Mutter Eleonore von Aquitanien übergeben. Die ungeheure Lösegeldsummer war beglichen und die verlangten Geiseln, darunter die beiden Söhne Heinrichs des Löwen, waren gestellt worden. Nun konnte der Kaiser endlich das von den Normannen besetzte Sizilien erobern.[75]

Gefangene Könige waren wertvoll. Der auf Kreuzzug nach Ägypten 1250 gefangene König Ludwig IX. handelte einen zehnjährigen Waffenstillstandsvertrag mit dem Sultan Turan Schah aus. Turan Schah verlangte für seine Freilassung neben der Aufgabe von Damiette zunächst ein Lösegeld von 500.000 Livres (1.000.000 Goldbezanten), wovon er dem französischen König in der Folge 100.000 Livres erließ, wie aus den Memoiren von Lord Jean de Joinville (um 1224–1317) hervorgeht.[76]

Jakob I. (engl. James I.; 1394–1437), seit 1406 nomineller König von Schottland, saß ebenso am Hof des englischen Königs Heinrich IV. in Haft. Sein älterer Bruder David Stewart herrschte als Statthalter für seinen gesundheitlich angeschlagenen Vater, wurde dann jedoch 1402 von seinem machtgierigen Onkel Robert Stewart gefangen genommen und verhungerte in seiner Zelle im Falkland

---

[72] Roger von Howden, Chronica, ed. Stubbs, RS 51.3, 216 f.
[73] Berg (2007), 208.
[74] Roger von Howden, Chronica, ed. Stubbs, RS 51.3, 227, zit. in: Görich (2018), 56.
[75] Engl (2017), 280 f.
[76] The Memoirs of the Lord of Joinville, Kap. II. 14, 168–170.

4.3 Wertvolle Gefangene und Geiseln

Palace. Robert III. schickte seinen einzigen überlebenden Sohn Jakob zur Erziehung nach Frankreich, um ihn dort in Sicherheit zu bringen. Auf dem Weg dorthin überfielen die Engländer jedoch das Schiff, brachten den jungen Kronprinzen als Geisel an den englischen Königshof und forderten ein hohes Lösegeld. Robert III. soll aus Kummer über die Entführung seines Sohnes gestorben sein. Jakob war zwar ab 1406 der rechtmäßige König Schottlands, wurde jedoch am Hof des englischen Königs Heinrich IV. festgehalten. Sein Onkel Robert Stewart, nach dem Tode Roberts III. Statthalter, hatte es mit der Bezahlung des Lösegelds nicht eilig, da er an der Rückkehr des Königs kein Interesse hatte. Vielmehr löste er seinen Sohn Murdoch Stewart aus, der ebenfalls in englischer Gefangenschaft saß. So verbrachte Jakob schließlich mehr als 18 Jahre im Schloss Windsor als Geisel des englischen Königs. Dort wurde er gut behandelt und im höfischen Leben unterwiesen. Erst 1420 wurde er für die ungeheure Summe von 40.000 Pfund freigelassen.[77] Das Verhältnis zum englischen König blieb ein gutes. Denn Heinrich V. schlug ihn am 23. April 1421 zum Knight of the Bath.[78]

Vornehme Gefangene durften nicht zu „unehrenhaften" Handlungen gezwungen oder mit dem Tod bedroht werden.[79] Ihre Freilassung geschah oft gegen die Zahlung eines Lösegeldes (*rancon*) Ein weiterer Vertrag regelte sodann in weiteren Details die Repatriierung. So wurde der Herzog von Bourbon erst nach wechselseitiger Stellung von Geiseln aus englischer Haft nach Frankreich überführt, als im Gegenzug zwei englische adlige Kriegsgefangene aus französischer Haft freikamen.[80] Die Gewährsmacht konnte im Falle der Verweigerung der Zahlung durch den Gefangenen vor Gericht (*voi de justice*) klagen, dessen Besitz kassieren oder ihm öffentlich die Ehre absprechen. Wer kein Lösegeld zahlen konnte, hatte ebenfalls mit Repressalien während seiner Gefangenschaft zu rechnen. Die Höhe des Lösegeldes war von den grundherrschaftlichen Einnahmen abhängig. Inhaftierte, die das nicht aufbringen konnten, blieben lange in Haft, wie das Schicksal der Herzöge von Bourbon und Orléans zeigt, die 15 bzw. 25 Jahre einsaßen. Neben den Familien bezahlten auch Zünfte bzw. Gilden oder Handelsgesellschaft und mitunter auch die Kirche die geforderte Summe oder Teile davon.[81]

Eine Gefangenschaft konnte für einen Adligen den Verlust der eigenen Herrschaft zur Folge haben. So erging es nach der Chronik der Grafen von Zimmern Graf Tschoffart zu Leinigen, der durch Jakob von Lichtenberg (1416–1480) gefangen genommen wurde und erst nach sieben Jahren und langen Verhandlungen,

---

[77] Mackay (1892); Brown (2004); Barrow (1991).
[78] Shaw (1906), 130.
[79] Stuke (2017), 92.
[80] Stuke (2017), 93.
[81] Stuke (2017), 93 f.

als er in der gefengknus schier verdorben war, *mit großer ranzon,* d. h. für eine hohe Summe, und *umb die grafschaft Leiningen und sonst große güeter* freikam.⁸²

Die Mainzer Stiftsfehde um den Stuhl des Erzbischofs 1459 zwischen Diether von Isenburg und Adolf II. von Nassau führte zum Badisch-Pfälzischen Krieg (1462–1463), der die Gefangennahme vieler Edler nach sich zog. Adolf fand in Georg, dem Trierer Erzbischof Johann II. von Baden, dem Bischof Johann II. von Speyer, dem Grafen Ulrich V. von Württemberg und Markgraf Karl I. von Baden Verbündete. Auf der anderen Seite stand vor allem Kurfürst Friedrich von der Pfalz, der seine Macht im Rhein-Neckar-Gebiet behaupten wollte. Am 30. Juni 1462 kam es es bei Seckenheim⁸³ zur Entscheidungsschlacht zwischen Friedrich I. von der Pfalz⁸⁴ und Graf Ulrich von Württemberg und seinen Bündnispartnern. Nach der Speierischen Chronik des Stadtschreibers Christoph Lehmann von 1612 konnten der Pfalzgraf auf der einen und der Bischof von Metz, der Markgraf von Baden und der Graf von Württemberg auf der anderen Seite je 800 Reiter und 2.000 Fußkämpfer aufbieten. Aber die letztgenannten Verbündeten waren *zwo myl wegs von dem reißigen gezuck,* d. h. ihrer Wagenburg mit dem Nachschub. Der Pfalzgraf erhielt nach der Speierischen Chronik vom Bischof Diether von Isenburg von Mainz, dem Graf von Katzenelnbogen und Graf Emich von Leiningen eine Verstärkung von 300 Reitern. Nachdem sich der Pfalzgraf nach Christoph Lehmann der Treue seiner Bündnispartner versichert hatte, kam es bei Seckenheim zwischen beiden Seiten zum Zusammenstoß. Der Pfalzgraf, der wohl 18 Ritter geschlagen hatte, obsiegte zusammen mit dem Mainzer Bischof. Und *alſo wart der margraff von Baden, der biſchoff von Metz und graff Ulrich von Würtenberg gefangen mit iren graffen, fryen rittern und knechten, alz davor geſchriben ſtat,* schreibt Lehmann. Den Bischof von Metz ließ er *in des babſtes gemach*⁸⁵ gefangenlegen, während er den Markgraf von Baden und den Graf Ulrich von

---

⁸² „Uf ain zeit aber hat er die sach übersehen, das er von dem herren von Liechtenberg geschlagen und gefangen worden. Man hat in uf Liechtenberg siben jar lang an ainandern in der gefengknus gehabt, das sich weder seine freundt, noch niemandts anders sein beladen oder annemen wellen. Letztlichs, als er in der gefengknus schier verdorben, do haben die liechtenbergische edelleut und ander hofgesünde sovil underhandlung gepflogen, das er, idoch mit großer ranzon, wider ledig worden. Es hat herr Jacob von Liechtenberg grave Tschoffarten in der gefengknus oder in der erledigung nihe gesehen, welches die diener mit höchstem fleis verwart haben; dann zu besorgen, der herr von Liechtenberg het im selbs nit entziehen künden, sonder het in über alle gepflogne handlung und vergleichung umbgebracht. Und von der zeit an haben der grafen von Leiningen sachen anfahen wider fallen, oder sich doch senken, dann sie hernach umb die grafschaft Leiningen und sonst große güeter mer kommen sein.", Zimmerische Chronik 1, 472.

⁸³ Zur archivalischen Überlieferung vgl.: Graf (2016) (online).

⁸⁴ Zu Friedrich dem Siegeichen vgl.: Fuchs/Spieß (Hrsg.) (2016); Seehase/Ollesch (Hrsg.) (2012).

⁸⁵ Der Bischof von Metz wurde auf die Burg Eichelsheim gebracht und im selben Raum eingesperrt wie zuvor der Gegenpapst Johannes XXIII.; vgl. dazu: Rieger (1824), 9 f.

4.3 Wertvolle Gefangene und Geiseln 129

Württemberg *off sin floß gein Heidelberg* brachte. Dort *leyt yclichen sunder in ein kamer und liß auch yglichem yfenring an legen und ketten und gab ir yglichem zwen edelman zu und ein kneht*, die die angeketteten Gefangenen Tag und Nacht bewachten. Aber *er hilt den margraffen harter dan den von Wurtenberg*. Das wäre darum geschehen, *daz der margraff trulos und meineidig an im waz worden von zweier lehen wegen, die er von der Pfalz hett*. Und als das alles geschehen war, *do brante der pfalzgraff dem bischoff von Spier*[86] *alle sin dorffer abe hie dissyt Rines* und richtete auch weitere Verwüstungen an. So *brante der keller zu Swetzingen und die blutzappfen sant Germansberg*[87] *den stifft by Spier abe*. Drei Wochen später *zoch der pfalzgraff vor ein floß und ein stettel, heißet Rodenburg*[88], welches dem Bischof von Speyer gehörte. Als die Einwohner sich nach wohl fünf Tagen Belagerung ergaben, lies er *yederman bliben by dem sinen*, machte also keine Gefangenen. Allerdings verlangte er einen Treueschwur und sie *swurent im, in vorbaßer vor einen herren zü han*, so Lehmann.[89]

---

[86] Bischof von Speyer.
[87] Das Stift St. German außerhalb Speyers gegen Süden wurde schon 1422 durch die Bürgerschaft verbrannt und zerstört; vgl.: Repertorium der Geschichte und Staatsverfassung von Teutschland: nach Anleitung der Häberlinschen ausführlichen Reichshistorie (1789), 187.
[88] Rethenberg bei Wiesloch.
[89] „[Schlacht bei Seckenheim.] 1462, 558. Item off mytwoch vor unser lieben frauwen dag visitatio Mariae virginis [30. Juni], alz die nyder lag geschach by Seckenheim anno etc. 62 jar, do hette der pfalzgraff off 800 pfert und 2 tusent fußgender, und zoch von Leymen rüffer. in dem branten der bischoff von Metz, der margraff von Baden und der von Würtenberg off den pfalzgraffen bißgein Laudenberg, und hetten auch by den 800 pferden, und ir wagenburg hinder in gelassen sten by dem dorff zu Sant Len, und hetten auch off 2 tusent fußgent volg dar by; aber sie warent wol zwo myl wegs von dem reißigen gezuck. In dem kam der von Ysenburg der bischoff von Meintz, und der graff von Katzenelbogen und graff Emych von Lynyngen zu dem pfalzgraffen wol mit drü hundert pferden. do waz der pfalzgraff fro und drapp ten all gemach durch daz welden by Seckenheim und do wordent sie der fyentsychtig und die fyent ir wiederumb. in dem schickten sie off beide sitten, daz sie ir spitz machten. in dem kam des pfalzgraffen fußvolg zu im, und do reit der pfalzgraff zum fußgent volg und sprach zu in, daz sie hut diß tags yrem natuerlichen herren hulffen und detten alz from lüt, wan sie wusten wol, daz er ir natuerlich herre were und nymantz anders, und sych werten alz from lutte. Do sprachent sie: ‚lieber herre, wir wollent alle sament libe und leben mit uch wogen und wollent auch mit uch sterben und genessen.' und dar nach reit er zu graff Emychen von Lynyngen und sprach zu im: ‚Emych, du und ich sint in fyent schaff mit ein gewesen und habent off beide sytte den andern vil zu leide getan, und einer dem andern großen schaden zü. gefügt; waz sol ich mich hut zu dir ver sehen?' Do sprach graff Emych: ‚gnediger herre, nit anders dan gutz, ich bin herkomen mit mym gnedigen herren von Meintz üch zü hilff und wil auch lip und leben vor uch wagen.' und also flug in der pfalzgraff ritter und her Wiprecht von Helmstat der schlug den pfalzgraffen ritter. und also sprach er zu dem von Assenburg zum bischoff von Meintz, er solt wieder gein Heidelberg ritten. do sprach der bischoff von Meintz: ‚daz wol got nit, waz da hin geschehen sol und geschicht, daz ist mynen halben und des styfts zu Meintz, ich wil by uch sterben und genesen.' do sprach der pfalzgraff: ‚myn wan hat mich nit betrogen.' und sprach zu in: ‚hut pfalzgraff und nymmer mee!' Und also trappten die vorritter von beiden hern und schussent sych mit ein ander, und dar nachtroffent beide huffen mit ein ander, daz was zwuschen 12 und ein uwer, und gesygt der pfalzgraff und der bischoff

Friedrich I. von der Pfalz behandelte also seine adligen Standesgenossen alles andere als ritterlich, sondern warf sie in den Kerker.

Graf Ulrich von Württemberg, der in der Schlacht von Seckenheim angesichts der Niederlage weiterkämpfen wollte, erhielt vom Ritter Hans (der Kecke) von Gemmingen eine Aufforderung zum Zweikampf. Schlussendlich ergab sich Ulrich von Württemberg, überreichte Handschuh und Waffen und wurde von Hans von Gemmingen gefangengenommen.[90] Mehrere Gefangenenlisten sind archivalisch überliefert.[91] So enthält etwa Christoph Jakob Kremers Urkundenbuch von 1765 ein *Verzeichnis derjenigen Edlen und Rittern, welche in dem Treffen bei Seckenheim den 30. Jun. 1462 in pfälzische Gefangenschaft gekommen sind*, welches 124 Namen auflistet.[92] Auffällig ist die hohe Zahl der gefangenen Adligen und die Anfertigung vieler Namenslisten für die regierenden Reichsfürsten, die die kurpfälzische Position politisch stärken sollte.[93] Pfalzgraf Friedrich lud nach der 1541 abgeschlossenen Schwäbisch Haller Chronik von Johann Herolt die adligen Gefangenen zu einem Festbankett ohne Brot ein mit der Begründung, dass diese

---

von Meintz. und hette der pfalzgraff wol 18 ritter geſlagen und her Wipreht von Helmſtat ritter, der den pfalz graffen ritter hatte geſlagen, wart off dez pfalzgraffen ſitten erſlagen. und alſo wart der margraff von Baden, der biſchoff von Metz und graff Ulrich von Würtenberg gefangen mit iren graffen, fryen rittern und knechten, alz davor geſchriben ſtat. Item den biſchoff von Metz ließ er gein Manhein legen gefangen in des babſtes gemach; item den margraffen von Baden und graff Ulrich von Würtenberg ließ er gefangen ligen off ſin floß gein Heidelberg. und leyt yclichen ſunder in ein kamer und ließ auch yglichem yſenring an legen und ketten und gab ir yglichem zwen edelman zu und ein kneht, die ir wartent tag und naht? aber er hilt den margraffen harter dan den von Wurtenberg. Er gab auch den wurtenbergſchen ritter und knehten tag 4 wochen und wolt des margrafen ritterſchafft und edeln kein tag geben. daz waz alles dar umb, daz der margraff trulos und meineidig an im waz worden von zweier lehen wegen, die er von der Pfalz hett, und zoch vor, der babſt hette in gelediget aller glubde und eyde. Und in dem und vor dem alz daz geſchehen waz, do brante der pfalzgraff dem biſchoff von Spier alle ſin dorffer abe hie diſſyt Rines und dort ginſyt, an die ge brantſchetzt warent. und dar nach brante der keller zu Swetzingen und die blutzappfen ſant Germansberg den ſtifft by Spier abe, alle der paffen hoffe ab und die zün an den gerten, und zwo müln by der leymgruben, und waz ſie funden von floß und yſenwerg und bly, dazbrochen ſie alles abe und drügentz mit in einweg. Item dry wochen nach der nyderlag zoch der pfalzgraff vor ein floß und ein ſtettel, heißet Rodenburg und iſt des biſchoffs von Spier, und lag dar vor wol fünff tag, da ergobent ſie ſych und er ließ yederman bliben by dem ſinen, und ſwurent im, in vorbaßer vor einen herren zü han.", Quellenſammlung der badiſchen Landesgeſchichte, Nr. 226, 472.

90 Roder (1877), 22.
91 Vgl. mit Fundorten: Graf (2016).
92 Urkunden zur Geschichte des Kurfürsten Friedrichs des Ersten, von der Pfalz, 277–279 (online).
93 Studt (2009).

4.3 Wertvolle Gefangene und Geiseln   131

das gethrait uff dem veld verwust haben.[94] Gustav Schwab griff Anfang des 19. Jahrhunderts diese Legende in seiner bekannten Ballade auf.[95]

Wahr sind dagegen die beträchtlichen Lösegeldforderungen des siegreichen Pfalzgrafen Siegfried von 1463.[96] Bischof Georg von Metz (Bischof von Metz 1459–1484, zuvor Markgraf von Baden 1453–1454) sollte für seine Freilassung 15.000 Gulden sofort und 20.000 Gulden später entrichten und sein Bruder Markgraf Karl I. von Baden 20.000 Gulden zahlen. Ulrich von Württemberg kam nur gegen eine Zahlung von 100.000 Gulden frei, die er in einer zehnjährigen Frist zu begleichen hatte. Auch den Schmuck seiner Frau wollte Friedrich haben. Ferner sollte Karl für seine Haftentlassung seine Anteile an den Herrschaften Besigheim, Kreuznach sowie der Grafschaft Sponheim als Pfand abtreten und Pforzheim zum pfälzischen Lehen erklären oder 50.000 Gulden dazugeben. Ebenso verlor sein Bruder Georg und Ulrich Herrschaftsgebiete an den Pfälzer Sieger. Auch mussten alle drei Adligen auf künftige Bündnisse gegen ihn oder weitere Kriege verzichten.[97] Trotz öffentlicher Sammlungen konnte die Grafschaft Württemberg die exorbitante Summe für die Freilassung Ulrichs nicht aufbringen.

---

[94] „Dreyer fursten niderlag. Anno domini 1462 da fieng der pfaltzgraff am Rein graf Ulrichen von Wurttemberg, denn marggraven von Baden unnd bischoff vonn Mayntz am mittwoch nach Petri und Pauli in freyem feldt. Als dise fursten aber das gethrait uff dem veld verwust haben, hat der pfaltzgraf, nachdem er sie gefanngen, inen ein furstenmal zugericht, aber kein brodt darzu geben, das sie inen gefragt, was er damit meint. Darauff er geantwurt, sie haben das gethrait uff dem veld verwust, welches niemandt (entrathen) mag.", Geschichtsquellen der Stadt Hall, 162.

[95] Zit. nach: Neuffer (Hrsg.) (1823), 213–218.

[96] „Jtem hernach stett geschriben, die schatzung der dreyer fursten, bischoff von Metzs, marggraff Karll von Baden, der von Wirttenbürgk, das mein gnediger her, der pfalltzgraff ving vnd der nider legget myt sampt jrn rittern vnd knechtenn etc. Jtem der bischoff von Metze, ist auff Samstag vor sandt Atthomantag anno etc. lxiij [...] auß gefencknuß gelassen [...] Item er vnd sein ritterschafft sein verpuntlich worden wie der marggraff.", Lösegeldforderungen des Pfalzgrafen Friedrich I. (1463), Hs. 329, 14. 36 v–37 r. (GEB online).

[97] „Anno Domini MCCCCLXVIII. Am Sambstag nach Antonii / ist der Bischof von Metz ledig worden. Am ersten hat er gegeben funffzehentausent gulden. Item er sol in etlichen Jahren geben zwantzig tausent gulden. Auch hat er ihm an Land geben / das Frießland / das mag er wider lösen umb zehen tausent gulden. Item darzu sol er allen unwillen und ungnad gegen dem Bapst / unnd dem Kayser in der frist abtragen / oder darfür geben zehen tausent gülden. So ist der Bischoff mit allen seinen mitgefangenen verbündlich worden / wider den Pfaltzgrafen nicht stehen / noch versprechen / noch schaffen zu thun / weder heimlich noch öffentlich / ohn gefehrde. Item Markgraf von Baden ist am Pfingsttag nach Quasimodogeniti ledig worden / Anno / ut supra. Am ersten hat er geben zwantzig tausent gulden. Besigkaim mit seiner zugehörung / mag er lösen für dreissigtausent gulden. Der Pfaltzgraf hat darauff zum baw viertausend gulden / sol er zahlen nachdem sie verbawet sind. Item Pehenhaim mit seiner zugehörung mag er lösen für zehentausent gulden. Item / Sponhaim / die Graffschaft / und was zu Kreutznach gehöret / mag er lösen für zwantzigtausent gulden. Item Pfortzhaim mit seiner zugehörung sol der Markggraf unnd seine Erben hinfür zu Manlehen empfahen von der Pfaltz / oder darfür geben funfftzig tausent gulden. Item er und seine mitgefangene seynd dem Pfaltzgrafen verbündlich

Friedrich musste sich mit 100.000 Gulden und wenigen Einräumungen begnügen und ließ seinen Gefangenen am 27. April 1463 frei.[98]

Gefangene Adlige wurden keineswegs immer ihrem Stand gemäß behandelt. Das zeigt auch ein Beispiel von 1452 aus der Zimmerischen Chronik, nach dem der Graf von Leiningen und der Herr von Ochsenstein nebst anderen *uber alle maßen hart gehalten* wurden und Ochsenstain sowie Leiningen nebst anderen *schlöss- und ligenden guetern mer dann fur sechzig tausendt gulden hingeben* mussten.[99] Der württembergische Graf Eberhard I. im Bart hatte 1480 auch Sulz eingenommen, Hans von Geroldseck und seine drei Söhne ergriffen und *gefengklich geen Urach gefurt und daselbst zwai jar in schwerer gefengknus gehalten, iedoch zu letst wider ledig gelassen*.[100]

Einer der bekanntesten Gefangenen des 16. Jahrhunderts war der französische König Franz I., der während der Schlacht bei Pavia 1525 in die Hände der Truppen Karls V. geriet. Er wurde zum Kaiser nach Madrid überführt und als Gefangener in der Zitadelle von Madrid respektvoll behandelt. Für seine Freilassung musste er 1526 den Frieden von Madrid unterzeichnen, der Karl den Besitz Mailands, Genuas, des Herzogtums Burgund und Neapels zugestand.[101]

/ als der Bischof. Auch alle gerechtigkeit ist ab / die der Marggraf vermeynet hat zu haben zu Handenhaim und zu Epping. Der von Wirtenberg Graf Ulrich ist ledig worden in der wochen vor Cantate / anno, quo supra. Er sol geben hundert tausent gulden / dieselben bezahlen in zehen Jahren / oder sol nach der frist Güld davon geben. Jetzund muß er ihm eingegeben zwo Stät / Petternaw and Wellingen. Er sol auch Lehenstain unnd Meckenmül (die seine Fraw innegehabt) wider geben. Er sol Mirpach mit seiner zugehörung zu Manlehen empfahen: So er dz sein nit mehr thin will / sol er der Pfalz geben funfftzig tausent gulden. Sein Ritterschafft ist auch verbündlich als die andern. Auch alle Klainoder / die sein Fraw hinweg hat / widergeben.", Historia rerum Friderici II. gestarum, 148–150.

[98] Schneider (1895).

[99] „Do ward der graf von Leiningen, der herr von Ochsenstain, aucb sonst mer dann ainhundert on herrn und vom adel, erschlagen und gefangen; was lebendig blib, ward zum tail gen Litzelstain gefurt und uber alle maßen hart gehalten. Man handlete vil darzwuschen, es ward aber im nachgehenden jar erst, anno 1452, uf die faschnacht vergleichen, und musten Ochsenstain, Leiningen und andere an gelt bar und dann an schlöss- und ligenden guetern mer dann fur sechzig tausend gulden hingeben.", Zimmerische Chronik 1, 358 f.

[100] „Do hat der graf ganz unversehen herr Hannsen das schloß über bemelten burgfriden und darnach die statt und herrschaft Sulz einnemen lassen. Herr Hannsen von Geroltzeck hat er gefengklich geen Urach gefurt und daselbst zwai jar in schwerer gefengknus enthalten, iedoch zu letst wider ledig gelassen. Sollichs einnemen Sulz und gefengknus ist beschehen anno 1480, [...].", Zimmerische Chronik 1, 295.

[101] Kohler (1990), 8–10, 123 f.; Babel (2005), 15–41; Strohmeyer (2006), Abschnitt 132–143.

4.4 Einfache Gefangene und Geiseln

Italienische Städte nutzten Kriegsgefangene bis zum Abschluss eines Friedensvertrages, wie aus einem Schreiben der Bürgerschaft von Siena an die Stadt Orvieto 1235 hervorgeht (*Petitio ut captivi restituantur*).[102] Auch Genuesen nahmen zahlreiche Pisaner nach der Seeschlacht von Meloria vom 6. August 1284 gefangen und hielten sie bis zum Abschluss eines für Genua vorteilhaften Friedensvertrages in Haft.[103] Ihr Schicksal ähnelte dem von Straftätern, auch wenn sie in der Regel nicht zusammen und ihrem Stand nach eingesperrt wurden.[104] Seit dem 13. Jahrhundert gab es in einigen italienischen Städten bereits Überlegungen zur Einführung eines Kriegsgefangenenstatus.[105] So wurden in Forli im 14. Jahrhundert Kriegsgefangene unter dem Schutz des Staates gestellt und private Gefängnisse verboten. In der Realität reichten aber die öffentlichen festen Gebäude für eine größere Masse von Gefangenen nicht aus, weswegen sie in schnell hergerichteten Kellern, Gewölben, Kirchen, Getreidespeichern oder Schiffen dahinvegetierten. Überzählige Gefangene ließ man im Hemd (*in camicia*) nach deutscher Sitte (*mos teutonicus*) Urfehde schwören, nachdem man ihnen ihre Waffen und sonstige Ausrüstung abgenommen hatte.[106] Hin und wieder wurden Gefangene auch bei Bürgern inhaftiert, wenn die Gefängnisse überfüllt waren.[107] Auch wenn Kriegsgefangene bereits zu dieser Zeit in Italien als Angehörige des Staates galten, so konnte man angesichts großer Zahlen nicht auf die private Inhaftierung verzichten. Bereits Friedrich II. hatte seine süditalienischen Vasallen nach der Schlacht von Cortuenuova 1237 unter Verweis auf das *mos imperii*, einem Gewohnheitsrecht, gezwungen, Kriegsgefangene auf ihren Besitzungen zu internieren, ohne ihnen aber das Recht zuzusprechen, sie gegen Lösegeld freizulassen.[108]

Städte stellten in Konflikten Geiseln. Als die Züricher die Stadt Rapperswil zerstörten, rief dies Herzog Albrecht II. als Schutzherr und ein Verwandter des Rapperswiler Grafen Johann II. aus dem Haus Habsburg-Laufenburg auf den Plan. Zur Abwehr der habsburgischen Gefahr bechworen die Züricher am 1. Mai 1351 ein ewiges Bündnis mit der Eidgenossenschaft. Die Hauptlast im Krieg mit Herzog Albrecht II. von Habsburg trug trotzdem Zürich. Die Chronik der Stadt berichtet anlässlich der habsburgischen Bedrohung von 1351, dass die Züricher

---

[102] Regestum senese. Regesten der Urkunden von Siena I, Nr. 989, 437; Zug Tucci (2001), 125 f.
[103] Zug Tucci (2001), 126.
[104] Zug Tucci (2001), 127.
[105] Zug Tucci (2001), 128.
[106] Zug Tucci (2001), 129.
[107] Zug Tucci (2001), 130.
[108] Historia diplomatica Friderici secundi V, 1, 223; Zug Tucci (2001), 130.

am 14. September 16 vornehme Ratsherren als Geiseln stellten, um Herzog Albrecht zu besänftigen. Dieser ließ sie jedoch trotz seiner Versicherung, *ir lib und ir gůt ze schirmen* fangen *und in tůrne werfen und hůb die gar ni hert gefangnúss*.[109]

Über einfache Kriegsgefangene im Mittelalter wissen wir im Unterschied zu prominenten adligen Geiseln, die in der Regel die Vorzüge ihres adligen Standes genießen konnten, nur wenig.[110] In den lateinischen Quellen werden sie als *captivi, carcerati, incarcerati, detenti* oder *obsides* bezeichnet.[111]

Einfache Kriegsteilnehmer wurden im europäischen Mittelalter oft genug an Ort und Stelle niedergemacht, es sei denn, ein geschickter Anführer konnte dies verhindern. So berichtet Lampert von Hersfeld, dass es Herzog Otto nur mit größter Mühe gelang, in der Schlacht vom 2. September 1070 bei Eschwege[112] seine Männer davon abzuhalten, die geschlagenen Thüringer an Ort und Stelle zu massakrieren:

> „Nachdem Herzog Otto das Zeichen zur Zurücknahme der Truppen gegeben hatte, seine Leute aber nur mit größter Mühe vom Niedermetzeln der Feinde hatte abbringen können, blieb er noch eine Zeitlang in demselben Lager, dann, als sich der Tag schon zum Abend neigte, entließ er die meisten seiner Truppen in Frieden in ihre Heimat."[113]

Das III. Laterankonzil untersagte 1179 die Versklavung christlicher, nicht aber muslimischer Gefangener.[114] Dennoch brachten die siegreichen Engländer nach der Schlacht bei Dunbar vom 27. April 1296 über 100 ihrer schottischen Gefangenen um.[115] Mitunter wurde vor dem Gefecht über die Behandlung von Gefangenen verhandelt. Der englische König Heinrich V. befahl in der Schlacht von Azincourt am 25. Oktober 1415, alle französischen Gefangenen zu töten. Daher

---

[109] „Dis stůnd uf den nåchsten des hailgen crúzes tag ze herbst [14. Sept. 1351], do lait sich herzog Albrecht mit ainem großen zúg fúr únser statt hie disent der Glatte bi Örlikon, bi Swamendingen [Schwamendingen oder Schwandingen], bi Affoltren [Affholtern] uf und ab wolt mit 16 tusent mannen ze ross und ze fůß und hette úns gern úbel getan durch sinen großen můtwillen, darúber das wir es mit kainen sachen verschuldt hatten. [...] Und darumb dem herzogen ze eren und das der zúg ůfbreche und zerritte, do santen wir 16 der erbersten von únsern reten Zúrich gen Baden und gen Brugg, die da in giselhaft lågin und laisten sölten, durch das die richtung unverzogenlich ain frúndlichen ustrag gewunne uf ain getrúven gerumten frid oder uf ainen steten sůn. Die selben 16 únser burger nam ouch der herzog in sin gnad und lopte ir lib und ir gůt ze schirmen alle die wile, so si da laistin und ir gesellschaft werti, und gab ouch úns darumb sinen offen besigelten brief. Und do sich die selben sechzehen únser burger also antwurtent in geselschaft und taten, was sie tůn solten, do hieß herzog Albrecht si vachen und in tůrne werfen und hůb die gar ni hert gefangnúss.", Chronik der Stadt Zürich, Nr. 57, 56 f.
[110] Vgl. zu dem kaum erforschten Thema der Kriegsgefangenschaft im Mittelalter: Nöding, (1999); Zug Tucci (2001); Clauss (2008); Walter-Bogedain (2015).
[111] Zug Tucci (2001), 127.
[112] Hochhuth (1826), 125 f.
[113] Lampert von Hersfeld, Annalen, 131.
[114] Lampert von Hersfeld, Annalen, 130.
[115] FIRST BATTLE OF DUNBAR (1296) (online).

4.4 Einfache Gefangene und Geiseln

überlebten eher die adligen Gefangenen, die ein höheres Lösegeld versprachen, so Karl, Herzog von Orléans, Johann I., Herzog von Bourbon, Georges de La Trémoille, Graf von Guînes, Jean II. Le Maingre, Marschall von Frankreich, Arthur de Richemont, der spätere Herzog der Bretagne, Louis von Bourbon, Comte de Vendôme, und Charles d'Artois, Graf von Eu. Wie viele französische Gefangene den Mordaufruf des englischen Königs überlebten, ist nicht bekannt. Die zeitgenössischen Quellen berichten von 700 bis 2.200.[116] Viele Gefangene kamen nach der Zahlung des Lösegeldes in Calais wieder frei, während 282 Gefangene einen Teil ihrer Gefangenschaft in England verbrachten.[117]

Einfache Gefangene wurden in Burgen und Städten zumeist in eigenen Verließen, meist fensterlosen Räumen, im untersten Teil eines Burgturmes oder in den Kasematten einer Festung eingesperrt. Diese Räume waren oft nur durch die Decke über eine einzige Öffnung, dem Angstloch, zugänglich.[118] In der Meersburg gab es für Gefangene ein etwa 9 Meter tiefes fensterloses Verlies. Einzelne Inschriften von Inhaftierten in der Kerkerwand weisen auf diese Nutzung hin. Aber nicht jedes erhaltene Verlies in Burgen wurde auch für die Aufnahme von Gefangenen genutzt. Auch konnten nicht alle Inhaftierte nach einer Schlacht bewacht werden. Als die genuesische Flotte 1240 gegen die der Pisaner unterlag, gelang vielen an Land gebrachten Gefangenen die Flucht.[119]

Gefangene wurden oft nach dem Schwur einer Urfehde entlassen, mussten also versprechen, sich nicht für die erlittenen Qualen zu rächen. So brachten die österreichischen und württembergischen Truppen während der Auseinandersetzung mit der Reichsstadt Rottweil im Jahr 1444 ihre Inhaftierten nach Rottenburg und Tübingen und setzten sie in den Türmen bis zum Schwur der Urfehde fest.[120]

Die Züricher Chronik berichtet von der Belagerung der elsässischen Feste Schwanau bei Erstein im Elsass, auf der während der Belagerung im Jahr 1331 der Herr von Gerentzseg einen Gefangenen an Hunger sterben ließ und die anderen so schlecht hielt, *das si ströw und höwe aßent.*[121] Nach anderen Quellen begann die Belagerung der Burg Schwanau am 25. April 1333 und endete am 1. Juni.[122]

---

[116] Curry (2005), 285 f.
[117] Curry (2005), 289 f.
[118] Zeune (1999); Burger (2009).
[119] Nöding (1999), 114.
[120] „Darumb die Osterreichischen und Wurtenbergischen dieselbigen all gefengelich annammen, furten die geen Rottenburg und Tibingen. Da warden sie in turnen ganz sicherlich behalten, das sie zu letzsten fro wurden, das sie schwueren.", Zimmerische Chronik 1, 294.
[121] „Anno domini 1331 jar, ze mitten ougsten, wart Swanow [Feste Schwanau bei Erstein im Elsass] gewunnen von den richtstetten. Es was ein röbhus. Es was 12 wuchen schön, das es nie geregnet. Do sprach der burgherr: Gott krieget selb mit mir. Do wart der vil güt win. Der selb von Regensperg [Gerentzseg] lies ain gefangen hunger sterben, das si ströw und höwe aßent.", Chronik der Stadt Zürich, Nr. 35, 39.
[122] Chronik der Stadt Zürich, Anm. 1, 39.

Abb. 10: „Angstloch" auf Burg Wildenburg, eine Öffnung im Boden zur Herablassung eines Gefangenen in ein unterirdisches Verlies. Oft handelte es sich auch um Kellerräume, Fotografie.

Mitunter wurden Menschen allein aufgrund ihrer bloßen Zugehörigkeit zu einer Herrschaft oder einer Stadt umgebracht. So plünderten die Freiburger nach der Zimmerischen Chronik 1347 im Krieg gegen den Grafen Egino III. von Freiburg (gest. 1385) dessen Schloss und rissen es nieder. Auf einer anderen Burg namens *Weir* fanden sie *zwen jungen vom adel, Zornen, die hetten mit dem krieg nichts zu thuon und wurden doch von denen von Freiburg haimlichen in der gefengkuus unschuldigclichen erschlagen und ermurt*, was den Freiburgern Ärger mit dem Landesherrn aber auch der Stadt Straßburg einbrachte.[123]

---

[123] „Über etliche jar und nemlich anno 1346, do wolt graf Egon von Furstenberg [Egino III., Graf von Freiburg (nicht Fürstenberg)] seinen vorgelittnen schaden rechen und die statt haimlich erstigen haben, aber der anschlag brach uß und warden die von Freiburg gewarnet. In der nacht, wie die statt sollt ingenomen sein worden, im nachvolgenden jar 1347, namen die von Freiburg das schloß, so ob der statt lag, mit listen ein, blunderten das und brachens ab. Derhalben kam es abermals zu aim offenlichen krieg, das sie ainandern beiderseits angriffen und plagten. Die von Freiburg zogen zum Weir und gewonnen das. Sie fanden darauf zwen jungen vom adel, Zornen, die hetten mit dem krieg nichts zu thuon und wurden doch von denen von Freiburg haimlichen in der gefengkuus unschuldigclichen erschlagen und ermurt, darumb dann die landtsherren, auch menigclich, insonderhait aber die statt Straßburg denen von Freiburg übel zuredten.", Zimmerische Chronik 1, 188 f.

4.4 Einfache Gefangene und Geiseln

Im Alten Zürichkrieg von 1436–1450 ging es den Kriegsgefangenen der Habsburger und ihren Bündnispartnern sowie der Eidgenossen oft ans Leben. So wollten die Bürger von Zug am 29. März 1445 einen Gefangenen von Zürich, den sie in einen Turm sperrten, zunächst ertränken. Aber Gott half ihm aus der Gefangenschaft, so dass er sicher nach Hause kam, weiß die Chronik der Stadt Zürich.[124] Der Habsburger Albrecht VI., ein Bruder Kaiser Friedrichs III., eilte am 30. April 1445 mit einem Heer den Zürichern zur Hilfe. Dabei wurden *vor der statt wol 7 Schwitzer erstochen und 14 gefangen; dann schlügend si die köpf ab*, berichtet dieselbe Chronik.[125] Die Eidgenossen wollten am 20. August 1445 zwei gefangene Züricher in dem von ihnen besetzten Bremgarten vierteilen, die aber aus dem Gefängnis freikamen und in ihre Heimatstadt zurückgelangten.[126] Am 8. Januar 1446 *brantand die von Raproschwil*[127] *ain Schwitzer*, den sie verdächtigten, ihre Stadt angezündet zu haben.[128] Am 10. März 1446 wurden *16 Schwitzer enthoptat ze Eglisow, und 7 wurdent da erstochen*.[129]

Das Stellen von Geiseln war auch in den eidgenössischen Kriegen üblich. Als Ludwig IV. der Sanftmütige, Pfalzgraf bei Rhein und Reichsvogt im Elsass, am 29. Dezember 1446 *ainen tag ze Costenz zwüschent den fürsten und den edlen und den von Zürich an aim tail und allen Aidgenossen ze dem andern tail* auf den 13. August 1447 für Friedensverhandlungen zur Beendigung des Alten Zürichkrieges bestimmte, wurde schließlich gesetzt, *das die Aidgenossen soltent 2 man dar geben und die von Zürich och 2, und der fünft solt genomen werden usser ainer richstatt inrent ainem monat*.[130] Formell ging der Krieg erst 1450 zu Ende. Doch der Frieden war nur von kurzer Dauer. Zehn Jahre später eroberten die Eidgenossen den Turgau.[131]

In den Schweizer Kriegen in der Frühen Neuzeit wurden gefangene Landsknechte nicht inhaftiert, sondern sehr oft hingerichtet:

---

[124] „Darnach uf mentag in der osterwochen was gefangen ain Ziegler von Zürich ze Zug in ainem turn, und den woltand si mornendes ertrenkt haben. Und dem half gott us der gefangenüst und kam gen Zürch.", Chronik der Stadt Zürich, Fortsetzungen II, 218.

[125] „Item darnach uf den fritag ze hindrist in dem abrellen, do kam herzog Albrecht von Österrich ze dem ersten in die statt gen Zürich. Und uf den selben tag, do kamend die mär gen Zürich, das die edlen ze Löffenberg hattend davor uf der mitwochen vor der statt wol 7 Schwitzer erstochen und 14 gefangen; dann schlügend si die köpf ab.", Chronik der Stadt Zürich, Fortsetzungen II, 218.

[126] „Item darnach in dem selben jar, an dem 20. tag ogsten, do warend zwen man von Zürich gefangen ze Bremgarten und die woltand si mornendes haben gefiertailt. Die kamend us der gefanknüss gen Zürich.", Chronik der Stadt Zürich, Fortsetzungen II, 218 f.

[127] Rapperswil.

[128] „A. d. 1446 do brantand die von Raproschwil ain Schwitzer, der wolt inen ir statt verbrannt haben, uf samstag nach der hailigen dri küng tag.", Chronik der Stadt Zürich, 220.

[129] „Item darnach am 10. tag merzen, da wurdent 16 Schwitzer enthoptat ze Eglisow, und 7 wurdent da erstochen.", Chronik der Stadt Zürich, 220 f.

[130] Chronik der Stadt Zürich, 221 f.

[131] Zum Alten Zürichkrieg vgl.: Berger (1978); Niederstätter (1995); Stettler (2004); Niederhäuser/Sieber (Hrsg.) (2006).

> „Am Ostersonntag 1525 war an dem Schwiegersohn Kaiser Maximilians I. [...] und zahreichen anderen Adligen [...] vom Bauernheer die Landsknechtsstrafe vollzogen worden. Sie wurden durch die Spieße gejagt und ermordet."[132]

Der englische Humanist Thomas Morus bezeichnete 1516 in seinem Roman „Utopia" die Schweizer Reisläufer als „Zapoleten" und setzte sie Barbaren gleich, weil sie sich gegen Geld fremder Herren verpflichteten.[133]

Aus dem Verzeichnis der Landshuter Kriegsverwaltung für das Jahr 1462 über alle Kriegsgefangenen geht hervor, dass diese für den Landesherrn einen nicht unerheblichen materiellen Wert besaßen und deswegen nicht einfach hingerichtet wurden.[134] So trennt die Ordnung zwischen „schatzbaren", also vermögenden, und weniger wertvollen Inhaftierten, wie Fußknechten oder Bauern, für die kein Lösegeld erwartet werden konnte. Die Landsknechte des Herzogs bekamen trotzdem auch für die armen Gefangenen einen „Fanggulden". Ferner sind Nichtkombattanten aufgelistet.[135] Die Kriegsparteien stellten oft gegenseitig hohe Lösegeldforderungen, wie aus den Nürnberger Waffenstillstandsverhandlungen zwischen dem Kasier und dem bayerischen Herzog vom 22. August 1462 hervorgeht.[136] Je mehr Gefangene eine Seite besaß, umso leichter erschien der Gefangenenaustausch. So enthalten zahlreiche „Austauschzettel" aus dem Krieg Herzogs Ludwig des Reichen gegen Markgraf Albrecht Achilles von Brandenburg die Namen der ausgetauschten Gefangenen.[137] Ferner wurden sechs Landsknechte des Ulrich von Frundsberg (1425–1501) gegen sechs Söldner des fränkischen Adligen Peter von Wilhelmsdorf ausgewechselt.[138] Der Nürnberger Waffenstillstand im Fürstenkrieg enthielt auch einen Passus über die Freilassung der Gefangenen für die einjährige Gültigkeit des Vertrages bis zum endgültigen Friedensvertrag vom 23. August 1463 in Prag.[139]

4.5 Freikauf von Gefangenen

Bereits die Apostelgeschichte beschreibt die wunderbare Befreiung des Petrus (Apg 12,6–11). Danach gilt der unzugängliche Kerker als heiliger Ort, an dem Engel erscheinen. Frühe Christen begriffen die Gefangenschaft sowohl als Strafe

---

[132] Zit. nach: Götz von Berlichingen, Mein Fehd und Handlungen, 122.
[133] Schweers (2005), 237 f.
[134] Schweers (2005), 60.
[135] Schweers (2005), 62 f.
[136] Briefe und Acten zur österreichisch-deutschen Geschichte im Zeitalter Friedrichs III. Nr. 355; Tresp (2018), 64.
[137] Tresp (2018), 65.
[138] BayrHStA, Neuburger Kopialbücher 41, fol. 199; Tresp (2018), 65.
[139] Tresp (2018), 66 f.

4.5 Freikauf von Gefangenen

wie auch als Chance, um Gott nahe zu sein. Die Gefangenschaft erhielt so einen „metaphorischen Charakter", wie zahlreiche Wundergeschichten „zur Vermittlung sittlich-normativer Botschaften" zeigen.[140] Gefangene bekamen als „Vorbilder für die Glaubensgemeinschaft" vereinzelt durch ihre Familie oder ihre Gemeinde eine materielle Unterstützung.[141]

Während der gesamten griechisch-römischen Antike und auch in Byzanz wurden Gefangene bis zu seinem Untergang 1453/1461 versklavt.[142] Günter Prinzing listete anhand der spätbyzantinischen Quellen einige Fälle auf. Dabei handelt es sich zum Teil um getaufte Muslime, darunter Staurias, Sklave des Stauru tu Megalu-Klosters auf dem Staurobuni in Süd-Zypern (1426) oder Paulos, Sklave des Bischofs von Leukosia auf Zypern (?) (1426),[143] der aus Ägypten oder Syrien stammte.[144] Ein anonymer getaufter Sarazene begegnet 1426 als Sklave des Machairas-Klosters auf Zypern.[145] Der Mamluke Tumasēs (Thomas) wurde von den Zyprioten gefangen und getauft, später von Mamluken befreit und fiel vom Christentum ab, weswegen er bei seiner erneuten Gefangennahme durch Zyprioten als Renegat von den Byzantinern verbrannt wurde (1424–1429).[146] Im Jahr 1425 werden sarazenische Sklaven bei der Burg Lemesos auf Zypern erwähnt.[147] Als die Genuesen 1373 Zypern überfielen, nahmen sie geflüchtete Sklaven auf und versprachen ihnen nach der Landung bei Lemesos (Limassol) gute Behandlung und Freilassung für die Hilfe bei ihrer Invasion.[148]

Das römische *ius civile* kannte bereits die Freilassung von Sklaven (*servi*) bzw. Gefangenen (*captivi*). Wurden römische Bürger gefangen, sah sich die *civitas Romana* gleichsam zum Freikauf dieser in den lateinischen Quellen als *captivi* oder *captivae* bezeichneten Menschen verpflichtet.[149] Papst Gregor der Große (um 540–604) bezeichnete mit diesem Begriff auch von den Langobarden gefangene bzw. entführte Menschen, womit die Grenzen zwischen Kriegsgefangenen und Geiseln verwischen.[150] Auch bedankte sich dieser Papst bei der *patricia* Theostica und Andreas für deren Spende von 30 Pfund Gold, mit der auch Gefangene freigelauft werden sollten, und gewährte einem Freikäufer namens Acellus dem Älteren eine Entschädigung aus Kirchenvermögen.[151] Mit der Durchsetzung des

---

[140] Goridis (2014), 41.
[141] Goridis (2014), 42.
[142] Prinzing (2016), 125.
[143] Prinzing (2016), 128.
[144] Prinzing (2016), 131 f.
[145] Prinzing (2016), 130.
[146] Prinzing (2016), 129, 132 f.
[147] Prinzing (2016), 130, 138.
[148] Prinzing (2016), 138.
[149] Grieser (2015), 27.
[150] Grieser (2015), 27 f.
[151] Grieser (2015), 30.

Christentums sind wie bereits zur römischen Epoche ganze Familien als private Loskäufer gefangener Mitglieder belegt.[152]

Die Kirche nahm sich seit der Spätantike der Sklaven- und Gefangenenbefreiung an. Nach Bischof Cyprian von Karthago (um 200–258) hätte seine Gemeinde 100.000 Sesterzen zum Loskauf von Gefangenen aufgebracht, da es um den Freikauf des in jedem Menschen anwesenden Jesus Christus ginge.[153] Bischof Ambrosius von Mailand (339–397) kritisierte diejenigen, die von der Kirche losgekaufte *captivi* erneut zu *servi* machen wollten[154], und rechtfertigte die Verwendung des kirchlichen Vermögens für diesen Zweck.[155] Bischof Maximus von Turin (gest. um 420) betonte in einer Predigt das Problem der Gefangennahme und den damit verbundenen Loskauf.[156] Bischof Caesarius von Arles (um 470–542) gab sogar Geld für die Freilassung von Inhaftierten aus, die zuvor seine Stadt belagert hatten.[157]

Einige Heiligenviten erwähnen den Loskauf gefangener Christen als gottgefälliges Werk. So verfügten die römische Aristokratin Melania die Jüngere und ihr Mann Pinian nach ihrer Hagiographie, dass ein Teil ihres der Kirche gespendeten Geldes auch für den Freikauf von Gefangenen verwendet werden sollte. Auch Eugippius schreibt in seiner 511 in Italien erschienen Vita des Asketen Severin, dass sich dieser nach dem Tod Attilas in Noricum und Raetia vielfach für *captivi* eingesetzt habe.[158]

Selten sind Massenfreikäufe belegt. So konnte Bischof Epiphanius von Pavia (um 439–496) nach der von Bischof Magnus Felix Ennodius (um 473–521) verfassten Vita als Gesandter des Ostgoten Theoderich und mit dessen finanzieller Hilfe zusammen mit Bischof Victor von Turin die Freilassung von über 6.000 Gefangenen aus der Provinz Ligurien durch den Burgunderkönig Gundobad erreichen.[159] Ennodius lässt Epiphanius die folgenden Worte zu König Theoderich sagen, nachdem ihm dieser sein Leid über den Krieg gegen die Burgunder geklagt und Geld für den Loskauf der Gefangegen zur Verfügung gestellt hatte:

> „Du kaufst Die los, welche jene oft zu Gefangenen machen liessen oder selbst machten. Wir lesen von David, dass er dem Himmel vorzüglich darum so nahe gekommen, weil er des in seine Hand gegebenen Saul schonte; guter Gott, wie wirst du erst die Handlung eines Fürsten vergelten, der für so vieler Tausender Befreiung unterhandelt, da du jenen für Schonung eines Menschenlebens so erhötest!"[160]

Weiter heißt unten es nach der Freilassung der Gefangenen:

---

[152] Grieser (2015), 28 f.
[153] Lutz (2018) (online).
[154] Grieser (2015), 32.
[155] Grieser (2015), 36.
[156] Grieser (2015), 29.
[157] Lutz (2018) (online).
[158] Grieser (2015), 31.
[159] Grieser (2015), 32 f.
[160] Zit. nach: Fertig (1855–1860), 12 (online).

4.5 Freikauf von Gefangenen

> „Zeuge dessen war Ennodius, durch dessen Hände der Bischof die Zettel an die Castelle schlagen liess, dass 400 Menschen an einem Tage blos aus der Gemeinde Lugdunum in die Heimath nach Italien entlassen wurden. So war es in allen Städten Sapaudia's und anderer Provinzen, dass deren, welche nur allein die Bitten des Bischofs befreite, mehr als 6000 Seelen ihrem väterlichen Boden zurückgegeben wurden. Die Zahl Derer, welche man mit Gold loskaufte, liess sich nicht genau feststellen, da Viele darunter sich flüchtig machten (ihren Herrn entliefen, so dass man dafür Nichts zahlte)."[161]

Die erfolgreiche Mission des Epiphanius erregte großes Aufsehen.[162] Papst Symmachus betonte 501, dass die kirchlichen Einkünfte allein zum Freikauf von *clerici*, *captivi* und *peregrini* verwendet werden dürften.[163] Gregor der Große (Pontifikat 590-604) ließ vereinzelt Gefangene von den Langobarden freikaufen und verfügte, dass neben Sklaven der Kirche auch solche Sklaven loszukaufen seien, deren Eigentümer nicht die erforderlichen Mittel aufbringen könnten. Dazu durfte das Vermögen der örtlichen Diözesen verwendet werden.[164] Bischof Caesarius von Arles sah nach 508 in der *redemptio captivorum* (Gefangenenfreikauf) eine karitative Maßnahme.[165] Papst Gregor der Große (Pontifikat 590-604) bestimmte nach dem „Decretum Gratiani" aus der ersten Hälfte des 12. Jahrhunderts, dass Kirchengut zum Loskauf von Gefangenen verwendet werden durfte (C. XII., qu. II., c. XIV.),[166] was im folgenden Abschnitt dieser Kirchenrechtssammlung aufgegriffen wird, nachdem die Bischöfe in Übereinstimmung mit den kanonischen Statuten das Kirchengut zum Loskauf von Gefangenen einsetzen konnten (C. XII., qu. II., c. XV.).[167]

---

[161] Grieser (2015), 14.
[162] Grieser (2015), 33.
[163] Grieser (2015), 36 f.
[164] Grieser (2015), 34 f.; vgl. auch: Cyprian von Toulon, Leben des heiligen Caesarius, 72–74.
[165] Grieser (2015), 39.
[166] „Et sacrorum canonum, et legalia statuta permittunt, ministeria ecclesiae pro capituorum esse redemptione uendenda", Gratianus (de Clusio), Decretum magistri Gratiani, 691.
[167] Res ecclesiae licite inpenduntur pro captiuorum redemptione. Idem Demetrio et Valeriano Clericis Firmianis.
[lib. VII. Indict. 2. epist. 14.]: „Sacrorum canonum statuta et legalis permittit auctoritas, licite res ecclesiasticas in redemptione captivorum inpendi. Et ideo, cum edocti a uobis simus, ante annos scilicet XVIII. Fauium, episcopum ecclesiae Firmianae, XI. libras argenti de eadem ecclesia pro redemptione uestra, ac patris uestri Passiui fratris et coepiscopi nostri, tunc uero clerici, nec non matris uestrae hostibus inpendisse, atque ex hoc quandam formidinem uos habere, ne hoc, quod datum est, a uobis quolibet tempore repetatur, precepti huius auctoritate suspicionem uestram preuidimus auferendam, constituentes, nullam uos exinde heredesque uestros quolibet tempore repetitionis molestiam sustinere, nec a quoquam uobis aliquam obici questionem.", Decretum Gratiani, C. XVI. Res desolatae ecclesiae non preponantur captiuis. Idem.
[lib. VI. epist. 35. ad Dominum Episcopum]: „Sicut omnino graue est frustra ecclesiastica ministeria uenundare, sic iterum culpa est inminente huiusmodi necessitate res maxime desolatae ecclesiae captiuis suis preponere, et in redemptione eorum cessare. II. Pars. Gra-

Die Motive der Kirche für den Freikauf von Gefangenen waren vielfältig: Den Stellenwert der *redemptio captivorum* erweist die hagiographische Literatur, wenn es um die Ernennung eines Bischofs oder um die Heiligsprechung eines Probanden ging. Weiter spielte eine Rückbesinnung auf jüdische Traditionen eine Rolle, etwa die Erinnerung an das Schicksal von Joseph, der in die Sklaverei verkauft wurde (1. Mose 37 ff.). Auch ging es um die Wiederherstellung der durch Krieg und Gefangenschaft gestörten gesellschaftlichen Ordnung, die zur Auflösung bestehender Ehen oder im Falle einer Gefangenschaft bei Heiden zur Gefährdung des christlichen Glaubens führen konnte. Die Erlösung von Gefangenen gilt nach dem Matthäus-Evangelium als eines der sieben Werke der Barmherzigkeit (Mt 25,34–46). Generell werden bis heute hin Notleidende mit Christus identifiziert. Auch stellte der Gefangenenfreikauf einen Imagegewinn für die Kirche als Ganzes oder einzelne Bischöfe dar.[168]

Besonders schlimm musste die muslimische Haft erscheinen, hatten doch Christen unter angeblichen Heiden zahlreiche Schrecken zu erdulden, worauf die Kreuzzugsrhetorik verweist.[169] Nach dem von Wilhelm von Tyrus überlieferten ersten Kreuzzugsaufruf Papst Urbans II. in Clermont-Ferrand von 1095 nahm das „gottlose Volk der Sarazenen" die gesamten Einwohner Jerusalems gefangen und bedrückte sie schrecklich.[170]

Angesichts all dieser Gründe ist es nicht verwunderlich, dass sich Spitäler, Ritterorden und monastische Orden dem gottgefälligen Werk der *redemptio captivorum* verschrieben. Neben den im Heiligen Land im beginnenden 12. Jahrhundert gegründeten großen Ritterorden der Templer und Johanniter nahmen sich die in der zweiten Hälfte des 12. Jahrhunderts auf der Iberischen Halbinsel entstandenen Ritterorden von Alcántara, von Calatrava und von Santiago dieser Aufgabe an.[171] Nach den Statuten der Johanniter von 1182 sollte freigelassenen Gefangenen ein Startgeld von 12 Dinaren bezahlt werden.[172] König Alfons II. von Aragón gründete um 1180 zu diesem Zweck das Spital Redemtor de Treuel, welches kurze Zeit später mit dem Ritterorden von Montjoie zusammengelegt wurde, und sodann in den Templerorden aufging.[173]

---

tian. Que uero penitencia huiusmodi inuasoribus atque predonibus, qui uasa sacra et reliqua diuino cultui dedicata pollutis manibus arripiunt et quasi profana contractant, sit indicenda, Nicolaus Papa diffinit scribens Frontario Archiepiscopo Burdegalensi.", Gratianus (de Clusio), Decretum magistri Gratiani, 691.

[168] Grieser (2015), 41–50.
[169] Goridis (2014), 42.
[170] „Sarracenorum enim gens impia, et mundanarum sectatrix traditionum, loca sancta, in quibus steterunt pedes Domini, jam a multis retro temporibus violenta premit tyrannide, subactis fidelibus et in servitutem damnatis.", Willelmi Tyrensis archiepiscopi, Historia rerum in partibus transmarinis gestarum, XV. Exhortatio domini papae ad populum, pro via Hierosolymitana (online).
[171] Jaspert (2015), 103; vgl auch: Brodman (1986).
[172] Cart. Hosp. Nr. 627, 428.
[173] Jaspert (2015), 104 f.

4.5 Freikauf von Gefangenen

Ferner entstanden im ausgehenden 12. und im frühen 13. Jahrhundert gleich zwei Orden, die sich dem Loskauf christlicher Gefangener aus islamischer Kriegsgefangenschaft widmeten, zum einen in Frankreich der Trinitarierorden („Ordo Sanctissimae Trinitatis redemptionis captivorum", dt. „Orden der allerheiligsten Dreifaltigkeit und dem Loskauf der Gefangenen")[174] und zum anderen der im Königreich Aragonien gegründete Orden der Mercedarier („Orden de la Merced").[175]

Die Trinitarier Johann Anglik und Wilhelm Scot führten die erste Redemption (dt. Befreiung) von Gefangenen durch. Ausgestattet mit einem Empfehlungsschreiben von Papst Innozenz III. („Inter opera misericordiae") an Abu Abd Allah Muhammad al-Nasir, den Almohaden-König von Marokko, segelten sie 1199 nach Marokko und kamen mit 186 befreiten Christen nach Marseille zurück.[176] Dieser päpstliche Brief gilt als frühes Zeugnis der friedlichen Annäherung zwischen Christen und Muslimen und hob das kanonische Verbot auf, dass Christen Verhandlungen mit Muslimen verbot. In dem Schreiben wies Innozenz auf die Ordensgründung der Trinitarier als göttliches Werk hin. Die Trinitarier führten in einigen Prozessionen Gefangene mit sich, die mit ihren Erzählungen das Mitleid von Menschen erregen sollten. Ordensmitglieder organisierten, unterstützt durch entsprechende Sendschreiben der Päpste Clemens VI. 1343 und Urban VI. 1384 an die Bischöfe, zahlreiche regionale Sammlungen für Redemptionen. Auch der Orden der Tertiarier beteiligte sich an diesen Aktionen. Papst Honorius III., der am 9. Februar 1217 den Orden erneut bestätigte, wies die Bischöfe und Prälaten an, die Ausbreitung der Trinitarier zu fördern. Bis in das 15. Jahrhundert hinein entstanden mehrere hundert Konvente und kleinere Niederlassungen in ganz Europa und auch in Palästina.[177] Die Ordensstatuten sahen einen eigenen *Pater Redemptor* vor, der zusammen mit einem Bruder, dem *Socius*, für die Verhandlungen mit den Besitzern christlicher Sklaven zuständig war, die Lösegeldübergabe bzw. den Gefangenenaustausch regelte und die Heimreise der befreiten Christen organisierte.[178] Noch im frühen 18. Jahrhundert schrieb der in der österreichischen Ordensprovinz als Pater Redemptor tätige Trinitarier Joannes a San Felice:

> „Was in der Tartarey, Türkei oder Barbarei verkauft und gelöst wird, [...] was von den Ketten befreit wird, sind die Körper, aber was vor allem gekauft und erhalten wird, was hauptsächlich erlöst wird, was an erster Stelle aus der Gefangenschaft befreit werden soll, sind die Seelen. [...] Seelen und Körper werden erlöst, Seelen und Körper werden befreit. Aber [...] [was] das letztendliche Ziel [betrifft]: die Seelen werden um ihrer selbst willen, die Körper aber wegen der Seelen erlöst und erkauft. Daher auch

---

[174] Cipollone (1992); Cipollone (1999 a); Cipollone (1999 b); Cipollone (2007).
[175] Jaspert (2015), 99.
[176] Heimbucher (1933), 450.
[177] Pauli (2008), 90 f.
[178] Pauli (2008), 93.

erlösen wir nicht Christen, die bei Gläubigen in Gefangenschaft festgehalten werden [...]"[179]

Auch die Mercedarier sammelten Spenden und führten entsprechende Freikauffahrten durch. Zwischen 1235 und 1480 sollen zwischen 180 und 2.569 Gefangene losgekauft worden sein.[180] Nach den Reformbeschlüssen von 1574 stieg die Anzahl dieser Expeditionen erheblich an. Zwischen 1580 und 1700 sind 75 Fahrten belegt. Das Generalkapitel in Murcia stellte 1612 fest, dass seit 1562 insgesamt 2.710 Menschen freigekauft worden waren. Zwischen 1612 bis 1648 wurden weitere 3.451 Gefangene ausgelöst. Im Jahr 1588 wurden die festen Quoten abgeschafft, welche die einzelnen europäischen Häuser seit der Mitte des 15. Jahrhunderts entrichtet hatten. Die Spendengelder aus Peru und Mexiko übertrafen die in Europa eingeworbenen Gelder.[181]

Die von den Ordensmitgliedern freigekauften Christen mussten zum Dank für ihre *redemptio* ein Jahr lang für die Mercedarier werben.[182] Die Konstitution von 1588 schrieb den Mercedariern neben den üblichen Gelübden von Armut, Keuschheit und Gehorsam einen vierten Eid vor:

„[...] und in der Macht der Sarazenen verbleibe ich als Geisel, wenn es nötig zur Befreiung der gläubigen Christen ist".[183]

Die Mercedarier betätigten sich ebenfalls in Spanisch-Amerika für den Freikauf gefangener Christen und erhielten 1549 auch in Panamá eine Erlaubnis zum Predigen und Erbitten von Almosen.[184]

Auch in Pfarrkirchen wurde für den Gefangenenloskauf gesammelt.[185] Vereinzelt schickten Monarchen auf der Iberischen Halbinsel muslimische Gefangene in Städte, damit die Stadträte diese als Verhandlungspartner mit der Gegenseite zum Gefangenenaustausch nutzen konnten. So traten Christen nicht als direkte Verhandlungspartner mit Muslimen auf und mussten nicht um Lösegeld feilschen. Schließlich wurden zu diesem Zweck in den iberischen Städten im 13. Jahrhundert fest bestallte Dienstleute eingesetzt.[186] Allerdings verlangte der von den so genannten *exeas* oder *alfaqueques* ausgeübte Geschäftszweig zwischen 10 und 25 % des Betrages der Lösegeldsumme, dass sich diesen Service nur Reiche leisten konnten, was die Ordensgründung der Trinitarier und Mercedarier

---

[179] „[...] et in saracenorum potestate in pignus (si necesse fuerit ad redemptionem Christi fidelium) detentus Manebo", Joannes a San Felice, Triumphus Misericordiae, id est Sacrum Ordinis SSS. Trinitatis Institutum Redemptionis Captivorum, cum Adiuncto Kalendaro Ecclesiastico Historico Universi Ordinis, Wien 1704, 16, zit. nach: Pauli (2008), 89.
[180] Borrás (2001), 55 f.; Jaspert (2015), 100.
[181] Keller (2013), 227 f.
[182] Jaspert (2015), 99.
[183] „[...] et in saracenorum potestate in pignus (si necesse fuerit ad redemptionem Christi fidelium) detentus Manebo", Oviedo Cavada (1955), 167.
[184] Keller (2013), 227 f.
[185] Jaspert (2015), 104.
[186] Jaspert (2015), 104 f.

4.5 Freikauf von Gefangenen

notwendig machte.[187] Die als *rasteros* oder *fieles del rastro* bezeichneten ortskundigen Männer unterstützten diese Befreiungsaktionen, indem sie die Gefangenen aufspürten und deren Aufenthaltsorte den zuständigen Behörden anzeigten.[188]

Neben den offiziellen Institutionen setzten sich seit dem 12. Jahrhundert nachweislich auch einige Privatleute für Gefangene ein. Einige Bestimmungen in Bürgertestamenten widmeten dem Gefangenenloskauf Gelder aus der Erbmasse. Mitunter wurden Legate gar direkt an die Mercedarier weitergeleitet.[189] Gefangene stellten auch Geiseln, die für deren Freilassung, ausgestattet mit Almosenlizenzen, Geld sammelten.[190] So wies etwa das Königreich Aragón eine außerordentliche Vielfalt in der Praxis der Redemption von Gefangenen auf.[191]

Diese Tradition wurde auch in der Neuen Welt beibehalten. So verfassten Juan de Alvarado und Bischof Francisco Marroquin Hurtado (1478/1499–1563) am 21. Januar 1542 für den bereits am 4. Juli 1541 auf einem Feldzug tödlich verunglückten Eroberer Don Pedro Alvarado ein Testament. Das am 30. Juni 1542 fertiggestellte Legat sollte das Seelenheil des verstorbenen Konquistadors mittels entsprechender frommer Werke sichern.[192] Schließlich hatte der Dominikaner Bartolomé de las Casas (1484/85–1566) gedroht, sterbenden Konquistadoren aufgrund ihrer Sünden die Absolution zu verweigern, wenn sie nicht ihren gesamten Besitz den Indigenen vermachten.[193] Bereits 1511 hatte der Dominikaner Antonio de Montesinos auf Santo Domingo dazu augerufen, die an den Ureinwohnern verübten Verbrechen zu sühnen.[194] Bischof Marroquin sprach sich in seiner Funktion als *protector de Indios* gegen die Sklaverei aus. Sein Testament für den Gouverneur Don Pedros verfügt unter anderem, dessen Sklaven auf dem Land freizulassen. Zu den begünstigten Gruppen zählten auch die „Christen in Gefangenschaft":

> „Ich ordne an, dass von den besten verfügbaren [stillstehenden] Gütern des besagten Adelantado[195], die es heute gibt und geben wird, 500 Goldpesos genommen werden, die für den Freikauf Gefangener bestimmt sind und die ins kastilische Reich gesandt und Personen gegeben werden mögen, die mit der Befreiung dieser Gefangenen betraut sind, und dass diese sie ausgeben, indem sie so viele freikaufen, wie es die Gelder ermöglichen; und sie sollen für keinen andern Zweck ausgegeben werden, noch

---

[187] Pauli (2008), 88 f.; Jaspert (2015), 105.
[188] Jaspert (2015), 105.
[189] Jaspert (2015), 105 f.
[190] Jaspert (2015), 107.
[191] Jaspert (2015), 108.
[192] Keller (2013), 148 f.
[193] Keller (2013), 149.
[194] Keller (2013), 149.
[195] Ein Adelantado, wörtlich „Vorgerückter" (von span. adelantarse „nach vorn treten", „übertreffen"), war ursprünglich ein Beamter der kastilischen Krone mit richterlichen Befugnissen und Regierungskompetenzen, dessen Titel und Amt auch in der Kolonialverwaltung in Amerika Verwendung fanden.

soll sich direkt oder indirekt irgendeine Person einmischen, um zu verhindern, dass das in dieser Klausel Beinhaltete nicht befolgt würde; und falls man die Erfüllung verhindert, wird diese Anweisung nichtig und hat weder Wert noch Effekt. Die besagten Personen sind dazu verpflichtet, sie innerhalb eines Jahres zu befolgen."[196]

Don Pedros Testament begünstigte die Dominikaner und Franziskaner anstelle der Mercedarier, die eigentlich für derartige Aktionen zuständig waren.[197]

4.6 Ausblick: Kriegsgefangene in der Frühen Neuzeit

Bis in die Zeit des Dreißigjährigen Krieges machten die Sieger das Eigentum an Gefangenen geltend. Der Loskauf oder der Gefangenenaustausch wurde als „ranzionieren" (von „Ranzion" für Lösegeld) bezeichnet und ist oft belegt.[198] In der „Öconomischen Encyclopädie" (1773–1858) heißt es über die Behandlung von Kriegsgefangenen im 16. und 17. Jahrhundert:

> [...] die art und weise, wie kriegsgefangene aus ihrer gefangenschaft wieder frey werden, ist: 1. die ranzionierung, welches ein vertrag unter den kriegenden theilen ist, vermöge dessen beyderseits gefangene für eine summe geldes, welches die ranzion heißt, ihre freyheit bekommen [...] 2. die auswechselung, welche geschieht, wenn beyde kriegende theile vermöge eines vertrages ihre beyderseits gefangene einander zurück geben [...] 3. die loslassung, wenn der feind die gefangenen a) entweder freywillig loslässet [...] b) oder durch einen vertrag dazu verbunden ist [...] 4. die dienst-annahme bey dem feinde.[199]

Während im Mittelalter die Höhe des Lösegelds indvduell ausgehandelt wurde, legten die Krieg führenden Parteien in der Frühen Neuzeit für unterschiedliche Dienstgrade unterschiedliche Ranzionen fest. Nach dem Kartell- oder Loslassungsvertrag zwischen Österreich und Schweden aus dem Jahre 1642 waren für einen kommandierenden General 30.000 Taler, für einen Obersten 1.000 Taler, für einen Rittmeister 200 Taler, für einen Kapitän 150 Taler, für einen Marketender 30 Taler, für einen Reiter 6 Taler und für einen Musketier 4 Taler zu entrichten.[200]

Johann Zedlers Großes Universallexikon (1731–1754) enthält einen sehr ausführlichen Artikel über die *Soldaten-Gefangennehmung*. Danach verbiete der Fürstlich Württembergische Artikelsbrief im 11. Artikel, den unmündigen Kindern

---

[196] Zit. nach: Keller (2013), 150.
[197] Keller (2013), 150.
[198] Landesarchiv Baden-Württemberg, Hauptstaatsarchiv Stuttgart, L 6 Bü 1569, Der Franzoseneinfall. Württembergische Kriegsgefangene: Württembergische Kriegsgefangene, besonders Auswahlmannschaft von Böblingen und Cannstatt; ihre Unterhaltung und Ranzionierung. Gefangene Franzosen in Schorndorf und Tübingen.
[199] Zit. nach: Schäfer (2008), 96.
[200] Meyers Konversationslexikon (1885–1892), Art.: „Ranzion" (online).

Schaden zuzufügen und befehle bei Leibesstrafen, diese zu schützen und zu beschirmen, weil sich viele Soldaten an Frauen und Kindern vergriffen hätten. Es dürfen keine Kinder männlichen Geschlechts im Alter von 12 Jahren und darunter gefangen oder für diese Gruppe Lösegeld verlangt werden. Auch verschone man die *alten, matten und schwachen Leute, die nicht im Stande sind, sich zu wehren*. Das dänische Kriegsrecht lege im 40. Artikel ebenso wie der 3. Artikel Ferdinands in dessen 60 Kriegsartikeln fest, dass Frauen, Priester und Feldprediger, Kaufleute, Künstler und Handwerksleute, *die sich bloß wegen ihres Gewerbes wegen bey der Armee aufgehalten, und nicht aus der Absicht, zu fechten und zu streiten*, Trompeter, Tamboure, Herrendiener usw. geschont werden sollen. Das gelte aber nicht, wenn der Feind die genannten Personen nicht geschont hätte, man andere Übereinkünfte getroffen hätte, sie den eigenen Leuten *durch ihre sonderbare List oder Klugheit* viel geschadet oder sich gewehrt hätten oder *wenn die Handels-Leute dem Feinde durch ihr Handeln mittelbar oder unmittelbar Dienste leisten, und mit keinem Passeporten versegen sind. Mehrerenteils*, so der Zedler, werde ausgemacht, *daß die Gefangenen nicht ganz entkleidet werden sollen* und ihnen das Unterkleid, die Strümpfe und Schuhe belassen werde. Die gefangenen Offiziere müssen nach dem Zedler gebührend ihrem Rang und ihrem Sold behandelt und die Soldaten nach dem alltäglichen *Tractament gehalten werden.* Ehrlich gefangen genommenen Offizieren und Soldaten sei ihr Sold zu belassen. Höhere Gefangene wären an den Feldherrn zu überstellen, wofür den Soldaten, die sie gefangen hätten, eine Entlohnung zustände. Nach dem Schwedischen Kriegsrecht von 1686 dürfe niemand Gefangene über 24 Stunden bei sich behalten oder ohne des Feldmarschalls Wissen entlassen, sondern müsse selbige innerhalb dieser Zeit dem *Generalgewaltiger* (Oberbefehlshaber der Heerespolizei) oder in dessen Abwesenheit dem Leutnant nebst einem richtigen Verzeichnis der Gefangenen selbst zur Verwahrung überlassen, es sei denn, es wäre etwas Anderes vom König oder dem Generalfeldmarschall befohlen worden. Im Falle der Zuwiderhandlung wäre ein Offizier zu entlassen und ein gemeiner Soldat sechsmal durch die Spießruten laufen zu lassen. Die an den Feldmarschall überlieferten Gefangenenverzeichnisse dienen zur Disponierung ihrer Ranzionierung. Ein Soldat dürfe sich nicht unterstehen, *dem andern seine Gefangenen mit Gewalt abzudringen.* Würden sich deshalb Irrungen und Unstimmigkeiten ereignen, wären sie dem Obristen des Regiments vorzutragen, der sie entscheiden müsse. Kriegsgefangene sollten, so der Zedler, überhaupt nicht getötet werden. Wenn aber die Anzahl der Kriegsgefangenen höher sei als die Anzahl der Soldaten der eigenen Armee, dürften diese nach der Kriegsordnung getötet werden, wie es auch Heinrich V., König in England, getan haben soll, damit man größere Gefahr für die eigene Armee vermeiden könne. Kurfürst Friedrich Wilhelm von Brandenburg behielt nach dem Zedler in dem Falle der Überzahl der gegnerischen Gefangenen nur die höheren Offiziere bis zum Friedensschluss in Haft und schickte die übrigen Gefangenen im Falle einer gleichwertigen Auswechselung oder gegen eine Ranzion nach

Hause unter der Bedingung, sich nicht erneut an Kriegshandlungen zu beteiligen. Im Falle der erneuten Gefangennahme eines Meineidigen wurde dieser mit dem Tode bestraft, so der Zedler. Das Lexikon zitiert auch aus den Kriegsartikeln Herzogs August zu Braunschweig-Lüneburg von 1655, die zur Ranzionierung festlegen, dass ein Offizier oder Soldat, der vom Feind gefangen genommen wird und flieht, als ein meineidiger Deserteur behandelt wird. Habe ein Potentat mit dem anderen wegen Ranzionierung und Auswechselung der Gefangenen einen Vertrag geschlossen, so werden alle eingebrachten Gefangenen nach 14 Tagen auf Treu und Glauben in gleicher Anzahl der Chargen ausgewechselt, schreibt der Zedler. Für aus irgendwelchen Gründen nicht entlassene Gefangene wäre ein Äquivalent in Form von Geld oder anderen Gefangenen zu leisten. Könne ein entlassener Gefangener die Ranzion nicht zahlen, so solle er sich dem Kriegsrecht nach wieder von der gegnerischen Partei inhaftieren lassen. Das gelte nur für „rechtmäßige Feinde" nicht aber für Rebellen. Wenn ein in Gefangenschaft geratener Offizier von seiner eigenen Seite keinen Lebensunterhalt empfange oder nach vier Wochen ranzioniert würde, könne er nach der Kriegsraison bei der Gegenpartei ohne Schimpf und Schande Dienste annehmen. Falls ein auf Parole losgelassener Offizier sich erst nach der vereinbarten Zeit wieder einfinde, so werde er nach dem Standrecht sogleich aufgeknüpft.[201]

Einige Friedensverträge enthalten Bestimmungen über den gegenseitigen Gefangenenaustausch, etwa der am 24. Februar 1538 zwischen Ferdinand I. von Österreich und Johann Zápolya von Siebenbürgen geschlossene Friedensvertrag von Großwardein, der den zwölf Jahre währenden Ungarischen Bürgerkrieg beendete.[202] Der Friedensvertrag von Pressburg zwischen Österreich und Siebenbürgen aus dem Jahr 1626 thematisiert in Artikel 7 den Austausch von Gefangenen bereits detaillierter.[203] In dem 1635 geschlossenen Prager Frieden zwischen Kaiser Ferdinand II. und dem Kurfürstentum Sachsen unter Johann Georg I. heißt es:

Alle vnd jede Kriegsgefangene / deren Principalen sich dieser Friedenshandlung allerdings würcklich bequemen / sollen zu allen vnnd jeden Theilen / ohn einig Lösegeld / von Pubicirung dieses Friedens / binnen Monatsfrist / erlediget vnd auff freyen Fuß gestellet werden. Doch daß diejenige / welche sich allbereit geschätzet / oder eine Ranzion versprochen / dieselbige

---

[201] Johann Zedlers Großes Universallexikon (1731–1754) 38, Art.: „Soldaten-Gefangennehmung", 492–496.

[202] „Item Quod omnes captivi propter hostilitatem ultro citroque capti ex nunc libere dimittantur.", Friedensvertrag von Großwardein 1538 II 24, 23, in: Duchhardt/Peters (2006), Abschnitt 132–143 (online); Schuller (1894).

[203] „Insuper iuxta priorum quoque Tractatuum normam, Captivi utrimque gratis dimittantur. Eorum porrò qui in Turcicam Captivitatem inciderunt, liberationem d[omi]nus Princeps omni studio procuret.", Friedensvertrag von Pressburg 1626 XII 20, in: Duchhardt/Peters (2006) (online).

4.6 Ausblick: Kriegsgefangene in der Frühen Neuzeit

erlegen / vnnd durchgehends alle Gefangene / es sey gleich eine Ranzion von jhnen versprochen oder nicht / die Vnkosten / welche auff sie in wehrender Custodia ergangen / erstatten sollen.[204]

Schließlich regelt der Friedensvertrag von Münster, der im Oktober 1648 den Dreißigjährigen Krieg beendete, nach langen Verhandlungen auch die Freilassung der Kriegsgefangenen. Der Art. XVI,7 bestimmt, dass sämtliche Gefangenen beider Parteien ohne Unterschied, ob sie dem Zivil- oder Militärstand angehören, in der Weise freigelassen werden, wie dies zwischen den Befehlshabern der Heere mit Genehmigung der Kaiserlichen Majestät vereinbart worden ist oder vereinbart werden wird.[205] Der Art. XVI,13 legt fest, dass sobald die Restitution nach den Vorschriften über die Amnestie und die Beseitigung der Beschwerden vollzogen ist, die Gefangenen freigelassen, die Ratifikationsurkunden ausgetauscht und diejenigen Zahlungen geleistet werden, über deren Zahlungstermin Übereinstimmung erzielt worden ist. Sodann sollen alle militärischen Besatzungen beider Parteien, sie mögen im Namen des Kaisers und seiner Bundesgenossen oder [im Namen] der Königin, des Königreichs Schweden und der Landgräfin von Hessen und ihrer Bundesgenossen und Anhänger einquartiert worden sein, aus den zu restituierenden Städten des Reiches [S. 99] und aus allen zu restituierenden anderen Orten, ohne Einrede, Verzug, Entschädigung und sonstige Rechtsnachteile Zug um Zug abgezogen werden (*sine exceptionibus, mora, damno et noxa pari passu educantur*).[206]

Diese Verordnungen zeigen, dass sich in der Frühen Neuzeit Gefangenschaft zunehmend von einem Standesereignis zu einem Massenphänomen gewandelt hat, welches zwischen den Krieg führenden Parteien einer umfangreichen Regulierung bedurfte. Derart umfassende Bestimmungen über den Umgang mit Gefangenen und deren Repatriierung waren dagegen im Mittelalter unbekannt.

---

[204] „Abdruck Deß FriedensSchlusses / Von der Röm. Käys. Mayt. Vnnd Churfürstl. Durchl. zu Sachssen / etc. zu Prag auffgerichtet / Den 20./30. Maij Anno 1635. Erstlich Gedruckt zu Dreßden durch Gimel Bergen / Churf. Sächß. Buchdruckern. Jetzo zu Franckfurt an der Oder bey Michael Kochen nachgedruckt. Anno ut supra." Friedensvertrag von Prag 1635 V 30, 46, in: Duchhardt/Peters (2006) (online), gedruckt in: Bierther (1981), 1–30; Bierther (1997), Art. 57, 1620.

[205] „Deinde omnes et singuli utriusque partis captivi sine discrimine sagi vel togae eo modo, quo inter exercituum duces cum Caesareae maiestatis approbatione conventum est vel adhuc convenietur, liberi dimittantur.", Artikel 104 IPM = Artikel XVI,7 IPO, in: APW 3. B.1.1, S. 31, 152; Die Westfälischen Friedensverträge vom 24. Oktober 1648 (online).

[206] „Restitutione ex capite amnestiae et gravaminum facta, liberatis captivis ratihabitionibus commutatis et praestitis iis, quae de primo solutionis termino supra conventa sunt, omnia utriusque partis militaria praesidia, sive Imperatoris eiusque sociorum et foederatorum sive reginae regnique Sueciae et landgraviae Hassiae eorumque foederatorum et adhaerentium aliove quocunque nomine imposita fuerint, ex civitatibus Imperii ac omnibus aliis locis restituendis sine exceptionibus, mora, damno et noxa pari passu educantur.", Artikel 105 IPM entsprechend Artikel XVI,13 IPO, in: APW 3. B.1.1, S. 31, 154; Die Westfälischen Friedensverträge vom 24. Oktober 1648 (online).

Allein das Dritte Laterankonzil hatte 1179 immerhin den Verkauf von Christen in die Versklavung verboten. Aber kirchliche Strafen spielten in der Realität des Krieges kaum eine Rolle. So wurde das einfache Fußvolk oft genug – wenn auch nicht immer – auf dem Schlachtfeld niedergemacht oder gegen das Schwören einer Urfehde entlassen. Auch kannte das Mittelalter noch keinen Unterschied zwischen Kriegs- und Strafgefangenen. Oft schmachteten beide Gruppen im selben Kerker.

5 Gefangene und Überläufer: Darstellungen und Selbstzeugnisse

5.1 Gefangenschaft als literarisches Thema

Die von den Gebrüdern Grimm gesammelten und erzählten Märchen von der Gefangenschaft Hänsel und Gretels bei der Hexe oder der Rapunzel im Turm der bösen Zauberin zeigen, dass das Thema der schrecklichen Haft im Bewusstsein des Volkes tief verankert war.

Auch die Bibel thematisiert die Gefangenschaft an mehreren Stellen: Beschrieben werden der Verkauf des Ismaeliten Josef an Potifar, einem Hofbeamten des Pharaos und Oberbefehlshaber der königlichen Leibwache (1. Mose 39), die Geschichte von Daniel in der Löwengrube (Dan 6), die Gefangennahme Jesu (Lk 22,47–71) und die Gefängnisaufenthalte des Apostel Paulus (Apg 16,23).

Dementsprechend griff die hagiographische Literatur das Leiden in der Gefangenschaft immer wieder auf, so in den Legenden der Heiligen Katharina von Alexandrien, der Barbara von Nikomedien oder der Margareta von Antiochia. Die Siebenschläfer-Legende erzählt, wie sieben junge Männer auf der Flucht vor einer Verfolgung wegen ihrer Religion Schutz in einer Höhle bei Ephesus suchten und dort, von Gott beschützt, mehrere Jahrhunderte lang schliefen.

Aus dem Mittelalter kennen wir das Lied des Spielmanns Blondel auf der Suche nach dem in Haft gehaltenen englischen König Richard Löwenherz oder das anonyme in mittelhochdeutscher Sprache geschriebene Heldenepos der Königstochter Kudrun. Als einer von Kudruns Freiern, der Normannenfürsten Hartmut, abgewiesen wird, sinnt dieser auf Rache und entführt die Königstochter aus ihrer elterlichen Burg. Als Kudrun sich dem Normannen verweigert, wird sie von Hartmut jahrelang als Gefangene gehalten und muss für seine Mutter als Magd niedere Arbeiten verrichten:

*Dô weinden algemeine
diu schœne magedîn.
frô was ir deheine.
wie kunde in leider sîn,
dô man des küniges tohter
strâfte also sêre?
si gedûhten in ir muote:
‚man tûot úns der léidé noch mêre.'*[1]

---

[1] XX Aventiure, V. 963, zit. nach: Kudrun, hrsg. von Bartsch (1864/1880), 194 (online).

Auch in den „Chansons de geste" ist das Motiv der Gefangenschaft von zentraler Bedeutung.[2] Die aus der ersten Hälfte des 12. Jahrhunderts stammenden „Chanson des Chétifs" erzählen von Abenteuern christlicher Ritter, die muslimische Gegner im Verlauf des Ersten Kreuzzugs gefangen nahmen und an einen fernen, mystischen Ort verschleppten, in dem Drachen hausten und die Kreuzritter von muslimischen Frauen verehrt wurden.[3] In der Epik werden die Kerker der „Heiden" als tief, dunkel und feucht beschrieben, die von giftigen oder gefährlichen Tieren bevölkert werden, in denen die gefesselten oder angeketteten und von ihren Kerkermeistern gequälten Gefangenen an Hunger und körperlicher Schwäche leiden.[4] Der normannische Mönch Ordericus Vitalis schreibt in seiner „Historia Ecclesiastica":

> „Viele wurden von den Barbaren gefangen in unbekannte Länder geführt und lebten in Ketten zwischen Männern, deren Sprache sie nicht verstanden."[5]

Der Aufenthalt im Gefängnis blieb im Mittelalter ein beliebtes Motiv der Literatur.[6]

Dagegen thematisieren seit dem Frühmittelalter die Historiographen die Kriegsgefangenschaft eher sporadisch.[7] Die Kreuzzugschronisten des Hochmittelalters gehen ebenfalls nur mit wenigen Worten auf Kriegsgefangene ein.[8] Die „Historia Ecclesiastica" des Ordericus Vitalis, einem Mönch aus dem normannischen Kloster St. Evroul, berichtet zwar detailliert, aber lediglich blumig über die Gefangenschaft Bohemunds von Antiochia, Harpins von Bourges und Balduins II. von Jerusalem.[9] Die Chronisten schmückten die ihnen bekannten Geschichten aus dem Heiligen Land um die Themen von „Aufregung und Abenteuer" aus.[10] Darin wurden Kreuzritter als Folge ihrer Sünden oder nach dem göttlichen Willen aber auch „aus pragmatischen Gründen, wie schlechter Kriegstaktik oder zahlenmäßiger Unterlegenheit in der Schlacht" gefangen genommen.[11] So betonte Wilhelm von Tyrus in seiner „Historia rerum in partibus transmarinis gestarum" die Sündhaftigkei Bohemunds von Antiochia als Ursache für seine im Jahr 1100 erfolgte Gefangennahme durch den Emir Danisch-

---

[2] Bard (2006), 116 f.; Goridis (2014), 44.
[3] Goridis (2014), 57.
[4] Goridis (2014), 61.
[5] „Plerique a barbaris in incognitas regiones captiui ducti sunt; et inter eos quorum loquelam non intelligebant in seruitute seu uinculis aliquandiu commoratisunt.", Ordericus Vitalis, Historia Ecclesiastica, 5, X, 20, 338, zit. nach: Goridis (2014), 62.
[6] Hayer/Müller (1994).
[7] Goridis (2014), 44 f.
[8] Goridis (2014), 45 f.
[9] Goridis (2014), 46.
[10] Goridis (2014), 51.
[11] Goridis (2014), 54.

5.1 Gefangenschaft als literarisches Thema

mend Ghazi, aus der er sich erst drei Jahre mit Hilfe des Gregorios Taronites loskaufen konnte.[12] In seinen „Estoire d'Eracles" führt er die Niederlage und die Gefangennahme der Christen in der Schlacht von La Forbie 1242 sowohl auf „unüberlegte Kampfeswut (frz. *folie*)" als auch auf Missgunst (frz. *envie*) und Überheblichkeit (frz. *orgueil*)" zurück.[13] Erst in späteren Darstellungen werden konkrete Orte der Gefangenschaft, wie Aleppo, Damaskus, Kairo oder Alexandria, benannt.[14]

Die gefangenen Christen wurden nach den historiographischen Berichten von den Muslimen für verschiedene Arbeiten eingesetzt, „angefangen beim Transport von Baumaterial oder Wasser, über Hilfsleistungen bei Belagerungen, wie dem Beladen von Katapulten oder dem Graben von Gegenstollen, bis hin zu Vermittlerdiensten zwischen ihnen und ihren christlichen Gegnern".[15] Nach Ordericus Vitalis hätte der von den Seldschuken gefangen genommene Balduin II. (1123-1124) nur zweimal in der Woche Nahrung bekommen, damit er ihnen einige Burgen übergebe, weswegen er und sein mit ihm gefangener Verwandter Joscelin von Courtenay, anders als ihre Mitgefangenen, von allen Arbeiten entbunden worden sei.[16] Die bevorzugte Behandlung adliger Gefangener in muslimischer Haft wird von den Historiographen mehrfach betont. Die „Estoires d'Outremer" berichten über die komfortable Gefangenschaft Hugos von Tiberias und später Balduins von Ibelin bei Sultan Saladin, während nach dieser Chronik die übrigen Kreuzfahrer ins Gefängnis von Damaskus geworfen worden waren.[17] Auch Albert von Aachen erzählt, dass der Ritter Gerhard von Avesnes im Jahr 1100 in der muslimischen Gefangenschaft medizinisch versorgt und von seinen Verletzungen geheilt wurde.[18] Jean de Joinville, der 1250 zusammen mit dem französischen König Ludwig IX. auf dem Kreuzzug nach Ägypten von den arabischen Truppen gefangen genommen wurde, berichtet, dass die höher gestellten Personen von den übrigen Kreuzfahrern getrennt und sehr gut versorgt und behandelt wurden.[19]

In der Frühen Neuzeit thematisieren Romane, Gedichte, Autobiographien und Memoiren das Motiv der Kriegsgefangenschaft immer stärker in Bildern, Romanen, Gedichten, Autobiographien und Memoiren. Persönliche Berichte ge-

---

[12] lib. IX., cap. XXI., Boamundus Antiochenorum princeps apud urbem Meleteniam capitur, zit. in: Goridis (2014), 56.
[13] Goridis (2014), 44 f.
[14] Goridis (2014), 63
[15] Goridis (2014), 63 f.
[16] Ordericus Vitalis, Historia Ecclesiastica, 6, XI, 26, 112, zit. in: Goridis (2014), 64.
[17] Estoires d'Outremer, 108-113, zit. in: Goridis (2014), 64.
[18] Albert von Aachen, Historia VII, 15, 506 II., zit. in: Goridis (2014), 64.
[19] The Memoirs of the Lord of Joinville (1906); Johann von Joinville, Kap. 322-328, 158-160; Kap. 333 f., 162; Kap. 344, 168, zit. in: Goridis (2014), 64 f.

statten einen Einblick in verschiedene Erfahrungswelten von Gefangenen, in denen traumatische Erinnerungen an diese Zeit verarbeitet werden.[20] Seit dem 15. Jahrhundert sind vereinzelt Briefe von Bieler Landsknechtsanführern überliefert, die diese teilweise Schreibkundigen diktierten, um dem Rat der Stadt Bern Bericht zu erstatten.[21] Hans Jakob Christoffel von Grimmelshausens lässt in seinem 1669 in Nürnberg erschienenen Roman „Der Abentheuerliche Simplicissimus Teutsch" den Akteur Melchior Sternfels von Fuchshaim, ein Anagramm des Autors, von einer Gefangenschaft in die nächste geraten.[22] Für das Mittelalter jedoch sind die Historiographien maßgebend.

5.2 Jean de Joinville in ägyptischer Haft 1250

Jean de Joinville (um 1224–1317) zählte als Seneschall zur engsten Entourage des französischen Königs Ludwig IX., begleitete ihn auf dessen Kreuzzug nach Äygpten (1248–1254) und verfasste als sein Biograph eine umfangreiche Königsvita mit dem Titel „Vie de Saint Louis".[23] Darin beschreibt er aus rückschauender Perspektive, angereichert mit zahlreichen Anekdoten, den Verlauf des Kreuzzuges aus der Sicht der Anführer und hält auch persönliche Erfahrungen fest. Das dem Thronerben gewidmete Werk erschien erst 1309 nach der Heiligsprechung Ludwigs auf Betreiben Johannas von Navarra, der Gattin von Ludwigs Sohn, Philipp dem Schönen.[24] Sein an Hagiographien erinnerndes Werk war sicherlich ein bedeutender Beitrag im Rahmen des Kanonisationsverfahrens des Königs.[25] Joinville gilt als der früheste, in der ersten Person Singular und in der Volkssprache schreibende Autor. Der treue Gefolgsmann Ludwigs war mittlerweile über 80 Jahre alt, als er an die Zeit des gescheiterten Kreuzzugs zurückdachte und vermischte daher in seinem bahnbrechenden Werk Erinnerungen mit Idealisierungen und Literarisierungen.

Für unser Thema beschränken wir uns auf die Schilderung seiner Gefangenschaft. Am 5. April 1255 gaben die Kreuzfahrer die Belagerung von al-Mansura auf und zogen sich in Richtung Damiette zurück. Während die Verwundeten und

---

[20] Schäfer (2008), 96.
[21] Bloesch (1937).
[22] German Schleifheim von Sulsfort (i. e. Grimmelshausen, Hans Jakob Christoffel von), Der Abentheurliche Simplicissimus Teutsch, Monpelgart (i. e. Nürnberg) 1669 (online).
[23] Deutsche Übersetzung: Leben des heiligen Ludwig von Frankreich. Nach der Erzählung seines Zeit- und Kampf-Genossen Johann von Joinville in's Deutsche übersetzt von Theodor Nißl (1852) (online) (künftig zit. als Vita); Das Leben des heiligen Ludwig. Die Vita des Joinville. Deutsche Übersetzung basierend auf der altfranzösischen Fassung von Wailly, übersetzt von Mayser, hrsg. und eingeleitet von Kock (1969).
[24] Goridis (2014), 144.
[25] Goridis (2014), 144 f.

5.2 Jean de Joinville in ägyptischer Haft 1250

Geschwächten auf Galeeren den Nil hinuntergefahren wurden, marschierte der an der Ruhr erkrankte König mit den kampffähigen Truppen am Ufer entlang und kapitulierte am 6. April auf halben Wege nach Damiette vor dem ayyubidischen Heer unter Rukn ad-Din Baibars.[26] Jean de Joinville erinnert sich an seine Gefangennahme auf einer Galeere:

> „Als ich sah, daß ich mich ergeben müsse, nahm ich mein Kistchen, worin ich meine Juwelen und Reliquien aufbewahrte, und warf es über Bord. Einer meiner Schiffsleute sagte mir, wenn ich nicht den Sarazenen sagen ließe, daß ich ein Vetter des Königs sei, so würde die ganze Mannschaft ein sicherer Tod erwarten. Ich antwortete ihm, er möge sagen, was er wolle. Unterdessen kam die erste von den vier Barken schräg auf uns zu und legte bei unserm Schifflein an. Da schickte mir Gott – so glaube ich – einen Sarazenen, der als Unterthan des Kaisers in dessen Landen geboren war. Einzig mit der Hose bekleidet, war er meinem Schifflein zugeschwommen, und sprach, von der Seite mich umarmend: ‚Sir, verloren seid Ihr, so Ihr mir nicht glaubet. Zu Eurer Sicherheit und Rettung müßt ihr Euch in's Wasser werfen. Mit der Wegnahme des Schiffes beschäftigt, werden die Andern das nicht sehen.' Dann ließ er von der Galeere aus ein Tau mir zu werfen, und mich daran festhaltend sprang ich in's Wasser, mir nach der Sarazene, der mich aufrecht erhielt und mir die Galeere erreichen half. Denn ich war von meiner Krankheit so geschwächt, daß ich jeden Augenblick untersinken wollte."[27]

Joinville wurde in die feindliche Galeere hinaufgezogen und an Land gesetzt:

> „Darauf ward ich an's Land gebracht, und man fiel hier über mich her, um mir die Gurgel abzuschneiden. Anderes erwartete ich nicht. Allein der Sarazene, der mich aus meinem Schiffe gezogen, wollte mich nicht loslassen und schrie seinen Leuten zu: ‚Der Vetter des Königs, der Vetter des Königs!' Schon fühlte ich das Messer an der Kehle, schon hatten sie mich auf die Knie zur Erde geworfen. Gott aber rettete mich aus dieser Gefahr durch jenen Sarazenen, der mich auf das Verdeck führte, wo seine Gefährten beisammen waren. Sie nahmen mir das Panzerhemd ab, erbarmten sie sich des Siechthums, in welchem sie mich erblickten, und warfen mir die mit Grauwerk besetzte Scharlachdecke zu, die mir meine Mutter geschenkt hatte. Einer von ihnen brachte eine weiße Binde, womit man die Decke über mir befestigte; ein anderer Sarazene hüllte meinen Kopf in eine warme Binde ein. Da fing ich denn nun mit den Zähnen zu klappern an, theils aus Furcht, theils in des Fiebers Anfall."[28]

Joinville hatte ganz offensichtlich Angst um sein Leben. Es ist gänzlich ungewöhnlich, dass ein Ritter seiner Zeit allen Idealen zum Trotz so offen über seine Todesfurcht schreibt. Freilich rettete ihn der Sarazene nicht aus Menschenliebe, sondern aus Gewinnstreben, versprach doch eine adlige Geisel aus der Verwandtschaft des Königs ein hohes Lösegeld. Und weiter heißt es:

---

[26] Mayer (1985), 251.
[27] Vita (1852), 33. Kap., 187 f.
[28] Vita (1852), 33. Kap., 188 f.

„Ich war mehr auf den Tod, als auf das Leben gefaßt, denn ich hatte ein Geschwür im Hals. Als meine Leute mir das Wasser also aus den Nasenlöchern fließen sahen, da begannen sie um mich zu weinen und stimmten die Trauerklage an."[29]

Mitleid wird von Rittern ebenfalls nicht thematisiert. Als Joinville nach seinem Bekunden dem feindlichen Befehlshaber vorgeführt wurde, gab er seine Notlüge zu, ein Vetter des Königs zu sein, was dieser wohlwollend aufnahm. Er wurde angeblich von dem Anführer der Sarazenen gefragt, ob er Kaiser Friedrich kenne oder er zu seiner Verwandtschaft gehöre. Seine Mutter sei des Kaisers Tante, will Joinville daraufhin geantwortet haben, was den feindlichen Befehlshaber wohl hoch erfreute.[30] Nicht allen Mitgefangenen erging es so gut, wie sich aus dem Folgenden ergibt:

„Am Sonntag nach meiner Gefangennehmung ließ uns der Befehlshaber alle auf das Ufer bringen. Mein Kaplan Sir Johann ward aus dem unteren Schiffsraum gezogen; als er aber die frische Luft athmete, wurde er ohnmächtig. Unverzüglich tödteten ihn die Sarazenen und warfen ihn in den Fluß. Sein Diakonus war von der im Heer herrschenden Krankheit nicht minder erschöpft; die Sarazenen warfen ihm einen Mörser auf den Kopf und stießen ebenfalls den Leichnam in den Strom. Ebenso machten sie es mit den anderen Gefangenen. Denn so oft die Feinde einen aus dem Bodenraum des Schiffes hervorzogen, der sehr krank oder schwach war, tödteten sie ihn und warfen ihn in's Wasser."[31]

Körperlich schwache Gefangene waren eine Last. Zudem drohte auch den Siegern die Gefahr der Ansteckung an der Ruhr. Joinville will aber als Grund für die Hinrichtung der Kranken folgendes erfahren haben:

„Hierauf hießen sie [die Sarazenen] vor mich alle Schiffsleute kommen, von denen ich erfuhr, daß sie sämtlich ihren Glauben verläugnet hätten. Ich sagte ihnen, sie hätten dieß bloß aus Furcht gethan, getödtet zu werden, und sie würden, sobald sie in der Heimath angekommen wären, zum Glauben zurückkehren."[32]

Joinville beschreibt auch hier die Angst der Gefangenen. Er selbst wäre auf einem Pferd zum König und zu den anderen Gefangenen geführt worden. Dort hätte er gesehen, dass der Sultan Turan Schah vor einem Zelt durch einen Schreiber die Namen der gefangenen Christen verzeichnen ließ. Joinville sollte, so der oben genannte Sarazene, den jungen Bartholomäus von Montsancon bei der Hand halten, da dieser sonst getötet werden würde. Er wurde, so sein Bericht, in das große Zelt gebracht, wo sich alle französischen Barone gefreut hätten.[33] Doch kurze Zeit später „führte uns ein Sarazene weiter in ein anderes Gezelt, wo wir streng gehalten wurden und schlechte Nahrung bekamen", so Joinville weiter. Alle anderen Ritter und Krieger wären in einem großen Hof eingeschlossen,

---

[29] Vita (1852), 33. Kap., 189 f.
[30] Vita (1852), 33. Kap., 190 f.
[31] Vita (1852), 33. Kap., 192.
[32] Vita (1852), 33. Kap., 193.
[33] Vita (1852), 33. Kap., 193 f.

5.2 Jean de Joinville in ägyptischer Haft 1250

der mit aufgeworfenen Mauern aus Erde umrandet sei, und die Feinde hätten sie gefragt, ob sie ihrer Religion abschwören würden. „Die nun, welche ihre Religion abschworen, wurden beiseits geführt; jenen aber, die sich nicht dazu verstanden, schlug man alsogleich den Kopf ab", schreibt Joinville.[34] Einfache Gefangene, die kein Lösegeld versprachen, waren auch für die ägyptischen Mamlucken wertlos, die offensichtlich schon genügend Sklaven besaßen. Der Sultan hätte bald darauf einen Unterhändler zu Joinville und den anderen Gefangenen geschickt. Der Graf Peter von Bretagne wäre von den Christen als Sprecher bestimmt worden. Ein der französischen Sprache mächtiger Sarazene wollte wohl wissen, welchen Preis sie für ihre Freiheit bezahlen wollten und hätte zudem die Überlassung einiger Schlösser und Plätze verlangt. Graf Peter soll entgegnet haben, dass man diese Orte nicht übergeben könne, da sie entweder dem deutschen Kaiser oder den Templern und Hospitaliern gehören würden. Nach der Drohung mit der Hinrichtung im Falle der Ablehnung hätte sich der Botschafter des Sultans entfernt. Und „es kam nach ihm ein alter Sarazene, ein hochgewachsener Mann; der hatte bei sich eine große Menge junger Sarazenen, an deren Seite ein Schwert hing, so daß uns darob ein gewaltiger Schreck in's Herz fuhr", schreibt Joinville, der wiederum aus seinen Ängsten und denen seiner Mitgefangener keinen Hehl machte. Aber ein Dolmetscher hätte ihnen in dieser Situation Trost zugesprochen. Als sich die mit Schwertern bewaffneten Sarazenen entfernten, fiel Joinville angeblich ein Stein von seinem Herzen, da er geglaubt hätte, dass sie gekommen seien „uns allen die Köpfe abzuschneiden". Bald darauf wollte er vom Botschafter des Sultans von der baldigen Befreiung erfahren haben. Vier Ritter meldeten, so Joinville, den Gefangenen die Bedingungen ihrer Befreiung.[35] Doch daraus wurde nichts. Vielmehr drohten sie wohl dem König eine grausame Folter an:

> „Und wie die Sarazenen gewahrten, der König wolle ihren Wünschen nicht willfahren, drohten sie, ihn auf die Folter zu spannen. Es ist dieß die furchtbarste Marter, die man sich denken kann. Zwei Balken sind oben miteinander verbunden. Derjenige, der nun auf die Folter gespannt werden soll, wird auf die Seite zwischen die beiden Balken gelegt; seine Füße werden durch dicke nagelförmige Pflöcke gesteckt; dann wird ein Brett darauf gelegt, und oben drauf setzt sich ein Mann. Dem also Gemarterten werden durch diese Folter alle Gebeine und Knochen gebrochen. Um ihn aber noch weher zu thun, richtet man ihm nach drei Tagen die Beine wieder ein, die dick angelaufen sind, und zerbricht sie von Neuem. Und damit er sich drinnn nicht bewege, bindet man ihn am Kopfe mit dicken Ochsenziemnern fest. Aller dieser Drohungen aber achtete der König nicht, der vielmehr den Sarazenen sagte, er sei ihr Gefangener, und sie könnten mit ihm machen, was sie wollen."[36]

Die hier beschriebene Folter erinnert an das Rädern im christlichen Europa. Da sich Ludwig angeblich weigerte, den Forderungen nachzukommen, „traten sie

---

[34] Vita (1852), 34. Kap., 195.
[35] Vita (1852), 34. Kap., 195–199.
[36] Vita (1852), 34. Kap., 199 f.

wieder von ihm ab und frugen ihn, wie viel Lösegeld er dem Sultan außer Damiata, das er ihm obendrein ausliefern müßte, geben wolle."[37] Joinville schreibt:

> „Wenn der Sultan ein dem Recht und der Billgkeit entsprechendes Lösegeld annehmen wolle, war des Königs Antwort, so werde er um ein solches an die Königin schreiben. Die Sarazenen frugen ihn, warum er an die Königin sich wenden wolle. Er thue das aus gutem Grund, erwiderte er, denn sie sei seine Gebieterin und Lebensgefährtin. Darauf begaben sie sich zu ihrem Herrn zurück, um von ihm zu erfahren, wie viel er vom König verlange. Bald darauf kamen sie wieder zu diesem und meldeten ihm, wenn sich die Königin zu einer Million Goldbesanen verstehen wolle, die damals fünfhunderttausend Livres werth waren, so könne sie dadurch des Königs Befreiung erwirken. Da frug er eidlich, wenn die Königin dem Sultan die fünfhunderttausend Livres bezahlte, ob dieser alsdann in seine Befreiung einwilligen würde. [...] Nun versprach der König, er wolle gern als Lösegeld für seine Leute fünfhunderttausend Livres dem Sultan zahlen und ihm zu seiner Befreiung Damiata ausliefern; denn es sei nicht seine Art, [...] seine Befreiung ohne Geld zu fordern. Als der Sultan von dem guten Willen des Königs hörte, sagte er: ‚Meiner Treu', edel und hochherzig ist der Franzose, der ohne Zaudern sich zu so großer Summe versteht und sogleich sie zu bezahlen sich verpflichtet. Berichtet ihm zurück, setzte er hinzu, daß ich ihm hunderttausend Livres des Lösegelds erlasse, und er mir nur vierhunderttausend zu zahlen braucht.'"[38]

Joinville berichtet kein Wort davon, dass dieser Vereinbarung hartnäckige Verhandlungen vorausgingen, wie der arabische Historiker Al-Maqrīzī (um 1364–1442) betont:

> „Der Emir Abou Ali wurde ernannt, um mit dem König von Frankreich für sein Lösegeld und für die Übergabe von Damietta zu verhandeln. Nach vielen Konferenzen und Streitigkeiten wurde vereinbart, dass die Franzosen Damietta evakuieren sollten und dass der König und alle Gefangenen in Ägypten in Freiheit gesetzt werden sollten, unter der Bedingung, dass die Hälfte des Lösegeldes gezahlt wird, das festgesetzt werden sollte. Der König von Frankreich sandte dem Gouverneur von Damietta den Befehl, diese Stadt aufzugeben. Er weigerte sich jedoch zu gehorchen, und neue Befehle waren notwendig. Schließlich wurde es den Muslimen übergeben, nachdem sie elf Monate in den Händen des Feindes geblieben waren. Der König zahlte vierhunderttausend Goldstücke, sowohl für sein eigenes Lösegeld als auch für das der Königin, seines Bruders."[39]

Daraufhin, so Joinville, ließ der Sultan den König und die vornehmsten Gefangenen in vier Galeeren nach Damiette bringen, wo sie in einem „Lusthaus" des Sultans Turan Schah am Donnerstag vor Himmelfahrt ankamen.[40] „Dort wurde der König in ein Gezelt geführt, um mit dem Sultan sich zu unterreden und ihm zu versprechen, daß er ihm am folgenden Samstag Damiata ausliefern werde", schreibt Joinville.[41] Joinville erfuhr seinem Bekunden nach von einem geplanten

---

[37] Vita (1852), 34. Kap., 200.
[38] Vita (1852), 34. Kap., 199 f.
[39] Al-Makrisi: Account of the Crusade of St. Louis (online).
[40] Vita (1852), 35. Kap., 202 f.
[41] Vita (1852), 35. Kap., 204.

5.2 Jean de Joinville in ägyptischer Haft 1250

und erfolgreichen Attentat auf den Sultan durch die Mamluken.[42] Die Mamluken beendeten damit die Herrschaft der Ayyubiden in Ägypten. Ein Mamluke namens Faracataic soll Joinville zufolge Turan Schah ermordet und zum König „mit noch blutender Hand" gesprochen haben, was er ihm dafür gebe, dass er seinen Feind getötet habe, der ihn umbringen wolle.[43] In der Folge schwebten auch die französischen Gefangenen angeblich in Todesgefahr:

> „Nach dieser That stürmten wohl dreißig der Mordgenossen mit Streitäxten und mit blanken Schwertern in unsere Barke. Ich frug den Ritter Balduin von Ibelin, dem ihre Sprache geläufig, was die Leute vorhätten. Er sagte mir, sie seien gekommen, uns die Hälse abzuschneiden. Da war ich Zeuge, wie sogleich sehr viele unserer Leute einem Trinitarier beichteten, der sich im Gefolge des Grafen Wilhelm von Flandern befand. Was mich betrifft, so wußte ich nicht mehr von Sünde, noch von Missethat, ich dachte nur an den Todesstreich, den ich empfangen sollte. Sofort kniete ich zu den Füßen eines Sarazenen nieder, der ihm den Hals hinstreckend, und sprach, indem ich mich bekreuzte: ‚Also starb die heilige Agnes.' Neben mir kniete Ritter Guyon von Ibelin, Connetable[44] von Cypern; er beichtete mir und ich gab ihm die Absolution in der Weise, wie mir das von Gott vergönnt war. Als ich aber aufgestanden war, erinnerte ich mich keines Wortes mehr von dem, was er mir gesagt."[45]

Wiederum fürchtete Joinville um sein Leben. Aller ritterlicher Stolz war vergessen. Daraufhin wären sie in den Bodenraum der Galeere gebracht worden, „wo sie die ganze Nacht in beklagenswerter Lage und größter Enge" zugebracht hätten. Die Emire sagten ihnen Joinville zufolge am nächsten Tag, dass sie „ihnen dieselben Verpflichtungen erneuern" sollten, die sie dem ermordeten Sultan gemacht hätten. „Die, welche gehen konnten, begaben sich zu ihnen. Ich aber, der Graf von der Bretagne und der Connetable von Cypern, wir blieben; denn wir waren schwer verwundet", schreibt Joinville.[46] Daraufhin hätten sich der Graf von Flandern, der Graf von Soissons und die anderen, die gehen konnten, zu den Emiren begeben, um die Bedingungen der Begnadigung zu wiederholen. Der König musste demnach schwören, vor seinem Abzug 200.000 Livres und die restliche Summe in Akkon zu bezahlen. Zur sicheren Gewähr für die Erfüllung dieser Zusage sollten die Kranken, die sich in Damiata befanden, samt den Armbrüsten, Waffen, Kriegsmaschinen und dem gesalzenen Fleisch zurückbehalten werden. Dann schwuren die Muslime, „daß sie im Falle, sie treubrüchig würden, so entehrt sein wollten wie derjenige, welcher mit entblößtem Haupte eine Pilgerschaft zu Mahommed anträte, und wie derjenige, welcher seine Frau verließe und sie hierauf wiedernähme." Weiter schworen sie für den Fall des Eidbruchs entehrt sein zu wollen, „wie der Sarazene, der Schweinefleisch äße." „Der König

---

[42] Vita (1852), 35. Kap., 204–208.
[43] Vita (1852), 36. Kap., 208.
[44] Konstabler (Lat. Constabularius; Mittellat. comes stabuli; deutsch: „Stallbeamter", „Stallmeister", „Stallgraf"): Amts- bzw. Dienstbezeichnung.
[45] Vita (1852), 35. Kap., 208 f.
[46] Vita (1852), 35. Kap., 209.

nahm diese Schwüre entgegen, weil Meister Nikolaus von Acre[47], der die islamischen Sitten kannte, ihm sagte, daß sie keinen schwereren Eid leisten könnten", schreibt Joinville.[48]

Auch der König sollte im Falle des Nichteinhaltens seines Versprechens und der Nichtbezahlung der festgesetzten Beträge „aus der Gesellschaft Gottes, seiner würdigen Mutter, der zwölf Apostel und aller Heiligen im Paradies ausgeschlossen werden". „Er solle ferner, im Falle er den Vertrag nicht hielte, für meindeidig erklärt werden wie der Christ, der Gott, seine Taufe und sein Gesetz verleugnet habe und der, um Gott zu lästern, auf das Kreuz speie und es mit Füßen trete" – eine Eidesformel aber, die der König nach Joinville nicht ablegen wollte. Als die Emire dies erfuhren, wären sie sehr ungehalten gewesen und hätten Meister Nikolaus von Acre zu ihm geschickt, der die Nachricht überbrachte, dass ihm und allen seinen Leuten im Falle der Weigerung die Köpfe abgeschlagen würden. Darauf hätte der König geantwortet, „er aber wolle lieber als guter Christ sterben, als den Zorn Gottes, seiner Mutter und seiner Heiligen auf sich laden."[49] Joinville berichtet weiter, wie „der Patriarch von Jerusalem, ein ungefähr achtzigjähriger Greis", zum König gekommen wäre, um die Befreiung von den Sarazenen zu erwirken. Wenn aber „ihre Fürsten im Kriege mit einander lagen, und der eine starb, während sie sich einander Gesandte schickten", so würden diese gefangen genommen und von den Muslimen wie den Christen zu Sklaven gemacht. Deswegen sei auch der alte Patriarch von Jerusalem gefangen gesetzt worden. Die Emire hätten ihn so fest an eine Zeltstange binden lassen, „daß ihm die auf dem Rücken eng zusammen gebundenen Hände in kurzer Zeit furchtbar aufschwollen, und ihm das Blut derselben herunter rann. Aber der hochbetagte Mann vermochte die Qualen nicht länger auszuhalten und rief, von Schmerzen überwältigt dem Könige zu: ‚Ach Sir, ach Sir! schwöret herzhaft. Denn ich nehme die Sünde auf mich und meine Seele, da Ihr ja doch Euer Versprechen und den Schwur halten wollet.'", erinnert sich Joinville, nach dessen Darstellung die Emire sich durch diese Tat erweichen ließen.[50]

Angeblich hätten die Emire nach der Ermordung des Sultans große Lust, den König „einstimmig zum Sultan von Babylon zu machen." Denn für die Emire sei „der König der stolzeste Christ, den sie jemals kennen gelernt." „Und die Sarazenen setzten hinzu, daß sie, hätte ihr Mahommed ihnen der Leiden so viele auszustehen geboten, als Gott dem König auferlegt, niemals ihn angebetet oder an ihn geglaubt hätten", behauptet Joinville.[51] Diese Aussage dürfte allerdings in das Land der Fabel zu verweisen sein, ging es ihm doch allein um die Überhöhung seines Königs.

---

[47] Akkon.
[48] Vita (1852), 36. Kap., 211 f.
[49] Vita (1852), 36. Kap., 212.
[50] Vita (1852), 36. Kap., 212–214.
[51] Vita (1852), 37. Kap., 215 f.

5.2 Jean de Joinville in ägyptischer Haft 1250

Der Chronik zufolge sollte am Tage nach Himmelfahrt Damiette den Emiren ausgeliefert und der König mit den anderen Gefangenen in Freiheit gesetzt werden.[52] Joinville schreibt:

> „Ehe Damiata ausgeliefert wurde, begab sich die Königin mit all' unseren Leuten in unsere Schiffe, die armen Kranken ausgenommen, welche die Sarazenen zurückbehalten und dem König erst dann zurückgeben sollten, wann er ihnen das noch übrige Lösegeld gezahlt hätte. Ebenso sollte es mit den Kriegsmaschinen, mit den Waffen und dem gesalzenen Fleische gehalten werden, das die Sarazenen nicht aßen. Aber das verrätherische Volk tödtete alle Kranken und zerschlug die Maschinen und andere Geräthschaften, die sie zurückbehalten und seiner Zeit ausliefern sollten. Man legte alles auf einen Haufen zusammen und zündete es an. So groß war das Feuer, daß es am folgenden Freitag, Samstag und Sonntag in hellen Flammen fortbrannte. So nun ward Alles zertrümmert und niedergebrannt. Wir aber und mit uns der König, denen der Aufgang der Sonne die Stunde der Freiheit hätte bringen sollen – wir mußten jenen Tag ohne Speise und Trank zubringen."[53]

Als Grund für den Bruch des Versprechens der Freilassung gibt Joinville Streitigkeiten zwischen den Emiren an, von denen einige nicht bereit waren, die verbliebenen Gefangenen samt dem König lebend ziehen zu lassen.[54] Die Angst um ihr Leben ließ Joinville und seine Kameraden nicht los.[55] Aber gegen Sonnenuntergang wäre von den Emiren ihre Freilassung beschlossen worden. Die Sarazenen hätten ihnen „Käsekuchen, die an der Sonne gedörrt waren, damit sich darin keine Würmer erzeugten; auch harte Eier, die schon vor vier bis fünf Tagen gesotten worden", zu essen gegeben, die mit bunten Farben bemalt waren, um sie nicht nüchtern zu entlassen.[56] Schließlich fand die Übergabe statt, an die sich Joineville detailliert erinnert:

> „Auf dem Flusse dem König gegenüber hielt eine genuesische Galeere, auf der nur ein Mann sichtbar war. Wie dieser den König so nahe erblickte, begann er zu pfeifen. Sogleich kamen auf seiner Galeere gegen achtzig wohl ausgerüstete Schützen zum Vorschein, die ihre Armbrüste, und auf diesen die Pfeile, gespannt hielten. Sobald die Sarazenen sie gewahr wurden, stoben sie, wie aufgescheuchte Schafe, davon; nur zwei oder drei verblieben beim König. Die Genuesen schoben ein Brett zum Lande hin und nahmen ihn, den Grafen von Anjou, die Ritter Gottfried von Sergines und Philipp von Remours, den Marschall von Frankreich, den Großmeister der Trinitarier und mich auf. Als Gefangener verblieb bei den Sarazenen der Graf von Poitiers, bis der König ihnen die zweihunderttausend Livres bezahlt hatte, die er vor seinem Abzug erstatten sollte."[57]

Am Samstag nach Christi Himmelfahrt hätten der Graf von Flandern, der Graf von Soissons Abschied vom König genommen, die auf seine Bitten hin als Geiseln

---

[52] Vita (1852), 37. Kap., 216 f.
[53] Vita (1852), 37. Kap., 217 f.
[54] Vita (1852), 37. Kap., 218–220.
[55] Vita (1852), 37. Kap., 220.
[56] Vita (1852), 37. Kap., 221 f.
[57] Vita (1852), 38. Kap., 222.

dableiben sollten, bis der Graf von Poitiers, der Bruder des Königs, auf freiem Fuß gesetzt sei. Das wäre allerdings unterblieben, weil auch deren Schiffe schon segelfertig gewesen seien.[58] Schließlich wurde das Lösegeld übergeben:

„Der König wollte seinen Bruder, den Grafen von Poitiers, nicht länger in der Gefangenschaft lassen und deshalb die Bezahlung der zweihunderttausend Livres leisten. Man verwandte zu derselben den ganzen Samstag und Sonntag. Das Lösegeld wurde in einzelnen Summen, jede von zehntausend Livres, abgewogen. Am Sonntagabend erklärten dem König seine Leute, daß wohl gegen dreißigtausend Livres noch fehlten. Bei ihm befanden sich nur sein Bruder, der Graf von Anjou, der Marschall von Frankreich, der Trinitarier und ich; alle anderen waren mit der Zusammenbringung und Abwägung des Geldes beschäftigt. Ich sagte zum König, er möge den Commenthur und den Marschall der Templer[59] bitten, ihm zur Befreiung seines Bruders die erwähnten dreißigtausend Livres zu leihen. Wegen des Rathes, den ich dem König gegeben, tadelte mich Stephan von Outricourt, welcher Commenthur der Templer war, und sagte zu mir: ‚Sir von Joinville, was Ihr dem König gerathen, taugt nichts, ist nicht vernünftig. Denn Ihr wisset wohl, daß wir beim Empfang einer Commenthurei schwören, das Geld davon Niemanden zu geben außer denjenigen, die uns den Schwur abnehmen.'"[60]

Der Großmeister der Templer, Renaud de Vichiers (Großmeister von Juli 1250 bis zu seinem Tod 1256), bekräftigte nach Joinville die ablehnende Haltung des Ordens, dem König das Geld zu leihen. Sollte der König aber Gewalt anwenden, würden die Templer in Akkon die königlichen Güter konfiszieren.[61] Daraufhin sprang Joinville dem König bei:

„Als ich diese Drohung gegen den König vernommen, sagte ich ihm, ich wolle ihm das Geld schon holen, wenn er wolle. Und er hieß mich also thun. Sogleich begab ich mich in eine Barke der Templer und fand eine Kiste, zu der man mir die Schlüssel zu geben, sich weigerte. Da schwang ich die Axt, um mit Gewalt aufzubrechen, in des Königs Namen. Wie dieß der Marschall sah, ließ er mir die Schlüssel zu der Kiste reichen, die ich alsdann öffnete; ich fand des Geldes genug und brachte es dem König, der über meinen Erfolg erfreut war. So nun wurde die Bezahlung der zweihunderttausend Livres zur Befreiung des Grafen von Poitiers vollständig geleistet."[62]

Möglicherweise vergaßen Ludwigs Amtsnachfolger diese Weigerung des Großmeisters Renaud de Vichiers nicht. Denn am 22. März 1312 löste Papst Clemens V. auf dem Konzil von Vienne (Frankreich) den Orden auch auf Betreiben des französischen Königs Philipp IV. auf. Schließlich starb der letzte Großmeister des Templerordens, Jacques de Molay, am 18. März 1314 auf dem Scheiterhaufen in Paris.

---

[58] Vita (1852), 38. Kap., 222 f.
[59] Renaud de Vichiers war von Juli 1250 bis zu seinem Tod 1256 der 19. Großmeister des Templerordens.
[60] Vita (1852), 39. Kap., 224.
[61] Vita (1852), 39. Kap., 224 f.
[62] Vita (1852), 39. Kap., 225.

5.2 Jean de Joinville in ägyptischer Haft 1250

Joinville zeichnet, wie eingangs betont, von seinem König das Bild eines edlen und frommen Ritters. So hätte Ludwig IX. darauf bestanden, auch die letzten 10.000 Livres vor der Freilassung seines Bruders zu begleichen, die Philipp von Montfort mittels einer falschen Waage zurückbehalten hatte, bevor er sich auf einer auf dem Meer wartenden Barke einschiffte. Kurz darauf wäre auch Philipp von Montfort mit dem Grafen von Poitiers an Bord auf einem Boot herangesegelt.[63] Dann wurden die Segel in Richtung Akkon gesetzt:

> „Der König war selbst dann noch nicht aller Mühseligkeiten enthoben, als er sein Schiff bestiegen; denn seine Leute hatten ihm nichts zurecht gerichtet, wie Kleider, Lager und andere Dinge. Sechs Tage lang mußte er auf Matrazen liegen, bis sie in Acre angekommen waren. Er hatte nur zwei Kleider, die ihm der Sultan geschenkt hatte; sie waren von schwarzem Sammet, mit Pelzwerk gefüttert und mit vielen goldenen Knöpfen besetzt. Auf unserer Fahrt nach Acre saß ich immer neben dem Könige, weil ich krank war. Da erzählte er mir nun, wie er gefangen genommen worden war, und wie er seine und unsere Befreiung mit Gottes Hülfe betrieben."[64]

König Ludwig IX. war frei. Zuletzt hatte ihn der Sultan noch mit kostbaren Kleidern ausgestattet.

Joinville beschreibt die Ereignisse seiner Gefangenschaft in bemerkenswert persönlicher Perspektive und festem Gottvertrauen zwischen Todesangst und Hoffnung auf Befreiung. Gerade eine Haft bei Glaubensfeinden konnte als ideale Probe für die Glaubensfestigkeit eines jeden Christen gelten und als eine Art Bußleistung zur Läuterung angesehen und so eine militärische Katastrophe in einen Erfolg verwandelt werden.[65] Die existenzbedrohende Erfahrung der Gefangenschaft war auch unabhängig von dem Auftrag der Glorifizierung Ludwigs ein ganz einschneidendes Erlebnis, was Joinville mit literarischen Mitteln verarbeitete.[66] Trotz einiger Schilderungen der Glaubensfestigkeit des Königs stellt er die Lösegeldverhandlungen und die Freilassung seines Gebieters ohne spirituellen Zusammenhang dar.[67] Die von Joinville überlieferte Sorge Ludwigs um das Schicksal der gefangenen Gefolgsleute trug ebenfalls zum Bild des gerechten Königs bei.[68] Ludwig erscheint in dem höfischen Roman nicht als ein der Welt entrückter Heiliger, sondern als ein Mensch mit Sorgen, Ängsten und christlicher Zuversicht. Aber die spannende Schilderung hatte auch reale Auswirkungen: Gefangene Christen aus muslimischer Kriegsgefangenschaft freizukaufen, wurde in der Kreuzzugzeit zunehmend zur Pflicht des christlichen Herrschers erhoben.[69]

---

[63] Vita (1852), 39. Kap., 226.
[64] Vita (1852), 42. Kap., 235.
[65] Goridis (2014), 146.
[66] Goridis (2014), 149.
[67] Goridis (2014), 150.
[68] Goridis (2014), 151.
[69] Goridis (2014), 160.

5.3 Die Entführung des Hieronymus Baumgartner 1544/45

Auch wenn der Erfahrungsbericht des Nürnberger Patriziers und Bürgermeisters Hieronymus Baumgartner (auch Paumgartner oder Baumgärtner), nicht mehr in das Mittelalter zu verorten ist, so lassen sich doch die darin geschilderten Nöte eines Gefangenen auch auf diese Epoche zurückprojizieren, da Ängste um das eigene Leben sich einer Chronologisierung entziehen.

Als Baumgartner vom Reichstag zu Speyer zurückkehrte, wurde er trotz des ihm vom Kaiser gewehrten Geleites am Pfingstabend, den 31. Mai 1544, vom Ritter Albrecht von Rosenberg und seinen 16 Begleitern zwischen Sintzheim und Wimpfen im Kreichgau gefangen genommen und erst nach 14 Monaten gegen ein Lösegeld wieder freigelassen.[70] Verheiratet war der gebildete Anhänger der Reformation Martin Luthers mit Sibylla von Dichtel.[71]

Abb. 11: Hieronymus Baumgartner, Stich von Johann Pfann (aktiv 1625–1670), Datenbank Tripota in der Wissenschaftlichen Bibliothek der Stadt Trier/Stadtarchiv.

---

[70] Bossert (1888).
[71] Eigenhändiger Bericht des Hieronymus Baumgärtner über seine Gefangenschaft bei Albrecht von Rosenberg in den Jahren 1544 und 1545, 103 f. (künftig zit. als Baumgärtner).

5.3 Die Entführung des Hieronymus Baumgartner 1544/45

Seine Entführung war symptomatisch für die damalige Zeit. Der Aufstieg der Landsknechte begünstigte im Spätmittelalter den Abstieg der Ritterschaft als angestammte Kriegerkaste. Hinzu kam der Aufstieg der Städte seit dem 13. Jahrhundert und die Herausbildung der modernen Fürstenherrschaft. Viele Ritter, etwa Franz von Sickingen (1481–1523) oder Götz von Berlichingen (1480–1562), erklärten Städten Fehden und verlegten sich auf die Verschleppung und Lösegelderpressung reicher Patrizier. Baumgartners Entführung ist eine Folge des Überfalls des „Raubritters" Hans Thomas von Absberg (1477–1531) auf den Grafen Joachim von Oettingen (Wallerstein) am 24. Juni 1520 am Hahnenkamm bei Donauwörth, der am 6. Juli seinen Verletzungen erlag. Daraufhin ließ der Schwäbische Bund 1523 im Rahmen einer Reichsexekution die Burgen der geächteten Täter schleifen, wobei auch die Burg Boxberg sowie Aschhausen und Wachbach zerstört wurden. Dem am Überfall beteiligten Hans Thomas von Rosenberg gehörte aber nur ein geringfügiger Teil von Boxberg, während der Rest der Herrschaft sich im Besitz seiner Vettern und des Kurfürsten von der Pfalz befand. Da der Schwäbische Bund aber einen Schadensersatz für diese Rechtsverletzung verweigerte, entführte Hans Thomas von Rosenberg im Juni 1523 den Sohn des Truchsessen Georg von Waldburg und versteckte ihn auf verschiedenen Schlössern. Sein Vater, der nicht auf die Forderung der Rückgabe von Boxberg einging, konnte das Versteck seines 1531 verstorbenen Sohnes nicht ausfindig machen oder diesen zu Lebzeiten befreien. Nach dem Tod von Hans Thomas von Rosenberg bemühte sich Albrecht von Rosenberg, der Sohn Eberhards von Rosenberg, um Schadensersatz. Der Pfälzer Kurfürst Ludwig V. verweigerte ihm ebenfalls die Herausgabe von Boxberg. Auch der von Albrecht angerufene Schwäbische Bund konnte den Pfälzer Kurfürsten nicht umstimmen. Daher erklärte Albrecht den Bundesständen am 21. Dezember 1536, mit „Brand und Nahm" (Plünderung) gegen diese vorzugehen. Albrecht wollte zum Reichstag 1544 nach Speyer reisende bzw. zurückkehrende städtische Gesandte entführen. Dieser Plan gelang mit der Verschleppung von Hieronymus Baumgartner am 31. Mai. Im Wald bei Treschklingen lauerte Rosenberg mit 16 Reitern dem Tags zuvor in Speyer abgereisten, sich auf dem Weg nach Wimpfen befindlichen Nürnberger Patrizier morgens um 4 Uhr auf und überwältigte die kleine Nürnberger Gesandtschaft. Rosenberg ließ die Begleiter Baumgartners gefesselt zurück und ritt mit seiner prominenten Geisel davon.[72]

Über seine Gefangenschaft verfasste Baumgartner am Mittwoch, den 19. August 1545, unter dem unmittelbaren Eindruck des Erlebten einen detaillieren Bericht an den Nürnberger Magistrat.[73]

---

[72] Baumgärtner, 104; Bossert (1888), 208–210.
[73] „Kurzer Bericht wie und welchergestalt ich Hieronymus Paumgärtner am letzten Tag Mai 1544 gefangen und in meiner gefengnuss gehalten worden bin, biss vf den 2. Augusti da ich um 3 Uhr nachmittag zu Schupf unter Mergentheim, meiner pflicht von Albrecht von Rosenberg ledig gezelt, und ich denselben Abend von ihme mit 53 Pferden bis vor die

Albrecht von Rosenberg versprach mir, er wolt mich in kain gefenncknus noch ketten schliessen, schreibt Hieronymus Baumgartner.[74] Dennoch wäre er *denselben ganntzen tag on alle speiss und tranck ganntz eylenndt gefüret* worden. Lediglich Walderdbeeren hätte er zu essen bekommen. Aufschlussreich ist, dass ihm beim Schwur seiner Urfehde verboten worden war, die Namen der *Wasser, Schlösser, Lanndtschaft, vnnd anndere gelegenhait* zu nennen. Nach 15 Stunden Reiterei wären sie in ein Dorf gekommen, wo sie *gute gemach unnd alle notturfft* hätten.[75]

Am Pfingsttag, den 1. Juni 1544, hätte sein Entführer drei Knechte weggeschickt und nur zwei bei sich behalten. Mit den beiden Knechten wurde der Nürnberger Bürgermeister seinem Bekunden nach in einen Wald geführt, wo sie um 3 Uhr nachmittags bei einem Brunnen Gebratenes verzehrten. *Aldann reyt er mit dem ainen knecht hinwegk, vnnd nam mein pulge[76] mit sich, die ward mir diss mals geplündert*, beklagt Baumgartner, der mit dem letzten Knecht zurückgeblieben wäre. Zwei Stunden nach Einbruch der Nacht hätte ihn der andere Knecht abgeholt und *in ain wirtshauss in ainem Dörflein, dabey ein schlösslein ligt*, geführt und ihm sein Pferd genommen. An diesem Ort blieb Baumgartner seinem Bericht nach bis zum Montag, den 2. Juni, und verbrachte dort die anschließende Nacht.[77]

Am 3. Juni ritten sie wohl in den ersten Morgenstunden durch einen dichten Wald, wo sie bis zum 4. Juni geblieben wären. Jeden Tag hätte Baumgartner von einem Bauern zweimal etwas zu essen und genug zu trinken bekommen. Die Entführer, so Baumgartner, entwendeten seinen mit Ormasin überzogenen Hut und gaben ihm *an die stat ain alts grünes paurenhüetlein*.[78]

Am Mittwoch, den 4. Juni, *als die Sunn wolt vnndtergeen, nam er mich von newem zu pflichten das ich von ime od den seinen nit trachten noch fliehen*, schreibt Baumgartner. Nach der Versicherung des Bürgermeisters, dazubleiben, wäre Albrecht von Rosenberg alleine weggeritten. Zwei Knechte hätten den Patrizier sodann die ganze Nacht hindurch bis zum Morgen auf ein Schloss geführt, wo ihm *ain gefengknus in ainem Stüblein zugericht* wurde, worin er *4 schryt vnd nit mer raum zugeen* hatte.[79] Der Pfleger oder Amtmann des Schlosses wollte Baumgartner *an ain ketten schliessen*, was der Patrizier mit dem Hinweis auf das Versprechen des Herrn von Rosenberg ablehnte. An diesem Ort blieb Baumgartner seinem Bekunden nach von Donnerstag bis zum Samstag. *In disen tagen ward mir mein Täschlein, das ich an der seyten füert vnnd noch ain zimliche Summa goldes darinnen het, geplündert*, beklagt sich der Baumgartner.[80]

Stadt Mergentheim begleitet worden, alda er von mir einen guten glimpflichen Abschied genommen.", Baumgärtner, 105.
[74] Baumgärtner, 108.
[75] Baumgärtner, 108.
[76] Schlauchformiger Ledersack.
[77] Baumgärtner, 108.
[78] Baumgärtner, 109.
[79] Baumgärtner, 109 f.
[80] Baumgärtner, 110.

5.3 Die Entführung des Hieronymus Baumgartner 1544/45

Samstagnachts hätte man ihn drei Stunden lang zu einem anderen Schloss geführt, in welches er später noch zweimal gebracht worden wäre. Bis zum 8. Juni lag Baumgartner in *ainem finstern kemmerlein* unter ständiger Bewachung durch einen Knecht.[81]

Am Montag, den 9. Juni, brachen der Herr von Rosenberg und der Nürnberger Patrizier nach dessen Bericht frühmorgens auf und ritten nach dem Mittagessen bei einem Bauernwirt den ganzen Tag hindurch bis zu einem anderen Dorf und desgleichen den darauffolgenden Tag zu einem anderen Weiler, wo sie zwei Tage in einer Herberge abstiegen. Baumgartner schreibt, er *ward auch nit gehalten als ain gefangner, also das nyemandt merckt wie es vmb mich gelegen war*.[82]

Am Donnerstag, den 12. Juni, wurde er angeblich in der Nacht in ein anderes Schloss gebracht, wo er einen ersten Brief schrieb, der wohl erst am 21. Juni weggebracht wurde. An diesem Ort verblieb Baumgartner mit einem Knecht seinen Worten nach bis zum 12. Juli. An diesem Tage wäre der Ritter *mit vyl tröstlichen worten* zu ihm gekommen, etwa *das die sachen in kürtz zu gutem ennde solt kumen, nemlich in dreyen wochen, vnnd wider schicken, welches sich etliche tag möchte verweylen.* Er hätte auch auf demselben Weg einen anderen reichen Mann von Nürnberg entführt, würde aber ihn *biss zu ennde der sachen an ain annderen ort [...] füeren*, wo er bessere Fürsorge hätte.[83]

In der Nacht vom 12. Juli wurde Baumgartner seinem Bekunden nach auf ein anderes Schloss geführt, wo er so schwach wurde, dass sie ihn *mit ainem knecht 3 tag mussten ligen lassen, vnd er von mir ryt*.[84]

Am 15. Juli wollen der Nürnberger Patrizier und zwei Knechte die ganze Nacht durch schlechtes Wetter auf gefährlichen Wegen in ein neues Dorf geritten und dort bei einem Wirt abgestiegen sein.[85]

Am Mittwoch, den 16. Juli, ritt die Gesellschaft, angeblich den ganzen Tag und die Nacht hindurch und erreichte um 9 Uhr morgens einem Stadel bei einem Schloss, wo ihm Albrecht von Rosenberg sogar selbst ein Bett herrichtete und ihm zu essen und zu trinken gab.[86]

Am Abend des 17. Juli, einem Donnerstag, *gegen abent rayt er von Rosenberg abermals von mir, mit verwenung, wir hetten vueber 4 stundt nit mer zu reytten, an das ort, da ich mit ruhe, biss zu ennde der sachen solt pleyben*, erinnert sich Baumgartner. Aber trotz dieser Versicherung des Entführers wäre man die ganze Nacht im starken Regen weiter im Sattel gesessen und erst am Mittag mit harten Eiern, Brot und Wein versorgt worden.[87]

---

[81] Baumgärtner, 110.
[82] Baumgärtner, 110.
[83] Baumgärtner, 110 f.
[84] Baumgärtner, 111.
[85] Baumgärtner, 111.
[86] Baumgärtner, 111.
[87] Baumgärtner, 111.

In der kommenden Nacht ging es angeblich einen hohen Berg hinauf zu einem Schloss, wo der Nürnberger Patrizier 5 Wochen und 3 Tage in einer Stube inhaftiert wurde, die *erst von newem zu ainer gefenncknus dermassen mit eysen, ketten, verwarnung der thüren vnnd fenster zugericht, als solt es ewigklich ain gefennknus pleyben*.[88] Hier erhielt der Gefangene wohl das erste Schreiben von Bernhart Baumgartner und seiner Ehefrau nebst einigen Büchern und persönlichen Gegenständen. Andere Briefe bekam er angeblich nicht. Am 24. August hätte Baumgartner nach Rosenbergs Versicherung frei sein sollen, was aber aber nicht geschehen wäre. Vielmehr ließ der Ritter Baumgartner zufolge seinen Gefangenen weitere Briefe an seine Verwandtschaft und Freunde schreiben.[89]

In der Nacht des 25. August musste er *elyendt auss dem Schloss zu fuss geen, auff ain halbe meyl in ainem wald*, wo man in derselben Nacht und den ganzen kommenden gelagert hätte und er als Speise nur Eier, Brot und Wein bekommen haben will. In der Nacht, so Baumgartner, führte man ihn abermals zu Fuß eine halbe Meile weiter zu einem Schloss, wo sich ein schöner Garten und mehrere Häuslein befanden. Dort wären sie 6 Tage *uff ainem Stroe, in der finster* gelegen, da nur durch einen Spalt an dem Laden *ain wenig liechts eingieng*.[90]

Am Dienstag, den 2. September, wären die Entführer mit ihrem Gefangenen bis nach Mitternacht zu einem anderen Schloss gereist. Dort lag Baumgartner seinen Worten nach *bis auf 17 dito in ainem kemerlein, on alles liecht, aussgenommen ain klain fennsterlein, einer Hanndt prayt das was dannocht mit ainem Tüechlein verhengkt*. In der Nacht hätte man den Gefangenen kein Licht gegeben und ihnen das Essen erst nach Sonnenuntergang gebracht. Sie *dorfften auch nit der Cammern vmbgeen* noch sich räuspern oder husten und mussten still sein.[91]

Am 15. September wäre der Ritter Rosenberg gekommen *vnnd war gar erzürnet vnd unwillig* auf den zögerlichen Bürgermeister von Nürnberg und erzählte, dass sich Peter Scher von Straßburg als Unterhändler angeboten hätte. Auch hätte Herr Ludwig von Hutten *vmb vndterhanndlung ersucht*. Wenn er nicht in Kürze ledig wäre, hätte der von Hutten gedroht, *aintweder ine von Rosenberg selbs, nyderzuwerffen, oder mich durch ire verreterey, dero das ganntz lanndt vol were, zu erkundigen vnndt mit gewalt zu erledigen*, heißt es in dem Bericht weiter.[92] Oft wurden aber, so Baumgartner, die falschen Menschen gemartert, wenn *sy erfüern das yemandt wer gefangen worden*. Er schreibt auch, *das ain gefangener muess alles thuon, was er gehayssen würdt*.[93]

Am 17. September in der Nacht wäre er in ein Dorf verlegt und bei einem Reisbuben untergebracht worden, wo er die restliche Nacht und den folgenden Tag verbracht hätte.

---

[88] Baumgärtner, 112.
[89] Baumgärtner, 112.
[90] Baumgärtner, 112.
[91] Baumgärtner, 112 f.
[92] Baumgärtner, 113.
[93] Baumgärtner, 113.

5.3 Die Entführung des Hieronymus Baumgartner 1544/45

In der Nacht vom 18. September führte man ihn angeblich in ein anderes Schloss, wo er seinem Bekunden nach bis in den Oktober hinein inhaftiert wurde.[94] Dort hätte ihm sein Knecht erzählt, wie die Nürnberger in *Halbersteten eingefallen* und ihn *alda gesucht* hätten *vnnd in dem Schloss vnnd flecken mit Zerschlagung aller Fenster Ofen vnnd annders gedroht hätten,* heißt es weiter.[95] Deswegen befürchtete Baumgartner, dass der *Jung von Rosenberg dem diser einfal begegnet, zu seinen Jaren kumen,* diese Aktion nicht *ungerochen lassen* würde.[96]

Dem Gefangenen wurde am nächsten Tag *ain Rüden pannd* vorgelegt, das *gewisslich über zwaintzigk pfundt schwer vnnd seer enng war,* darinn er *nit ain halbe stundt het leben können.* Bis auf den Tag seiner Freilassung hätte man ihm mit einer Fesselung gedroht und am 1. Oktober etliche, von seiner Frau geschickte Kleider gebracht.[97]

Am 2. Oktober in der Nacht wurde Baumgartner seinem Bericht nach in dem Haus eines Forstknechts untergebracht, wo er wohl bis zum 2. November lag. Er schreibt, dass sich *Eberhart von der Thann sich meinethalben vnndterhanndlung angepoten,* was aber der Herr von Rosenberg angeblich nicht zulassen wollte.[98]

In der Nacht vom 2. November hätte man ihn wieder in das Schloss geführt, wo er am 8. Tag nach seiner Gefangennahme gelegen wäre, und ihn dort bis zum 29. November verwahrt. Nach einem weiteren Vermittlungsversuch sagte ihm angeblich der Ritter von Rosenberg, er solle an die ihm bekannten Räte und Stände des Schwäbischen Bundes schreiben, um über seine Freilassung zu verhandeln. Auch die Vermittlung des Hans Puchner wäre erfolglos geblieben.[99]

Am Abend des 29. November, als man ihn *in ain annder gehaimer gemach gelegt het,* wäre ihm vorgehalten worden, dass die Nürnberger Räte sich verhielten, *als ob sy kainen willen hetten,* ihm zu helfen außer mit Gewalt. In der kommenden Nacht zogen die Entführer dem Bericht nach mit ihrem Gefangenen weiter, versteckten sich tagsüber in einem Wald, und ritten der darauffolgenden Nacht bis zu einem Schloss auf einem Berg. Nach dem Zurücklassen der Pferde hätte ein Knecht ihn mit verbundenen Augen einen schmalen, rutschigen Steig auf den Berg hinaufgeführt, wobei er mehrmals gestürzt und mit einem Schwert bedroht worden sei. *Nachuolgent schlayfften sy mich gar hinein in den hof, liessen mich rügklings ligen, das mir der kopff vnndter sich hieng, vnd ich warlich gar nahendt erstickt war,* erinnert sich der Patrizier. Die Schlossverwalterin kam ihm seinem Bekunden nach mit Essig und kaltem Wasser zur Hilfe, hätte ihm die Binde abgenommen und ihm zu trinken gegeben. An diesem Ort blieb Baumgartner seinem Bericht zufolge 34 Wochen und 3 Tage.[100] Weitere Vermittlungsversuche für seine

---

[94] Baumgärtner, 113 f.
[95] Baumgärtner, 114.
[96] Baumgärtner, 114.
[97] Baumgärtner, 114 f.
[98] Baumgärtner, 115.
[99] Baumgärtner, 115 f.
[100] Baumgärtner, 116 f.

Freilassung scheiterten wiederum. So musste er *dem von Bibrach zusagen, das er seinem Vatter schreyb damit er die 6000 fl. Schatzgelts in sechs wochen den nechsten gein Veldtkirch erleg. laut seines schreybens, oder bey dem kayser vmb vertrag ansuch. Ob dieser potscchafft ward ich nit wenig betrüebt, must doch dj Supplication also. wie mir beuolhen, stellen.*[101] So will er *in vnglaublicher angst vnnd kumer* gewartet haben.[102]

Am 16. März 1545 erhielt Baumgartner angeblich die Nachricht, dass sein Gefängnis alsbald ein Ende haben werde, wenn der Herr von Rosenberg jemanden finden würde, mit dem er verhandeln könne.[103] Stattdessen lehnte sein Entführer am 29. April wohl ein Verhandlungsgesuch des Christof von Fenningen ab.[104]

Am 12. Mai hätte Rosenberg seinem Gefangenen eröffnet, dass Doktor Eck alle Verhandlungen hintertrieben hätte, weswegen er nicht früher freigelassen worden wäre.[105] Allerdings würde er ihm seine Haftentlassung in 6 Wochen zusagen. Wenn sich aber alle Stände des Schwäbischen Bundes mit ihm aussöhnen würden, stünde seiner Entledigung nichts mehr im Wege. Ihm hätte sogar der Landgraf *statlich bevuolhen mir zusagen, wo mir ye nyemandt wollt helffen, so wolt er mich ledig machen etc.*, schreibt Baumgartner.[106] Als nach weiteren 6 Wochen keine Nachricht über den Stand der Verhandlungen gekommen wäre, hätte er *also noch in grösserer Angst denn hievor* gesteckt. Ihm wurde seiner Erinnerung nach sodann am 4. Juli eröffnet, dass die Stände des Schwäbischen Bundes und vor allem die Städte auf dem Tag zu Worms nicht verhandeln wollten. Stattdessen *wurde dann ich vnnd der Gretter von Bibrach gegen dem von Absperg on enntgltnus ledig gezelt, welches aber nymmer mer geschehen wurde, sonnder di Hauptsach müesst zuvorderst hingelegt vnd nachvolgendt erst von vnnser erledigung gehanndelt werden, ehe müessten wir vnnd alle vom Adel, so man gegen vnns möchte nyderwerffen, gegen einannder im gefenngknus verderben etc.*, kommentiert Baumgartner die Versuche des Schwäbischen Bundes, sich für seine Freilassung einzusetzen.[107] Er wäre auch vom 4. bis zum 24. Juli weiterhin *in sollich anngst* gesteckt.[108]

Am Freitag, den 24. Juli, wurde dem Gefangenen wohl eine Kopie seiner geschworenen Urfehde zur Unterschrift überreicht. Eine Pflegerin im Ort versorgte ihn gut mit Speis und Trank und betätigte sich auch als Überbringerin geheimer Nachrichten. Allerding wurde er und sein Knecht, so Baumgartner, an verschiedenen Orten *gehayn verwart*, dass *kain annder Mensch ainich wort mit mir allain het können reden*. Aber eine Frau hätte es *durch sonndere geschicklikait zuwegen pracht, ye ain brieflein zuschickt*, woraufhin er auf einem kleinen Brett im Bett

---

[101] Baumgärtner, 117.
[102] Baumgärtner, 118.
[103] Baumgärtner, 118.
[104] Baumgärtner, 118.
[105] Baumgärtner, 118.
[106] Baumgärtner, 118 f.
[107] Baumgärtner, 119.
[108] Baumgärtner, 119.

5.3 Die Entführung des Hieronymus Baumgartner 1544/45

eine Antwort geschrieben hätte und zwei oder drei Tage bei sich *mit grosser sorg tragen muest, eher er es vor dem knecht dem Maidlein in den pusen springen mocht*. Auf diesem Wege täte sie ihn ungefähr acht Tage vor Ostern wissen lassen, dass mehrere Nürnberger in einem Wirtshaus gesessen wären und über seine Entführung gesprochen hätten. Auch hätte sich eine Frau aus dieser Stadt angeboten, ihn für 500 Gulden in Sicherheit zu bringen. Baumgartner versprach ihr angeblich für seine erfolgreiche Flucht 1.000 Gulden und lebenslange Herberge, Essen und Trinken. Doch *biss auf die höchste und letzte not* wollten beide es *nit wagen, noch Got versuchen*. Zeitlebens aber wolle er dieser Frau *ain gute vereerung thun*.[109]

Am 28. Juli hätten zwei Knechte den Patrizier sechs Stunden lang zu einem anderen Schloss geführt, wo man den Rest der Nacht und den nächsten Tag verbracht hätte.

In der Nacht vom Donnerstag wären sie etwa acht Stunden bis an den Ort geritten, wo er bereits vom 8. Juni bis zum 29. Juni einquartiert gewesen wäre.[110] Dorthin brachte der Ritter Rosenberg wohl auch den Greter von Biberach und inhaftierte ihn in derselben Kammer. Am Freitagmorgen vor Mittag *kam der von Rosenberg in die stuben, zunechst an der Cammer, war seer hitzig und zornig, als hette man seinen puben von Wormbs aus ynndtterstannden, nyderzuwerffen, vnnd ime alle vfart am Rayn verlegt etc.*, wie Baumgartner betont. Da der Zwist mit dem Herrn von Rosenberg offenbar weiterging, sollten Baumgartner und Gretter länger in Haft bleiben, so dass ihnen *aller lusst zu essen vnnd trincken vergieng*.[111]

Am Nachmittag desselben Tages hätte Rosenberg seinem Nürnberger Gefangenen das Original des kaiserlichen Abschieds *vnnser erledigung halben* vorgelegt. Dem Nürnberger Rat solle in einer Abschrift des kaiserlichen Mandats geboten werden, *den von Steten on alle enntgelt etc. ledig zu lassen*. Dem Herrn von Steten hätten aber die Nürnberger *ain beschwerliche vrfehd auff verpürgung des widerstellns fürgehalten*, worauf dieser freigelassen worden wäre. Der Herr von Rosenberg aber wollte seine Gefangenen nicht eher auf freien Fuß setzen, bevor er nicht Kopien der letzten Urfehde gesehen hätte. Auch ließ der Ritter ihm angeblich ein Schreiben von der Ehefrau des Herrn von Steten lesen, dass sich dieser *mit denen von Nürmberg vertragen hat* und deswegen freigelassen worden wäre. Danach hätte ihn Rosenberg geboten, er *solt im selbs raten wie er der sachen thun solt*. Trotz Baumgartners Einlassung bestand Rosenberg wohl auf der Urfehde.[112]

Freitagnacht, den 31. Juli, sollen die Entführer mit ihren Gefangenen aus dem Schloss hinaus und zu einem anderen Schloss geritten sein, wo sie am Samstagmorgen vor Sonnenaufgang eingetroffen wären. Dort hätte es gebratenen Fisch, Hühner und Wein gegeben und die Reste seien als Proviant mitgenommen worden. Um 10 Uhr vormittags kamen sie nach Baumgartners Bekunden nach

---

[109] Baumgärtner, 120.
[110] Baumgärtner, 120.
[111] Baumgärtner, 120 f.
[112] Baumgärtner, 121.

Nasthausen, wo sie abermals mit Wein und Brot bewirtet wurden. Zuvor um 6 Uhr vormittags wäre die Reiterschar in einem Wald Sebastian und Valtin von Rüden mit ihren Reitern begegnet. Baumgartner kannte zwar seiner Beteuerung nach Sebastian Rüden, hätte aber sogetan, als ob er sie nicht kenne, weil er sich nicht sicher war, warum sie da waren. Dieser hätte ihm aber eröffnet, dass er einen Brief von dem Herrn Gesandten aus Worms an ihn habe, und hätte ihm gesagt, wie und in welcher Gestalt er freikommen würde. Sie wären da, um ihn nach Würzburg oder Winsheim zu geleiten, so der Bericht.[113]

Samstag, den 1. August, ritten sie angeblich um 3 Uhr Nachmittag 17 Stunden lang bis zum Abend und wurden auch am folgenden Sonntag *wol vnnd herrlich bewirtet* und er selbst *von ime vnnd den ganntzen Hauffen ganntz eerlich gehalten*.

Sonntagnachmittag erhielt Baumgartner seiner Erinnerung nach die Quittung, dass er aller Pflichten ledig sei. Nachmittags um 3 Uhr wären sie nach Mergentheim geritten, wo Rosenberg von Baumgartner einen guten, glimpflichen Abschied genommen hätte. Er solle in Nürnberg sagen, dass der Herr von Rosenberg nichts Anderes suche denn das seine, welches ihm in Kindheitstagen entwendet worden wäre. Die beiden Herren von Rüden hätten Baumgartner bis nach Winsheim begleitet. Schließlich wären sie am 4. August nach Farenbach gekommen, wo der Patrizier angeblich bat, auf einen großen Empfang zu verzichten.[114]

Der Bericht Baumgartners ist in mehrfacher Hinsicht aufschlussreich, gibt er doch zu erkennen, wie man mit prominenten Gefangenen umging. Albrecht von Rosenberg versuchte von Anfang an, das Versteck geheim zu halten und wechselte dieses daher sehr häufig. Baumgartner wurde zwar sein Pferd, seine kostbare Mütze und seine Tasche mit Gold entwendet, sonst aber den Umständen entsprechend gut behandelt. Allerdings hatte er stundenlange, zumeist nächtliche Ritte von einem Versteck zum nächsten in Kauf zu nehmen. Am 18. Juli musste Baumgartner nach einem solchen nächtlichen Gewaltritt angeblich mit dem halben Körper in einem Wald im Wasser liegen. Als besonders beschwerlich stellt er den nächtlichen Aufstieg mit verbundenen Augen zu einem Bergschloss im größten Unwetter dar, nachdem er 24 Stunden lang nichts zu essen bekommen hatte. Auf diesem vermutlich in Lothringen gelegenen Schloss blieb der Gefangene 34 Wochen und 3 Tage.[115]

Viele Vermittlungsversuche scheiterten. Daher zog sich die Gefangenschaft Baumgartners in die Länge. In Nürnberg waren die Bürger aufgrund der Entführung Baumgartners sehr aufgebracht. Selbst Martin Luther und Philipp Melanchthon schrieben am 8. und 9. Juli 1544 an dessen Ehefrau Sibylla von Dichtel.[116]

---

[113] Baumgärtner, 122.
[114] Baumgärtner, 123.
[115] Bossert (1888), 210.
[116] Bossert (1888), 211.

5.3 Die Entführung des Hieronymus Baumgartner 1544/45

Melanchthon betont in seinem Schreiben, dass die Entführung ihres Gatten allenthalben Mitleid und Fürbitte hervorgerufen habe, spricht ihr Gottes Allwissenheit sowie seine Verheißung für die Betrübten zu und verspricht diplomatische Hilfe.[117] Am 15. November 1544 tröstet der große Humanist Sybilla über die Verzögerung der Freilassung ihres Mannes hinweg und verspricht, an einige Fürsten zu schreiben.[118] Luther bittet am 13. Dezember 1544 Landgraf Philipp von Hessen, bei Albrecht von Rosenberg die Freilassung des Hieronymus Baumgartner auf privater Ebene zu vermitteln.[119] Am 8. Januar 1545 bestätigt Philipp von Hessen Luthers Bittbrief für Hieronymus Baumgartner und betont, dass er sich schon vorher aus persönlicher Anteilnahme für diesen geschätzten Mann und wegen seiner guten Beziehungen zu dem Nürnberger Rat um seine Freilassung bemüht habe und verspricht weitere verstärkte Anstrengungen.[120] Landgraf Philipp traf sich in Spangenberg auf seinem Schloss mit Albrecht von Rosenberg und nötigte ihn am 6. Februar 1545 zur Unterzeichnung eines Vertrages, in dem dieser sich verpflichtete, falls es auf den nächsten Reichstag zu Worms in den Verhandlungen mit den Ständen des ehemaligen Schwäbischen Bundes zu keinem Ausgleich kommen sollte, Baumgartner gegen ein Lösegeld von 10.000 Gulden freizulassen.[121] Philipp schickte das Protokoll der Spangenberger Verhandlung nach Nürnberg, um weitere Weisung zu erwarten.[122] Martin Luther dankte am 16. März 1545 in einem Schreiben an Landgraf Philipp von Hessen für die angezeigten Bemühungen die Freilassung des Hieronymus Baumgartner betreffend, da dessen Vermögen höchstens 4.000 Gulden betrage und der Nürnberger Rat ihn daher vermutlich nicht auslösen werde. Luther bat ihn in seinem Schreiben um weitere Schritte und betonte, dass Albrecht von Rosenberg Gottes Strafe ereilen werde.[123] Die Bemühungen des Langrafen Philipp von Hessen blieben allerdings vergebens. Mit der Gefangennahme Wolfgang von Stettens im Februar 1545, einem Verwandten Rosenbergs, hatten die Nürnberger ein wichtiges Faustpfand für die weiteren Verhandlungen. Aber erst als Karl V. sich der Sache annahm und 800 Goldgulden für die Freilassung Baumgartners bezahlte, kam dieser nach dem Schwören einer Urfehde auf freien Fuß und konnte am 3. August 1545 nach Nürnberg zurückkehren, wo er am 8. Dezember 1556 starb.[124]

---

[117] Melanchthon-Briefwechsel – Regesten online, Nr. 3614, CR 5, 438 f, Nr. 2986. CR 5.
[118] Melanchthon-Briefwechsel – Regesten online, Nr. 3732.
[119] Melanchthon-Briefwechsel – Regesten online, Nr. 3756.
[120] Melanchthon-Briefwechsel – Regesten online, Nr. 3786.
[121] Heide (1888), 115.
[122] Melanchthon-Briefwechsel – Regesten online, Nr. 3821a.
[123] Melanchthon-Briefwechsel – Regesten online, Nr. 3830.
[124] Baumgärtner, 104 f.

5.4 Johannes Schiltberger bei den Osmanen und Mongolen 1394–1427

„Ich, Hans Schiltberger, bin von meiner Heimat ausgezogen, von der Stadt genannt München, die liegt in Bayern, da man zählt 1394 Jahre nach Christi Geburt; und das ist geschehen, da König Sigmund zu Ungarn gegen die Heiden zog; und da zog ich aus der oben genannten Stadt mit; und bin wieder in das Land gekommen aus der Heidenschaft, als man zählt nach Christi Geburt 1427."[125]

Mit diesen Worten lässt der bayerische Knappe des Ritters Leonhard Reichartinger namens Johannes Schiltberger (um 1380–1427), der in der Schlacht von Nikopolis vom 25./28. September 1396 im Alter von 15 Jahren in osmanische Haft geriet, seinen Bericht mit dem Titel „Schiltberger's aus München von den Türken in der Schlacht von Nicopolis 1395 gefangen, in das Heidenthum geführt, und 1427 wieder heimgekommen, Reise in den Orient und wunderbare Begebenheiten Von ihm selbst geschrieben" beginnen.[126]

In den ersten drei Kapiteln seines Berichtes erzählt Schiltberger vom Aufbruch der Kreuzfahrer unter dem ungarischen König Sigismund Donau abwärts nach Bulgarien. Nachdem er seinem Bekunden nach in einer Schlacht das Leben seines Herrn Leonhard (Lienhart) Reichartinger rettete, schildert er im Anschluss die Niederlage bei Nikopolis, in der er selbst von den Osmanen gefangen genommen wurde. Dort schlugen die Osmanen unter Sultan Bayezid I. am 25./28. September 1396 ein mehrheitlich aus ungarischen und französisch-burgundischen Kreuzfahrern bestehendes Heer unter dem ungarischen König Sigismund vernichtend. Die geschlagenen Kreuzfahrer retteten sich, so Schiltberger, auf die Schiffe in der Donau und schlugen in ihrer Panik anderen Kämpfern, die sich in die bereits zu vollen Boote retten wollten, die Hände ab. In dem Kampf

---

[125] „Ich Hanns Schiltperger pin von meiner heymatt außgezogen, von der stat genandt München, die da leyt in Payren, do man zalt von Crist gepurt MCCCLXXXXIIII jar; und das ist gescheen, do chönig Sigmundt zu Ungeren in die haydenschafft zoch; und do zoch ich auß der obgenanten stat gerennesweyß mit; und pin wider zu land chomen, do man zalt von Crist gepurt MCCCCXXVII, auß der haydenschafft.", Hans Schiltbergers Reisebuch nach der Nürnberger Handschrift, 2.

[126] Schiltberger's aus München von den Türken in der Schlacht von Nicopolis 1395 gefangen, in das Heidenthum geführt, und 1427 wieder heimgekommen, Reise in den Orient und wunderbare Begebenheiten, hrsg. von Penzel (1814); Reisen des Johannes Schiltberger aus München in Europa, Asia und Afrika von 1394 bis 1427, hrsg. von Neumann (1859), Nachdruck 1976; Hans Schiltbergers Reisebuch nach der Nürnberger Handschrift, hrsg. von Langmantel (1885); Hans Schiltbergers Reise in die Heidenschaft. Was ein bayrischer Edelmann von 1394 bis 1427 als Gefangener der Türken und Mongolen in Kleinasien, Ägypten, Turkestan, der Krim und dem Kaukasus erlebte. Der alten Chronik nacherzählt. Mit 14 Abb. auf Tafeln u. einer Karte, hrsg. von Grässel (1947); Hans Schiltbergers Reisebuch. Faksimiledruck nach der Ausgabe von Anton Sorg, Augsburg um 1476, hrsg. von Geck (1969).

5.4 Johannes Schiltberger bei den Osmanen und Mongolen 1394–1427   175

wären auch sein Herr, Lienhart Reichartinger, ferner Werner Pienzenauer, Ulrich Küchler und ein Klammersteiner, also vier Herren aus Bayern, erschlagen worden. Gefangen wurden neben ihm, so Schiltberger, der Herzog von Burgund, der Graf von Ungarn und auch andere mächtige Herren, Ritter und Knechte.[127]

Seiner Erzählung nach ließ der siegreiche Sultan Bayezid alle Gefangenen an Seilen vorführen und befahl deren Hinrichtung als Rache für die Abschlachtung mehrerer hundert türkischer Gefangener durch die Christen zuvor in der Stadt Orechowo.[128] Lediglich die Grafen von Nevers, Eu, La Marche und Bar, sowie der Marschälle Boucicaut und Coucy, die ein hohes Lösegeld versprachen, wurden am Leben gelassen.[129] Wer aber *sein gefangen nit töten wolt*, der sollte nach des Sultans Befehl durch einen anderen ersetzt werden; *und do namen man mein gesellen und schlug in die köpf ab*, erinnert sich Johannes Schiltberger.[130] Schiltberger

---

[127] „Do das der chönig sach, das sein panir unter was gangen und das er nymmer mocht pleyben, do gab er die flucht; do kam der von Cili und der Hanns burggraff von Nüremberg und namen den chönig und fürten in auß dem here und prachten in auff ein galein und do fur er hin gen Constantinopel. Und do das die ritter und knecht sachen, das der chönig die flucht hett geben, da fluhen sie auch; und ir vil fluhen zu der Thonau und kamen vil auff die schiffer und ir vil weren geren auff die schiff gewest; da warden die schif so vol, das sie nymandt dorauff wolten lassen und sie schlugen auch vil die hendt auff den schiffern ab, wann sie dorauff wolten und ertrancken dann im wasser. So vielen sich auch vil zu todt an den pergen, do sie eylten zu der Thonau; und mein herre Linhart Reichharttinger und Werner Pintzenauer, Ulrich Küchler und ain Clamensteiner, die vier Payrherren wurden erschlagen in dem vechten und ander vil gutter ritter und knecht, die nicht mochten erlangen das wasser, das sie wären chomen auff die schiffer. Ain tayl wart erschlagen und der maynst tayl ward gefangen und ich wardt auch gefangen; es wardt auch gefangen der hertzog von Burguny und herre Hans Putzukards und auch ein herre was genant Centumaranto, das waren zwen herren von Franckreych; und der groß graff von Ungeren und ander vil mächtiger herren, ritter unnd knecht, die auch gefangen wurden.", Hans Schiltbergers Reisebuch nach der Nürnberger Handschrift hrsg. von Langmantel, 4 f.

[128] Eine wunderliche und kurzweilige Historie, wie Schiltberger Einer aus der Stadt München in Bayern geführet und wieder ist heim kommen. Item, was sich für Kriege und wunderbarliche Taten, dieweil er in der Heidenschaft gewesen, zugetragen, ganz kurzweilig zu lesen, Leipzig, o. J., 4.

[129] Matschke (2004), 94.

[130] „Unnd do der chönig Weyasit den streytt hett behabt, do schlug er sich nyder an die stadt, do chönig Sigmund was gelegen mit seinem zeuch und dornach an die stadt, do der streit war geschehen und geschauet sein volck, das im erschlagen was worden; und do er sach, das im also groß volck erschlagen was worden, do wardt er vor grossem layd zeheren; do schwur er, [er] wolt das plut ungerochen nit lassen; do pot er seinem volck bey leyb und gutt, was gefanges volkes wer, das solten sie an dem anderen tag für in prigen. Darnach an dem anderen tag fürt ein yglicher, wie vil er dann gefangen hett, für den chönig gebunden an seylen; da wart ich auch für gefürt selb tritt an ainem sayl von dem, der uns gefangen hett. Da man die gefangen für den chönig pracht, do nam er den hertzog von Burguny zu im, darumb, das er säch die rach, die er thun wolt von seines volcks wegen, das im was erschlagen worden. Do der hertzog von Burguny seinen zoren sach, da patt er in, das er im fristett an dem leben, welche er gehabtt wolt haben; des wardt er gewert vonn dem chönig; da nam er zu im XII herrenn auß seinem lande und nam zu im herren

selbst blieb anscheinend aufgrund seines Alters von 16 Jahren und dank der Fürsprache des Sohnes vom Sultan am Leben. Der Ritter Hans von Greifenberg schrie *auff mit heller stym und tröstet die ritter und knecht, die da stunden zum tod, und sprach: ‚Gehabt euch wol, alle ritter und knecht, wann unser plut heutt vergossen wirdt von cristenliches glauben wegen, wann wir, ob Gott will, himellkind sind vor Gott'*, schreibt Schiltberger. Danach kniete Greifenberg nieder und ließ sich mit seinen Gesellen enthaupten, *und das plutvergyessen weret von morgen an piß zu vesperzeitt.*[131] Aber als die Räte des Sultans das große Blutvergießen weitergehen sahen, *do stunden sie auff und knyetten für den chönig und paten in, das er seines zorns vergeß durch Gottes willen,* [...] *wann des plutvergiessens wer genug.* Das wurde ihnen auch gewährt. Denn, so Schiltberger, nahm der Sultan *seinen tayl und die andern ließ er seinem volck, die sie gefangen hetten.* Er selbst *wardt dem chönig an seinem tayl.* Die getöteten Gefangenen *wardt geschätzt auff X thausent man.*[132]

Schiltberger hätte man zusammen mit den anderen Gefangenen über Adrianopel, wo sie 15 Tage gelegen wären, nach Gallipoli geführt und einen Monat lang in einen Turm gesperrt. Ein Befreiungsversuch durch die Galeeren Sigismunds scheiterte wohl.[133] Weiter berichtet Schiltberger über den Einfall Sultan Bajezids in Ungarn und in die Steiermark. Ein Teil der verschleppten Einwohner wäre nach Griechenland, der andere Teil in die Türkei verschleppt worden. Ihn

---

Stephan Smicher [Schmiehen] und herren Hansen von Bodman. Da schueff er, das ein yglicher sein gefangen tötet und welcher sein gefangen nit töten wolt, do hett der chönig andere geschafft an ir gestadt, die das thun solten; und do namen man mein gesellen und schlug in die köpf ab;", Hans Schiltbergers Reisebuch nach der Nürnberger Handschrift hrsg. von Langmantel, 5 f.

[131] „[...] und do es an mich ging, da ersach mich des chönigs sun und der schueff das man mich leben ließ und do furt man mich zu den anderen knaben, wann man nymandts tötet unter XX jaren; do was ich kaum XVI jar alt; und do sach ich herren Hannsen Greyffen [Hans von Greifenberg] aus Tirol, [der] des lands von Payren was, fürfüren selb viertd an ainem sayl; und do er sach die grossen rach die do geschach, schrey er auff mit heller stym und tröstet die ritter und knecht, die da stunden zum tod, und sprach: ‚Gehabt euch wol, alle ritter und knecht, wann unser plut heutt vergossen wirdt von cristenliches glauben wegen, wann wir, ob Gott will, himellkind sind vor Gott.' Und alspald er das sprach, do knyett er nyder und ließ sich enthaubten und sein gesellen mit im; und das plutvergyessen weret von morgen an piß zu vesperzeitt.", Hans Schiltbergers Reisebuch nach der Nürnberger Handschrift hrsg. von Langmantel, 6 f.

[132] „Und do das die rät sahen, das also ein groß pluttvergyessen was gescheen und dannoch kain auffhören da was, do stunden sie auff und knyetten für den chönig und paten in, das er seines zorns vergeß durch Gottes willen, do worten, das Gott auch nicht ein rach über in verhenget, wann des plutvergiessens wer genug. Des wurden sie gewert von im und do schueff er, das man auffhöret; und das geschach und dornoch hyeß er das überig volck zu ainander füren und nam dorauß seinen tayl und die andern ließ er seinem volck, die sie gefangen hetten; und ich wardt dem chönig an seinem tayl; und das volck, das getöt wardt do auff den ain tag von dem türckischen könig, das wardt geschätzt auff X thausent man.", Hans Schiltbergers Reisebuch nach der Nürnberger Handschrift hrsg. von Langmantel, 7.

[133] Hans Schiltbergers Reisebuch nach der Nürnberger Handschrift hrsg. von Langmantel, 7.

5.4 Johannes Schiltberger bei den Osmanen und Mongolen 1394–1427   177

selbst hätte man zusammen mit seinen Gefährten in die türkische Hauptstadt Brussa gebracht.[134] Schiltberger diente seinem Bekunden nach sechs Jahre lang als Fußsoldat und sieben Jahre als Reiter im Heer des Sultans Bajasids, dessen Herrschaft bis 1402 währte.[135]

Während dieser Zeit *wurden unser LX Cristen über ain, wie wir möchten darvon chomen*. Nach Mitternacht wären sie aufgebrochen und zu einem Gebirge geritten, welches sie bei Tagesanbruch erreicht und dort gerastet hätten. Danach, so Schiltberger, ritt die Gruppe einen ganzen Tag und eine Nacht hindurch. Der Sultan hatte nach Bekanntwerden ihrer Flucht angeblich 500 Reiter hinterhergeschickt, welche sie schließlich bei einer Klause stellten. Die Christen aber hätten sich gewährt und sich nicht widerstandslos gefangen nehmen lassen wollen. Vielmehr wollten sie, so Schiltberger, für ihren Glauben sterben, da man sie ohnehin als geflohene Gefangene umbringen würde. Erst als der Hauptmann der Türken bei seinem Eid versichert hätte, dass sie, falls sie sich ergeben würden, ihr Leben behalten könnten, und versprochen hätte, sich bei einer anderen Entscheidung des Sultans sich als erster töten zu lassen, hätten sie sich ergeben.[136]

---

[134] Hans Schiltbergers Reisebuch nach der Nürnberger Handschrift hrsg. von Langmantel, 8 f.

[135] „Und da nam man mich an des thürkischen chönigs hoff; da must ich VI jare vor im zu füessen lauffen, wo er hin zog mitt den anderen, wann es gewonheit ist, daß man vor den herren zu füessen muß lauffen, woe er hin zeucht; und nach den VI jaren verdynet ich, daß man mir zu reytten gab, und dornach raytt ich sieben jare mitt im; und also was ich XIII jar pey im.", Hans Schiltbergers Reisebuch nach der Nürnberger Handschrift hrsg. von Langmantel, 8 f.

[136] „[U]nd do der Weyasit kam in sein hauptstadt und sin hett, ein zeitt do zu pleyben, in der zeitt wurden unser LX Cristen über ain, wie wir möchten darvon chomen; und also machten wir ain ainigung unter uns und schwuren uns zu ainander, das wir pey ainander wolten sterben und genesen; und da namen wir uns ain zeitt für, und das sich ain ydlicher berayttet auff die zeit; und also chamen wir alle zu ainander auff die zeit, als wir dann mitt ainander verlassen hetten; und do wurff wir zwen hauptman unter uns auff, und was die täten und schüffen, des solten wir untertänig sein. Und also huben wir uns auff noch mitternacht und ritten hin zu ainem pirg; und da der tag herprach gelangten wir an das pirg; und do wir in das pirg chommen, do steygen wir ab und liessen die pferd rasten, pys die sun auffgieng und also sassen wir wider auff und ritten den selbing tag und nacht. Und do der Weyasit höret, das wir die flucht hetten geben, da schickt er uns V hundert pferdt noch und schueff, woe man uns fünd, das man uns vieng und für in prechte; und also erritten sie uns pey ainer clausen und schrien uns an, das wir uns gefangen geben; und des wolten wir nicht thun, und also stunden wir ab von den pferden und giengen zu füessen gegen in und stalten uns zu were und schussen ein weyl gegen ainander; und do der hauptmann sach, das wir uns zu wer hetten gesatzt, do tratt er herfür und rufft ein frid auff ein hor; und also gaben wir ein fride. Und dornach ging er zu uns und patt unns, das wir uns gefangen geben, er wolt uns sicheren an dem leben; da gab wir im zu antwort, wir wolten uns darüber beraten. Also gingen wir zu ainander und berytten uns; darnach gab wir im ain antwort, wie wir wol westen, alßpald wir gefangen würden und pracht für in, das wir sterben müsten; so sey es vil pesser, wir sterben hye mitt werender hant durch cristenlichen glauben. Do der hauptman sach, das wir also bestät waren, do sprach er uns

Doch als sie vor dem Sultan standen, so Schiltberger, wollte dieser sie von eigener Hand töten. Erst als sich der Hauptmann niedergekniet und für seine Gefangenen gesprochen hätte, hätte sich der Sultan erweichen und sie in Ketten legen lassen; *da lagen wir neun monadt gefangen; und in der zeit sturben zwelff auß uns*, erinnert sich Schiltberger. Als sich angeblich der zweitälteste Sohn des Sultans für sie verwandte, hätte Bajezid sie begnadigt, wiederum in seine Reiterei aufgenommen und ihnen den Sold erhöht.[137]

In den nächsten Abschnitten erzählt Schiltberger von weiteren Kriegszügen Sultan Bayezids, darunter gegen den turkmongolischen Herrscher Timur Lenk („Themurlin") und von allerlei seltsamen Ereignissen. Er selbst wurde seinem Bekunden nach vorübergehend mit einem Hilfsheer zum ägyptischen Sultan geschickt.[138] Als Bayezid am 20. Juli 1402 in der Schlacht bei Ankara („Angora") dem Mongolenherrscher Timur Lenk unterlag[139], geriet Schiltberger zusammen mit seinem Sultan in dessen Gefangenschaft *und wardt mitt im gefüret in sein landt; und dornach pleyb ich pei dem Temurlin und raytt mitt im*, hält Schiltberger fest.[140]

Die folgenden Teile sind der Kriegsführung der Mongolen und ihren Gebräuchen gewidmet. Nach dem Tod Timurs 1405 gelangte Schiltberger in den Besitz dessen Sohnes Schah-Ruch („Schah Roch")[141] und wurde danach dessen Bruder Miran Schah übergeben[142]. Er diente Abu Bakr („Abubekr"), dem Sohn Miran

---

wider zu und pat uns, das wir uns gefangen geben, so wollt er uns pey seinem aide verhayssen, das er uns pei dem leben wolt behalten, und ob das wär, das der chönig also zornig were, das er uns töten wolt, so wolt er sich am ersten lassen töten; und das verhyeß er uns pey seinem aide und also gaben wir uns gefangen und also fürt er uns für den chönig gefangen.", Hans Schiltbergers Reisebuch nach der Nürnberger Handschrift hrsg. von Langmantel, 13 f.

[137] „Und do er uns für den chönig pracht, do schueff [d]er, uns zu handt ze töten; da gieng der hauptman herfür, der unns gefangen hett, und knyet nyder für den chönig und patt in, das er uns fristet an dem leben, wann er sich seiner genaden hett tröst und hett uns verhaysset pey seinem aide, er wolt uns sichern an dem leben. Also fragt in der chönig, ob wir nicht schaden hetten gethan in dem lande; do sprach er, wir hetten keinen schaden gethan; also ließ er uns einlegen; da lagen wir neun monadt gefangen; und in der zeit sturben zwelff auß uns. Und do der hayden ostertag kam, do pat sein elter sun, genant Mirmirsiriamon für uns und also ließ uns der chönig ledig; und dornach fürt man uns für den chönig; dem musten wir verhayssen, das wir nymmer mere wolten von im komen noch stellen; darnach gab er uns wider ze reytten und mert uns den solt.", Hans Schiltbergers Reisebuch nach der Nürnberger Handschrift hrsg. von Langmantel, 14.

[138] Hans Schiltbergers Reisebuch nach der Nürnberger Handschrift hrsg. von Langmantel, 22.

[139] Zur Schlacht von Ankara vgl.: Matschke (1981); Roloff (1940).

[140] „Und ich wardt von dem Themurlin gefangen und wardt mitt im gefüret in sein landt; und dornach pleyb ich pei dem Temurlin und raytt mitt im. Und das hatt sich als ergangen, das vorgeschrieben steett, die zeitt, und ich pey dem Weyasit pin gewesenn.", Hans Schiltbergers Reisebuch nach der Nürnberger Handschrift hrsg. von Langmantel, 24.

[141] Hans Schiltbergers Reisebuch nach der Nürnberger Handschrift hrsg. von Langmantel, 33 f.

[142] Hans Schiltbergers Reisebuch nach der Nürnberger Handschrift hrsg. von Langmantel, 34 f.

5.4 Johannes Schiltberger bei den Osmanen und Mongolen 1394–1427   179

Schahs und Enkel Timurs,[143] und kam wohl 1417 zum Kyptschak-Prinzen Čegre, Khan der Goldenen Horde. Nach dessen Tod findet man Schiltberger in den Händen des Prinzen Muhammad. Schließlich floh er 1426 nach Konstantinopel und erreichte von dort 1427 Bayern. Er schreibt, wie er mit fünf anderen Christen in ein Land namens Mingrelien („Magrill")[144] gelangte und mit seinen Gefährten übereinkam, zum Schwarzen Meer zu fliehen. Aber ihr Wunsch, von der Hafenstadt Batumi („Wathan") aus über das Schwarze Meer übersetzen zu wollen, wäre ihnen verweigert worden. Dann wären sie aus der Stadt an dem Meer und vier Tage durch ein Gebirge geritten und auf einen hohen Berg gelangt, von wo aus sie eine Kogge im Meer gesehen und in der Nacht ein Signalfeuer angezündet hätten, was von den Schiffsknechten bemerkt worden wäre. Die an Land gegangenen Schiffsknechte, so Schiltberger, glaubten ihnen nicht, dass sie entflohene Christen seien, und verlangten das Aufsagen eines Paternosters. Daraufhin hätten die Schiffsknechte dieses ihren Herren berichtet, und man hätte ihnen die Erlaubnis erteilt, an Bord zu kommen. Nach drei Tagen auf dem Meer wären ihnen türkische Galeeren begegnet, die die Koggen aber offenbar nicht einholen konnten. Wegen schlechter Winde sei ihre Kogge erst in die Häfen der Städte Amasra („Samastria") und Sinop gelangt, bevor sie nach Konstantionopel weitersegeln konnte. Nach drei beschwerlichen Monaten auf See erreichte die Kogge, so der Autor, den Hafen von Konstantinopel. Schiltberger erzählt, wie sie durch das Tor gingen, sich als geflohene Christen zu erkennen gaben, und zum Kaiser geführt wurden. Nach der Erzählung ihrer Odyssee wären sie zum Patriarchen gebracht worden, der sie auf einer Galeere in die Walachei senden wollte. In Konstantinopel aber blieben sie angeblich drei Monate lang.[145] Schließlich

---

[143] Hans Schiltbergers Reisebuch nach der Nürnberger Handschrift hrsg. von Langmantel, 36 f.
[144] Küstenland in Georgien.
[145] „Und dornach zoch er in ein ander landt, das was genandt Magrill. Und do er in das lant cham, do wurden unser V Cristen überain, wie wir auß der haydenschafft chämen wider zu lande, da wir dann auß pürtig waren, wann wir von dem land nur drey tagweyd hetten an das schwartz mer. Und dornach als wir überain wurden, da schied wir von dem landßherren Mannstzuch und chamen in die haupstadt des obgenanten lands und ist genant Wathan und die leytt pey dem mere und do begertt wir das man uns über füret heraußwardts; und des wurden wir verzigenn. Dornach ritt wir auß der stadt und ritten pey dem mer hin und chamen in ein pirg, da ritt wir vier tag inn; und dornach chamen wir auff ein perg und do sach wir ein kocken in dem mer sten wol pei acht meylen verre von dem gestadt; und also do pliben wir auff dem perg, piß die sunn unterging. Und dornach, do es tunckell wardt, da machten wir ein feur auff dem perg und das feur sach man auff der kocken; und dornach schickt der schiffman knecht auff ein tzillen zu dem perg, das sie schauten, wer auff dem perg wer; und do wir sie hörten zu uns faren, do melten wir uns gen in und also fragten sie uns, wer wir wären. Do sagten wir in, wie wir Christen wären und weren gefangenn worden in die haydenschafft und wie wir mitt der hilff Gottes do her wären chomen, das man uns über füret in die christenhait und das wir wider ze land kämen; und sie wolten das nit glauben, das wir Christen wären und fragten uns, ob wir nicht den pater noster chönten und den glauben; do must wir in den pater noster

schickte sie der Kaiser, so Schiltberger, auf einer *auf einer Galeeren zu einem Schloß, das heißet Gily, und daselbst fließet die Donau in das Meer.* Dort schied er seinem Bekunden nach von seinen Gefährten und zog mit Kaufleuten über viele Landschaften und Städte bis nach Freising. Sein eindrücklicher Bericht endet mit den Worten, dass er 32 Jahre in der *Heidenschaft* gewesen sei und er alles, *das vorgeschrieben stehet, erfahren und gesehen habe.*[146]

---

sagen und den glauben; dornach fragten sie uns, wie vil unser wären; do sagt wir in, unser wären fünff. Und dornach hyessen sie uns wartten auff dem perg und furen wider hin zu irem herren und sagten im das, als wir in gesagt hatten; und dornach furen sie her wider und fürten uns auff die chocken. Und do wir trey tag furen auff dem mere, do chamen drey galein und do waren Thürcken auff dem mere und die raubten auff dem mere und chamen an die chocken, do wir auff waren, und hettens geren beraubt und eylten der kochen nach drey tag und zwo nacht und sie mochten der kocken nichts an gewynnen. Darnach cham die kocken zu ainer stat, die ist genandt Samastria und do pleyb sie drey tag; und die Thürcken furen wider iren weg hin. Und dornach fur die kocken wider auff das mere und wolt faren gen Constantinopel; und do die kock auff das mer cham, da wir nichts sahen, dann himell und wasser, do cham ein wint und schlug die kocken hinter sich wol auff achthundert welisch meyl zu ainer stadt, die ist genandt Sinop; und do lag wir V tag. Und dornach furen wir fuder und furen anderthalbs monadt auff dem mere und mochten nit zu landt chomen; und uns ging ab an der speyß, das wir nichts zu essen hetten noch zu trincken; und do cham wir auff dem mer zu ainem felß und do funden wir snecken und merspynnen und die claubten wir auff und speysten uns vier tag domit. Und also furen wir drey monadt auff dem mere und chamen dornach gen Constantinopel; und die chock fur dornach hin in wellische landt. Und do wir durch das thor gingen und do fragt man uns, von wann wir wären; do sagten wir in, wie wir gefangen wären worden inn die haydenschafft und wie wir wider herauß wären chomen und geren zügen in die landt, dorauß wir pürtig wären. Und do die das vernamen, die uns gefragt hetten, do fürten sie uns zu dem chrichischem kayser; und do wir für in wurden pracht, do fragt er uns auch, wie wir in die haydenschafft wären chomen und woe wir hin wolten; do sagten wir im den anfanck pyß an das endt, wie wir hinein wären chomen und wie es uns gangen wäre dorinn und wie wir geren weren zu landt. Und do er das vernam, da sprach er, wir solten nicht sorgen, er wölt uns wol zu land pringen; und dornach schickt er uns zu dem patriarchen, der auch in der stadt sitzt, und hyeß uns do wartten, wann er ein pruder hett, der was bei dem chönig Sigmundt von Ungeren, und dem wolt er ein galein schicken, so wolt er uns auff der galein herauß wärts schicken in die Walachei; und wir pliben dreu monadt zu Constantinopell pey dem patriarchen.", Hans Schiltbergers Reisebuch nach der Nürnberger Handschrift hrsg. von Langmantel, 43–47.

[146] „Nun vernehmet und merket, wie ich zu Land kommen bin. Der Kaiser von Konstantinopel schickt uns auf einer Galeeren zu einem Schloß, das heißet Gily, und daselbst fließet die Donau in das Meer. Und bei dem Schloß schied ich von meinen Gefährten, die aus der Heidenschaft mit mir kommen waren, und kam zu Kaufleuten. Mit denen zog ich in einer Stadt, die heißet in deutscher Sprache Meyßstadt und lieget in der Walachei, und darnach in eine Stadt, Aspasern. Und kam darnach mehr zu einer Stadt, heißet Sedschopf (Seczawa) und ist Hauptstadt in Klein-Reußen. Da lag ich drei Monate krank und kam dann gen Krakau, das ist eine Hauptstadt in Polen. Und darnach kam ich in das Land zu Sachsen, darnach gen Meißen, darnach gen Breslau, das in Schlesien die Hauptstadt ist. Und kam darnach in eine Stadt, die heißet Eger, von Eger gen Regensburg, darnach gen Landshut; und von Landshut gen Freising, da mein Anwesen ist gewesen. Gott dem Allmächtigen sei

In Bayern diente Schiltberger, so Johannes Aventinus, dem späteren Herzog Albrecht III. als Befehlshaber der Leibwache. Als Albrecht 1438 zum Herzog in München erhoben wurde, blieb Schiltberger auf seinem Gut. Dort schrieb er seine Erlebnisse nach seiner Rückkehr aus über dreißigjähriger Gefangenschaft nieder. Sein um 1473 gedruckter, aus 67 Kapiteln bestehender Bericht wurde im 15. und 16. Jahrhundert vielfach rezipiert. Schiltberger erzählt ohne chronologische Reihenfolge nach den örtlichen Gebräuchen über seine Reisen in die Länder um das Schwarze Meer, nach Ägypten, Bagdad und Persien, in das Gebiet von Herat bis Delhi, Samarkand, Sibirien und Konstantinopel.[147]

5.5 Jörg von Nürnberg im Dienst Sultan Mehmets II. 1456–1480

Der Geschützgießer Jörg von Nürnberg verbrachte einige Jahre am Hofe Sultans Mehmet II. (reg. 1451–1481) und verfasste nach seiner Rückkehr eine Schrift über seine Erlebnisse mit dem Titel „Geschicht von der Turckey", die den Zeitraum 1456–1480 beschreibt.[148] Jörg war nach eigenem Bekunden ein über Nürnberg hinaus bekannter Experte auf seinem Gebiet (I.2.8; noch Bl. 3 v): *Item in dem 56. Jahr wurde ich, Meister Jorg, zu Herzog Steffan in Bossna*[149] *gesandt. Dem goss ich etliche Büchsen und blieb etliche Jahre bei ihm*, heißt es in seinem Bericht.[150]

Der erwähnte Herzog Stefan Vukčić Kosača (1448–1466) besaß im Süden des bosnischen Königreichs ein selbständiges Territorium, in das der Nürnberger, von wem auch immer, entsandt wurde. Zwischen 1461 und 1463 erhob sich Herzog Stefans älterer Sohn Vladislav erneut mit Hilfe der Türken gegen seinen Vater.[151] Für das Jahr 1460 beschreibt Jörg, wie er im Zuge seiner (angeblichen) Gefangennahme durch die Türken in den Dienst des Sultans trat: Ladislaus, der Sohn Herzog Steffans (Vladislav) habe sich aufgrund eines langen Streites mit seinem Vater auf die Seite der Türken geschlagen, wäre sodann mit 40.000 Mann

---

gedankt, daß er mir Macht und Kraft gegeben hat, und mich behütet und beschirmet hat zweiunddreißig Jahre, die ich, Hans Schiltberger, in der Heidenschaft bin gewesen, da ich alles, das vorgeschrieben stehet, erfahren und gesehen habe.", Eine wunderliche und kurzweilige Historie, wie Schiltberger Einer aus der Stadt München in Bayern geführt und wieder ist heim kommen. Item, was sich für Kriege und wunderbarliche Taten, dieweil er in der Heidenschaft gewesen, zugetragen, ganz kurzweilig zu lesen, Leipzig, o. J., 50.

[147] Prinzing (2009).
[148] Cronica unnd Beschreibung der Türckey mit eyner Vorrhed d. Martini Lutheri, 107–120.
[149] Bosnien (Günter Prinzing).
[150] Zit. nach: Prinzing (2009), 67.
[151] Prinzing (2009), 67.

zurückgekehrt und hätte „viel Volks seinem eigenen Vater" weggeführt. Weiter heißt es:

> „Hierbei wurde ich, Meister Jorg, mit Weib und Kindern gefangen und vor den Türken geführt. Und da er hörte, dass ich ein Büchsenmeister war, ließ er mich leben und machte mir einen guten Sold."[152]

Waffenhandwerker waren immer auch für den Feind gefragte Spezialisten. Jörg beteiligte sich im Sold des Sultans an den Kämpfen zwischen Osmanen, Bosniern, Ungarn, Albanern und Venedig. Obwohl er viel Not und Elend sah, schweigt er wohlweislich über seinen Anteil, den seine Geschütze daran hatten. Er zog mit dem türkischen Heer auch nach Armenien, an den Euphrat und auf die Krim und begleitete Mehmet II. sogar zu einem Treffen mit einem verbündeten indischen Fürsten. Die Türken lieferten den Indern Kanonen, die diese nicht kannten, wie der Büchsenmeister feststellt.[153] Im Jahr 1480 entschloss sich aber Meister Jörg trotz guter Behandlung und guten Lohnes, das Weite zu suchen, wie er zum Besten gibt (I.2.29):

> „Darnach im 80. Jahr, da sandte der Türke drei Heere aus, eines für Rodis[154] das andere nach Naplae[155] das dritte nach Allexandria[156]. Da entsandte mich der Türke nach Alexandriam, damit ich das Land anschauen sollte, ob ich es einnehmen könnte, und wessen ich dazu bedürfte, das wollte er mir schicken. Ich fand daher in Alexandria geistliche Brüder des St. Franciscus-Ordens. Denen beichtete ich. Sie halfen und rieten mir zusammen mit anderen Kaufleuten von Venedig, dass ich davon kam, und komme nach Venedig mit den Kaufleuten. Darnach wurde ich zu unserem Heiligen Vater, dem Papst Sixto Quarto[157], geschickt, dessen Büchsenmeister ich geworden bin."[158]

Jörg schildert, dass Mehmet II. 1480 eine neue Großoffensive gegen Rhodos, Nauplia und Alexandria plante und vom Sultan in geheimer Mission nach Alexandria geschickt wurde, um offenbar als artilleristisch geschulter Fachmann das Land und seine Befestigungen zu erkunden. Doch in Alexandria suchte Jörg Kontakt zu Franziskanern, die ihn auf eine venezianische Galeere brachten, mit der er nach Italien gelangte. Was den erfolgreichen Handwerker des Todes zu diesem Schritt bewog, erzählt er nicht. Jedenfalls wurde er vom Papst mit offenen Armen empfangen und schrieb während dieser Zeit den „Tractat von den türcken", worin er statt auf seine eigene Mittäterschaft im Dienst des Feindes näher ein-

---

[152] Prinzing (2009), 67.
[153] Westenfelder (online).
[154] Rhodos (Prinzing).
[155] Nauplion (Prinzing).
[156] Alexandria (Prinzing).
[157] Sixtus IV.
[158] Zit. nach: Prinzing (2009), 67.

5.5 Jörg von Nürnberg im Dienst Sultan Mehmets II. 1456–1480

zugehen, lieber die türkischen Grausamkeiten betont und etwa den Sklavenhandel schildert, der dem lateinischen „Tractatus de moribus, condicionibus et nequicia Turcorum" des Georg von Ungarn entstammt.[159]

Militärische Fachkenntnis, das zeigt dieses Beispiel eindrücklich, war den Potentaten schon im Mittelalter wichtiger als Religion und Kultur. Da drängt sich unwillkürlich ein Vergleich mit Wernher von Braun (1912–1977) auf, der nicht nur für die Nationalsozialisten unter Einsatz von KZ-Häftlingen Raketen baute, sondern auch für die USA Raketen entwickelte. Begabte Kriegshandwerker hatten zu allen Zeiten Konjunktur. Das illustriert auch der Fall eines päpstlichen Legaten, der 1520/21 in der Eidgenossenschaft zahlreiche der als Spezialisten gesuchten Büchsenmacher anwarb.[160]

Die Büchsenmeister stellten ab der Mitte des 14. Jahrhunderts gewerbsmäßig alle Arten von Feuerwaffen her, darunter Handbüchsen, Kanonen, Mörser und Bombarden. Da sie das Ausrichten und Laden sowie die Instandhaltung und Reparatur der Feuerwaffen beherrschten, waren sie für die Kriegsführung unverzichtbar. Sie unterstanden einem Landesherrn oder wie im Falle des Jörg von Nürnberg dem Stadtrat und waren auch für das örtliche Zeughaus zuständig. Nürnberg war im Reich führend auf dem Gebiet der Geschützgießerei. So ließ der Rat 1445 durch den Meister Hans von der Rosen eine 519 Zentner schwere Hauptbüchse gießen. Da die Büchsenmeister genaue Kenntnisse über die Rüstung ihrer Herren hatten, erhielten sie zumeist einen hohen Sold oder eine lebenslange Anstellung, um sie vom Wegzug abzuhalten. Wollte ein Büchsenmeister für einen anderen Auftraggeber arbeiten, war in der Regel eine Genehmigung seines Dienstherrn erforderlich.[161] Auch zogen sie als gefragte Artilleristen mit in den Krieg, wie aus dem Buch „Die Freiheyt der Artelarei" hervorgeht.[162] Wie Jörg von Nürnberg begegnen uns ebenso andere Büchsenmeister durchaus als reisende Handwerker für wechselnde Dienstherren. Neben Meister Jörg zählen Konrad Kyeser (1366–1405), Abraham von Memmingen (um 1410), Johannes Formschneider (um 1420–1470), Martin Merz (1425–1501), Konrad Haas (1509–1576) oder Hans Guhle (gest. 1636) zu den bekanntesten Vertretern ihrer Zunft.

---

[159] Vgl. die Beschreibung zum „Tractat von den türcken" auf: https://www.geschichtsquellen.de/werk/3177 [Zugriff: 10.02.2021].
[160] Schubert (1995), 331.
[161] Zum Büchsenmeistergewerbe vgl.: Hassenstein/Virl (1941); Leng (1996);
[162] Ediert in: Hassenstein/Virl (1941), 179–182.

Ergebnisse

Die christliche Religion stellte die erste Grundlage für die Herausbildung des Kriegsrechts im mittelalterlichen und frühneuzeitlichen Europa dar und bestimmte zugleich unter welchen Voraussetzungen kriegerische Gewalt als legitim galt. Während das Alte Testament die Blutrache erlaubt, diese aber auch einschränkt, dürfen die Israeliten gegen ihre Feinde bis zu deren physischen Vernichtung Krieg führen (2. Mose 17,8–16; 7,20–21; Josua 10,13). Mit der Emanzipation des Christentums vom Judentum wurde die Anwendung physischer Gewalt abgelehnt. Denn das römische Recht verbietet die alte Blutrache, und die Bergpredigt Jesu fordert die Wehrlosigkeit (Mt 5,1–7,29).

Die zweite Grundlage geht auf die griechisch-römische Philosophie und Staatsrechtslehre zurück. Der griechische Historiker Thukydides (vor 454–399/96 v. Chr.) erkannte den problematischen Zusammenhang von Recht und Macht, da der Stärkere das Recht festsetze.[1] Der römische Staatsmann Marcus Tullius Cicero (106–43 v. Chr.) kam zu der Einsicht, dass unter den Waffen die Gesetze schweigen.[2] Nach Cicero war ein Krieg nur dann gerecht, wenn dieser der Genugtuung diente oder angedroht bzw. angekündigt wurde.[3] Cicero betrachtete den Krieg als eine Form des Strafrechtes.[4] Damit wurde Cicero neben der christlichen Ethik grundlegend für den von Augustinus (354–430) entwickelten und der mittelalterlichen Scholastik weitergeführten Begriff des „gerechten Krieges". Während die ersten Kirchenväter und Kirchenordnungen, so die „Traditio Apostolica" oder die „Canones Hippolyti" in der ersten Hälfte des 3. Jahrhunderts, die Unvereinbarkeit von Christentum und Kriegsdienst betonten und noch der Rhetoriklehrer und christliche Apologet Laktanz Anfang des 4. Jahrhunderts in diesem Sinne plädierte[5], stellte sich mit der Erhebung der katholischen Richtung des Christentums unter Kaiser Theodosius im Jahr 380 (Edikt Cunctos populus) die Frage der Legitimität der Gewaltanwendung neu und wurde von Augustinus in seiner Lehre des „gerechten Krieges" (bellum iustum) mit seinen drei Grundlagen (*causa iusta, auctoritas pincipes, intentio recta*) eindeutig beantwortet.[6] Bischof Isidor von Sevilla (um 560–636) führte im Anschluss an Cicero und Augustinus die kriegsrechtliche Theorie weiter fort.[7] Schließlich systematisierte der Dominikaner Thomas von Aquin (um 1225–1274) die Lehre vom „gerechten Krieg": Gewalt könne nur das letzte Mittel nach Ausschöpfung aller

---

[1] Thukydides, Melierdialog 5,89.
[2] Cicero, Pro T. Annio Milone 4,11.
[3] Cicero, De officiis I, 36,2.
[4] Cicero, De re publica III, 35.
[5] Laktanz, Divinae institutiones VI, 20,15–17.
[6] Augustinus, Gottesstaat I, 21; IV,15; XIX,28; XIX,7.
[7] Isidor von Sevilla, Etymologiae 18,1.

friedlichen Mittel sein, weil der Krieg an sich ein Laster sei.[8] Die Konzeption des „gerechten Krieges" führte zur Entwicklung des Kreuzzugsgedankens. Abt Guibert von Nogent (1053-1124) bezeichnete den Krieg selbst als heilig.[9] Für die Teilnahme an heiligen Kriegen und Kreuzzügen wurde himmlischer Lohn in Aussicht gestellt. Papst Urban II. erließ am 27. November 1095 in Clermont-Ferrand den ersten Kreuzzugsaufruf mit einer bis heute hin unübertroffenen Wirkung als Kriegsrede, womit er die Idee des heiligen bzw. gerechten Krieges mit der unbewaffneten Wallfahrt verband. Die mittelalterliche Scholastik hat somit klare Vorstellungen entwickelt, wann ein Krieg als gerecht gelten kann. Die Kirche rief zu Kreuzzügen gegen Heiden und Ketzer auf und schuf sich so ein eigenes Heer.

Dennoch lebte auch die gewaltlose Tradition weiter. So ließ sich Bischof Winfrid Bonifatius auf einer Missionsreise am 7. Juni 754/55 ohne Gegenwehr von den heidnischen Friesen erschlagen, wie sein Biograph Willibald betonte.[10] Bischof Fulbert von Chartres bezeichnete 1027 Krieg führende Bischöfe als Tyrannen[11] und legte Bußstrafen für das Töten eines Menschen im Frieden wie im Krieg fest.[12] Somit knüpfte er an die Tradition der Kirchenväter vor Augustinus an. Propst Gerhoch von Reichersberg (gest. 1196) unterschied zwischen der *militia Dei* und *militia saecularis*.[13]

In der Realität der mittelalterlichen Kriegsführung spielten religiöse Ideale und Gebote keine große Rolle. Denn selbst die Reichsbischöfe und Reichsäbte waren fest in die Heerfolge des Lehnswesens eingebunden oder zogen in den Krieg auf eigene Rechnung. Der Kölner Erzbischof Siegfried von Westerburg zeigte sich im Limburger Erbfolgestreit nach der Reimchronik Jans van Heelu in der Schlacht von Worringen am 5. Juni 1288 als vorbildlicher, kräftig dreinschlagender Ritter.[14] Das galt ebenso für den machtgierigen Kölner Erzbischof Konrad von Hochstaden (1238-1261), der der Welt den Frieden nahm, wie es in einer zeitgenössischen Chronik heißt.[15]

Neben der christlichen Religion stellten Ritterideale, Gottes- und Landfrieden, Fehderegeln und erste Kriegsrechte weitere Versuche da, die kriegerische Gewalt des Adels zu beschränken. Die Ausübung von Gewalt galt als grundlegender Bestandteil adliger Ehre und wurde vor allem zur Durchsetzung von Rechten angewendet. Die sich im 12. Jahrhundert entwickelnden Ritterideale lobten zwar den Mut, warben aber zugleich für eine Schonung eines heldenhaft kämpfenden

---

[8] Thomas von Aquin, Summa Theologiae II/II, q. 40.
[9] Guibert von Nogent, Gesta Dei per Francos sive Historia Hierosolymitana; Migne, PL 156, 685.
[10] Willibald, Leben des hl. Bonifatius, cap. 36.
[11] Fulbert von Chartres, ep. 112; Migne, PL 141, 255 f.
[12] Fulbert von Chartres, De peccatis capitalibus; Migne, PL 141, 339.
[13] Gerholt von Reichersberg, Libellus de ordine donorum Sancti spiritus; MGH Ldl 3, 273 ff.
[14] Rymkronyk van Jan van Heelu V., 6024-6035.
[15] Cotinuatio Catalogi archiepiscoporum Coloniensium, Auctarium cod. 2, MGH SS 24, 353.

Gegners und den Schutz von Nichtkombattanten. Auch hatten sie Auswirkungen auf die Art der militärischen Kriegsführung, da der Adel nur im äußersten Notfall bereit war, vom Pferd abzusteigen. Ritterliche Epen lassen den Sieger bei seiner Ehre die Sicherheit des Gefangenen garantieren.[16] Neben den Ritterepen sorgten die Ritterspiegel für eine weite Verbreitung der Ritterideale, die alle Stufen im Lehnswesen vom König bis zum Ministerialen miteinander verbanden. Johannes Rothe aus Eisenach (um 1360–1434) versuchte in seiner mit 4108 Versen umfangreichsten deutschen Standeslehre das sich im Niedergang befindliche Rittertum in Zeiten der Führung von Kriegen mit Landsknechten zu erneuern.

Die ritterliche Milde gegenüber dem gefangenen Standesgenossen war oft genug nicht mehr als ein bloßes Ideal. So ließ Karl I. von Anjou den in der Schlacht von Tagliacozzo gefangenen letzten Staufer Konradin am 29. Oktober 1268 öffentlich enthaupten. Attentate konnten die Ideale gleichfalls nicht verhindern. Friedrich von Isenberg lauerte am 7. November 1225 mit seinen Gefolgsleuten bei Gewelsberg dem Kölner Erzbischof Engelbert I. auf und brachte ihn um, was Walter von der Vogelweide in seinem Lied „Der Kaiser-Friedrichs- und Engelbrechtston" (um 1224/27) zu Tränen rührte.

Da die praxisfernen christlichen Gebote und Ritterideale in der Realität kriegerischer Auseinandersetzungen keine Rolle spielten, wurden Waffenruhen (*Treuga Dei*), Gottesfrieden (*Pax Dei*) und Landfrieden verhängt sowie säkulare Fehderituale und erste Kriegsrechte entwickelt.

Die lange Zeit nur mündlich überlieferten Regeln der Fehde versuchten, die Gewaltbereitschaft des Adels an die Beachtung bestimmter Rituale zu binden. Die Spielregeln der Fehde wichen von der Lehre des „gerechten Krieges" ab, da auch der niedere Adel das Recht in die eigene Hand nehmen konnte und die Autorität höher gestellten Fürsten (*auctoritas principis*) nicht beachten musste, die gerade neben der *causa iusta* und der *recta intentio* zentraler Bestandteil dieser Konzeption war.

Die Gottes- und Landfriedensbewegung des Hochmittelalters proklamierte örtliche, personelle und zeitliche Sonderfrieden (*treuga*), die aber nicht für Könige oder Amtsträger in Ausübung ihrer Herrschaftsfunktionen oder für Schwurgenossen im Rahmen der Bestrafung von Friedensbrechern galten. Dem mittelalterlichen Königtum gelang es nie, ein eigenes Gewaltmonopol durchzusetzen. Daher sah sich die Landfriedensbewegung nördlich der Alpen unter den Kaisern Friedrich I. und Friedrich II. zu Konzessionen an den Adel genötigt. So scheiterte der Mainzer Reichslandfrieden Friedrichs II. von 1235, der die Fehde untersagen wollte, an der fehlenden Reichweite. Die Gottes- und Landfrieden führten zu einer zunehmenden Formalisierung der Fehde und deren Anerkennung als Rechtsinstitut. Erst 1495 schied die Fehde mit dem „Ewigen Landfrieden" Kaiser

---

[16] Parzival, Buch 1, 38-12; Hartmann von Aue, Erec, Z. 1010–1017.

Maximilians I. als legitime Möglichkeit der Rechtsdurchsetzung aus der Geschichte aus.

Auch die frühmittelalterlichen Stammesrechte stellten frühe säkulare Versuche dar, die Gewalt zu regulieren.[17] Dabei blieb es lange Zeit. Denn die ersten weltlichen Traktate zum Kriegsrecht, so der „Tractatus De Bello, De Repressaliis et de Duello" („Abhandlung über den Krieg, über Repressalien und über das Duell") des Bologneser Juristen und Kirchenrechtlers Johannes de Lignano (1320–1383), stammten aus dem 14. Jahrhundert und orientierten sich noch am kanonischen Recht, vor allem an dem um 1140 entstandenen „Decretum Gratiani". Erst seit dem 15. Jahrhundert nahm die Anzahl der Abhandlungen zum Völkerrecht stark zu. So schrieb der ostfränkische Adelige Philipp von Seldeneck (geb. um 1440) ein aus acht Traktaten bestehendes „Kriegsbuch". Schließlich legte der Jurist und reformierte Theologe Hugo Grotius (1583–1645) mit seinem Werk „De iure belli ac pacis" („Über das Recht des Krieges und des Friedens") die Grundlagen des internationalen Völkerrechts.

Die zunehmende Kodifizierung des Rechts ging bemerkenswerterweise mit einer Zunahme der kriegerischen Gewalt einher. Denn der deutsche Universalgelehrte Sebastian Franck (1499–1542) beschrieb allen detaillierten Kriegsordnungen zum Trotz das Treiben der Landsknechte in seiner „Chronika des gantzen Teutschen lands" in negativer Hinsicht.

Glaube, Ideale und Stammesrechte konnten im Mittelalter keine Gewalttaten verhindern. Massaker an Kriegsgefangenen sind vielfach belegt: die Hinrichtung der gefangenen Sachsen in Verden an der Aller 782 durch die Franken unter Karl dem Großen, die Tötung der in England lebenden dänischen Wikinger am St. Brice's Day am 13. November 1002 auf Anordnung König Æthelreds oder das Abschlachten der fliehenden Sachsen am 9. Juni 1075 nach der Schlacht bei Homburg durch die Truppen Heinrichs IV. Herrschaftliches Kalkül und niedere Motive wie das der Rache gingen Hand in Hand.

Mildtätigkeit gegenüber gefangenen Kriegsgegnern sucht man bei christlichen Königen aber auch bei muslimischen Sultanen oft vergebens. Während jedoch die Kreuzfahrer 1099 unterschiedslos alle Einwohner Jerusalems niedermachten, ließ Saladin nach der Schlacht von Hattin 1187 in erster Linie nur Templer und Hospitaliter hinrichten, deren unversöhnliche Feindschaft den Krieg ausgelöst hatte. Der englische König Richard Löwenherz überwachte in Akkon persönlich am 12. Juli 1191 das Abschlagen der Köpfe von etwa 2.700 Gefangenen. Sultan Turan Schah ordnete am 5. oder 6. April 1250 die Enthauptung vieler gefangener Kreuzfahrer nach der Niederlage des französischen Königs Ludwig IX. an.

Besonders brutal wurden sogenannte „Freiheitskriege" geführt. In diesen Kämpfen ging es oft um Sein und Nichtsein. Zudem galten die hohen Ritterideale nicht für Bürger und Bauern. Dies zeigten etwa die Beispiele der Schlacht von

---

[17] Vgl. etwa: Edictus Rothari 45, 74, 75, 138, 162, 188, 190, 214, 326, 387.

Ergebnisse

Hemmingstedt aus dem Jahr 1500, in der die Dithmarscher Bauern ein dänisch-holsteinisches Invasionsheer besiegten, verschiedene Massaker in den eidgenössischen Kriegen gegen die Österreicher und Burgunder oder einzelne Beispiele aus den Kämpfen der Eidgenossen gegen die Züricher.

Gewalt an Nichtkombattanten zählen zu den Begleiterscheinungen aller kriegerischen Konflikte im Mittelalter. Lampert von Hersfeld berichtete im 11. Jahrhundert, dass die Burgbesatzungen Heinrichs IV. sächsische Frauen vergewaltigten und zu ihren Männern zurückschickten.[18] Nach der Chronik der Stadt Zürich erschlugen 1382 die Truppen des Grafen von Kyburg in Solothurn neben Frauen auch Kinder.[19] Die Eidgenossen vergriffen sich selbst an schwangeren Frauen, wie ein zitiertes Beispiel aus einem Luzerner Verhörprotokoll von 1444 zeigte. Die Angehörige der dänischen Schwarzen Garde schlachteten in Meldorf am 13. Februar 1500 unter anderem kleine Kinder ab.[20]

Ganze Landstriche wurden in Fehden und Kriegen verwüstet und den Bauern ihre Existenzgrundlage entzogen. Die Eidgenossen schändeten im Alten Zürichkrieg von 1444 sogar Kirchen und Klöster, wie die hier ausgewertete Züricher Chronik ergab. Die Feinde, gleichsam Christen wie die Täter, wurden entmenschlicht und kurzerhand mitsamt ihren Kultgegenständen zu Heiden erklärt. Ein differenziertes Freund-Feind-Denken gab es noch nicht.

Die Namen der Einzeltäter sind anders als die ihrer Anführer, wie der 1445 wegen Kriegsverbrechen hingerichtete Leonhard Assenheimer oder der 1464 tödlich verwundete schwäbische Adlige Hans von Rechberg, nicht überliefert. Um Nichtkombattanten zu schützen, wurden mitunter Sicherungsbriefe ausgestellt, die einzelne Dörfer im Falle kriegerischer Auseinandersetzungen schützen sollten.

Kriegsgefangene waren im Mittelalter grundsätzlich der Willkür des Siegers ausgeliefert. Ob sie am Leben blieben, hing entweder vom Kontext ihrer Gefangennahme oder von ihrem gesellschaftlichen Status ab.

So galten für die Übergabe von befestigten Plätzen besondere Bedingungen. Das zeigte die Kapitulation von Calais 1347 im Rahmen des Hundertjährigen Krieges, als nach einer Gebärde der öffentlichen Demütigung die Einwohner begnadigt wurden. Kapitulierte eine Stadt oder Burg erst nach dem Beginn der Kampfhandlungen, hatten die Besiegten keine Gnade zu erwarten und wurde der befestigte Platz nach seiner Eroberung zur Plünderung freigegeben. Dies beweist das Beispiel der Züricher Feste Greifensee, die sich nach anfänglichen Kämpfen 1444 den Eidgenossen auf Gnade und Ungnade ergeben hatte. Die Sieger richteten nach dem Bericht der Züricher Chronik die überlebenden Verteidiger kurzerhand hin.[21]

---

[18] Lampert von Hersfeld, Annalen, 176.
[19] Chronik der Stadt Zürich, 87.
[20] Reimar Kock, C, S. 4,1.
[21] Chronik der Stadt Zürich, Nr. 187, 191 f.; Fortsetzungen II, 214 f.

Die Aussicht, als Gefangener zu überleben, stieg mit steigendem Wohlstand und der Herkunft. Adlige waren ein wichtiges Faustpfand für politische Verhandlungen und für hohe Lösegeldzahlungen. Diese Geiseln wurden meist gut behandelt, so der französische König Johann II., der am 8. April 1360 in englischer Haft verstarb. Der 1435 aus der Haft entlassene französische Herzog Charles von Orléans hatte gar 25 Jahre lang in England verbracht. Adlige Gefangene konnten auch an eine andere Macht übertragen werden. Der englische König Richard Löwenherz, der von Herzog Leopold an Kaiser Heinrich VI. überstellt wurde, kam erst am 4. Februar 1194 für die ungeheure Summe von 100.000 Mark Silber frei. Ludwig IX. musste 500.000 Livres (1 Mio. Goldbezanten) für seine Freilassung an den ägyptischen Sultan Turan Schah bezahlen. Auch die hier vorgestellten weniger prominenten Beispiele zeigen, dass die reine Gefangenschaft eines Adligen diesen von seiner personengebundenen Herrschaftsausübung abhielt und seine Stellung erheblich gefährden konnte, zumal neben dem Lösegeld oft auch Ländereien abgetreten werden mussten. Der in der Mainzer Stiftsfehde siegreiche Kurfürst Friedrich I. von der Pfalz nahm nach der Schlacht von Seckenheim 1462 unter anderem Graf Ulrich V. von Württemberg gefangen, der nur gegen 100.000 Gulden und der Überschreibung einiger Herrschaften freikam, was ihn an den Rand des Ruins brachte. Nicht immer schützte ihr Stand gefangene Adlige vor dem Kerker. Hans von Geroldseck wurde zwischen 1471 und 1473 vom württembergischen Graf Eberhard im Bart *in schwerer gefengknus* gehalten.[22]

Die Städte gingen seit dem 14./15. Jahrhundert dazu über, bürgerliche Gefangene gegen das Schwören einer Urfehde auf freien Fuß zu setzen. So ließen im Städtekrieg von 1444 die württembergischen und österreichischen Truppen ihre Gefangenen in Rottenburg und Tübingen nach dem Schwur einer Urfehde frei.[23] Bürger machten andererseits mit räuberischen Adligen kurzen Prozess. Die Ulmer richteten Hans von Reischach zu Hornstein, der 1464 eine Fehde mit dem Haus Werdenberg und den Bodenseestädten vom Zaune gebrochen hatte, ein Jahr nach seiner Gefangennahme hin.[24]

Einfache Kriegsgefangene sind in den Quellen dagegen kaum belegt. Sie wurden oft an Ort und Stelle niedergemacht. Lampert von Hersfeld berichtet, dass es Herzog Otto nur mit größter Mühe gelang, nach der Schlacht von Eschwege vom 2. September 1070 seine Männer davon abzuhalten, die geschlagenen Thüringer an Ort und Stelle zu töten.[25] Schließlich untersagte das III. Laterankonzil 1179 die Versklavung von christlichen, nicht aber von muslimischen Gefangenen. Heinrich V. befahl in der Schlacht von Azincourt am 25. Oktober 1415, alle französischen Gefangenen zu töten. Auch im Alten Zürichkrieg von 1436 bis 1450

---

[22] Zimmerische Chronik 1, 358 f.
[23] Zimmerische Chronik 1, 294.
[24] Zimmerische Chronik 1, 400 f.
[25] Lampert von Hersfeld, Annalen, 131.

Ergebnisse

ging es Gefangenen oft ans Leben. Die Bürger von Zug wollten 1445 einen Gefangenen von Zürich ertrinken lassen.[26] Albrecht VI. ließ gefangenen Eidgenossen am 30. April 1445 die Köpfe abschlagen.[27] Die Eidgenossen vierteilten ihrerseits am 20. August 1445 zwei gefangene Züricher.[28] Die Rappertsweiler verbrannten am 8. Januar 1446 einen gefangenen Eidgenossen, und die Bürger von Eglisow enthaupteten 16 und erstachen 7 gefangene Schweizer.[29] Während der Belagerung der elsässischen Feste Schwanau bei Erstein im Jahr 1331 starben zahlreiche Insassen an Unterernährung.[30]

Gefangenen verblieb allerdings die Hoffnung auf Freikauf. Einzelne Päpste, Bischöfe, Spitäler, Ritterorden und monastische Orden (Trinitarier, Mercedarier) entrichteten im Hochmittelalter hohe Geldbeträge für die Freilassung von Gefangenen, eine Tradition, die auch in der Neuen Welt beibehalten wurde.

Wurde im Mittelalter noch das Lösegeld individuell ausgehandelt, legten die Kriegsparteien in der Frühen Neuzeit für die Dienstgrade unterschiedliche Ranzionen fest, wie aus den erhaltenen Loslassungsverträgen hervorgeht. Die Massen an Gefangenen hatten in den mit Landsknechten ausgefochtenen Kriege enorm zugenommen. Die individuellen Regeln des Mittelalters wichen daher einer zunehmenden Verrechtlichung im Zusammenhang mit ihrer Freilassung. Die auf dem Speyerer Reichstag 1570 beschlossenen „Artikel auf die Fußknechte" verpflichteten diese in Art. 17 bei Leibesstrafe, die Gesicherten und Gehuldigten bei der Sicherung und Huldigung bleiben zu lassen und ohne Wissen und Erlaubnis des Befehlshabers nichts gegen sie vorzunehmen. Auch Friedensverträge aus der Frühen Neuzeit enthalten für gewöhnlich Bestimmungen über den gegenseitigen Gefangenenaustausch, wie an einzelnen Beispielen gezeigt wurde.

Im Mittelalter thematisierten die Historiographen die Erfahrungen der Gefangenschaft eher selten. Individuelle Berichte kennen wir kaum. Daher ist der hier besprochene Bericht Jean de Joinvilles über seine Gefangenschaft und die seines Königs Ludwig IX. in Ägypten 1250 so bedeutsam. Die viel besungene ritterliche Tapferkeit weicht in seiner Schilderung mehr als einmal der Angst um sein Leben. Denn trotz guter Behandlung bedeutete eine längere Gefangenschaft eine psychische Belastung, wie auch das angesprochene Beispiel von Enzio, einem Sohn Friedrichs II., beweist, der in seiner bis zu seinem Tode 1272 ganze 23 Jahre lang dauernden Haft in Bologna ein melancholisches Gedicht („Tempo vene che sale chi discende") schrieb. Auch der Erfahrungsbericht des gefangenen Nürnberger Patriziers Hieronymus Baumgartner, der vom Ritter Albrecht von Rosenberg 1544/45 entführt wurde, zeigt, dass Ängste in der Gefangenschaft

---

[26] Chronik der Stadt Zürich. Fortsetzungen II, 218.
[27] Chronik der Stadt Zürich. Fortsetzungen II, 216.
[28] Chronik der Stadt Zürich. Fortsetzungen II, 218 f.
[29] Chronik der Stadt Zürich. Fortsetzungen II, 220–222.
[30] Chronik der Stadt Zürich, 39.

ein überzeitliches Phänomen darstellen. Auch wenn die legendenhafte Geschichtskonstruktion Joinvilles, die für das Kanonisationsverfahren des französischen Königs bestimmt war, naturgemäß nicht denselben Wahrheitsgehalt wie das Schreiben Baumgartners an den Nürnberger Rat besitzt, erstaunt dennoch das hohe Maß der offen zu Papier gebrachten traumatischen Erlebnisse.

Die schriftlich niedergelegten Erfahrungen des Johannes Schiltberger bei den Osmanen und Mongolen (Berichtszeitraum 1394–1427) und die des Nürnberger Geschützmeisters Jörg über seine Zeit am Hofe Sultan Mehmets II. (Berichtszeitraum 1456–1480) sind zwei Beispiele für das reflektierte Erleben des Dienstes bei fremden Herren, die nicht dem christlichen Europa entstammten. Der andersartige Glaube störte die Sultane keineswegs, christliche Gefangene bzw. Überläufer seinem Heer einzuverlieben.

Das Ergebnis unserer Betrachtungen überrascht nicht. Zwar lässt sich leicht eine stetig steigende Verrechtlichung von Konflikten und Kriegen vom Mittelalter bis in die Frühe Neuzeit konstatieren, zugleich aber nahm das Gewaltpotential erheblich zu. Denn weder christliche Gebote und Glaubenssätze, kirchliche Vorschriften, Ritterideale, Gottes- und Landfrieden, Kriegsordnungen und Friedensschlüsse haben die Gewalt je einzudämmen vermocht. Die Kriegsrechte, die ohnehin nur in Kriegszeiten Gültigkeit besaßen, dienten der Steigerung der militärischen Effezienz und weniger dem Schutz der Nichtkombattanten. War der Krieg aus, war es mit der dürftigen Disziplin der Landsknechte ohnehin vorbei.

Der Mensch ist in dem betrachteten Zeitraum nicht „zivilisierter" geworden. Das Ausmaß der Gewaltanwendung hing und hängt, so lautet das Fazit der herangezogenen Quellen verschiedenster Provenienz aus unterschiedlichen Jahrhunderten, ganz entscheidend vom jeweiligen Kontext und nicht von einem leicht zu konstatierenden gesellschaftlichen und juristischen Fortschritt ab. Den normativen Quellen, die einen vermeintlichen rechtlichen Fortschritt verheißen, halten viele chronikalische Berichte den Spiegel hin. Menschen handeln als Individuen unterschiedlich selbst dann, wenn sie wie im Mittelalter demselben Stand angehörten. Gewalt oder Schonung des Gegners standen immer auf Messers Schneide.

Anhang

Schriftliche Quellen

Ungedruckte Quellen

Landesarchiv Baden-Württemberg/Hauptstaatsarchiv Stuttgart, A 602 Nr. 4559 = WR 4559r.
Landesarchiv Baden-Württemberg/Staatsarchiv Ludwigsburg, B 375 S Bü 64.

Gedruckte Quellen

Abdruck Deß FriedensSchlusses/Von der Röm. Käy Mayt. Vnnd Churfürstl. Durchl. zu Sachssen/etc. zu Prag auffgerichtet/ Den 20./30. Maij Anno 1635. Erstlich Gedruckt zu Dreßden durch Gimel Bergen/Churf. Sächß. Buchdruckern. Jetzo zu Franckfurt an der Oder bey Michael Kochen nachgedruckt. Anno ut supra. URL: https://de.Digitalisat.org/wiki/PragerFrieden [Zugriff: 27.11.2020].

Annales et chronica aevi Carolini. In: MGH SS 1, hrsg. von Georg Heinrich Pertz (1826/2011). Hannover/Neudruck: München. URL: https://www.dmgh.de/mgh_ss_1/index.htm#page/3/mode/1up [Zugriff: 03.01.2021].

Annales Gandenses a. 1296–1310. In: MGH SS 16, hrsg. von Johann Martin Lappenberg (1859). Hannover, 555–597. URL: https://www.dmgh.de [Zugriff: 27.11.2020].

Annales regni Francorum inde ab a. 741 usque ad a. 829, qui dicuntur Annales Laurissenses maiores et Einhardi. In: MGH SS 6, hrsg. von Friedrich Kurze (1895). Hannover, 3–178. URL: https://www.dmgh.de/mgh_ss_rer_germ_6/idex.htm#page/(III)/mode [Zugriff: 11.5.2021].

Al-Makrisi: Account of the Crusade of St. Louis. In: Medieval Sourcebook. URL: https://sourcebooks.fordham.edu/source/makrisi.asp [Zugriff: 20.05.2021].

Briefe und Acten zur österreichisch-deutschen Geschichte im Zeitalter Friedrichs III. (Fontes rerum Austriacarum II/44), hrsg. von Adolf Bachmann (1885). Wien.

Brunonis Saxonicum bellum. Brunos Sachsenkrieg, übersetzt von Franz-Josef Schmale. In: Quellen zur Geschichte Kaiser Heinrichs IV (Ausgewählte Quellen zur deutschen Geschichte des Mittelalter Freiherr vom Stein-Gedächtnisausgabe 12) (1968). Darmstadt.

Caesarius von Heisterbach: Leben, Leiden und Wunder des hl. Erzbischofs Engelbert von Köln übersetzt von Karl Langosch (Die Geschichtsschreiber der deutschen Vorzeit 100) (1955). Münster/Köln.

Chronica unnd Beschreibung der Türckey mit eyner Vorrhed d. Martini Lutheri. Unveränderter Nachdruck der Ausgabe Nürnberg 1530 sowie fünf weiterer „Türkendrucke" des 15. und 16. Jahrhunderts hrsg. von Carl Göllner (Schriften zur Landeskunde Siebenbürgens 6) (1983). Köln u. a., 107–120.

Chronik der Stadt Zürich: mit Fortsetzungen, hrsg. von Johannes Dierauer (Quellen zur Schweizer Geschichte 18, hrsg. von der Allgemeinen geschichtsforschenden Gesellschaft der Schweiz) (1900). Basel.

Chronik des Landes Dithmarschen von Jacob Hanssen/Heinrich Wolf (1833). Hamburg.

Chronique des quattre premiers Valois 1327–1393, ed. Siméon Luce (1862). Paris.

Cronache dei secoli XIII e XIV, Annales Ptolemaei Lucensis Sanzanome iudicis Gesta Florentinorum, Diario di ser Giovanni di Lemmo da Comugnori, Diario d'anonimo fiorentino, Chronicon Tolosani canonici Faventini (1876). Firenze. URL: https://play.google.com/books/reader?id=T9k4AQAAMAAJ&pg=GBS.PA149 [Zugriff: 26.05.2021].

Cicero: De officiis. Übersetzung von Egon Gottwein. URL: https://www.gottwein.de/Lat/Cic-Off/off1020.php [Zugriff: 14.05.2021]

Cicero: De re publica. Vom Staat, ausgewählt und hrsg. von Günter Laser (2014). Stuttgart.

Das Leben des heiligen Ludwig. Die Vita des Joinville. Deutsche Übersetzung basierend auf der altfranzösischen Fassung von Wailly, übersetzt von Eugen Mayser, hrsg. und eingeleitet von Erich Kock (Heilige der ungeteilten Christenheit 13) (1969). Düsseldorf.

De Expugnatione Terrae Sanctae per Saladinum [Die Eroberung des Heiligen Landes durch Saladin]. Stevenson, Joseph (Hrsg.) (1875). London. Übersetzt von James Brundage (1962), Die Kreuzzüge: Eine dokumentarische Geschichte. Milwaukee.

De jure belli ac pacis [Über das Recht des Kriegs und des Friedens], Paris 1625 (2. Aufl. Amsterdam 1631). The Rights of War and Peace. Ed. Richard Tuck (2005). Liberty Fund.

De re militari et triplici via peregrinationis Ierosolimitane. Einleitung und Edition von Ludwig Schmugge (Beiträge zur Geschichte und Quellenkunde des Mittelalters 6) (1977). Berlin/New York.

Des Heiligen Kirchenvaters Augustinus ausgewählte Briefe, hrsg. und übers. von Alfred Hoffmann (1917). München.

Die Chronik des Hans Fründ, Landschreiber zu Schwytz, hrsg. im Auftrage und mit Unterstützung der allgemeinen geschichtsforschenden Gesellschaft der Schweiz von Christian Immanuel Kind, Kantonsarchivar in Chur (1875). Chur.

Die Chronik Johanns von Winterthur (Chronica Iohannis Vitodurani), bearb. von Carl Brun, hrsg. von Friedrich Baethgen. In: MGH SS NS 3. (1924). Berlin, 1–282. URL: https://www.dmgh.de/mgh_ss_rer_germ_n_s_3/index.htm#page/(III)/mode/1up [Zugriff: 02.05.2021].

Die Chronik Thietmar's, Bischof von Meerseburg, nach der Ausgabe der Monumenta Germaniae, übersetzt von Dr. J. C. M. Laurent mit einem Vorwort von J. M. Lappenberg (Die Geschichtsschreiber der deutschen Vorzeit: in deutscher Bearbeitung: unter dem Schutze Sr. Majestät des Königs Friedrich Wilhelm IV. von Preussen 8) (1848). Berlin.

Die eidgenössischen Abschiede aus dem Zeitraume von 1478 bis 1499, bearb. von Anton Philipp Segesser (1858). Amtliche Sammlung der älteren eidgenössischen Abschiede, hrsg. auf Anordnung der Bundesbehören 3, Abt. 1, Zürich. Online-Ausgabe (2009). Düsseldorf Universitäts- und Landesbibliothek (urn:nbn:de:hbz:061:1-4966).

Die Freiheyt der Artelarei. In: Büchsenmeysterei. Christian Egenolffs Erben, 1582, 66–77, ediert in: Wilhelm Hassenstein/Hermann Virl (1941): Das Feuerwerkbuch von 1420. 600 Jahre deutsche Pulverwaffen und Büchsenmeisterei. München, 179–182.

Die Gesetze der Langobarden, übertragen und bearbeitet von Franz Beyerle. Mit einem Glossar von Ingeborg Schröbler (1947). Weimar.

Die Jahrbücher der Stadt Breslau, 25. Stück, den 24. Junius 1813. Zum erstenmale aus dessen eigener Handschrift hrsg. von Johann Büsching und J. G. Kunisch (1813). Breslau. URL: https://zthulb.uni-jena.de/receive/jportal_jparticle_00164211 [Zugriff: 11.05.2021].

Die Klingenberger Chronik: wie sie Schodoler, Tschudi, Stumpf, Guilliman und andere benützten nach der von Tschudi besessenen und vier anderen Handschriften zum erstenmal ganz, und mit Parallelen aus gleichzeitigen ungedruckten Chroniken hrsg. von Dr. Anton Henne von Sargans (1861). Gotha (Digitalisat).

Die Westfälischen Friedensverträge vom 24. Oktober 1648. Texte und Übersetzungen (Acta Pacis Westphalicae. Supplementa electronica 1). URL: http://www.pax-westphalica.de/ipm ipo [Zugriff: 27.11.2020].

Schriftliche Quellen

Deutsche Geschichte in Quellen und Darstellung 2, Spätmittelalter 1250–1495, hrsg. von Jean-Marie Moeglin/Rainer A. Müller (2000). Stuttgart.

Eigenhändiger Bericht des Hieronymus Baumgärtner über seine Gefangenschaft bei Albrecht von Rosenberg in den Jahren 1544 und 1545, hrsg. von Wilhelm Caselmann. In: Jahresbericht des Historischen Vereins von Mittelfranken 33 (1865), 103–123.

Eine wunderliche und kurzweilige Historie, wie Schiltberger Einer aus der Stadt München in Bayern geführt und wieder ist heim kommen. Item, was sich für Kriege und wunderbarliche Taten, dieweil er in der Heidenschaft gewesen, zugetragen, ganz kurzweilig zu lesen. Leipzig, o. J. (Reprint 2018).

Fehdebuch der Stadt Braunschweig, ed. L. Hänselmann. In: Die Chroniken der niedersächsischen Städte. Braunschweig 1 (Die Chroniken der deutschen Städte vom 14. bis ins 16. Jahrhundert 6), hrsg. von L. Hänselmann (1868). Leipzig, 25–120. URL: https://publikationsserver.tu-braunschweig.de/receive/dbbs_mods_00038463 [Zugriff: 11.05.2021].

Fulcherii Carnotensis historia Hierosolymitana (1095–1127), ed. Heinrich Hagenmeyer (1913). Heidelberg, 130–138.

Geschichte in Quellen 2. Mittelalter, hrsg. von Wolfgang Lautemann und Manfred Schlenke (1996). 4. Aufl. München.

Geschichtsquellen der Stadt Hall, Bd. 1, [Herolts Chronica und anderes], bearb. von Christian Kolb. In: Württembergische Geschichtsquellen im Auftrage der Württembergischen Kommission für Landesgeschichte 1, hrsg. von Dietrich Schäfer [Bd. 2 erschien als Bd. 6 der Reihe] (1894). Stuttgart.

Gratianus (de Clusio): Decretum magistri Gratiani. Ed. Lipsiensis secunda post Aemilii Ludovici Richteri curas ad librorum manu scriptorum et editionis Romanae fidem recognovit et adnotatione critica instruxit Aemilius Friedberg (Corpus iuris canonici 1), unveränd. Nachdr. der Ausg. (1879/1959). Leipzig/Graz.

Gunther von Pairis: Die Geschichte der Eroberung von Konstantinopel, übersetzt und erläutert von Erwin Assmann (Die Geschichtsschreiber der deutschen Vorzeit. Nach den Texten der Monumenta Germaniae Historica in deutscher Bearbeitung hrsg. von Karl Langosch, dritte Gesamtausgabe 101) (1956). Köln/Graz.

Hans Schiltbergers Reisebuch nach der Nürnberger Handschrift hrsg. von Dr. Valentin Langmantel, gedruckt für den literarischen Verein in Stuttgart nach Beschluss des Auschusses vom October 1883 (1885). Tübingen (Digitalisat).

Hans Schiltbergers Reise in die Heidenschaft. Was ein bayrischer Edelmann von 1394 bis 1427 als Gefangener der Türken und Mongolen in Kleinasien, Ägypten, Turkestan, der Krim und dem Kaukasus erlebte. Der alten Chronik nacherzählt. Mit 14 Abb. auf Tafeln u. einer Karte, hrsg. von Rose Grässel (1947). Hamburg.

Hans Schiltbergers Reisebuch. Faksimiledruck nach der Ausgabe von Anton Sorg, Augsburg um 1476, hrsg. von Elisabeth Geck (1969). Wiesbaden.

Hartmann von Aue: Erec, hrsg. von Albert Leitzmann (Altdeutsche Textbibliothek 39). (1939). Halle/Saale. URL: https://titus.uni-frankfurt.de/texte/etcs/germ/mhd/erec/erect.htm [Zugriff: 16.05.2021].

Heinrich Rantzau (Christianus Cilicius Cimber), Belli Dithmarsisci vera descriptio. Wahre Beschreibung des Dithmarscher Krieges, übersetzt, ediert und eingeleitet von Fritz Felgentreu (2009). Schleswig.

Historia rerum Friderici II. gestarum. In: Andreae Presbyteri Ratisponensis Chronicon de ducibus Bavariae, hrsg. von Marquard Freher (1602), 148–150 (Digitalisat). URL: https://haab-digital.klassik-stiftung.de/viewer/image/1706597584/175 [Zugriff: 02.05.2021].

Historia diplomatica Friderici II sive constitutiones, privilegia, mandata, instrumenta quae supersunt istius imperatoris et filiorum eius (Vol. 1–6), hrsg. von Jean Louis Alphonse Huillard-Bréholles (1852–1861). Paris.

Historia Welforum, neu hrsg. übers. und ed. von Erich König (1938). Stuttgart/Berlin.
Isidor von Sevilla: Etymologiae 18,1 = Cicero, De re publica 3,23,35. Bibliotheca Augustana. URL: http://www.hs-augsburg.de/~harsch/Chronologia/Lspost07/Isidorus/isi_et18.html#c01 [Zugriff: 14.05.2021].
Johann Adolfi's, genannt Neocorus, Chronik des Landes Dithmarschen 1. Aus der Urschrift hrsg. von Prof. F. E. Dahlmann, mit einer Karte des Freistaats (1827). Kiel.
Johann Georg Eckhard: Corpus historicum medii aevi: sive scriptores res in orbe universo praecipue in Germania a temporibus maxime Caroli M. Imps. usque ad finem seculi P. Chr. n. XV. gestas enarrantes (1823). Gleditsch, 1723. URL: https://archive.org/details/bub_gb_5DJc20zFVwIC [Zugriff: 15.05.2021].
Kudrun, hrsg. von Karl Bartsch. In: Deutsche Klassiker des Mittelalters 2. Mit Wort- und Sacherklärungen, hrsg. von Franz Pfeiffer (1864/1880). 2. Aufl. Leipzig/4. Aufl. Leipzig (online).
Lactantius: Divinae institutiones, Epitome divinarum institutionem (Corpus Scriptorum Ecclesiasticorum Latinorum 19/2) (2013) (Digitalisat).
Lactantius: De mortibus perscutorum (Corpus Scriptorum Ecclesiasticorum Latinorum 27/2) (2013) (Digitalisat).
Lampert von Hersfeld: Annalen, neu übersetzt von Adolf Schmidt, erläutert von Wolfgang Dietrich Fritz (Ausgewählte Quellen zur deutschen Geschichte des Mittelalters, Freiherr-vom-Stein-Gedächtnisausgabe XIII) (2011), 4. Aufl. Darmstadt.
Leben des heiligen Ludwig von Frankreich. Nach der Erzählung seines Zeit- und Kampf-Genossen Johann von Joinville in's Deutsche übersetzt von Theodor Nißl (1852). Regensburg. URL: https://archive.org/details/LebenDesHeiligenLudwig [Zugriff: 21.05.2021].
Magni presbyteri Annales Reicherspergenses a. 921–1167, hrsg. von Wilhelm Wattenbach. In: MGH SS 17 (1861), Hannover, 439–443. URL: https://www.dmgh.de/mgh_ss_17/index.htm#page/439/mode/1up [Zugriff: 11.05.2021].
Magnus von Reichersberg, Chronica, hrsg. von Wilhelm Wattenbach. In: MGH SS 17 (1861). Hannover, 476–523. URL: https://www.dmgh.de/mgh_ss_17/index.htm#page/476/mode/1up [Zugriff: 11.05.2021].
Mare Liberum (Die freie See; aus Kapitel 12 von De Indis), Leiden 1609. The Free Sea. Ed. David Armitage (2004). Liberty Fund.
Melanchthon-Briefwechsel – Regesten online, Nr. 3614, CR 5, 438 f, Nr. 2986. CR 5. URL: https://www.hadw-bw.de/forschung/forschungsstelle/melanchthon-briefwechsel-mbw/mbw-regest [Zugriff: 08.05.2021].
MGH Const. 2, Nr. 196, 243. URL: https://www.dmgh.de/mgh_const_2/index.htm#page/240/mode/1up [Zugriff: 04.04.2020].
Morgarten in den frühesten Chroniken des 14. Jahrhundert. URL: http://www.morgarten.ch/geschichte/morgarten_in_der_chronik [Zugriff: 02.12.2020].
Oeuvres de Froissart: chroniques, hrsg. von Kervyn de Lettenhove, Joseph Marie Bruno Constantin Baron (1867–1877). Bruxelles (Digitalisat).
Ogris, Werner (1995): King for sale. Der Würzburger Vertrag zwischen Herzog Leopold V. und Kaiser Heinrich VI. über die Auslieferung König Richard I. vom 14. Februar 1193. Prag. URL: https://www.mgh-bibliothek.de/dokumente/k/keh01012577.pdf [Zugriff: 20.05.2021].
Petrus de Pretio: Adhortatio ad Henricum II illustrem landgravium Thuringiae de casu regis Conradini (Ermahnung an den erlauchten Landgrafen Heinrich II. von Thüringen anlässlich des Todes König Konradins, Repertorium Fontium 9, 169); Ausgabe: G. Del Re, Cronisti e scrittori sincroni Napoletani 2, hrsg. von G. Del Re (1868) Napoli, 687–710 (BV). Neudruck (1968). Bologna, aus Ed. Schminckius, mit ital. Übers. parallel zum lat. Text. URL: http://www.geschichtsquellen.de/werk/3977 [Zugriff: 03.01.2021].
Pirckheimer, Willibald: Der Schweizerkrieg/De bello Suitense sive Eluetico. In lateinischer und deutscher Sprache, neu übersetzt und kommentiert von Fritz Wille (1998). Baden.

Schriftliche Quellen

Regestum senese. Regesten der Urkunden von Siena I: Bis zum Frieden von Poggibonsi (713–1235), hrsg. von Fedor Schneider (Regesta Chartarum Italiae 8) (1911). Roma.

Reisen des Johannes Schiltberger aus München in Europa, Asia und Afrika von 1394 bis 1427, hrsg. Karl Friedrich Neumann (1859). München (Nachdruck 1976).

Schiltberger's aus München von den Türken in der Schlacht von Nicopolis 1395 gefangen, in das Heidenthum geführt, und 1427 wieder heimgekommen, Reise in den Orient und wunderbare Begebenheiten, hrsg. von A. J. Penzel (1814). München. URL: https://www.digitale-sammlungen.de/de/view/bsb10468089 [Zugriff: 21.05.2021].

The chronicle of Henry of Huntingdon. Comprising the history of England, from the invasion of Julius Cæsar to the accession of Henry II. Also, The acts of Stephen, king of England and duke of Normandy, translated and edited by Thomas Forester, A. M. (1853). London 1853. URL: https://archive.org/details/chroniclehenryh00foregoog/page/n1 [Zugriff: 10.7.2019].

The Memoirs of the Lord of Joinville. A New English Version, englische Übersetzung des Vie de Saint Louis von Ethel Wedgwood (1906). New York.

Thomas von Aquin (1225–1274), Summa Theologiae/Summe der Theologie. Die katholische Wahrheit oder die theologische Summa des Thomas von Aquin deutsch wiedergegeben durch Ceslaus Maria Schneider (1886–1892). Regensburg [12 Bände]. In: Bibliothek der Kirchenväter. URL: https://bkv.unifr.ch/works/8/versions/18/divisions/14094 [Zugriff: 18.05.2021].

Thukydides: Melierdialog. Synopse von Egon Gottwein Lateinisch/Deutsch. URL: https://www.gottwein.de/Grie/thuk/thuk5084.php [Zugriff: 14.05.2021].

Quellen zur deutschen Verfassungs-, Wirtschafts- und Sozialgeschichte bis 1250, hrsg. von Lorenz Weinrich (Ausgewählte Quellen zur deutschen Geschichte des Mittelalters 32) (1977). Darmstadt.

Quellensammlung der badischen Landesgeschichte, hrsg. von Franz Joseph Mone (1848). Karlsruhe (Digitalisat).

Quellensammlung zur Geschichte der Deutschen Reichsverfassung in Mittelalter und Neuzeit, hrsg. von Karl Zeumer (2. Aufl. 1913). Tübingen. URL: https://de.digitalisat.org/wiki/Ewiger_Landfrieden [Zugriff: 06.07.2020].

Recueil des historiens des croisades. Historiens occidentaux 3 (1866).

Recueil des historiens des croisades. Historiens occidentaux 4 (1866).

Regesta Imperii, RI XIV,3,2 n. 13107, 13132, 13133, 13134, 131,46 (Regesta Imperii Online).

Repertorium der Geschichte und Staatsverfassung von Teutschland: nach Anleitung der Häberlinschen ausführlichen Reichshistorie. Von der Erwählung Rudolf's von Habsburg zum Könige von Teutschland an, bis zum Ende der Regierung Friederich des Dritten. 1273 bis 1493 (Geschichte während der Regierung des Kaisers Friederich des Dritten 3/3. 1440 bis 1493) (Digitalisat).

Rymkronyk van Jan van Heelu betreffende den slag van Woeringen van het jaer 1288, hrsg. und bearb. von J. F. Willems (1836). Brüssel. URL: https://www.dbnl.org/tekst/heel001jfwi01_01 [Zugriff: 15.05.2021].

Sachsenspiegel. Landrecht und Lehnrecht, hrsg. von Friedrich Ebel (2012). Ditzingen.

The Anglo Saxon Chronicle. A History of England from Roman Times to the Norman Conquest, translated by Rev. James Ingram (1823). St. Petersburg/Florida (Reprint).

Thukydides, Geschichte des Pelponnesischen Krieges V. 89., übers. von G. P. Landmann (1976). Zürich.

Tractatus De Bello, De Represaliis et De Duello by Giovanni da Legnano, ed. Thomas Erskine Holland (The Classics of International Law) (4. Aufl. 2013) (Reprint).

Thomasin von Zerklaere: „Der Welsche Gast". URL: https://digbib.ubka.uni-karlsruhe.de/volltexte/2001/geist-soz/3/Texte/Didaxe/wg4551.htm [Zugriff: 15.05.2021].

Urkundenbuch für die Geschichte des Niederrheins oder des Erzstifts Cöln, der Fürstenthümer Jülich und Berg, Geldern, Meurs, Kleve und Mark, und der Reichsstifte Elten, Essen und Werden: aus den Quellen in dem Königlichen Provinzial-Archiv zu Düsseldorf und in den Kirchen- und Stadt-Archiven der Provinz, vollständig und erläutert, hrsg. von Theod. Jos. Lacomblet 3 (1853) [Von dem Jahr 1301 bis 1400 einschliesslich] URL: https://digitale-sammlungen.ulb.uni-bonn.de/content/pageview/12383 [Zugriff: 11.05.2021].

Urkunden zur Geschichte des Kurfürsten Friedrichs des Ersten, von der Pfalz, hrsg. von Christoph Jakob Krämer (1765). Mannheim. URL: https://digi.ub.uni-heidelberg.de/diglit/kremer1766/0002 [Zugriff: 20.05.2021].

Vie de Saint Louis, Übersetzung aus dem Altfranzösischen, hrsg. von Jacques Monfrin (1995). Paris.

Vulpinus (Renaud), Theodor (1889): Günthers von Pairis Historia Constantinopolitana. Jahrbuch für Geschichte, Sprache und Literatur Elsass-Lothringens 5, 3–56.

Walther von der Vogelweide, Der Kaiser Friedrichs und Engelbertston. URL: https://www.univie.ac.at/elib/index.php?title=Der_Kaiser_Friedrichs_und_Engelbertston_%28Walther_von_der_Vogelweide%29 [Zugriff: 20.04.2021].

Wolfram von Eschenbach, Parzival. Studienausgabe. Mittelhochdeutscher Text nach der 6. Ausg. von Karl Lachmann. Einführung zum Text von Bernd Schirok (1999). Berlin/New York. URL: http://www.mhdwb-online.de/volltextanzeige.php?wbsigle=Parz&id=5926 [Zugriff: 24.07.2020].

Willelmi Tyrensis archiepiscopi, Historia rerum in partibus transmarinis gestarum, Guillaume de Tyr Chronique (Corpus Christianorum. Continuatio mediaevalis. 63–63 A). Édition critique par Robert B. C. Huygens. Identification des sources historiques et détermination des dates par Hans Eberhard Mayer et Gerhard Rösch (1986). URL: http://thelatinlibrary.com/williamtyre.html [Zugriff: 11.05.2021].

Willhelmi Malmesbiriensis monachi de gestis regum Anglorum libri quinque. Historiae novellae libris tre 2, ed. William Stubbs (Rerum Britanicarum Medii Aevi Scriptores 90/I) (1889). London/Nachdruck (1964). Wiesbaden.

Zimmerische Chronik, hrsg. von Karl August Barack, 2. Aufl. Freiburg 1881–1882 (4 Bände), nach der Ausgabe von Karl Barack hrsg. von Paul Hermann (1932). Meersburg und Leipzig (4 Bände). Nachdruck der Barackschen 2. Aufl. URL: http://dl.ub.uni-freiburg.de/diglit/zimmern1881-1/0003/image?-sid=10c0ee30860b20f9d24c3822f61b8107 [Zugriff: 16.05.2021].

Literatur

Algazi, Gadi (1996): Herrengewalt und Gewalt der Herren im späten Mittelalter. Herrschaft, Gegenseitigkeit und Sprachgebrauch (Historische Studien 17). Frankfurt.

Althoff, Gerd (1997 a): Demonstration und Inszenierung. Spielregeln der Kommunikation in mittelalterlicher Öffentlichkeit. In: Althoff, Gerd (Hrsg.): Spielregeln der Politik im Mittelalter. Kommunikation in Frieden und Fehde. Darmstadt, 229–257.

Althoff, Gerd (1997 b): Spielregeln der Politik im Mittelalter. Kommunikation in Frieden und Fehde. Darmstadt.

Althoff, Gerd (1998 a): Regeln der Gewaltanwendung im Mittelalter. In: Sieferle, Rolf Peter/Breuninger, Helga (Hrsg.): Kulturen der Gewalt. Ritualisierung und Symbolisierung von Gewalt und Geschichte. Frankfurt a. M./New York, 154–170.

Literatur

Althoff, Gerd/Kamp, Hermann (1998 b): Die Böse schrecken, die Guten belohnen. Bedingungen, Praxis und Legitimation mittelalterlicher Herrschaft. In: Althoff, Gerd/Goetz, Hans-Werner/Schubert, Ernst: Menschen im Schatten der Kathedrale. Neuigkeiten aus dem Mittelalter. Darmstadt, 1–110.

Althoff, Gerd (1999): Schranken der Gewalt. Wie gewalttätig war das „finstere Mittelalter"? In: Brunner, Horst (Hrsg.): Der Krieg im Mittelalter und in der Frühen Neuzeit. Gründe, Begründungen, Bilder, Bräuche, Recht (Imagines medii Aevi 3). Wiesbaden, 1–23.

Althoff, Gerd (2003): Die Macht der Rituale. Symbolik und Herrschaft im Mittelalter, Darmstadt.

Althoff, Gerd (2006): Heinrich IV. Darmstadt.

Andermann, Ulrich (2010): Die Verschwörung gegen Engelbert I. von Köln am 7. November 1225 und ihre Folgen. Versuch einer rechtsgeschichtlichen Rekonstruktion und Bewertung. In: LWL-Museum für Archäologie (Hrsg.), Ritter, Burgen und Intrigen. Aufruhr 1225! Das Mittelalter an Rhein und Ruhr, Ausstellungskatalog. Mainz, 35–46.

Angenendt, Arnold (2007): Toleranz und Gewalt. Das Christentum zwischen Bibel und Schwert. Münster.

Angermeier, Heinz (1966): Königtum und Landfriede im deutschen Spätmittelalter. München.

Appel, Thomas (1997): Die Bürger von Calai Auguste Rodins Intentionen zu Aufstellung und Sockel. In: Skulpturenmuseum Glaskasten Marl (Hrsg.), Die Bürger von Calais – Werk und Wirkung. Ostfildern, 71–74.

Auffarth, Christoph (2005): Heilsame Gewalt? Darstellung, Begründung und Kritik der Gewalt in den Kreuzzügen. In: Braun, Manuel/Herberichs, Cornelia, Gewalt im Mittelalter. Realität – Imaginationen. München, 251–272.

Baaken, Gerhard (1981): Königtum, Burgen und Königsfreie. Studien zu ihrer Geschichte in Ostsachsen. In Baaken, Gerhard: Königtum, Burgen und Königsfreie/Schmidt, Roderich: Königsumritt und Huldigung (Vorträge und Forschungen/Konstanzer Arbeitskreis für mittelterliche Geschichte 6). Stuttgart, 9–95.

Babel, Rainer (2005): Deutschland und Frankreich im Zeichen der habsburgischen Universalmonarchie, 1500-1648. Darmstadt.

Barceló, Pedro/Gottlieb, G. (1993): Das Glaubensedikt des Kaisers Theodosius vom 27. Februar 380. Adressaten und Zielsetzung. In: Dietz, Karlheinz/Hennig, Dieter/Kaletsch, Hans: Klassisches Altertum, Spätantike und frühes Christentum. Adolf Lippold zum 65. Geburtstag gewidmet, Seminar für Alte Geschichte der Universität. Würzburg, 409–423.

Bard, Norval (2006): C'est bien costume que soit pris chevalier. A Consideration of Captivity in the Guillaume Cycle. In: Olifant 25/1-2, 111–122.

Barrow, Geoffrey Wallis Steuart (1991): Jakob I., König von Schottland (1406-1437). In: Lexikon des Mittelalters 5. München/Zürich, 284 f.

Bäudler, Georg (1994): Frieden/Krieg. In: Dunde, Siegfried Rudolf (Hrsg.), Wörterbuch der Religionssoziologie. Gütersloh, 83–91.

Becher, Matthias (2006): Die Auseinandersetzung Heinrichs IV. mit den Sachsen. Freiheitskampf oder Adelsrevolte? In: Jarnut, Jörg/Weinhoff, Matthias: Vom Umbruch zu Erneuerung? – das 11. und beginnende 12. Jahrhundert – Positionen der Forschung. München, 357–378.

Beck, Heinrich/Loyn, Henry Royston (1984): Danelag. In: Reallexikon der Germanischen Altertumskunde 5. 2. Aufl. Berlin/New York, 227–236.

Beestermöller, Gerhard (1990): Thomas von Aquin und der gerechte Krieg. Friedensethik im theologischen Kontext der summa theologiae. Köln.

Behr, Hans-Joachim (1995): Garden und Vergardung. Das Problem der herrenlosen Landsknechte im 16. Jahrhundert. In: Westfälische Zeitschrift 145, 41–72.

Berg, Dieter (2007): Richard Löwenherz, Darmstadt.

Bergbauer, Joseph (1914): Das Itinerar des Münchner Orientreisenden Hans Schiltberger von der Zeit seines Aufbruchs aus der Heimat (1394) bis zu seiner Gefangennahme durch Tamerlan in der Schlacht bei Angora (1402). In: Dr. A. Petermanns Mitteilungen aus Justus Perthes' geographischer Anstalt, Ed. Paul Langhans 60, 2, 263-265.

Berger, Hans (1978): Der Alte Zürichkrieg im Rahmen der europäischen Politik: ein Beitrag zur „Aussenpolitik" Zürichs in der ersten Hälfte des 15. Jahrhunderts, Zürich.

Bertrand-Dagenbach, Cécile/Hauvot, A. u. a. (1999): Carcer, Prison et privation de liberté dans l'Antiquité classique, Actes du Colloque de Strasbourg (décembre 1997). Paris.

Bertrand-Dagenbach, Cécile/Hauvot, A. u. a. (2004): Carcer II: prison et privation de liberté dans l'empire romain et l'Occident médiéval; actes du colloque de Strasbourg (décembre 2000). Paris.

Bierther, Kathrin (1981): Zur Edition von Quellen zum Prager Frieden vom 30. Mai 1635 zwischen Kaiser Ferdinand II. und Kurfürst Johann Georg I. von Sachsen. In: Repgen, Konrad (Hrsg.): Forschungen und Quellen zur Geschichte des Dreißigjährigen Krieges. Münster, 1-30.

Bierther, Kathrin (Bearb.) (1997): Der Prager Frieden von 1635 (Die Politik Maximilians I. von Bayern und seiner Verbündeten 1618-1651. Briefe und Akten zur Geschichte des Dreißigjährigen Krieges N. F. 2/10, Teilbände 1-4). München.

Bippen, Wilhelm von (1889): Die Hinrichtung der Sachsen durch Karl den Grossen (782). In: Deutsche Zeitschrift für Geschichtswissenschaft 1, 75-95.

Blockmans, Wim (1989): Die Schlacht von Worringen im Selbstverständnis der Niederländer und Belgier. In: Blätter für deutsche Landesgeschichte 125, 99-109. URL: https://periodika.digitale-sammlungen.de/bdlg/Blatt_bsb00000329,00107.html [Zugriff: 11.05.2021].

Bloesch, Hans (1937): Bieler Soldatenbriefe aus dem 15. Jahrhundert. In: Festschrift Friedrich Emil Welti. Aarau, 116-127.

Blumenthal, Uta-Renate (1983): Charroux, Konzil v. In: Lexikon des Mittelalters 2. München/Zürich, 1736.

Böckle, Franz/Krell, Gert (1984): Politik und Ethik der Abschreckung. München.

Borchert, Sabine (2005): Herzog Otto von Northeim (um 1025-1083) - Reichspolitik und personelles Umfeld, Hannover.

Borrás, Díaz (2001): El miedo al Mediterráneo. La caridad popular valenciana y la redención de cautivos bajo poder musulmán, 1323-1539. Barcelona.

Borst, Arno (1973): Lebensformen im Mittelalter. Frankfurt a. M./Berlin.

Bossert, Gustav (1888): Die Gefangenschaft des Hieronymus Baumgartner und die Nürnberger vor Haltenbergstetten. In: Württembergische Vierteljahreshefte für Landesgeschichte 11, 207-217.

Brauer-Gramm, Hildburg (1957): Der Landvogt Peter von Hagenbach - Die burgundische Herrschaft am Oberrhein 1469-1474 (Göttinger Bausteine zur Geschichtswissenschaft 27). Göttingen.

Braun, Manuel/Herberichs, Cornelia (2005): Gewalt im Mittelalter: Überlegungen zu ihrer Erforschung. In: Braun, Manuel/Herberichs, Cornelia: Gewalt im Mittelalter. Realitäten - Imaginationen. München, 7-38.

Brennecke, Hanns Christof (1997): „An fidelis ad militiam converti possit"? (Tertullian, de idolatria 19, 1), Frühchristliches Bekenntnis und Militärdienst im Widerspruch. In: Wyrwa, Dietmar (Hrsg.): Die Weltlichkeit des Glaubens in der Alten Kirche. Festschrift für Ulrich Wickert. Berlin/New York, 45-100.

Brennecke, Hanns Christof (2006): Constantin und die Idee eines Imperium Christianum. In: Religion. Politik und Gewalt, Kongressband des XII. Europäischen Kongresses für Theologie, 18.-22. September 2005 in Berlin. Gütersloh, 577-586.

Brodman, James William (1986): Ransoming Captives in Crusader Spain: The Order of Merced on the Christian-Islamic Frontier. Pennsylvania.
Bronisch, Alexander Pierre (1998): Reconquista und Heiliger Krieg. Die Deutung des Krieges im christlichen Spanien von den Westgoten bis ins frühe 12. Jahrhundert. Münster.
Brown, M. H. (2004): James I (1394–1437), king of scots. In: Matthew, Henry Colin Gray/Harrison, Brian (Hrsg.): Oxford Dictionary of National Biography, from the earliest times to the year 2000. Oxford. URL: https://doi.org/10.1093/ref:odnb/14587 [Zugriff 27.05.2021].
Brunner, Otto (1984): Land und Herrschaft. Grundfragen der territorialen Verfassungsgeschichte Österreichs im Mittelalter, Darmstadt (unveränd. reprograf. Neudruck der 5. Aufl. Wien 1965).
Brunner, Horst (Hrsg.) (1999): Der Krieg im Mittelalter und in der Frühen Neuzeit: Gründe, Begründungen, Bilder, Bräuche, Recht (Imagines medii aevi 3). Wiesbaden.
Brunner, Horst (Hrsg.) (2002): Die Wahrnehmung und Darstellung von Kriegen im Mittelalter und in der Frühen Neuzeit. Wiesbaden.
Bugge, Alexander (1921): The Norse Settlements in the British Island. In: Transactions of the Royal Historical Society IV, 173–210.
Bühler, Christoph (1997): Die Erosion einer eigenen Herrschaft Der Bankrott der Geroldsecker von Sulz und der Übergang der Herrschaft Sulz an Württemberg im 15. Jahrhundert. URL: http://www.kulturerbe-online.de/themen/edition/vortraege/Sulz%20%20Erosion%20einer%20Herrschaft.pdf [Zugriff: 22.09.2020].
Burger, Daniel (2009): In den Turm geworfen. Gefängnisse und Folterkammern auf Burgen im Mittelalter und in der frühen Neuzeit. In: Burgenbau im späten Mittelalter II., hrsg. von der Wartburg-Gesellschaft zur Erforschung von Burgen und Schlössern in Verbindung mit dem Germanischen Nationalmuseum (Forschungen zu Burgen und Schlössern 12). Berlin/München, 221–236.
Burmeister, Karl Heinz: Schwäbischer Städtebund. In: Historisches Lexikon der Schweiz. URL: https://hls-dhs-dsch/de/articles/017155/2013-01-17 [Zugriff: 29.04.2021].
Buschmann, Arno (1991): Der Mainzer Reichslandfriede von 1235 – Anfänge einer geschriebenen Verfassung im Heiligen Römischen Reich. In: Juristische Schulung 31, 453–460.
Carl, Horst (2000): Der Schwäbische Bund 1488–1534. Landfrieden und Genossenschaft im Übergang vom Spätmittelalter zur Reformation (Schriften zur südwestdeutschen Landeskunde 24). Leinfelden-Echterdingen.
Carl, Horst (2005): Brandschatzung. In: Jaeger, Friedrich (Hrsg.), Enzyklopädie der Neuzeit 2. Stuttgart/Weimar, 385–388.
Cassidy-Welch, Megan (2011): Imprisonment in the Medieval Religious Imagination, c. 1150–1400, Basingstoke.
Cavendish, Richard (2002): The St Brice's Day Massacre. In: History Today 52. 11 November. URL: https://www.historytoday.com/archive/st-brice%E2%80%99s-day-massacre [Zugriff: 19.05.2021].
Cipollone, Giulio (1992): Cristianità – Islam. Cattività e liberazione in nomine de Dio. Il tempo di Innocenzo III dopo ‚il 1187' (Miscellanea Historiae Pontificiae 60), Rom.
Cipollone, Giulio (1999 a): Innocent III. and the Saracen Between Rejection and Collaboration. In: Moore, John: Pope Innocent III and His World. Aldershot, 361–376.
Cipollone, Giulio (1999 b): Les Trinitaire Fondation du XIIe siècle pour les captifs et pour les pauvre. In: Dufour, Jean: Fondations et oeuvres charitables au moyen âge. Paris, 75–87.
Cipollone, Giulio (2007): La redenzione e la liberazione dei captivi. Lettura cristiana-emodello di redenzione eliberazione secondo la regola dei Trinitari. In: Cipollone, Giulio (Hrsg.): La liberazione dei ‚captivi' tra Cristianità e Islam. Oltre lacrociata e il gihad: Tolleranza e servizio umanitarie (Collectanea Archivi Vaticani 46). Vatikanstadt (Nachdruck der Ausgabe von 2000), 345–379.

Claerr-Stamm, Gabrielle (2004): Pierre de Hagenbach – Le destin tragique d'un chevalier sundgauvien au service de Charles le Téméraire. Altkirch.

Clauss, Martin (2008): Die Gefangenen von Agincourt: Kriegsgräuel im Jahr 1415. In: Neitzel, Sönke/Hohrath, Daniel (Hrsg.): Kriegsgräuel. Die Entgrenzung der Gewalt in kriegerischen Konflikten vom Mittelalter bis ins 20. Jahrhundert (Krieg in der Geschichte 40). Paderborn, 99–118.

Cowdrey, Herbert Edward John (1970): Pope Urban II's Preaching of the First Crusade. In: History 55, 177–188.

Cram, Kurt Georg (1995): Iudicium belli – Zum Rechtscharakter des Krieges im deutschen Mittelalter. Münster/Köln.

Curry, Anne (2005): Agincourt. A New History. Stroud.

Cyprian von Toulon, Leben des heiligen Caesarius, hrsg. von Franz Jung (2018). Fohren-Linden.

Das ‚Zeitgedicht' des Enzo Re, übertragen und kommentiert von Eberhard Scheifele. URL: https://core.ac.uk/download/pdf/144432637.pdf [Zugriff: 20.05.2021].

Deigendesch, Roland (2016): Die Schlacht bei Reutlingen 1377. Geschichte – Wirkung – Erinnerung. In: Roland Deigendesch, Roland/Jörg, Christian (Hrsg.): Städtebünde und städtische Außenpolitik – Träger. Instrumentarien und Konflikte während des hohen und späten Mittelalters 55. Arbeitstagung in Reutlingen, 18.–20. November 2016 (Veröffentlichungen des Südwestdeutschen Arbeitskreises für Stadtgeschichtsforschung 44, begründet von Erich Maschke und Jürgen Sydow, hrsg. von Ernst Otto Bräunche und Gabriele Clemens). Ostfildern, 19–46.

Die Schlacht bei Grandson. URL: https://blog.nationalmuseum.ch/2020/06/die-schlacht-bei-grandson/ [Zugriff: 27.08.2020].

Dopsch, Heinz/Neuper, Wolfgang (2018): Kriege und Fehden als Krisenzeiten. Strategien – Methoden – Rechtfertigung. In: Rohr, Christian/Bieber, Ursula/Zeppehauer-Wachauer, Katharina, Krisen, Kriege, Katastrophen. Zum Umgang mit Angst und Bedrohung im Mittelalter. Heidelberg, 143–199.

Downham, Clare (2007): Viking Kings of Britain and Ireland. The Dynasty of Ívarr to A. D. 1014. Edinburgh.

Duchhardt, Heinz/Peters, Martin (Hrsg.) (2006): Kalkül – Transfer – Symbol. Europäische Friedensverträge der Vormoderne (Veröffentlichungen des Instituts für Europäische Geschichte Mainz, Beiheft online 1). Mainz 2006-11-02. URL: http://www.ieg-mainz.de/vieg-online-beihefte/01-2006.html [Zugriff: 27.11.2020].

Duerr, Hans Peter (1988–2002): Der Mythos vom Zivilisationsprozeß 1: Nacktheit und Scham (1988); 2: Intimität (1990); 3: Obszönität und Gewalt (1993); 4: Der erotische Leib (1997); 5: Die Tatsachen des Lebens (2002). Frankfurt a. M.

Dunbabin, Jean (2002): Captivity and Imprisonment in Medieval Europe, 1000–1300 (Medieval Culture and Society). New York.

Durrani, Nadia (2013): Vengeance on the Vikings. In: Archaeology. A publication of the Archaeological Institute of America (November/Dezember). URL: https://www.archaeology.org/issues/109-1311/features/1421-viking-england-st-brices-day [Zugriff: 19.05.2021].

Eickels, Klaus van (2002 a): Hingerichtet, geblendet, entmannt: Die anglo-normannischen Könige und ihre Gegner. In: Braun, Manuel/Herberichs, Corinna (Hrsg.): Gewalt im Mittelalter. Realitäten – Imaginationen. München, 81–104.

Eickels, Klaus van (2002 b): Vom inszenierten Konsens zum systematisierten Konflikt. Die englisch-französischen Beziehungen und ihre Wahrnehmung an der Wende vom Hoch- zum Spätmittelalter. Stuttgart.

Elias, Norbert (1939): Über den Prozeß der Zivilisation. Soziogenetische und psychogenetische Untersuchungen, 1: Wandlungen des Verhaltens in den weltlichen Oberschichten des

Literatur

Abendlandes; 2: Wandlungen der Gesellschaft: Entwurf zu einer Theorie der Zivilisation. Basel.
Engl, Richard (2017): Mit dem Lösegeld finanziert. Kaiser Heinrich VI. erobert das Königreich Sizilien. In: Schubert, Alexander (Hrsg.): Richard Löwenherz: König – Ritter – Gefangener. Regensburg, 280–281.
Erdmann, Carl (1935): Die Entstehung des Kreuzzugsgedankens, Stuttgart.
Eulenstein, Julia (2002): Territorialisierung mit dem Schwert? Die Fehdeführung des Trierer Erzbischofs Balduin von Luxemburg (1307/08–1354) im Erzstift Trier (Veröffentlichungen der Landesarchivverwaltung Rheinland-Pfalz 115). Koblenz.
Extraits d'une chronique anonyme intitulée anciennes chroniques de Flandre (1860). In: Recueil des Historiens des Gaules et de la France 22, 377–379. URL: https://gallica.bnf.fr/ark:/12148/bpt6k50140h [Zugriff: 11.05.2021].
Falkowski, Wojciech (Hrsg.) (2013): Kings in captivity. Macroeconomy: Economic growth. Warschau, 59–84.
Fenske, Lutz (1977): Adelsopposition und kirchliche Reformbewegung im östlichen Sachsen Entstehung und Wirkung des sächsischen Widerstandes gegen das salische Königtum während des Investiturstreites. Göttingen.
Fenske, Lutz (1990): Der Knappe: Erziehung und Funktion. In: CURIALITAS, Studien zu Grundfragen der höfisch-ritterlichen Kultur, hrsg. von Josef Fleckenstein. Göttingen, 55–127.
Fertig, Michael (1855–1860): Magnus Felix Ennodius und seine Zeit. Passau (Übersetzung) (Digitalisat).
FIRST BATTLE OF DUNBAR (1296). URL: http://www.battlefieldsofbritain.co.uk/battle_dunbar_1296.html#numbers [Zugriff: 20.10.2020].
Fischer, Mattias G. (2007): Reichsreform und „Ewiger Landfrieden". Über die Entwicklung des Fehderechts im 15. Jahrhundert bis zum absoluten Fehdeverbot von 1495 (Untersuchungen zur deutschen Staats- und Rechtsgeschichte NF 34). Aalen.
Flaig, Egon (2007): Heiliger Krieg. Auf der Suche nach einer Typologie. In: Historische Zeitschrift 285/2, 265–302.
Flatt, Karl H. (1975): Die Gugler im Oberaargau vor 600 Jahren. In: Jahrbuch des Oberaargaus 18, Herzogenbuchsee, 93–106.
Fletcher, Jonathan (1997): Violence and Civilization. An Introduction to the Work of Norbert Elias, Cambridge.
Foschi, Paola/Giordano, Francisco (Hrsg.) (2003): Palazzo Re Enzo. Storia e restauri. Con testi di P. Foschi, F. Malaguti, A. Antonelli, G. Marcon, R. Scannavini, A. Ranaldi, F. Giordano, A. Santucci. Bologna.
Frey, Hans (1875): Über Basels Neutralität während des Schwabenkriegs. In: Beiträge zur vaterländischen Geschichte 10, 317–349. URL: https://www.e-periodica.ch/digbib/view?pid=bzg-001%3A1875%3A10#340 [Zugriff: 12.05.2021].
Frey, Stefan (2006): Rudolf Stüssi, ein tragischer Held? In: Ein „Bruderkrieg" macht Geschichte. Neue Zugänge zum Alten Zürichkrieg,peop hrsg. von Peter Niederhäuser/Christian Sieber (Mitteilungen der Antiquarischen Gesellschaft). In: Zürich, 73/170, Neujahrsblatt, 89–98.
Friedman, Yvonne (1999): Jämmerlicher Versager oder romantischer Held? Gefangenschaft während der Kreuzfahrerepoche. In: Overmans, Jürgen (Hrsg.): In der Hand des Feindes. Kriegsgefangenschaft von der Antike bis zum Zweiten Weltkrieg. Köln/Weimar/Wien, 119–140.
Friedman, Yvonne (2002): Encounter Between Enemies: Captivity and Ransom in the Latin Kingdom of Jerusalem (Cultures, Beliefs and Tradition: Medieval and Early Modern Peoples 10). Leiden/Boston/Köln.

Fuchs, Franz/Spieß, Pirmin (Hrsg.) (2016): Friedrich der Siegreiche (1425-1476). Beiträge zur Erforschung eines spätmittelalterlichen Landesfürsten (Abhandlungen zur Geschichte der Pfalz 17). Neustadt an der Weinstraße.

Fuchs, Rüdiger (1999): Die Landnahme von Skandinaviern auf den britischen Inseln aus historischer Sicht. In: Müller-Wille, Michael/Reinhard Schneider, Reinhard (Hrsg.): Ausgewählte Probleme der europäischen Landnahmen des Früh- und Hochmittelalters I/II. Stuttgart.

Ganz, Peter (1990): ‚hövesch'/‚hövescheit' im Mittelhochdeutschen. In: CURIALITAS, Studien zu Grundfragen der höfisch-ritterlichen Kultur, hrsg. von Josef Fleckenstein. Göttingen, 39–54.

Gašparević, Matija (2010): Die Lehre vom gerechten Krieg und die Risiken des 21. Jahrhunderts – der Präemptivkrieg und die militärische humanitäre Intervention. Inaugural-Dissertation zur Erlangung des Doktorgrades der Philosophie an der Ludwig-Maximilians-Universität München. München.

Geltner, Guy (2008): The Medieval Prison. A Social History. Oxford/Princeton.

Gergen, Thomas (2004): Pratique juridique de la paix et trêve de Dieu à partir du concile de Charroux (989–1250). Juristische Praxis der Pax und Treuga Dei ausgehend vom Konzil von Charroux (989–1250) (Rechtshistorische Reihe 285). Frankfurt a. M.

Gergen, Thomas (2012): Gottesfrieden. In: Handwörterbuch zur Deutschen Rechtsgeschichte II. Berlin, 470–473.

German Schleifheim von Sulsfort (i. e. Grimmelshausen, Hans Jakob Christoffel von): Der Abentheurliche Simplicissimus Teutsch, Monpelgart (i. e. Nürnberg) (1669). In: Deutsches Textarchiv (26. Januar 2011). URL: http://www.deutschestextarchiv.de/book/show/grimmelshausen_simplicissimus_1669 [Zugriff: 27.11.2020].

Gernhuber, Joachim (1952): Die Landfriedensbewegung in Deutschland bis zum Mainzer Reichslandfrieden von 1235 (Bonner rechtswissenschaftliche Abhandlungen 44). Bonn.

Geyer, Otto (1972): Der Aufstand der Böckler und Löwler. In: Der Bayerwald 64/3, 121–142.

Giese, Wolfgang (1991): Reichsstrukturprobleme unter den Saliern – der Adel in Ostsachsen. In: Weinfurter, Stefan (Hrsg.): Die Salier und das Reich 1: Salier, Adel und Reichsverfassung. Sigmaringen, 273–308.

Gillingham, John (1999): Richard I. New Haven.

Gillingham, John (2018): Die Gefangenschaft des englischen Königs Richard I. als Wendepunkt in der mittelalterlichen deutschen Geschichte. Annweiler.

Gizewski, Christian (1993): Hugo Grotius und das antike Völkerrecht. In: Der Staat 32/3, 325–355.

Gleichenstein, Elisabeth von u. a (1999): Schwabenkrieg – Schweizerkrieg 1499. Konstanz und Thurgau – getrennt seit 500 Jahren, hrsg. von der Offiziersgesellschaft des Kantons Thurgau, Rosgartenmuseum Konstanz. Kreuzlingen.

Goetz, Hans-Werner (1984): Der Kölner Gottesfriede von 1083. Beobachtungen über Anfänge, Tradition und Eigenart der deutschen Gottesfriedensvewegung. Jahrbuch des Kölnischen Geschichtsvereins 55, 39–76.

Goetz, Hans-Werner (2002): Die Gottesfriedensbewegung im Licht neuerer Forschungen. In: Buschmann, Arno/Wadle, Elmar (Hrsg.): Landfrieden – Anspruch und Wirklichkeit. Paderborn, 31–54.

Görich, Knut (2001): Die Ehre Friedrich Barbarossas: Kommunikation, Konflikt und politisches Handeln im 12. Jahrhundert. Darmstadt.

Görich, Knut (2003): Verletzte Ehre. König Richard Löwenherz als Gefangener Kaiser Heinrichs VI. In: Historisches Jahrbuch 123, 65–91.

Görich, Knut (2018): Geschichten um Ehre und Treue. König Richard I. Löwenherz in der Gefangenschaft Kaiser Heinrichs VI. In: Bennewitz, Ingrid/Eickels, Klaus van (Hrsg.): Richard

Löwenherz, ein europäischer Herrscher im Zeitalter der Konfrontation zwischen Christentum und Islam. Mittelalterliche Wahrnehmung und Rezeption. Bamberg, 47–72.
Goridis, Philippe (2014): Gefangen im Heiligen Land. Verarbeitung und Bewältigung christlicher Gefangenschaft zur Zeit der Kreuzzüge (Vorträge und Forschungen, hrsg. vom Konstanzer Arbeitskreis für mittelalterliche Geschichte Sonderband). Ostfildern.
Götzinger, E. (1885): Reallexicon der Deutschen Altertümer. Leipzig. URL: http://www.zeno.org/Goetzinger-1885/A/Landsknechte [Zugriff: 29.11.2020].
Graevenitz, Christel Maria von (2003): Die Landfriedenspolitik Rudolfs von Habsburg (1273-1291) am Niederrhein und in Westfalen. Köln.
Graf, Friedrich Wilhelm (2008): Sakralisierung von Kriegen: Begriffs- und problemgeschichtliche Erwägungen. In: Schreiner, Klaus (Hrsg.): Heilige Kriege. Religiöse Begründungen militärischer Gewaltanwendung: Judentum, Christentum und Islam im Vergleich (Schriften des Historischen Kollegs hrsg. von Lothar Gail Kolloquien 78). München, 1–30.
Graf, Klaus (2016): Die mediale Resonanz der Schlacht bei Seckenheim 1462. In: Archivalia vom 24. Oktober. URL: https://archivalia.hypotheseorg/58360 [Zugriff: 12.05.2021].
Graf, Klaus (2000): Gewalt und Adel in Südwestdeutschland. Überlegungen zur spätmittelalterlichen Fehde. Online-Preprint eines Beitrags auf dem Bielefelder Kolloquium „Gewalt" am 29.11.1998. URL: http://hsozkult.geschichte.hu-berlin.de/beitrag/essays/grkl0500.htm [Zugriff: 12.05.2021].
Graham-Campbell, James (1993): Das Leben der Wikinger. München.
Graham-Campbell, James (Hrsg.) (1997): Die Wikinger (Reihe: Bildatlas der Weltkulturen). Augsburg.
Gravdal, Katryn (1991): Ravishing Maidens: Maiden Writing Rape in Medieval French Literature and Law. Philadelphia.
Griese, Volker (2012): Schleswig-Holstein. Denkwürdigkeiten der Geschichte. Historische Miniaturen. Norderstedt.
Grieser, Heike/Priesching, Nicole (Hrsg.) (2015): Gefangenenloskauf im Mittelmeerraum. Ein interreligiöser Vergleich. Akten der Tagung vom 19. bis 21. September 2013 an der Universität Paderborn (Sklaverei – Knechtschaft – Zwangsarbeit. Untersuchungen zur Sozial-, Rechts- und Kulturgeschichte, hrsg. von Elisabeth Herrmann-Otto 13). Hildesheim/Zürich/New York.
Grieser, Heike (2015): Der Loskauf Gefangener im spätantiken christlichen Italien. Grieser, Heike/Priesching, Nicole (Hrsg.): Gefangenenloskauf im Mittelmeerraum. Ein interreligiöser Vergleich. Akten der Tagung vom 19. bis 21. September 2013 an der Universität Paderborn (Sklaverei – Knechtschaft – Zwangsarbeit. Untersuchungen zur Sozial-, Rechts- und Kulturgeschichte, hrsg. von Elisabeth Herrmann-Otto 13). Hildesheim/Zürich/New York, 25–54.
Gutmann, Andre (2010): Die Schwabenkriegschronik des Kaspar Frey und ihre Stellung in der eidgenössischen Historiographie des 16. Jahrhundert. In: Veröffentlichungen der Kommission für geschichtliche Landeskunde in Baden-Württemberg. Reihe B: Forschungen 176, 21–38.
Hägermann, Dieter (2000): Karl der Große. Herrscher des Abendlandes. Berlin.
Hampe, Karl (1928): Heinrichs IV. Absagebrief an Gregor VII. vom Jahre 1076. In: Historische Zeitschrift 138, 315–327.
Hampe, Karl (1942): Geschichte Konradins von Hohenstaufen. 3. Aufl. Leipzig.
Häring, Bernhard (1983): Umrüsten zu Frieden. Freiburg/Basel/Wien.
Harke, Jan Dirk (2008): Römisches Recht. Von der klassischen Zeit bis zu den modernen Kodifikationen. München.
Hassenstein, Wilhelm/Virl, Hermann (1941): Das Feuerwerkbuch von 1420. 600 Jahre deutsche Pulverwaffen und Büchsenmeisterei.

Hayer, Gerold/Müller, Ulrich (1994): Flebilis heu maestos cogor inire modos: Gefängnis-Literatur des Mittelalters und der Fall des württembergischen Grafen Heinrich (1448–1519). In: Domes, Joesef (Hrsg.): Licht der Natur. Medizin in Fachliteratur und Dichtung. Festschrift für Gundolf Keil zum 60. Geburtstag. Göppingen, 171–193.

Hayward, Robert/Louth, Andreev (1999): Sanctus. In: Theologische Realenzyklopädie 30. Berlin/New York, 20–29.

Hehl, Ernst-Dieter (1980): Kirche und Krieg im 12. Jahrhundert. Studien zu kanonischem Recht und politischer Wirklichkeit. Stuttgart.

Heide, Gustav (1888): Die Fehde der Rosenberg mit dem schwäbischen Bund. In: Zeitschrift für Geschichte und Politik 5, hrsg. von H. von Zwiedineck-Südenhorst. Stuttgart, 96–121.

Heiduk, Christoph/Höfert, Almut/Ulrichs, Cord (1997): Krieg und Verbrechen nach spätmittelalterlichen Chroniken (Kollektive Einstellungen und sozialer Wandel im Mittelalter N. F. 4). Köln/Weimar/Wien.

Heigl, Max (1991): Der Löwlerbund von 1489. Eine Adelsfronde gegen Fürstenwillkür. In: Damals 23, 151–171.

Heimbucher, Max (1933): Die Orden und Kongregationen der katholischen Kirche. 3. Aufl. Paderborn.

Herchenbach, Wilhelm/Reuland, Henri Adolphe (1883): Geschichte des Limburger Erbfolgestreits. Die Schlacht bei Worringen und die Erhebung Düsseldorfs zur Stadt. Düsseldorf. URL: http://digital.ub.uni-duesseldorf.de/urn/urn:nbn:de:hbz:061:1-33772 [Zugriff: 12.05.2021].

Herde, Peter (1962): Die Schlacht bei Tagliacozzo. In: Zeitschrift für Bayerische Landesgeschichte 25, 679–744.

Hertz, Anselm (2000): Die thomasische Lehre vom bellum iustum als ethischer Kompromiß. In: Brunner, Horst: Die Wahrnehmung und Darstellung von Kriegen im Mittelalter und in der frühen Neuzeit (Images medii aevi 6). Wiesbaden, 17–30.

Hiestand, Rudolf (1998): Gott will es! – Will Gott es wirklich? – Die Kreuzzugsidee in der Kritik ihrer Zeit. Stuttgart.

Hochhuth, J. Ch. (1826): Erinnerungen an die Vorzeit und Gegenwart der Stadt Eschwege in Niederhessen. Eschwege (Digitalisat).

Hoff, Hinrich Ewald (1910): Schleswig-Holsteinische Heimatgeschichte 1. Von den ältesten Zeiten bis zur Wahl Christians I. zum Landesherrn, 1460. Kiel/Leipzig.

Hoffmann, Hartmut (1964): Gottesfriede und Treuga Dei (MGH Schriften 20). Stuttgart.

Hofmann, Hasso (1995): Hugo Grotius. In: Stolleis, Michael (Hrsg.): Staatsdenker in der Frühen Neuzeit. 3. Aufl. München, 52–77.

Homann, H. D.: Schiltberger, Johannes. In: Lexikon des Mittelalters VII, 1465 f.

Huber, Wolfgang/Reuter, Hans-Richard (1990): Friedensethik. Stuttgart.

Huismann, Frank (2001): Die Eversteinsche Fehde. In: Hinrichs, Wiard (Hrsg.): Stupor Saxoniae inferoris: Ernst Schubert zum 60. Geburtstag. Göttingen, 59–81.

Hunkeler, Ernst (1973): Der Schwabenkrieg in unseren Landen. Schaffhausen.

Jacobsen, Johannes (1882): Die Schlacht bei Reutlingen 14. Mai 1377. URL: https://digital.slub-dresden.de/werkansicht/dlf/103376/1 [Zugriff: 11.05.2021].

Jähns, M. (1889): Geschichte der Kriegswissenschaften vornehmlich in Deutschland. Erste Abteilung: Altertum, Mittelalter, XV. und XVI. Jahrhundert (Geschichte der Wissenschaften in Deutschland. Neuere Zeit 21). München u. a.

Janssen, Wilhelm/Stehkämper, Hugo (Hrsg.) (1988): Der Tag bei Worringen 5. Juni 1288, a. d. R.: Veröffentlichungen der Staatlichen Archive des Landes Nordrhein-Westfalen, Reihe C: Quellen und Forschungen 27. Düsseldorf 1988 (zugleich erschienen als Blätter für deutsche Landesgeschichte 124, 1–453 (Digitalisat).

Jaspert, Nikolaus (2001): Frühformen der geistlichen Ritterorden und die Kreuzzugsbewegung auf der Iberischen Halbinsel. In: Herbers, Klaus: Europa an der Wende vom 11. zum 12. Jahrhundert. Stuttgart 90–116.
Jaspert, Nikolaus (2015): Gefangenenloskauf in der Krone Aragon und die Anfänge des Mercedarierorden. Institutionelle Diversität, religiöse Kontexte, mediterrane Verflechtungen. In: Grieser, Heike/Priesching, Nicole (Hrsg.): Gefangenenloskauf im Mittelmeerraum. Ein interreligiöser Vergleich, Akten der Tagung vom 19. bis 21. September 2013 an der Universität Paderborn (Sklaverei, Knechtschaft, Zwangarbeit. Untersuchungen zur Sozial-, Rechts- und Kulturgeschichte 13, hrsg. von Elisabeth Herrmann-Otto). Hildesheim/Zürich/New York, 99–121.
Jedin, Hubert (1974): Papst Pius V., die Heilige Liga und der Kreuzzugsgedanke. In: Il mediterraneo nella seconda metà del 500 allaluce di Lepanto, a cura di Gino Benzoni. Firenze.
Jenny, Beat Rudolf (1959): Graf Froben Christoph von Zimmern. Geschichtsschreiber, Erzähler, Landesherr. Ein Beitrag zur Geschichte des Humanismus in Schwaben. Lindau/Konstanz.
Jericke, Hartmut (2002): Konradins Marsch von Rom zur Palentinischen Ebene im August 1268. In: Römische Historische Mitteilungen 44, 151–190.
Johann Zedlers Großes Universallexikon (1731–1754). Art.: „Soldaten-Gefangennehmung", 492–496. URL: https://www.zedler-lexikon.de/index.html?c=blaettern&id=344473&bandnummer=38&seitenzahl=0259&supplement=0&dateiformat=1%27) [Zugriff: 21.05.2021].
Justenhoven, Heinz-Gerhard (1991): Francisco de Vitoria zu Krieg und Frieden. Köln.
Kaiser, Reinhold (1989): Gottesfrieden. In: Lexikon des Mittelalters 4. München/Zürich, 1587–1592.
Keen, Maurice (1965): The Law of War in the Late Middle Ages. London, 137–188.
Keil, G./Schmidtchen, V. (1989): Philipp von Seldeneck. In: ²VL 7, 611–614.
Keller, Hagen (1986): Zwischen regionaler Begrenzung und universalem Horizont. Deutschland im Imperium der Salier und Staufer 1024 bis 1250. Berlin.
Keller, Maret (2013): Expansion und Aktivitäten des Mercedarier-Ordens im Andenraum des 16. Jahrhunderts (Dissertation). Heidelberg.
Kéry, Lotte (2006): Gottesfurcht und irdische Strafe. Der Beitrag des mittelalterlichen Kirchenrechts zur Entstehung des öffentlichen Strafrechts. Köln/Weimar/Wien 2006.
Keynes, Simon (2000): Die Wikinger in England (um 790–1016). In: Sawyer, Peter (Hrsg.): Die Wikinger. Geschichte und Kultur eines Seefahrervolkes. Stuttgart, 58–92.
Kienast, Dietmar (2014): Augustus: Prinzeps und Monarch. 5. Aufl. Mainz.
King Aethelred II. Renewal by King Ethelred for the Monestary of St. Frideswide (1955). In: English Historical Documents Vol. I: c. 500–1042 by Dorothy Whitelock, vol. 1 of English Historical Documents, ed. David C. Douglas. London.
Kleist, Wolfgang (1917): Der Tod des Erzbischofs Engelbert von Köln. Eine kritische Studie. In: Zeitschrift für vaterländische Geschichte und Altertumskunde 75, 182–249. URL: https://www.lwl.org/westfaelische-geschichte/txt/wz-10387.pdf [Zugriff: 12.05.2021].
Kohl, Wilhelm (2003): Bemerkungen zur Entstehung der Pfarrorganisation im alten Sachsen, vornehmlich im Bistum Münster. In: Mötsch, Johannes (Hrsg.): Ein Eifler für Rheinland-Pfalz. Festschrift für Franz-Josef Heyen zum 75. Geburtstag am 2. Mai 2003. Mainz, 915–932.
Kohler, Alfred (1990): Das Reich im Kampf um die Hegemonie in Europa 1521–1648. München.
Konzen, Niklas (2014): Aller Welt Feind. Fehdenetzwerke um Hans von Rechberg († 1464) im Kontext der südwestdeutschen Territorienbildung (Veröffentlichungen der Kommission für geschichtliche Landeskunde in Baden-Württemberg, Reihe B: Forschungen 194). Stuttgart.
Konzen, Niklas (2018): „Der größte Wüterich im deutschen Land". Hans von Rechberg, die Reichsstadt Memmingen und der Zerfall des schwäbischen Städtebundes. In: Baumann,

Reinhard/Hoser, Paul: Krieg in der Region (Forum Suevicum. Beiträge zur Geschichte Ostschwabens und der benachbarten Regionen 12). Konstanz/München, 29–48.

Kortüm, Hans-Henning (2006): „Wissenschaft im Doppelpaß"? Carl Schmitt, Otto Brunner und die Konstruktion der Fehde. In: Historische Zeitschrift 282, 585–617.

Kortüm, Hans-Henning (2010): Kriege und Krieger 500–1500. Stuttgart.

Krause, Arnulf (2006): Die Welt der Wikinger. Frankfurt am Main.

Krey, Hans-Josef (2000): Herrschaftskrisen und Landeseinheit. Die Straubinger und Münchner Landstände unter Herzog Albrecht IV. von Bayern-München (Berichte aus der Geschichtswissenschaft). Aachen.

Kroeschell, Karl (2008): Deutsche Rechtsgeschichte 1. 13. Aufl. Köln.

Kronthal, Berthold (1894): Leonhard Assenheimer, ein schlesischer Feldhauptmann 1442–1446. In: Zeitschrift des Vereins für Geschichte und Alterthum Schlesiens 28, 226–258. URL: https://archive.org/details/bub_gb__qsOAAAAYAAJ [Zugriff: 12.05.2021].

Kupper, Jean-Louis (1989): Herzog Johann I. von Brabant und das Fürstentum Lüttich vor und nach der Schlacht bei Worringen. In: Blätter für deutsche Landesgeschichte 125, 87–98.

Kurz, Hans Rudolf Kurz (1969): Die Schlachten der Burgunderkriege. In: Die Burgunderbeute und Werke burgundischer Hofkunst (Katalog der Ausstellung 1969), Bernisches historisches Museum. Bern, 22–30.

Kurz, Hans Rudolf (1977): Schweizerschlachten. 2. bearb. und erweit. Aufl. Bern.

Lammers, Walther (1982): Die Schlacht bei Hemmingstedt. Freies Bauerntum und Fürstenmacht im Nordseeraum. Eine Studie zur Sozial-, Verfassungs- und Wehrgeschichte des Spätmittelalters. Neumünster 1953, 2. Aufl. Heide.

Lang, Beatrix (1982): Der Guglerkrieg: ein Kapitel Dynastengeschichte im Vorfeld des Sempacherkrieges (Historische Schriften der Universität Freiburg Schweiz 10). Freiburg/Schweiz.

Lang, Beatrix: Gugler. In: Historisches Lexikon der Schweiz, URL: https://hls-dhs-dsch/de/articles/008731/2007-03-06 [Zugriff: 17.08.2020].

Langmaier, Konstantin Moritz (2017): Hass als historisches Phänomen: Gräueltaten und Kirchenschändungen im Alten Zürichkrieg am Beispiel einer Luzerner Quelle von 1444. In: Deutsches Archiv für Erforschung des Mittelalters 73/2, 639–686, Edition: 653–686.

Langmantel, V. (1890): Schiltberger, Hans. In: Allgemeine Deutsche Biographie 31. Leipzig, 262–264.

Lanz, Rainer (2006): Ritterideal und Kriegsrealität im Spätmittelalter: das Herzogtum Burgund und Frankreich. University of Zurich, Faculty of Art.

Laudage, Johannes (2004): Welf IV. und die Kirchenreform des 11. Jahrhundert. In: Bauer, Dieter/Becher, Matthias (Hrsg.): Welf IV. – Schlüsselfigur einer Wendezeit Regionale und europäische Perspektive. München, 280–313.

Laudage, Johannes (2006): Die Salier – Das erste deutsche Königshaus. München.

Laudage, Johannes/Schrör, Matthias (2006): Der Investiturstreit – Quellen und Materialien. 2. Aufl. Köln.

Lehnart, Ulrich (1993): Die Schlacht von Worringen 1288. Kriegführung im Mittelalter. Der Limburger Erbfolgekrieg unter besonderer Berücksichtigung der Schlacht von Worringen, Frankfurt a. M.

Leng, Rainer (1994): getruwelich dienen mit Buchsenwerk. Ein neuer Beruf im späten Mittelalter: Die Büchsenmeister. In: Dieter Rödel/Joachim Schneider (Hrsg.): Strukturen der Gesellschaft im Mittelalter. Interdisziplinäre Mediävistik in Würzburg. Wiesbaden, 302–321.

Leng, Rainer (2002): Ars belli. Deutsche taktische und kriegstechnische Bilderhandschriften und Traktate im 15. und 16. Jahrhundert 1: Entstehung und Entwicklung (Imagines Medii Aevi. Interdisziplinäre Beiträge zur Mittelalterforschung 12,1).

Lettowsky, Alžbeta (1994): Die Wikinger: Abenteurer aus dem Norden. Amsterdam.

Liebenau, Theodor von (1872): Scenen aus dem alten Zürichkriege. In: Anzeiger für schweizerische Geschichte N. F. 3, 235–240 (Teildruck).
Lindner, Theodor (2015): Weltgeschichte. Vierter Band: Vom byzantinischen Jahrhundert bis zum Ende der Konzile. Die abendländisch-christliche Kultur. Anfänge einer neuen Zeit. Paderborn.
Lösegeldforderungen des Pfalzgrafen Friedrich I. (1463), 14. 36 v–37 r. URL: http://geb.uni-giessen.de/geb/volltexte/2007/4898/pdf/329.pdf [Zugriff: 09.03.2021].
Lübbing, Hermann (1977): Stedinger, Friesen, Dithmarscher: Freiheitskämpfe niederdeutscher Bauern. 2. Aufl. Bremen.
Lutz, Manfred (2018): Der Skandal der Skandale. Die geheime Geschichte des Christentums. Freiburg/Basel/Wien.
Mackay, Aeneas James George (1892): James I of Scotland. In: Sidney Lee (Hrsg.): Dictionary of National Biography 29. New York City/London, 129–136.
Marchal, Guy P. (1986): Die Schlacht bei Sempach 1386, die Eidgenossen und das Problem des gerechten Krieges. In: Beiträge zur Sempacher Jahrhundertfeier 1386–1986, 55–66.
Marchal, Guy P. (1993 a): Die Metz zuo Neisidlen, Marien im politischen Kampf. In: Opitz, Claudia (Hrsg.): Maria in der Welt, Marienverehrung im Kontext der Sozialgeschichte, 10.–18. Jahrhundert (Clio Lucernensis 2). Zürich, 309–321.
Marchal, Guy P. (1993 b): Bildersturm im Mittelalter. In: Historisches Jahrbuch 113, 255–282.
Marchal, Guy P. (1995): Jalons pour une histoire de l'iconoclasme au moyen âge. In: Annales, Band 50/5, 1135–1156.
Marchal, Guy P. (2000): Bildersturm schon 60 Jahre vor der Reformation: Got grues dich frow metz, wes stest du da? In: Dupeux, Cécile/Jezler, Peter/Jean Wirth, Jean (Hrsg.): Bildersturm, Wahnsinn oder Gottes Wille? München, 108 f.
Marchal, Guy P. (2002): Das vieldeutige Heiligenbild, Bildersturm im Mittelalter. In: Blickle, Peter u. a. (Hrsg.): Macht und Ohnmacht der Bilder. Reformatorischer Bildersturm im Kontext der europäischen Geschichte (Historische Zeitschrift Beiheft 33), 307–332.
Maso, Benjo (1982): Riddereer en riddermoed. Ontwikkelingen van de aanvalslust in de late middeleeuwen (Ritterehre und Rittertum. Entwicklungen des Angriffsgeistes im Spätmittelalter). In: Sociologische Gids 29, 296–335.
Massenmord in Oxford. In: DER SPIEGEL (46/2010). URL: https://www.spiegel.de/spiegel/print/d-75159844.html [Zugriff: 05.07.2019].
Matschke, Klaus-Peter (1981): Die Schlacht bei Ankara und das Schicksal von Byzanz. Studien zur spätbyzantinischen Geschichte zwischen 1402 und 1422 (Forschungen zur mittelalterlichen Geschichte 29). Weimar.
Mayer, Hans Eberhard (1985): Geschichte der Kreuzzüge, 6. überarb. Aufl. Stuttgart/Berlin/Köln/Mainz.
McCall, John P. (1965): Chaucer and John of Legnano. In: Speculum. A Journal of Medieval Studie 40(3), Medieval Academy of America, 484–489.
Meier, Frank (2010): Dithmarschen und die Schweizer Eidgenossenschaft zwischen nationaler Befreiungstradition und legendenhafter Geschichtskonstruktion. In: Dithmarschen. Landeskunde – Kultur – Natur 3, 12–25.
Meister, Wido (2003): Der Hohlweg, in dem der Erzbischof Engelbert von Berg überfallen wurde. In: Romerike Berge 4, 2–6.
Menegaldo, Silvère/Fritz, Jean-Marie (Hrsg.) (2012): Réalités, images, écritures de la prison au Moyen Âge (Écritures). Dijon.
Metz, Karl H. (2012): Gewalt in der Geschichte. In: Frech, Siegfried/Meier, Frank (Hrsg.): Unterrichtsthema Staat und Gewalt. Kategoriale Zugänge und historische Beispiele. Schwalbach/Ts., 28–42.

Meyer, Bruno (1979): Der Thurgau im Schwabenkrieg von 1499. In: Thurgauische Beiträge zur vaterländischen Geschichte 134, 5–219.

Meyer, Christioph (2002): Freunde, Feinde, Fehde: Funktionen kollektiver Gewalt im Frühmittelalter. In: Weitzel, Jürgen (Hrsg.): Hoheitliches Strafen in der Spätantike und im frühen Mittelalter (Konflikt, Verbrechen und Sanktion in der Geschichte Alteuropas, Symposien und Synthesen 7). Köln u. a., 211–266.

Meyers Konversationslexikon (1885–1892). 4. Aulf. Leipzig/Wien, Art.: „Ranzion". URL: https://www.retrobibliothek.de/retrobib/seite.html?id=113414 [Zugriff: 26.11.2020].

Milger, Peter (2000): Die Kreuzzüge – Krieg im Namen Gottes. Gütersloh.

Miller, Matthias/Zimmermann, Karin (2005): Die Codices Palatini germanici in der Universitätsbibliothek Heidelberg (Cod. Pal. germ. 182–303). Wiesbaden.

Mißfeldt, Jörg (2000): V. Die Republik Dithmarschen. In: Geschichte Dithmarschens, hrsg. vom Verein für Dithmarscher Landeskunde e. V. Heide, 121–166.

Mit Christus jünger werden. 2. Augustinus-Katechese Papst Benedikts XVI. (Generalaudienz vom 16. Januar 2008). Übersetzung aus dem Italienischen von Claudia Reimüller. In: Die Tagespost – Katholische Zeitung für Politik, Gesellschaft und Kultur. URL: https://www.augustinus.de/artikel/115-benedikt-xvi/369-katechese-2-mit-christus-juenger-werden [Zugriff: 14.05.2021].

Mittelhochdeutsches Handwörterbuch von Matthias Lexer. Digitalisierte Fassung im Wörterbuchnetz des Trier Center for Digital Humanities, Version 01/21. URL: https://www.woerterbuchnetz.de/Lexer [Zugriff: 22.04.2021].

Moeglin, Jean-Marie (2001): Von der richtigen Art zu kapitulieren. Die sechs Bürger von Calais (1347). In: Kortüm, Hans-Henning (Hrsg.): Krieg im Mittelalter. Berlin, 141–166.

Molk, Ulrich (1990): Curia und curialitas. Wort und Bedeutung im Spiegel der romanischen Dichtung: zu fr. cortois(ie)/pr. cortes(ia) im 12. Jahrhundert. In: CURIALITAS, Studien zu Grundfragen der höfisch-ritterlichen Kultur, hrsg. von Josef Fleckenstein. Göttingen, 27–38.

Montgomery Watt, William (2002): Der Einfluß des Islam auf das europäische Mittelalter. 2. Aufl. Berlin.

Mühlegger, Florian (2007): Hugo Grotius. Ein christlicher Humanist in politischer Verantwortung (Arbeiten zur Kirchengeschichte 103). Berlin/New York (zugl. Dissertation, LMU München 2004).

Müller, Edgar (2009): Hugo Grotius und der Dreißigjährige Krieg. Zur frühen Rezeption von: De Iure Belli ac Pacis. In: Tijdschrift voor Rechtsgeschiedenis 77, 499–539.

Müller, Eugen (1913): Peter von Prezza. Ein Publizist der Zeit des Interregnums (Heidelberger Abhandlungen zur mittleren und neueren Geschichte 37). Heidelberg.

Müller, Jan (1993): The Battle Of Worringen, 1288, The History and Mythology Of A Notable Event, Arbeit zur Erlangung des Titels Master of Arts in History an der University of Alberta. Alberta.

Müller, R.: Philipp von Seldeneck (1988). In: Rupp, Heinz/Lang, Carl Ludwig (Hrsg.): Deutsches Literatur-Lexikon. Biographisch-Bibliographisches Handbuch 11. 3. Aufl. Bern u. a., 1247 f.

Munro, Dana Carleton (1902): The Speech of Pope Urban II. at Clermont, 1095. In: American Historical Review 11, 231–242.

Mussinan, Joseph Anton von (1817): Geschichte des Löwler Bundes unter dem baierischen Herzog Albert IV. vom Jahre 1488 bis 1495. München (Digitalisat).

Nellen, Henk J. M. (2015): Hugo Grotius: A lifelong struggle for peace in church and state 1583–1645, Leiden.

Neubauer, Kurt (1963): Das Kriegsbuch des Philipp von Seldeneck vom Ausgang des 15. Jahrhunderts: Untersuchung und kritische Heraugabe des Textes der Karlsruher Handschrift, Heidelberg. URL: https://archivalia.hypotheses.org/107783 [Zugriff 12.05.2021].

Neuffer, Ludwig (Hrsg.) (1824): Taschenbuch von der Donau. URL: https://de.wikisource.org/wiki/Das_Mahl_zu_Heidelberg [Zugriff: 14.07.2020].
Niederhäuser, Peter/Fischer, Werner/Hitz, Florian u. a. (2000): Vom „Freiheitskrieg" zum Geschichtsmytho 500 Jahre Schweizer- oder Schwabenkrieg, hrsg. von der Volkshochschule des Kantons Zürich. Zürich.
Niederhäuser, Peter/Sieber, Christian (Hrsg.) (2006): Ein Bruderkrieg macht Geschichte. Neue Zugänge zum Alten Zürichkrieg (Mitteilungen der Antiquarischen Gesellschaft in Zürich 73 (Neujahrsblatt der Antiquarische Gesellschaft in Zürich 170). Zürich.
Niederstätter, Alois (1995): Der Alte Zürichkrieg: Studien zum österreichisch-eidgenössischen Konflikt sowie zur Politik König Friedrichs III. in den Jahren 1440 bis 1446 (Forschungen zur Kaiser- und Papstgeschichte des Mittelalter 14). Wien.
Niederhäuser, Peter (Hrsg.) (2015): Die Grafen von Kyburg: Eine Adelsgeschichte mit Brüchen (Mitteilungen der Antiquarischen Gesellschaft in Zürich 82). Zürich.
Nissen, Rudolf Nis (2000): Am Anfang war das Dorf. Raumordnung im Mittelalter. In: Verein für Dithmarscher Landeskunde (Hrsg.): Geschichte Dithmarschens. Heide, 121–166.
Nitschke, August (1956): Der Prozeß gegen Konradin. In: Zeitschrift der Savigny-Stiftung für Rechtsgeschichte, Kanonistische Abteilung 42, 25–54.
Nitschke, August (1958): Konradin und Clemens IV. In: Quellen und Forschungen aus italienischen Archiven und Bibliotheken 38, hrsg. vom Deutschen Historischen Institut in Rom. Tübingen, 268–277. URL: https://www.digizeitschriften.de/dms/toc/?PID=PPN602167337_0042 [Zugriff: 12.05.2021].
Nöding, Arnulf (1999): „Min Sicherheit si din". Kriegsgefangenschaft im christlichen Mittelalter. In: Rüdiger Overmars (Hrsg.): In der Hand des Feindes. Kriegsgefangenschaft von der Antike bis zum Zweiten Weltkrieg. Köln/Weimar/Wien, 99–117.
Orth, Elsbet (1973): Die Fehden der Reichsstadt Frankfurt am Main im Spätmittelalter. Fehderecht und Fehdepraxis im 14. und 15. Jahrhundert (Frankfurter Historische Abhandlungen 6). Wiesbaden.
Ortloff, Friedrich (1869/70): Die Geschichte der Grumbachschen Händel, 4 Bände. Jena.
Oviedo Cavada, Carlos (1955): Materia del voto de redencion. In: Estudios 32, 157–169.
Padberg, Lutz E. von (1994). Bonifatius und die Bücher. In: Padberg, Lutz E./Stork, Hans-Walter (ed.): Der Ragyndrudis-Codes des Hl. Bonifatius (in German). Paderborn/Fulda: Bonifatius, Parzeller, 7–75. Ragyndrudis-Codex. In: Bildindex der Kunst und Architektur.
Padberg, Lutz E. von (1996): Studien zur Bonifatiusverehrung. Zur Geschichte des Codex Ragyndrudis und der Fuldaer Reliquien des Bonifatius (Fuldaer Hochschulschriften 25). Frankfurt a. M.
Padberg, Lutz E. von (2003): Bonifatius. Missionar und Reformer. München.
Paravicini, Werner/Petrauskas, Rmvydas/Vercamer, Grischa (Hrsg.) (2012): Tannenberg – Grunwald – Žalgiri Krieg und Frieden im späten Mittelalter (Deutsches-Historisches Institut Warschau. Quellen und Studien, hrsg. von Eduard Mühle 26). Wiesbaden.
Pauli, Eilsabeth (2008): Der Orden der Allerheiligsten Dreifaltigkeit von der Erlösung der Gefangenen und seine Tätigkeit in den habsburgischen Ländern (1688–1783). In: Bettelorden in Mitteleuropa. St. Pölten, 133–164. URL: https://www.carlos-watzka.at/trinitaria-collectio/_systematik/pauli_trinitarier.pdf [Zugriff: 21.12.2020].
Peters, Edward (Hrsg.) (1998): The First Crusade. The Chronicle of Fulcher of Chartres and other Source Materials. 2. Aufl. Philadelphia, 25–36.
Petersohn, Jürgen (2008): Franken im Mittelalter. Identität und Profil im Spiegel von Bewußtsein und Vorstellung (Vorträge und Forschungen, hrsg. vom Konstanzer Arbeitskreis für mittelalterliche Geschichte, Sonderband 51). Ostfildern.

Pfeiffer, Gerhard (1973): Die politischen Voraussetzungen der fränkischen Landfriedenseinungen im Zeitalter der Luxemburger. In: Jahrbuch für fränkische Landesforschung 33, 119–166.

Pfeiffer, Gerhard (1986): Die königlichen Landfriedenseinungen in Franken. In: Der deutsche Territorialstaat im 14. Jahrhundert II (Vorträge und Forschungen, hrsg. vom Konstanzer Arbeitskreis für mittelalterliche Geschichte 14). 2. unveränd. Aufl. Sigmaringen, 229–253.

Piendl, Max (1960): Die Ritterbünde der Böckler und Löwler im bayerischen Wald. In: Fink, Alois/Rattelmüller, Paul Ernst (Hrsg.): Unbekanntes Bayern 5. Burgen, Schlösser, Residenzen. München, 72–81.

Pio, Berardo (2013): Oldrendi, Giovanni (Giovanni da Legnano). In: Romanelli, Raffaele (Hrsg.): Dizionario Biografico degli Italiani 79: Nursio-Ottolini Visconti. Istituto della Enciclopedia Italiana. Rom, 196–200.

Pio, Berardo (2018): Giovanni da Legnano. Un intellettuale nell'Europa del Trecento (Studi e memorie dell'Università di Bologna. Nuova serie 15). 2018.

Plisch, Uwe-Karsten (o. J.): Kriegsdienst als Gottesverachtung – Frühchristliche Friedenstheologie bis zur konstantinischen Wende. URL: https://www.bundes-esg.de/fileadmin/user_upload/aej/Studium_und_Hochschule/Downloads/Themen/Kriegsdienst_als_Gottesverachtung.pdf [Zugriff: 14.05.2021].

Pörtner, Rudolf (1977): Operation Heiliges Grab. Legende und Wirklichkeit der Kreuzzüge (1095–1187). Düsseldorf/Wien.

Prietzel, Malte (2006): Kriegführung im Mittelalter. Handlungen, Erinnerungen, Bedeutungen (Krieg in der Geschichte 32). Paderborn/München/Wien/Zürich.

Prinzing, Günter (2009): Zu Jörg von Nürnberg, dem Geschützgießer Mehmets II., und seiner Schrift „Geschicht von der Turckey". In: Asutay-Effenberger/Rehm, Ulrich (Hrsg.): Sultan Mehmet II. Eroberer Konstantinopels – Patron der Künste. Köln/Weimar/Wien, 59–76.

Prinzing, Günter (2016): Zu Sklaven und Sklavinnen im Spiegel des Prosopographischen Lexikons der Palaiologenzeit. In: Berger, Albrecht/Mariev, Sergei/Prinzing, Günter/Riehle, Alexander (Hrsg.): Koinotaton Doron. Das späte Byzanz zwischen Machtlosigkeit und kultureller Blüte (1204–1461) (Byzantinisches Archiv 31). Berlin, 125–148.

Procksch, Otto/Kuhn, Karl Georg (1933): Art. agios ktl. In: Theologisches Wörterbuch zum Neuen Testament 1. Stuttgart, 87–116.

Pugh, Ralph (1968): Imprisonment in Medieval England. Cambridge.

Queloz, Dimitry: Grandson, Schlacht bei. In: Historisches Lexikon der Schweiz. URL: https://hls-dhs-dss.ch/de/articles/008883/2007-07-17/ [Zugriff: 27.08.2020].

Ramsey, Paul (1968): The Just War, New York.

Reinle, Christine (2005): Bauerngewalt und Macht der Herren. Bauernfehden zwischen Gewohnheitsrecht und Verbot. In: Braun, Manuel/Herberichs, Cornelia (Hrsg.): Gewalt im Mittelalter. Realitäten – Imaginationen. München, 105–122.

Reinle, Christine (2012): Legitimation und Delegitimierung von Fehden in juristischen und theologischen Diskursen des Spätmittelalters. In: Naegle, Gisela (Hrsg.): Frieden schaffen und sich verteidigen im Spätmittelalter. Faire la paix et se défendre à la fin du Moyen Âge (Pariser Historische Studien 98). München, 83–120.

Reinle, Christine (2013): Fehdewesen. In: Historisches Lexikon Bayerns. URL: https://www.historisches-lexikon-bayerns.de/Lexikon/Fehdewesen [Zugriff: 12.05.2021].

Rief, Josef (1981): Die bellum-iustum-Theorie historisch. In: Glatzel, Norbert/Nagel, Ernst Josef (Hrsg.): Frieden in Sicherheit. Zur Weiterentwicklung der Katholischen Friedensethik. Freiburg i. Br., 15–40.

Rieger, Johann Georg (1824): Historisch-topographisch-statistische Beschreibung von Mannheim. Nebst Gemälden von Heidelberg, der Bergstraße, von Weinheim, Ladenburg, Schwezingen und dem dortigen Lustgarten, von Frankenthal, Worms, den Hardtgebirgen,

von Dürkheim, Neustadt, Landau, Speier und einem Anhange für Reisende; Mit vier Ansichten und dem Plane der Stadt Mannheim. Mannheim.
Riley-Smith, Jonathan (1980): Crusading as an Act of Love. In: History 65, 177–192.
Riley-Smith, Jonathan (1992): Großer Bilderatlas der Kreuzzüge. Freiburg.
Roder, Christian (1877): Die Schlacht von Seckenheim in der pfälzer Fehde von 1462–63. Villingen (Digitalisat Bayerische Staatsbibliothek, MDZ).
Roesdahl, Else (1998): The Vikings. 2. Aufl. London.
Roloff, Gustav (1940): Die Schlacht bei Angora (1402). In: Historische Zeitschrift 161/2, 244–262.
Roth, Gunhild (1996): Leonhard Assenheimer und Heinz Domping. Zwei „Historische Volkslieder" aus Breslau im Vergleich. In: Edwards, Cyril/Hellgardt, Ernst/Ott, Norbert H. (Hrsg.): Lied im deutschen Mittelalter. Überlieferung, Typen, Gebrauch, Chiemsee-Colloquium 1991. Tübingen, 257–280.
Sablonier, Roger (1999): Der Bundesbrief von 1291. Eine Fälschung? Perspektiven einer ungewohnten Diskussion. In: Wiget, Josef (Hrsg.): Die Entstehung der Schweiz. Vom Bundesbrief 1291 zur nationalen Geschichtskultur des 20. Jahrhundert Historischer Verein des Kantons Schwyz. Schwyz, 127–146.
Sablonier, Roger (2008): Gründungszeit ohne Eidgenossen. Politik und Gesellschaft in der Innerschweiz um 1300. Baden.
Saint Brice's Day massacre. English history [1002]. In: Britannica. https://www.britannica.com/topic/Saint-Brices-Day-massacre [Zugriff: 05.07.2019].
Saul, Nigel (Hrsg.) (1997): The Oxford Illustrated History of Medieval England. Oxford.
Sawyer, Peter (Hrsg.) (2000): Die Wikinger. Geschichte und Kultur eines Seefahrervolkes, Stuttgart 2000.
Sawyer, Peter (2000): Kings and Vikings. Scandinavia and Europe A D 700–1100, 6. Aufl.
Schäfer, Kirstin (2008): Kriegsgefangenschaft in Friedensvertragsrecht und Literatur. In: Heinz Duchhardt, Heinz/Peters, Martin (Hrsg.): Instrumente des Frieden Vielfalt und Formen von Friedensverträgen im vormodernen Europa (Veröffentlichungen des Instituts für Europäische Geschichte Mainz, Beiheft online 3). Mainz 2008-06-25, 94–108. URL: http://www.ieg-mainz.de/vieg-online-beihefte/03-2008.html [Zugriff: 13.05.2021].
Schäfer, Regina (2013): Fehdeführer und ihre Helfer. Versuch zur sozialen Schichtung von Fehdenden. In: Eulenstein, Julia/Reine, Christine/Rothmann, Michael (Hrsg.): Fehdeführung im spätmittelalterlichen Reich. Zwischen adliger Handlungslogik und territorialer Verdichtung (Studien und Texte zur Geistes- und Sozialgeschichte des Mittelalters 7). Affalterbach, 203–220.
Schäfke, Werner (Hrsg.) (1988): Der Name der Freiheit, 1288–1988, Aspekte Kölner Geschichte von Worringen bis heute. Handbuch zur Ausstellung des Kölner Stadtmuseums in der Josef-Haubrich-Kunsthalle Köln, 29. Januar 1988–1. Mai 1988. Köln.
Schaller, Hans Martin (1957): Miszellen zur Verurteilung Konradins. In: Quellen und Forschungen aus italienischen Archiven und Bibliotheken 37, hrsg. vom Deutschen Historischen Institut in Rom. Tübingen, 311–327.
Schaller, Hans Martin (1980): Konradin. In: Neue Deutsche Biographie 12. Berlin, 557–559.
Scheutz, Martin (2003): „Ist mein Schwalben wider ausbliben". Selbstzeugnisse von Gefangenen in der Frühen Neuzeit. In: Gefängnis und Gesellschaft. Zur (Vor-)geschichte der strafenden Einsperrung 13, Heft 5/6, hrsg. von Gerhard Ammerer/Falk Bretschneider/Alfred Stefan Weiß), 189–210.
Schicksale zweier schwäbischer Edelleute aus dem Geschlechte der Ritter von Reischach (1953). In: Hohenzollerische Heimat 3/3, 38–39. URL: http://www.hohenzollerischer-geschichtsverein.de/userfiles/files/HZ-Heimat/HH_003_1953_ocr.pdf [Zugriff: 13.05.2021].
Schiever, Hans-Jochen (1992 a): Johannes Schiltberger. In: Verfasserlexikon 8, 675–679.

Schiever, Hans-Jochen (1992 b): Leben unter Heiden. Hans Schiltbergers türkische und tartarische Erfahrungen. In: Daphnis 212, 159–178.

Schild, Wolfgang (1980): Alte Gerichtsbarkeit. Vom Gottesurteil bis zum Beginn der modernen Rechtsprechung. München.

Schlemmer, Ulrich (Hrsg.) (1983): Johannes Schiltberger. Als Sklave im Osmanischen Reich und bei den Tataren 1394–1427. Stuttgart.

Schlosser, Hans (2004): Corradino sfortunato? Opfer der Machtpolitik? Zu Verurteilung und Hinrichtung des letzten Hohenstaufen. In: Orazio Condorelli (Hrsg.): Panta rei. Studi dedicati a Manlio Bellomo 4. Rom, 111–132.

Schlosser, Hans (2003): Der Tod des letzten Staufers. Prozess und Hinrichtung Konradins im Jahre 1268. In: Oberbayerisches Archiv 127, 41–59.

Schmid, Paul Gerhard (1990): Curia und curialitas. Wort und Bedeutung im Spiegel der lateinischen Quellen. In: CURIALITAS, Studien zu Grundfragen der höfisch-ritterlichen Kultur, hrsg. von Josef Fleckenstein. Göttingen, 15–26.

Schmidt, Klaus M. (2018): Psycholexikologische Annäherungen an Gewalt und Krieg im Mittelalter. Suchstrategien mit der Mittelhochdeutschen Begriffsdatenbank (MHDBDB). In: Rohr, Christian/Bieber, Ursula/Zeppehauser-Wachauer, Katharina (Hrsg.): Krisen, Kriege, Katastrophen. Zum Umgang mit Angst und Bedrohung im Mittelalter. Heidelberg, 233–292.

Schmidtchen, Volker (1999): Ius in bello und militärischer Alltag – Rechtliche Regelungen in Kriegsordnungen des 14. bis 16. Jahrhundert. In: Brunner, Horst (Hrsg.): Der Krieg im Mittelalter und in der Frühen Neuzeit: Gründe, Begründungen, Bilder, Bräuche, Recht (IMAGINES MEDI AEVI, Interdisziplinäre Beiträge zur Mittelalterforschung 3, hrsg. von Horst Brunner, Edgar Hösch, Rolf Sprandel, Dietmar Willoweit). Wiesbaden, 25–56.

Schmugge, Ludwig (2008): Deus lo vult? Zu den Wandlungen der Kreuzzugsidee im Mittelalter. In: Schreiner, Klaus (Hrsg.): Heilige Kriege. Religiöse Begründungen militärischer Gewaltanwendung: Judentum, Christentum und Islam im Vergleich (Schriften des Historischen Kollegs 78). München, 92–108.

Schneider, Eugen (1895): Ulrich V., Graf von Württemberg. In: Allgemeine Deutsche Biographie, hrsg. von der Historischen Kommission bei der Bayerischen Akademie der Wissenschaften 39. Leipzig, 235–237. URL: https://archive.org/details/allgemeinedeutsc39lili/page/234/mode/2up [Zugriff: 11.05.2021].

Schneider, Friedrich (1943): Kaiser Heinrich VII. Stuttgart/Berlin.

Schneider, Hugo (1949): Die Schlacht von Schwaderloh, zum 450. Gedenktag 1499–1949, hrsg. von der Thurgauischen Offiziersgesellschaft. Kreuzlingen.

Schork, R. Joseph/MaCall, John P. (1972): A Lament on the Death of John of Legnano. In: Studies in the Renaissance 19. The Renaissance Society of America, 180–195.

Schreiner, Klaus (Hrsg.) (2008): Heilige Kriege. Religiöse Begründungen militärischer Gewaltanwendung: Judentum, Christentum und Islam im Vergleich (Schriften des Historischen Kollegs 78). München.

Schreiner, Klaus (2008 a): Einführung. In: Schreiner, Klaus (Hrsg.): Heilige Kriege. Religiöse Begründungen militärischer Gewaltanwendung: Judentum, Christentum und Islam im Vergleich (Schriften des Historischen Kollegs 78). München, S VIIXX.

Schreiner, Klaus (2008 b): Kriege im Namen Gotte Jesu und Mariä Heilige Abwehrkämpfe gegen die Türken im späten Mittelalter und in der Frühen Neuzeit. In: Schreiner, Klaus (Hrsg.): Heilige Kriege. Religiöse Begründungen militärischer Gewaltanwendung: Judentum, Christentum und Islam im Vergleich (Schriften des Historischen Kollegs 78). München, 151–192.

Schubert, Ernst (1995): Fahrendes Volk im Mittelater. Bielefeld.

Schubert, Ernst (1997): Verden, Blutbad von. In: Lexikon des Mittelalters 8, 1500 f.

Schuller, Friedrich (1894): Urkundliche Beiträge zur Geschichte Siebenbürgens von der Schlacht bei Mohács bis zum Frieden von Grosswardein. In: Archiv des Vereins für siebenbürgische Landeskunde N. F. 26, 223–287.
Schweers, Regine (2005): Albrecht von Bonstetten und die vaterländische Historiographie zwischen Burgunder- und Schwabenkriegen (Studium und Texte zum Mittelalter und zur frühen Neuzeit 6). Münster u. a.
Schwerhoff, Gerd (1998): Zivilisationsprozess und Geschichtswissenschaft. Nobert Elias' Forschungsparadigma in historischer Sicht. In: Historische Zeitschrift 266, 561–605.
Seehase, Hagen/Krekeler, Ralf (2008): Der gefiederte Tod. Geschichte des englischen Langbogens in den Kriegen des Mittelalters. Ludwigshafen.
Seehase, Hagen/Ollesch, Detlef (Hrsg.) (2012): Kurfürst Friedrich der Siegreiche von der Pfalz (1425–1476). Petersberg.
Selzer, Stephan (2001): Deutsche Söldner im Italien des Trecento. Tübingen.
Seuffert, Ralf (2013): Konstanz. 2000 Jahre Geschichte. 2. Aufl. Konstanz.
Shaw, William Arthur (1906): The Knights of England 1. London.
Shivti'el, Yinon (2012): Versteckt in Höhlen und Schluchten. Rebellen und Zeloten am See Gennesaret. In: Zangenberg, Jürgen K./Schröter, Jens (Hrsg.): Bauern, Fischer und Propheten. Galiläa zu Zeit Jesu. Darmstadt, 65–82.
Signori, Gabriela (2000): Frauen, Kinder, Greise und Tyrannen. Geschlecht und Krieg in der Bilderwelt des späten Mittelalter In: Schreiner, Klaus/Signori, Gabriela: Bilder, Texte, Rituale. Wirklichkeitsbezug und Wirklichkeitskonstruktion politisch-rechtlicher Kommunikationsmedien in Stadt- und Adelsgesellschaften des späten Mittelalters. Berlin, 139–164.
Sollbach, Gerhard E. (1995): Der gewaltsame Tod des Erzbischofs Engelbert I. von Köln am 7. November 1225. Ein mittelalterlicher Kriminalfall. In: Jahrbuch des Vereins für Ort- und Heimatkunde in der Grafschaft Mark 93/94, 7–49.
Somerville, Robert (1976): The Council of Clermont and the First Crusade. In: Studia Gratiana 20, 323–337.
Sonderegger, Stefan (1988): Der Kampf an der Letzi. Zur Typologie des spätmittelalterlichen Abwehrkampfes im Bereich von voralpinen Landwehren. In: Revue Internationale d'Histoire Militaire 65, 77–90.
Stenton, Frank M. (1971): Anglo-Saxon England. Oxford History of England. 3. Aufl. Oxford.
Stettler, Bernhard (2004): Die Eidgenossenschaft im 15. Jahrhundert. Die Suche nach einem gemeinsamen Nenner. Menziken.
Strack, Georg (2012): The Sermon of Urban II in Clermont 1095 and the Tradition of Papal Oratory. In: Medieval Sermon Studies 56, 30–45.
Straßer, Willi (1989): Zur Geschichte des Löwlerbunde Eine Ritterrebellion vor 500 Jahren. In: Die Oberpfalz 77, 360–363.
Strohmeyer, Arno (2006): Friedensverträge im Wandel der Zeit, Die Wahrnehmung des Friedens von Madrid 1526 in der deutschen Geschichtsforschung. In: Duchhardt, Heinz/Peters, Martin (Hrsg.): Kalkül – Transfer – Symbol. Europäische Friedensverträge der Vormoderne (Veröffentlichungen des Instituts für Europäische Geschichte Mainz, Beiheft online 1). Mainz 2006-11-02, Abschnitt 132–143. URL: http://www.ieg-mainz.de/vieg-online-beihefte/01-2006.html [Zugriff: 27.11.2020].
Studt, Birgit (2009): Register der Ehre. Formen heraldischer und zeremonialer Kommunikation im späteren Mittelalter. In: Bihrer, Andreas/Kälble, Mathias/Krieg, Heinz: Adel und Königtum im mittelalterlichen Schwaben. Festschrift für Thomas Zotz zum 65. Geburtstag (Veröffentlichungen der Kommission für geschichtliche Landeskunde in Baden-Württemberg/Reihe B: Forschungen). Stuttgart, 375–392.
Stuke, Markus (2017): Der Rechtsstatus des Kriegsgefangenen im bewaffneten Konflikt (Ius internationale et europaeum). Tübingen.

Stumpf, Christoph A. (2001): Vom heiligen Krieg zum gerechten Krieg. Ein Beitrag zur alttestamentlichen und augustinischen Tradition des kanonistischen Kriegsvölkerrechts bei Gratian. In: Zeitschrift der Savigny-Stiftung für Rechtsgeschichte. Kanonistische Abteilung 118, 1–30.

Stumpf, Christoph A. (2006): The Grotian Theology of International Law. Hugo Grotius and the Moral Foundations of International Relations. Berlin/New York.

Tessore, Dag (2004): Der Heilige Krieg im Christentum und Islam. Düsseldorf.

Thomas, Erica (2020): Sanctuary Burning: The St. Brice's Day Massacre and the Danes in England Under Aethelred the Unready. University of Puget Sound. URL: https://soundideas.pugetsound.edu/cgi/viewcontent.cgi?article=1018&context-=history_theses [Zugriff: 30.12.2020].

Thomas, Heinz (1996): Johann II. In: Ehlers, Joachim/Müller, Heribert/Schneidmüller, Bernd (Hrsg.): Die französischen Könige des Mittelalter. Von Odo bis Karl VIII. 888–1498. München, 266–283.

Thorau, Peter (1991): Krieg. In: Lexikon des Mittelalters Pt. 5 p., 1525–1527.

Thorau, Peter (2003): Lignano (Legnano), Johannes v. In: Lexikon des Mittelalters 5, 1977 f.

Töpfer, Bernhard (1957): Volk und Kirche zur Zeit der beginnenden Gottesfriedensbewegung in Frankreich. Berlin.

Torunsky, Vera (1988): Worringen 1288. Ursachen und Folgen einer Schlacht (Landschaftsverband Rheinland, Archivbearbeitungsstelle Rheinland, Archivheft 20). Köln.

Tremme, Markusl (Hrsg.) (2000): Johann Schiltbergers Irrfahrt durch den Orient. Der aufsehenerregende Bericht einer Reise, die 1394 begann und erst nach über 30 Jahren ein Ende fand. Taufkirchen.

Tremmel, Markus (2005): Schiltberger, Hans (Johann). In: Neue Deutsche Biographie 22. Berlin, 773 f. (Digitalisat).

Tresp, Uwe (2018): Sicherungsbriefe und Gefangene. Beobachtungen zur Kriegsführung Herzog Ludwigs des Reichen 1462 in Schwaben. In: Baumann, Reinhard/Moser, Paul (Hrsg.): Krieg in der Region (Forum Suevicum. Beiträge zur Geschichte Ostschwabens und der benachbarten Regionen 12). München, 49–74.

Trombetti Budriesi, Anna Laura/Braidi, Valeria/Pini, Raffaella/Roversi Monaco, Francesca (Hrsg.) (2002): Bologna Re Enzo e il suo mito (Bologna medievale ieri e oggi 1). Bologna.

Tuchtenhagen, Ralph (2000): Grotius (de Groot), Hugo. In: Biographisch-Bibliographisches Kirchenlexikon 17. Herzberg, 505–508.

Uebach, Christian (2003): Die Landnahmen der Angelsachsen, der Wikinger und der Normannen in England. Eine vergleichende Analyse. Marburg.

Ulmann, Heinrich (1889): Die Hinrichtung der Sachsen durch Karl den Grossen (782). In: Deutsche Zeitschrift für Geschichtswissenschaft 2, 156–157. URL: https://de.wikisource.org/wiki/Zur_Hinrichtung_der_Sachsen_782 [Zugriff: 13.05.2021].

Ulmann, Heinrich (1890): Die Hinrichtung der Sachsen durch Karl den Grossen (782). In: Deutsche Zeitschrift für Geschichtswissenschaft 4, 127. URL: https://de.wikisource.org/wiki/Zur_Hinrichtung_der_Sachsen_782 [Zugriff: 13.05.2021].

Urban II (1088–1099): Speech at Council of Clermont (1095). Five versions of the Speech. In: Medieval Sourcebook. URL: https://sourcebooks.fordham.edu/source/urban2-5vers.asp [Zugriff: 22.07.2019].

Verbruggen, J. F./DeVries, Kelly (Hrsg.) (1952/2002): The Battle of the Golden Spur Courtrai, 11 July 1302. Woodbridge.

Vogtherr, Thomas (1993): Rudolf von Habsburg und Norddeutschland. Zur Struktur der Königsherrschaft in einem königsfernen Gebiet. In: Boshof, Egon/Erkens, Franz-Reiner (Hrsg.): Rudolf von Habsburg. Eine Königsherrschaft zwischen Tradition und Wandel. Köln u. a., 139–163.

Vollrath, Hanna (1991): Konfliktwahrnehmung und Konfliktdarstellung in erzählenden Quellen des 11. Jahrhunderts. In: Weinfurter, Stefan (Hrsg.): Die Salier und das Reich 3. Sigmaringen, 279–296.
Waddy, Lawrence (1950): Pax romana and world peace. New York.
Wadle, Elmar (1993): Zur Delegitimierung der Fehde durch die mittelalterliche Friedensbewegung. In: Brunner, Horst (Hrsg.): Der Krieg im Mittelalter und in der Frühen Neuzeit. Gründe, Begründungen, Bilder, Bräuche, Recht (Imagines Medii Aevi 3). Wiesbaden, 73–91.
Wadle, Elmar (1995): Der Ewige Landfriede von 1495 und das Ende der mittelalterlichen Friedensbewegung. In: Helm, Claudia/Hausmann, Jost (Red.): 1495 – Kaiser, Reich, Reformen. Der Reichstag zu Worms (Ausstellung des Landeshauptarchivs Koblenz in Verbindung mit der Stadt Worms zum 500-jährigen Jubiläum des Wormser Reichstags von 1495), Landeshauptarchiv (Veröffentlichungen der Landesarchivverwaltung Rheinland-Pfalz). Koblenz, 71–80.
Walter-Bogedain, Bastian (2015): Je l'ai pris! Je l'ay pris! Die Gefangennahme von Königen auf dem spätmittelalterlichen Schlachtfeld. In: Clauss, Martin/Stieldorf, Andrea/Weller, Tobias (Hrsg.): Der König als Krieger. Zum Verhältnis von Königtum und Krieg im Mittelalter, Beiträge der Tagung des Zentrums für Mittelalterstudien der Otto-Friedrich-Universität Bamberg (13.–15. März 2013). Bamberg, 137–158.
Wander, Karl Friedrich Wilhelm (1867): Deutsches Sprichwörter-Lexikon. URL: http://www.zeno.org/Wander-1867/A/Friede [Zugriff: 16.05.2021].
Weithmann, Michael (2005): Ein Baier unter „Türcken und Tataren". Hans Schiltbergers unfreiwillige Reise in den Orient. In: Literatur in Bayern 21, 2–15.
Wengst, Klaus (1986): Pax Romana, Anspruch und Wirklichkeit. Erfahrungen und Wahrnehmungen des Friedens bei Jesus und im Urchristentum. München.
Werner, Karl Ferdinand (1989): Observations sur le rôle des évêques dans le mouvement de paix aux Xe et XIe siècle, In: Viola, Coloman Etienne (Hrsg.), Mediaevalia christiana XIe–XIIIe siècle Hommage à Raymonde Foreville de ses amis, ses collègues et ses anciens élèves. Paris, 155–195.
Westenfelder, Frank: Der Sold des Sultans. Mehmed der Eroberer und seine Kanoniere. In: Kriegsreisende. Die Sozialgeschichte der Söldner. URL: http://www.kriegsreisende.de/renaissance/mehmed.htm [Zugriff: 10.02.2021].
Wild, Joachim (2006): Der Fehdebrief. Zur Diplomatik des Fehdewesens im Herzogtum Bayern. In: Hans-Joachim Hecker u. a. (Hrsg.): Rechtssetzung und Rechtswirklichkeit in der bayerischen Geschichte (Zeitschrift für bayerische Landesgeschichte, Beiheft 30, Reihe B). München, 99–122.
Willoweit, Dietmar (1990): Die Sanktionen für Friedensbruch im Kölner Gottesfrieden von 1083. In: Schlüchter, Ellen/Laubenthal, Klaus (Hrsg.): Recht und Kriminalität. Festschrift Friedrich-Wilhelm Krause. Köln u. a., 37–52.
Witt, Reimer (2000): Die Schlacht von Hemmingstedt und ihre europäische Bedeutung. In: Dithmarschen, 76–78.
Witte, Heinrich (1899): Urkundenauszüge zur Geschichte des Schwabenkriegs. In: Mitteilungen der Badischen Historischen Kommission 21 (Zeitschrift für die Geschichte des Oberrheins, hrsg. von der Kommission für geschichtliche Landeskunde 21), m 66–m 120. URL: https://archive.org/details/zeitschriftfrdi12langoog/page/n767/mode/2up [Zugriff: 13.05.2021].
Witte, Heinrich (1900): Urkundenauszüge zur Geschichte des Schwabenkriegs. In: Mitteilungen der Badischen Historischen Kommission 22 (Zeitschrift für die Geschichte des Oberrheins, hrsg. von der Kommission für geschichtliche Landeskunde 22), m 3–m 144. URL: https://archive.org/details/zeitschriftfrdi07langoog/page/n709/mode/2up [Zugriff: 13.05.2021].
Wolf, Erik (1963): Grosse Rechtsdenker der deutschen Geistesgeschichte, 4. Aufl. Tübingen.

Wolfthal, Diane (1999): Images of Rape. The „Heroic" Tradition and ist Alternatives. Cambridge u. a.

Wollschläger, Hans (1973): Die bewaffneten Wallfahrten gen Jerusalem. Geschichte der Kreuzzüge. Zürich.

Wundballistik an der Schlacht bei Dornach. In: Der Bund vom 26. Januar 2009, URL: https://www.derbund.ch/zeitungen/bernseite/wundballistik-an-der-schlacht-bei-dornach/story/17029252 [Zugriff: 04.11.2020].

Wurst, Jürgen (2005): Johann Schiltberger. In: Wurst, Jürgen/Langheiter, Alexander (Hrsg.): Monachia. München: Städtische Galerie im Lenbachhaus.

Zeitler, Andreas (1989): Zwischen Fürstenmacht und Ritterfreiheit. Die Ritterbünde der Böckler und Löwler in Ostbayern. Amberg.

Zettel, Horst (1977): Das Bild der Normannen und der Normanneneinfälle in westfränkischen, ostfränkischen und angelsächsischen Quellen des 8. bis 11. Jahrhunderts. München.

Zeune, Joachim (1999): Gefängnisse und Folterkammern. In: Burgen in Mitteleuropa. Ein Handbuch 1. Bauformen und Entwicklung, hrsg. von der Deutschen Burgenvereinigung, Darmstadt, 314–315.

Ziegler, Karl-Heinz (1975): Kriegsrecht. In: Handwörterbuch der deutschen Rechtsgeschichte 2, 1209.

Ziegler, Karl-Heinz (1999): Kriegsrechtliche Literatur im Spätmittelalter. In: Brunner, Horst (Hrsg.): Der Krieg im Mittelalter und in der Frühen Neuzeit: Gründe, Begründungen, Bilder, Bräuche, Recht (IMAGINES MEDII AEVI, hrsg. von Horst Brunner, Edgar Hösch, Rolf Sprandel, Dietmar Willoweit 3), 57–72.

Zimmermann, Diethelm (o. J.): Die Bluttat von Greifensee. Mit Zitaten der Chronisten und weiteren Quellenangaben auf der Website der Gemeinde Greifensee. URL: http://www.greifensee.ch/dl.php/de/20010622075654/Bluttat.pdf [Zugriff: 30.08.2020].

Zmora, Hillay (1997): State and Nobility in Early Modern Germany. The Knightly Feud in Franconia. 1440–1567. Cambridge.

Zmora, Hillay (2011): The Feud in Early Modern Germany. Cambridge.

Zug Tucci, Hannelore (2001): Kriegsgefangenschaft im Mittelalter. Probleme und erste Forschungsergebnisse. In: Kortüm, Hans-Henning (Hrsg.): Krieg im Mittelalter. Berlin, 123–140.

Bildnachweise

- **Abb. 1:** Miniatur von Jean Colombe um 1490. Bibliothèque nationale de France, Fr. 5594 (Licence ouverte).
- **Abb. 2:** Universitätsbibliothek Heidelberg, Cod. Pal. germ. 848, Große Heidelberger Liederhandschrift (Codex Manesse), fol. 7 r (Public Domain).
- **Abb. 3:** Foto von Hauserphoton (CC BY SA 4.0).
- **Abb. 4:** Foto von JanTappenbeck (CC BY 3.0,).
- **Abb. 5:** Foto von Peter Mosimann (Public Domain).
- **Abb. 6:** Illustration in der Tschachtlan-Chronik, 1483. ETH-Bibliothek Zürich, Rar 6244, https://doi.org/10.3931/e-rara-24141 / (Public Domain Mark).
- **Abb. 7** Foto von ~ (CC BY SA 3.0).
- **Abb. 8:** Berner Chronik, 1470. ETH-Bibliothek Zürich, Rar 6244, https://doi.org/10.3931/e-rara-24141 / (Public Domain Mark).
- **Abb. 9:** Liber ad honorem Augusti sive de rebus Siculis des Petrus de Ebulo, Ende 12. Jh. Bern, Burgerbibliothek, Cod. 120 II, fol. 129 r. (Public Domain Mark 1.0).
- **Abb. 10:** Foto von Wolfgarten (CC BY SA 2.0).
- **Abb. 11:** Stich von Johann Pfann. Herzog Christian August Bibliothek Wolfenbüttel, Inventar-Nr. A 16035 (CC BY SA 3.0).

Personenregister

Abkürzungen: arab. = arabisch; Bap. = Baptist; Bf. = Bischof; Chr. = Chronist; Bürgerm. = Bürgermeister; Clun. = Cluniazenser; dän. = dänisch; Dom. = Dominikaner; Ebf. = Erzbischof; Em. = Emir; engl. = englisch; frz. = französisch; Gel. = Gelehrter; Gf. = Graf; Gloss. = Glossator; Hz. = Herzog; jes. = jesuitisch; Jur. = Jurist; Kan. = Kanonist; Kard. = Kardinal; Kg. = König; Krfst. = Kurfürst; Leutpr. = Leutpriester; Lordkanz. = Lordkanzler; M. = Mönch; mong. = mongolisch; Mrkgf. = Markgraf; P = Papst; norw. = norwegisch; Pfgf. = Pfalzgraf; Pr. = Propst; röm. = römisch; schott. = schottisch; Schr. = Schreiber; Sul. = Sultan; Temp. = Templer; Theo. = Theologe; Trin. = Trinitarier; Vgf. = Vizegraf; Zis. = Zisterzienser

A

Ademar von Chabannes, Chr. .... 53 f.
Adolf II. von Nassau, Ebf. 128
Aegidius Tschudi, Chr. 67
Æthelred, engl. Kg. .... 107, 110 f., 188
Aimo, Ebf. 51
Albert Krantz, Chr. 83
Albert von Aachen, Chr. 153
Albrecht Achilles von Brandenburg,
    Mrkgf. 94, 104, 138
Albrecht II. von Habsburg, Hz. 133
Albrecht II. von Holstein, Gf. 81
Albrecht III. von Bayern, Hz. 181
Albrecht III. von Habsburg, Hz. 73
Albrecht VI. von Habsburg, Hz. .. 137, 191
Albrecht von Egloffstein 58
Albrecht von Rosenberg 164–168, 170,
    191
Alfons II. von Aragón, Kg. 142
Al-Maqrīzī, arab. Chr. 113, 158
Ambrosius von Mailand, Bf. 61, 140
Arcursius, Gloss. 8
Arthur de Richemont, Hz. 135
Augustinus, Bf. ... 16–20, 30 f., 62, 185, 186

B

Balderich von Bourgueil, Bf. 23
Balduin II. von Jerusalem, Kg. 152
Balduin VII., Gf. 55
Baldus de Ubaldis, Jur. 61
Bartolomé de las Casas, Bf. 145
Bartolus de Saxoferrato, Jur. 61
Basilius der Große, Bf. 14
Bayezid I., Sul. 174
Benedikt Gretzinger, Schr. 87

Boleslaw V. von Oppeln, Hz. 99
Bonifatius, Bf. .... 28 f., 186
Burchard II. von Halberstadt, Bf. 108
Burkard Zink, Chr. 86

C

Caesarius von Arles, Bf. .... 140 f.
Calixt II., P. 52
Charles d'Artois, Gf. 135
Charles von Orléans, Hz. 123, 190
Christian I., dän. Kg. 83
Christian Wolff, Jur. 63
Christoph Lehmann, Schr. 128
Cicero .... 13 f., 18, 20, 185
Clemens IV., P. 41
Clemens V., P. 162
Clemens VI., P. 143
Clemens Werusch von Kanth 99
Coelestin III., P. 124
Conrad Justinger, Chr. 85
Cyprian von Karthago, Bf. 140

D

Danischmend Ghazi, Em. 153
Diebold Schilling, Chr. 79
Diether von Isenburg, Ebf. 128
Dietrich II. von Katlenburg, Gf. 108

E

Eberhard der Greiner von Württemberg,
    Gf. 48
Eberhard I. im Bart, Gf. 89, 132, 190
Edward III., engl. Kg. 115
Egino III. von Freiburg, Gf. 136

Personenregister

Eike von Repgow 57, 87
Elvgive Emma 110
Emich von Leiningen, Gf. 128
Enguerrand VII. de Couc, Gf. 74
Enzio von Sardinien 123
Epiphanius von Pavia, Bf. 140
Erasmus von Rotterdam 21
Erik I. Blutaxt, norw. Kg. 112
Ernst von Österreich, Mrkgf. 108
Eusebius von Caesarea, Chr. 14–17

F

Francisco de Vitoria, Theo. 20, 63, 207
Francisco Marroquin Hurtado, Bf. 145
Francisco Suarez, Theo. 20, 63
Franz I., frz. Kg. 132
Franz von Sickingen 165
Friedrich I. Barbarossa, Ks. .. 8, 47, 56, 58, 116, 187
Friedrich I. von der Pfalz, Krfst. .. 93, 130, 190
Friedrich II., Ks. 56, 58, 187
Friedrich II. von Goseck, Pfzgf. 108
Friedrich III., Ks. .... 46 f., 101
Friedrich IV., Hz. 74
Friedrich von der Pfalz, Krfst. 128
Friedrich von Holstein, Hz. 92
Friedrich von Isenberg, Gf. 33, 187
Friedrich von Seldeneck 62
Fulbert von Chartres, Bf. ... 23 f., 29 f., 34, 186

G

Gebhard von Supplingenburg, Gf. 108
Georg von Metz, Bf. 131
Georges de La Trémoille, Gf. 135
Gerhard von Holstein, Gf. 80
Gerhoch von Reichersberg, Pr. 31, 34, 186
Gerold Edlibach, Chr. 121
Giovanni da Legnano, Jur. 42
Gottfried von Brabant 32
Götz von Berlichingen 165
Gratian, Theo. 20, 60, 188
Gregor der Große, P. 139, 141
Guibert von Nogent, Abt .... 22 f., 186
Guido von Ponthieu, Gf. 122
Gunther von Pairis, Chr. 27

H

Hans (der Kecke) von Gemmingen 130
Hans (Hamann) von Reischach ... 46, 103, 190
Hans Fründ, Schr. 119
Hans Jakob Christoffel von
  Grimmelshausen 154
Hans Thomas von Rosenberg 165
Hans von Geroldseck 132, 190
Hans von Greifenberg 176
Hans von Rechberg .... 100 f.
Harald Godwinson, Kg. 122
Harpin (Eudes Herpin) von Bourges, Vgf. 152
Hartmann von Aue 39
Heinrich II. von Mecklenburg 80
Heinrich IV., Kg. ... 44, 47, 56, 88, 107–110
Heinrich IV., engl. Kg. 126
Heinrich Ketten, Kirchherr 96
Heinrich Rantzau, Rantzau .... 80 f.
Heinrich V., engl. Kg. ... 123, 125, 134, 190
Heinrich VI., Ks. 124, 190
Heinrich VII., Kg. 57, 88, 117
Heinrich von Eysenberg 100
Heinrich von Fürstenberg, Gf. 80
Heinrich von Hesingen, Leutpr. 96
Heinrich von Huntingdon, Chr. 111
Heinrich von Luxemburg, Gf. 32
Heinrich von Mecklenburg 80
Heinz von Liechtenstein 58
Helmold von Bosau, Chr. 84
Hermann II. von Gleiberg, Gf. 108
Hermann von Everstein, Gf. 50
Hieronymus Baumgartner . 164–171, 173, 191
Hieronymus von Stauff 47
Honoré Bonet (Bouvet) 61
Honorius III, P. 143
Hugo Grotius, Jur. .... 62 f., 188
Hugo II. von Tübingen, Pfgf. 39
Humbert von Romans, Dom. 28
Huon von St.-Quentin, Abt. 27

I

Imad ad-Din, Chr. 112
Innozenz III., P. 143
Isidor von Sevilla, Bf. 18, 60–62, 185
Ital Reding 121

J

Jacques de Molay 162
Jacques de Révigny, Jur. 8
Jakob I. von Schottland, schott. Kg. ... 126
Jakob Twinger von Königshofen, Chr. . 85
Jakob von Lichtenberg 127
Jan van Heelu, Chr. 32, 36
Jean de Joinville, Chr. 153–163, 192
Jean Froissart, Chr. 115
Jean le Bel, Chr. 115
Joannes (Johann) a San Felice, Trin. .. 143
Joannes Lupus (Juan Lopez), Jur. 62
Johan Pet, Gel. 83
Johann Adolfi Köster, Chr. 81
Johann Anglik, Trin. 143
Johann Friedrich II., Hz. 59
Johann Georg I. von Sachsen, Krfst. ... 148
Johann I. von Brabant, Hz. 31
Johann I. von Habsburg, Gf. 73
Johann I., dän. Kg. 92
Johann II. der Gute, frz. Kg. 122, 190
Johann II. von Baden, Ebf. 128
Johann Ohneland, engl. Kg. 124, 126
Johann VIII., P. 22
Johann von Fulda, Abt 58
Johann von Lupfen, Gf. 62
Johann von Viktring, Abt 71
Johannes Aventinus, Gf. 181
Johannes de Lignano, Jur. 60, 188
Johannes Rothe 36, 187
Johannes Schiltberger .... 174, 176–178, 180 f., 192
Johannes von Winterthur .... 71 f., 116
Johannes Werner der Jüngere von Zimmern, Gf. 103
John Bunyan, Bap. 22
John Selden, engl. Gel. 63
Jörg von Nürnberg 10, 181–183
Jos Niklas I. von Zollern, Gf. 48
Jos Rùprecht, Zis. 96
Juan de Alvarado 145
Julianus II., röm. Ks. 16

K

Karl der Große, Ks. 107
Karl der Kahle, Kg. 53
Karl der Kühne, Hz. 73, 76, 102

Karl I. von Anjou, Kg. von Sizilien ... 41 f., 117, 187
Karl I. von Baden, Mrkgf. 93, 101, 105, 128
Karl V., Ks. 132
Kaspar Hurder, Waffenkg. 102
Kaspar Schoppius, Theo. 22
Katharina von Habsburg 74
Konrad II., Ks. 116
Konrad von Hochstaden, Ebf. 33, 186
Konradin von Hohenstaufen .. 41–43, 187
Konstantin I., röm. Ks. .... 15 f.

L

Lampert von Hersfeld, Bf. ... 44, 88, 108 f., 134, 189 f.
Leo IV., P. 22
Leonhard Assenheimer .... 98 f., 189
Leonhard Reichartinger 174
Leonhardus Lessius, jes. Theo. 63
Leopold I. von Österreich, Hz. 71, 74
Leopold V. von Österreich, Hz. 124 f., 190
Licinius, röm. Ks. 16
Lienhart Brun, Leutpr. 96
Lothar Udo II., Mrkgf. 108
Louis von Bourbon, Hz. 117, 135
Ludwig Hohenwang 62
Ludwig IV. der Sanftmütige, Pfgf. 137
Ludwig IX., frz. Kg. 113, 126, 154, 163, 191
Ludwig IX., Hz. der Reiche von Bayern-Landshut 104, 138
Ludwig Uhland 87
Ludwig VI., frz. Kg. 55
Luis de Molina, jes. Theo. 63

M

Magnus Felix Ennodius, Bf. 140
Magnus von Sachsen, Hz. 108
Manegold von Lautenbach, Theo. 23
Martin Luther .... 164, 172 f.
Martinus Garatus Laudensis, Jur. 61
Mathias von Castelwart 80
Maxentius, röm. Ks. 15
Maximilian I. von Habsburg, Ks. ... 59, 63, 79, 188
Maximilian II. von Habsburg, Ks. 63
Maximus von Turin, Bf. 140
Mehmet II., Sul. 182, 192

Personenregister

Melania die Jüngere 140
Michael Pexenfelder, Jes. 22
Miran Schah .... 178 f.
Murdoch Stewart 127

N

Neocorus, Chr. 81, 83, 92

O

Odofredus, Gloss. 8
Ordericus Vitalis, M. .... 152 f.
Origenes, Theo. 14
Otto III., Ks. 48, 116
Otto von Northeim, Hz. 88, 108
Otto von Wittelsbach, Pfgf. 49
Ottokar von Böhmen, Kg. 43

P

Pedro Alvarado 145
Peire Cardenal 28
Peter von Hagenbach 102
Peter von Prece 43
Peter von Wilhelmsdorf 138
Peter von Zittau, Abt 71
Petermann I. von Grünenberg 74
Petrus Damiani, Kard. 23
Petrus Sax, Chr. 83
Philipp II., frz. Kg. 124, 126
Philipp IV., frz. Kg. 162
Philipp Melanchthon 172
Philipp von Hessen, Gf. 173
Philipp von Montfort 163
Philipp von Seldencck 62, 188
Pius V., P. 25
Polydore Vergil 22

R

Radulfus Niger, Theo. 27
Raginbald, Ebf. 51
Raimund von Peñafort, Kan. .... 61 f.
Reimar Kock, Chr. 64, 93
Reinbold Körnlin von Küsnacht 96
Renaud de Vichiers, Temp. 162
Richard I. Löwenherz, engl. Kg. . 107, 112, 124 f., 188
Richard II., engl. Kg. 123

Robert III., schott. Kg. 127
Robert Stewart, Hz. von Albany 127
Robert von Reims, Chr. 23
Rodulfus Glaber, Clun. 52
Roger Bacon 27
Roger von Howden, Chr. 126
Roger Wendover, Chr. 27
Rudolf II. von Kyburg, Gf. 90
Rudolf Stüssi, Züricher Bürgerm. 75
Rudolf von Cham, Züricher Schr. 98
Rudolf von Habsburg, Gf. 45, 56, 57
Rukn ad-Din Baibars, Sul. 107, 113
Ruprecht von Wittelsbach, Kg. 58

S

Saladin, Sul. .... 107, 112 f., 153, 188
Sampiro von Astorga, Bi. 23
Samuel von Pufendorf, Jur. 63
Schah-Ruch 178
Sebastian Franck, Gel. 64, 188
Ser Giovanni di Lemmo Armaleoni da
   Comugnori, Chr. 8
Sibylla von Dichtel 164, 172
Siegfried von Werdenberg 32
Siegfried von Westerburg, Ebf. 31, 33, 186
Sigmund von Sattelbogen 46
Stefan Vukčić Kosača, Hz. 181
Sven Gabelbart, dän. Kg. 111
Symmachus, P. 141

T

Tertullian, Theo. 14
Theodoret von Cyrus, Bf. 16
Theodosius I., röm. Ks. 16, 185
Thomas Morus, Lordkanz. 138
Thomas von Aquin, Dom. ... 18, 19, 53, 60, 185
Thomasin von Zerklaere 35
Thukydides 13, 185
Timur Lenk, mongol. Khan 179
Tschoffart zu Leinigen, Gf. 127
Turan Schah, Sul. ..... 126, 156, 158 f., 188, 190

U

Ueli Kupferschmid 121

Ulman Stromer, Chr. 85
Ulrich V. von Württemberg, Gf. ....
   59, 79, 84, 93, 105, 128–131, 190
Ulrich von Frundsberg 138
Ulrich von Wolffenstein der Jüngere, Gf. . 105
Urban II., P. 22–24, 142, 186
Urban VI., P. 143

V

Vratislav II., Hz. 108

W

Walther von der Vogelweide 34
Welf VI., Mrkgf. von Tuszien 39
Welf VII., Gf. 39
Werner von Zimmern, Gf. 46
Wido von Le Puy, Bf. 50
Wildhans von Breitenlandenberg 119, 121
Wilhelm Figueira 27
Wilhelm Scot, Trin. 143
Wilhelm Tell 67
Wilhelm von Malmesbury, Chr. 23
Wilhelm von Tyrus, Bf. 23, 26, 142, 152
Wolfgang von Fürstenberg, Gf. .... 78 f.
Wolfram von Eschenbach 38

Orts- und Sachregister

A

Absagebrief 47
Akkon .... 107, 112, 124, 159, 162 f., 188
Alter Zürichkrieg ..... 75, 91, 95, 137, 189 f.
Artikel auf die Fußknechte 191
Artikelbriefe Maximilian I. 63
Auctoritas principis .... 17 f., 187
Azincourt 123, 134, 190

B

Bellum aliud Corporale (Realer Krieg) . 60
Bellum aliud Spirituale (Spiritueller
   Krieg) 60
Bellum iustum (Gerechter Krieg) .. 14, 17, 20, 61 f., 185
Blutrache .... 11 f., 43 f., 185
Brandschatzung 50, 118
Bremgarten 75, 137
Brescia 117

C

Calais 115, 118, 135, 189
Canones Hippolyti 14, 185

Causa iusta (gerechter Grund) 17, 19–21, 185, 187
Chronik der Stadt Zürich 67, 73–76, 90 f., 95, 118, 135, 189
Clermont-Ferrand .... 23 f., 142, 186
Cremona 117

D

De jure belli ac paci (Über das Recht des
   Krieges und des Friedens) 62
De jure praedae (Über das Prisenrecht) ... 63
De mortibus persecutorum (Über die
   Todesarten der Verfolger) 15
De re publica (Über den Staat) 18
De Repressaliis et de Duello (Über den
   Krieg, über Repressalien und über das
   Duell) .... 60 f., 188
Decretum Gratiani .... 19 f., 60, 141
Dispositio pacifica (friedliche Haltung) ... 17
Diversitas religionis
   (Religionsverschiedenheit) 21
Dornach 78–80

E

Edictum Rothari 43
Edikt von Pîtres 53
Eid der Kriegsknechte (Philipp von
   Seldeck) 62
Epitoma rei militaris 62
Estoire d'Eracles 153
Estoires d'Outremer 153
Ewiger Landfrieden (Maximilian I.) 59

F

Fariskur 113
Fehde 43, 45, 47, 58
Fehdebrief 37, 47, 100
Fehdehelfer .... 47, 100 f., 103
Friedensgerichtsbarkeit 54
Friedenszeiten 50, 63

G

Gerechter Krieg (Bellum iustum) . 17, 19–
   21, 25, 53, 60, 62, 185
Gesta Dei per Francos sive Historia
   Hierosolymitana (Die Taten der
   Franken und anderer, die nach
   Jerusalem gingen) 22
Gottesfrieden (Pax Dei) 23, 50–55, 65,
   187, 192
Grandson .... 73, 76 f.
Greifensee .... 95, 119 f.

H

Hattin 107, 113, 188
Heilbronner Kriegsordnung 63
Heilige Liga 25
Heiliger Krieg (Bellum Deo auctore) 17,
   21 f., 25
Hemmingstedt 82, 189
Historia Ecclesiastica 152
Historia Welforum 39, 49

I

Intentio recta (richtige Absicht) 17, 19 f.,
   185
Ius ad bellum (Recht zum Krieg) ..... 19 f.
Ius in bello (Recht im Krieg) 20, 60

J

Jerusalem .... 25 f., 42, 52, 112 f., 160

K

Klingenberger Chronik 57, 86, 91
Kölner Gottesfriede .... 54 f.
Konstitutionen von Melfi 42, 56
Konzil von Bourges 51
Konzil von Limoges 54
Konzil von Poitiers 54
Konzil von Reims 52
Konzil von Toulouges 52
Kreuzzug ..... 10, 22, 24 f., 27, 64, 113, 124,
   126, 152–154
Kreuzzugskritik .... 27 f.
Kriegsrecht ... 8, 11, 17, 43, 60, 63–65, 114,
   147 f., 185–188, 192

L

Landfrieden 8, 47, 49, 53, 55–59, 65, 87,
   99, 186 f., 192
Le Puy 23, 25, 50
Lex deditionis (Gesetz der Kapitulation) .
   114, 116
Löwlerbund 46
Luzern 90, 96

M

Mailänder Konstitution 16
Mainzer Erzstiftsfehde 93, 128
Mainzer Landfrieden 56, 58
Mare clausum (geschlossenes Meer) ... 63
Mare liberum (Das freie Meer) 63
Meldorf 82, 92, 189
Mercedarier .... 143 f., 146, 191
Militia Dei 25, 31, 186
Militia saecularis 25, 31, 186
Morgarten 71, 73
Mos imperii (des Reiches Sitte) 133
Mos teutonicus (deutsche Sitte) 133
Murten 73, 77

N

Nänikon 121

P

Pax Dei .... Siehe auch Gottesfrieden
Pax Romana (römischer Friede) 12, 14, 51
Pentateuch (Fünf-Rollen-Buch) 11
Prager Frieden 148

R

Ranzion 146–148, 191
Rapperswil 73, 90, 118, 133
Redemptio captivorum (Befreiung der Gefangenen) .... 141 f.
Reichskammergericht 56, 59
Reichskriegsordnung 63
Reutlingen 59, 84, 87
Ritterideale .... 8, 27, 35 f., 39, 42, 64 f., 76, 186–188, 192
Ritterspiegel 36, 187

S

Sachsenspiegel 57, 87
Schadensregister 49
Schwaderloh .... 78 f.
Schwanau bei Erstein 135, 191
Schwarze Garde .... 65, 82 f., 189
Seckenheim 95, 128, 130, 190
Sempach 48, 73, 91
Sicherungsbrief 103–105, 189
Siena .... 61 f., 133
Solothurn .... 78, 90 f., 189
St. Brice's Day .... 107, 110 f., 188
St. Jakob an der Birs 122
Städtebund 84
Stammesrechte 43, 188
Summa de poenitentia 61
Summa theologiae (Summa theologica) .. 19, 60
Sündenablass .... 24 f.
Synode von Charroux 50
Synode von Narbonne 52
Synode von Reims 54
Synode von Toulouges 52

T

Tagliacozzo 41, 187
Teppich von Bayeux 122
Testamentum domini nostri 14
Toleranzedikt von Nikomedia 15
Tötungsverbot 12, 15
Traditio Apostolica (Apostolisce Überlieferung) 14, 185
Treuga Dei (Waffenruhe Gottes) ... 50–52, 55, 187
Trinitarier .... 9, 143 f.
Turbatores pacis (Friedensstörer) 41

U

Urfehde 133, 135, 150, 166, 170 f., 173, 190

V

Verden an der Aller 107, 188
Vergewaltigung .... 11 f., 88, 98, 117, 189
Villinger Chronik 79
Vita Constantini 15

W

Weesen 73
Wehrlosigkeit 12, 185
Werdenbergfehde 45
Wöhrden 80
Worringen .... 32 f., 36, 186

Z

Zweikampf 9, 32, 41, 125, 130